한국사회성격 논쟁 세미나 (II)

공감개론신서 18

한국사회성격 논쟁 세미나 (II)

윤소영 지음

공감

공감개론신서 18

한국사회성격 논쟁 세미나 (II)

윤소영 지음

인쇄일 2020년 2월 24일
발행일 2020년 2월 28일

도서출판 공감
발행인 이범수
출판등록 22-1006 (1996. 5. 14.)
서울시 마포구 망원동 421-34 B02호
전화 323-8124 / 팩스 323-8126
전자우편 alba21@naver.com

ISBN 978-89-86939-86-6 03300
값 20,000원

총서

> 경제학의 영역에서 자유로운 과학적 연구는 다른 모든 영역과 동일한 적들[무지와 미신]을 상대하는 것만이 아니다. 경제학이 취급하는 대상의 특수성은 자신의 적들로 사람의 가슴속에서 가장 난폭하고 가장 야비하며 가장 원한과 증오로 가득 찬 감정, 즉 사익(私益)이라는 분노와 복수의 여신들도 전장으로 소환하기 때문이다. — 마르크스, 『자본』의 「서문」

『한국사회성격 논쟁 세미나』라는 제목의 이 책은 4부작 『한국자본주의의 역사: 한국사회성격 논쟁 30주년』(공감, 2015), 『'한국의 불행': 한국현대지식인의 역사』(공감, 2016), 『위기와 비판』(공감, 2017), 『재론 위기와 비판』(공감, 2018)을 개정하면서 『종합토론』과 『후기: '인민의 벗이란 무엇인가'』를 추가한 것이다. 전체적 구성을 보면, 『한국자본주의의 역사』와 『'한국의 불행'』은 『일반화된 마르크스주의 개론』(공감, 2006; 개정판: 공감, 2008)에 후속한 『일반화된 마르크스주의 세미나』(공감, 2014)를 보충하는 것이었다. 그런데 문재인 정부의 출현으로 정세가 돌변하면서 『위기와 비판』과 『재론 위기와 비판』을 추가했고, 나아가 4부작 전체를 개관할 필요성이 제기되어 『종합토론』을 추가했으며, 마무리를 위해 『후기』를 추가했다. 『종합토론』의 성격은 이중적이다. 4부작 전체의 결론이면서도 '질의와 응답'을 빼고 읽으면 4부작 전체의 서론이 될 수도 있기 때문이다.

2020년 2월
윤 소 영

총목

종합토론

서문

김범우: 당신들은 실패했소, 아주 철저히 말이오.
염상진: (…) 대체 어디서부터 무엇이 잘못된 걸까?
— 임권택 감독, 『태백산맥』

이 책은 『한국자본주의의 역사: 한국사회성격 논쟁 30주년』(공감, 2015), 『'한국의 불행': 한국현대지식인의 역사』(공감, 2016), 『위기와 비판』(공감, 2017), 『재론 위기와 비판』(공감, 2018)을 『한국사회성격 논쟁 세미나』로 합본하면서 추가한 종합토론이다. '한국사회성격 논쟁', '신자유주의적 정책개혁'과 '한국의 현대지식인: 반공주의자', '한국의 현대지식인: 공산주의자'는 『한국자본주의의 역사』와 『'한국의 불행'』에 대한 토론이고, '문재인 정부', '북한사회주의의 타락', '중국과 일본의 현대지식인', '현대경세학으로서 경제학'은 『위기와 비판』, 『재론 위기와 비판』에 대한 토론이다. 토론에는 『일반화된 마르크스주의 세미나』(공감, 2014)에 참여한 박상현, 송인주, 이태훈, 안종석과 함께 유주형(사회진보연대/민주노총)도 참여했다.

2018년 12월
윤 소 영

종합토론

한국사회성격 논쟁

먼저 『일반화된 마르크스주의 세미나』(공감, 2014)를 보충하는 4부작의 구성에 대해 간단하게 설명해두겠습니다. 본래의 작업은 『한국자본주의의 역사: 한국사회성격 논쟁 30주년』(공감, 2015)과 『'한국의 불행': 한국현대지식인의 역사』(공감, 2016)에서 일단락되었는데, 2017년 문재인 정부의 출현으로 정세가 돌변하면서 『위기와 비판』(공감, 2017)과 『재론 위기와 비판』(공감, 2018)이 추가되었지요.

『일반화된 마르크스주의 세미나』를 『일반화된 마르크스주의 개론』(공감, 2006; 개정판: 공감, 2008)과 비교해보면, 후자에서는 사회성격 논쟁이 어떤 이론적 작업으로 계승되었는가를 설명한 반면 전자에서는 이론적 작업만 정리하고 막상 사회성격 논쟁에 대해서는 별다른 언급을 추가하지 않았습니다. 그래서 『개론』에서는 다루었지만 『세미나』에서는 다루지 않은 사회성격 논쟁을 검토해보려던 것이 보충작업의 발단이었지요.

사회성격 논쟁의 대상은 자본주의인 반면 그 주체는 현대지식인이라고 할 수 있습니다. 러시아를 비롯해서 중국이나 일본에서 현대지식인이 형성된 계기가 사회성격 논쟁이었다고 할 수 있거든요. 반면 한국에서는 그렇지 못했습니다. 자본주의와 그 변혁과제의 보편성과 특수성을 둘러싼 사회성격 논쟁의 부재로 인해 현대지식인이 기형화·불구화되었던 것이지요.

사회성격 논쟁의 맥락에서 현대지식인, 특히 경제학자의 역사를 정리해보려고 했는데, 불가능한 일이었습니다. 경제학의 역사가 부재했기 때문이에요. 정치학사나 사회학사는 존재하는 반면 막상 경제학사는 존재하지 않는다는 사실에 저로서는 충격을 받지 않을 수 없었지요. 비교하자면 자연과학사에서 물리학사나 수학사는 없고 생물학사나 의학사만 있는 셈이거든요.

그래서 일단 '한국사회성격 논쟁 30주년'이라는 부제와 함께 『한국자본주의의 역사』를 출판하고 그 후 1년 동안 한국현대지식인이 기형화·불구화되어온 역사를 연구하여 그 성과를 『'한국의 불행'』으로 출판했던 것입니다. 사회성격 논쟁을 정리한다는 의도보다 그 주제가 훨씬 더 확대되었던 셈이에요.

그런데 2017년에 트럼프 정부에 이어 문재인 정부가 출현하면서 국내외 정세가 돌변했습니다. '임박한 파국'(impending catastrophe, 레닌)을 예고하고 있다는 생각이 들 정도였지요. 따라서 자본주의의 역사, 나아가 현대지식인의 역사를 현재의 정세와 관련하여 검토할 필요가 있었고요.

물론 한국사회성격 논쟁도 당시의 정세와 밀접한 관련이 있었습니다. 돌이켜보면, 1985년에 박현채 선생이 주변부자본주의론을 비판하면서 신식민지국가독점자본주의론을 제기하신 직후인 1986-88년에 이른바 '3저호황'이 출현하면서 신식국독자론 내부에서 자립화-개량화론이 제기되었지요. 그래서 제가 자립화-개량화론을 독점이 강화되면 종속이 완화된다는 명제로 개념화하고 그 비판으로 독점이 강화되면 종속이 심화된다는 명제를 제시하면서 신식국독자론을 발전시켰던 것이에요.

1989-91년에 소련과 동유럽에서 사회주의가 붕괴되기까지 독점

강화-종속심화론과 독점강화-종속완화론 사이에서 논쟁이 전개되었습니다. 물론 독점강화-종속완화론이 아니라 독점강화-종속심화론이 타당한데, 1986-88년 '3저호황'은 1979-80년 '3고불황'의 반전이었을 따름이고, 나아가 1991-92년의 '총체적 난국'을 거쳐 1997-98년의 경제위기로 귀결되었기 때문이지요.

3저호황이 경제정세의 핵심 쟁점이었다면, 정치정세의 핵심 쟁점은 1987-88년에 부활한 선거정치였습니다. 박정희 대통령은 10월유신을 통해 선거정치를 폐지하고 독재정치를 실시했는데, 유신반대운동은 노동자운동을 포함한 모든 사회운동과의 결합을 모색하면서 선거정치의 부활을 넘어서는 사회민주화를 추구했지요.

그런데 1987-88년의 정치정세 속에서 사회민주화를 선거정치로 환원하려는 일군의 논자들이 출현했습니다. 일반민주주의(GD)론자와 민족해방(NL)론자가 그들이었는데, 각각 선거정치를 통해 일반민주주의정부 내지 민족자주정부를 수립하는 것을 자신의 목적으로 설정했지요. 반면 저는 선거정치를 비판하면서 사회민주화를 민중민주주의(PD)로 심화시키자고 주장했던 것이고요.

그 동안 저도 잊어버리고 있었는데, 3저호황이라는 경제정세와 선거정치의 부활이라는 정치정세의 결합이 그 후 어떻게 전개되었는지 분석해볼 필요가 있다는 사실을 새삼 깨달았습니다. 특히 1997-98년 경제위기의 여파와 노무현 정부의 출현, 나아가 2007-09년 금융위기의 여파와 문재인 정부의 출현에 주목하면서요. 그래서 『위기와 비판』과 『재론 위기와 비판』을 집필했던 것이지요.

2017년만 해도 그렇게 분명치는 않았는데, 그러나 2018년에 들어와 변혁의 전망은 소멸했다고 할 수밖에 없습니다. 노동자운동을 포함한 모든 사회운동을 인민주의가 지배하게 되었거든요. 게다가 연방제 내지 일국양제의 구상에 따라 남한 인민정과 북한 절대군주정의 공존도 추구되고 있고요. 다만 남한에서 노자의 공멸과 남북한에서 민족의 집단자살로 귀결되지 않는다는 보장이 어디에도 없다는 것이 문제라면 문제이겠지만요.

변혁의 전망이 소멸하면서 노자의 공멸과 민족의 집단자살이 예고되는 이런 상황에서 386세대의 고유한 심성에 대해 주목할 수밖에 없었습니다. 『위기와 비판』에서는 중국의 '문혁세대'와 비교했었는데, 여전히 미진한 부분이 있었지요. 그래서 『재론 위기와 비판』에서는 일본의 '68세대'와 비교했던 것이에요.

이런 식으로 『일반화된 마르크스주의 세미나』를 보충하는 작업이 『한국자본주의의 역사』와 『'한국의 불행'』에서 『위기와 비판』과 『재론 위기와 비판』으로 이어졌던 것입니다. 그러나 처음부터 일관된 구상이 있었던 것은 아니므로, 앞으로 두 달 동안 여덟 번에 걸쳐 종합적 차원에서 토론해보려는 것이에요. 4부작 전체의 연결에 알튀세르가 말한 '곤란'이나 '공백' 같은 결함이 있을 수 있거든요.

일단 오늘 토론의 주제는 사회성격 논쟁과 사회사 논쟁이 중심일 것입니다. 먼저 사회성격 논쟁이라는 명칭에 주목할 필요가 있어요. 러시아나 일본에서는 그냥 자본주의 논쟁이라고 했는데, 중국에서는 좀 더 구체적으로 사회성격 논쟁이라고 했지요. 그래서 1985년에 박현채 선생이 논쟁을 제기하면서 자본주의 논쟁이 아니라 사회성격 논쟁이라는 명칭을 사용하셨던 것이고요.

저도 박 선생을 따라 사회성격 논쟁이라는 중국식 명칭을 채택했습니다. 자본주의의 표준(standard)과 변이(variation)의 관계를 생각할 때 그런 명칭이 타당했거든요. 표준으로서 영국이나 미국의 자본주의는 보편성을 갖는 것이지요. 물론 특수성이 전혀 없는 것은 아니겠지만요. 반면 그런 표준에 대한 변이로서 러시아나 일본, 나아가 중국의 자본주의는 다양한 특수성을 갖는데, 이것을 사회성격이라고 부른 것이에요. 물론 보편성을 무시한 것은 아니겠고요.

러시아에서 1917년 혁명 이후에 사회성격 논쟁이 전개되었던 것은 러시아자본주의가 영국자본주의와 다르고 따라서 영국과는 다른 러시아만의 변혁과제가 있었기 때문입니다. 쉽게 말해서 자본주의의 특수성과 관련되는 변혁과제의 특수성이 있었다는 것인데, 이 과제를 레닌은 민주변혁이라고 불렀지요.

영국과 달리 러시아에는 민주변혁이 필요했기 때문에 1905년 혁명에서 레닌이 제헌의회(constitutional assembly)를 토대로 부르주아적 민주변혁을 추구했던 것이고, 1917년 혁명에서는 제헌의회 대신 평의회(soviet)를 토대로 민중적 민주변혁을 추구했던 것입니다. 그런데 부르주아적이든 민중적이든 민주변혁은 사회주의적 변혁 내지 공산주의적 이행이라는 역사적 과정의 한 단계일 따름이에요.

이런 것이 1917년 혁명 직후인 1920년대부터 러시아에서 전개된 사회성격 논쟁의 쟁점이었는데, 1930년대에는 중국과 일본에서도 사회성격 논쟁이 전개되었습니다. 그러나 일제강점기 조선에서는 사회성격 논쟁이 없었어요. 논쟁할 만한 조선인 경제학자 내지 마르크스주의자가 없었기 때문이지요. 또 해방정국에서는 전석담 선생의 노력에도 불구하고 논쟁할 수 있는 정세가 아니었고요.

그런 상황에서 박현채 선생이 한국사회성격 논쟁을 제기하면서 신식국독자론을 제출하셨던 것입니다. 그러나 박 선생 자신이 신식국독자의 개념이나 이론을 전개하실 수 있는 처지는 아니었기 때문에 제가 대신 중국사회성격 논쟁은 물론이고 러시아사회성격 논쟁을 소개했던 것이지요. 일본사회성격 논쟁은 별로 배울 것이 없다고 생각해서 무시했고요.

레닌은 러시아자본주의의 특수성을 군사적·봉건적 제국주의라고 불렀습니다. 그런데 러시아사회성격 논쟁에서 스탈린주의자들은 군봉제국주의를 현대제국주의에 미달하는 후진성으로 이해한 반면 그 비판자들은 군봉제국주의를 현대제국주의의 특수성으로 이해했어요. 그러면서 국가독점자본주의 경향론을 제시했고요.

일본사회성격 논쟁에서도 역시 군봉제국주의에 대한 해석이 쟁점이었습니다. 그러나 당시 일본 마르크스주의자들은 러시아사회성격 논쟁에 대해 잘 모르는 상태에서 스탈린주의를 추종했을 따름이에요. 1960년대에 와서 러시아사회성격 논쟁을 일본에 소개한 사람이 바로 와다 하루키 교수였는데, 저도 그를 통해 러시아사회성격 논쟁과 국독자 경향론을 알게 되었던 것이지요.

뿐만 아니라 1930년대 중국사회성격 논쟁에서 제기된 매판적·봉건적 국가독점자본주의론, 좀 더 간단하게 말해서 관료자본주의론도 한국사회성격 논쟁에서 원용되었습니다. 박현채 선생이 신식국독자론을 제출하면서 참고하신 것은 러시아사회성격 논쟁이 아니라 중국사회성격 논쟁이었는데, 1970년대의 민족경제론은 이미 관료자본주의론을 전제하는 것이었어요.

나아가 저는 제국주의 시대의 자본주의는 (국가)독점자본주의일 수밖에 없다는 발리바르의 테제를 '(국가)독점자본주의의 종속적 재생산과정'이라는 테제로 발전시켰습니다. 신식국독자론이 박사논문 『에티엔 발리바르의 '정치경제(학) 비판': '비판의 비판'을 위하여』(한울, 1987)의 결론이기도 했다는 것이에요. [과천연구실 출범 이전 1986-94년 논저목록은 708-9쪽의 '부록'을 참고하시오.]

박현채 선생과 제가 주장한 신식국독자론을 일제강점기에 백남운 선생이 제시한 이식자본주의론으로 소급할 수도 있습니다. 백 선생은 일제가 이식한 자본주의의 특수성이 식민지성과 반봉건성이라고 주장한 반면 박 선생과 저는 그런 특수성이 신식민지성과 (국가)독점성으로 성장·전화했다고 주장했지요. 그런 맥락에서 미군정이 양도한 국유적산을 이승만 정부가 민간에게 불하하여 재벌이 형성된 것인데, 이것이 고 김기원 교수의 박사논문(1989) 주제였어요.

그런데 방금 지적한 것처럼, 박 선생이 신식국독자론을 제기하신 직후에 독점강화-종속심화론과 독점강화-종속완화론의 논쟁이 전개되었습니다. 저는 『제국주의』에서 레닌이 제시한 표지의 전반부인 독점과 후반부인 자본수출을 분해함으로써 독점강화-종속심화론의 입장에서 독점강화-종속완화론을 비판했지요. 그런데 고 이성형 교수의 박사논문(1990)을 통해 라틴아메리카의 사회성격 논쟁에서도 저와 비슷한 표지분해론자가 있었다는 사실을 알게 되었어요.

표지분해론에 따르면 독점은 제국주의의 필요조건이었을 따름이지 그 자체로 제국주의의 충분조건은 아니었습니다. 제국주의가 되려면 독점과 동시에 자본수출도 필요했기 때문이에요. 따라서 자본수입을 통해 독점이 발전한다는 명제도 가능했는데, 바로 이것이 발리바르를 원용하여 제가 제시한 독점자본주의의 종속적 재생산과정 테제의 핵심이었지요.

독점을 가능케 한 자본수입에는 화폐자본뿐만 아니라 생산자본의 수입도 포함되었습니다. 그리고 이것이 경제발전론에서 말하는 금융종속과 기술종속이었지요. 3저호황의 상황에서 독점강화가 종속완화가 아니라 종속심화로 귀결된다는 것을 기술종속의 심화라는 관점에서 실증한 것이 정일용 교수의 박사논문(1989)이었어요. 물론 1997-98년 경제위기를 보면 금융종속이 완화된 것도 아니었고요.

어쨌든 이런 논쟁이 전개되면서 저의 신식국독자론에 동의한 후배들이 결집하여 1990년에 서사연(서울사회과학연구소)이 출범했던 것입니다. 그리고 서사연의 경제분과가 신식국독자론에 근거한 통사인 『한국에서 자본주의의 발전: 시론적 분석』(새길, 1991; 개정증보판: 새길, 1991)을 집필했지요. 반면 한역연(한국역사연구회)이 출판한 통사인 『한국역사』(역사비평사, 1992)의 현대사는 전현대사와 달리 민족해방론적 편향이 강했고요.

그런데 1989-91년에 사회주의가 붕괴하고 곧 이어 서사연도 해체될 수밖에 없었습니다. 1994년에 서사연을 대체한 과천연구실에서는 한국사회성격 논쟁을 넘어서는 이론적 작업이 위주였는데, 그것이 바로 발리바르 작업을 매개로 한 알튀세르 구상의 실현, 즉 마르크스주의의 위기 속에서 마르크스주의의 전화(轉化) 내지 일반화였지요. 반면 (새)서사연에 잔류한 성원들은 마르크스주의를 포기하고 푸코와 들뢰즈의 포스트모더니즘을 수입하는 데 진력했고요.

저의 관심이 한국사회성격 논쟁으로 회귀하게 된 계기는 1997-98년 경제위기와 김대중 정부의 출범이었습니다. 주로 한국개발연구원(KDI)의 연구성과를 참고했는데, 그 결과 신식국독자론의 가장 중요한 결함이 바로 전두환 정부의 신자유주의적 정책개혁에 대한 몰인식이라는 사실을 깨닫게 되었어요. 하기야 신자유주의적 정책개혁, 나아가 신자유주의적 금융세계화에 대한 몰인식이야말로 마르크스주의 일반의 결합이었지만요.

해방 50주년을 기념하여 출판된 『한국경제 반세기: 역사적 평가와 21세기 비전』(한국개발연구원, 1995)이 1979-80년 경제위기에 대해 새롭게 인식하는 계기를 제공했습니다. 박정희 정부가 자멸한 것은 1960년대 수출지향공업화와 모순되는 1970년대 중화학공업화 때문이었고, 전두환 정부가 출현한 것은 신자유주의적 정책개혁을 통해 그런 모순을 해결하려는 목적이었다고 할 수 있지요.

박정희 정부와 달리 전두환 정부가 경제학자들을 중용한 것은 이 때문이었습니다. 그리고 김재익 경제수석과 사공일 경제수석이 대표적인 사례였고요. 대중적으로는 미얀마(버마) 아웅산국립묘지에서 폭사한 김 수석이 유명했는데, 그러나 경제학계에서는 사공 수석에게 주목했지요. 그는 한국개발연구원 시절부터 신자유주의적 정책개혁의 관점에서 수출지향공업화와 중화학공업화의 모순을 일관되게 지적해왔거든요.

경제수석과 재무부장관에서 퇴임한 사공일 박사는 1993년에 세계경제연구원을 설립하는 동시에 『세계 속의 한국경제』(김영사, 1993; 영어판: Institute for International Economics, 1993)를 출판했습니다. 제가 미국의 국제경제연구소(IIE)에 주목하게 된 것도 사실 그 자매기관인 세계경제연구원 덕분이었지요.

물론 1979-80년은 경제위기보다는 오히려 정치위기의 측면에서 주목되어 왔습니다. 김영삼 씨의 의원직 제명으로 촉발된 부마항쟁과 김대중 씨의 구속·수감으로 촉발된 광주항쟁의 폭발력 때문이었지요. 그러나 당시 재야운동권과 조총련 일각에서는 전향을 통해 전두환 정부를 지지하기도 했어요. 두 김 씨가 아니라 전두환 장군이 한국경제의 붕괴를 저지할 수 있을 것이라는 판단 때문이었겠지요. 그런 세태를 보고 당시 주한 미군사령관 위컴(John Wickham, Jr.)이 한국인을 '레밍'에 비유했던 것이고요.

어쨌든 1979-80년 경제위기에 대한 새로운 인식을 통해 김대중 정부의 4대 개혁은 김영삼 정부의 신자유주의적 정책개혁과 동일한 것이고, 김영삼 정부의 신자유주의적 정책개혁은 전두환 정부의 신자유주의적 정책개혁으로 소급하는 것이라는 사실도 새삼 깨닫게 되었습니다. 또 미국의 마르크스주의 사회학자 제임스 페트라스가 분석한 워싱턴 컨센서스의 정치적 조건에도 주목하게 되었고요.

페트라스식 관점에서 볼 때, 전두환 정부의 신자유주의적 정책개혁이 실패한 주요한 이유는 정치적 정당성(legitimacy)의 결여였다고 할 수 있습니다. 그래서 1991-92년 '총체적 난국'이 발발하기 직전인 1990년에 노태우 대통령이 김영삼 씨와 김종필 씨를 영입하여 3당합당을 추진했던 것이고, 그 후 김영삼 정부가 전두환 정부에서 시작된 신자유주의적 정책개혁을 재개했던 것이지요. 그러나 김대중 씨를 중심으로 한 재야운동권과 새로이 출범한 민주노총의 저항으로 김영삼 정부의 신자유주의적 정책개혁이 좌절하면서 1997-98년 경제위기가 발생했던 것이에요.

1997-98년 경제위기의 와중에 출범한 김대중 정부는 전두환 정부와 김영삼 정부의 신자유주의적 정책개혁을 수용하여 4대 개혁을 추진했습니다. 4대 개혁의 추진에 큰 저항이 없었던 것은 주요 저항자였던 재야운동권을 대표한 김대중 대통령이 그 주체였기 때문이지요. 또 민주노총도 김대중 정부에 저항하는 것은 부담스러웠는데, 전라도에는 노동자운동의 기반이 전혀 없었거든요.

김대중 정부를 계승한 노무현 정부는 4대 개혁을 한미자유무역협정으로 완성했습니다. 한미자유무역협정으로 남한은 포스트케인즈주의자 존 로빈슨이 말한 노동자민족으로 전락했고요. 그런데 이 대목에서도 역시 '내로남불'이 타당할 것 같아요. 노무현 정부가 협상을 타결한 한미자유무역협정을 이명박 정부가 비준하려고 하자 친노파가 이른바 '촛불집회'를 통해 대중적 저항을 조직했거든요.

물론 1997-98년 경제위기의 원인은 수익성을 무시해온 재벌의 결함이었습니다. 그래서 미국의 마르크스주의 경제학자 조반니 아리기의 '역사적 자본주의론'을 프랑스의 마르크스주의 경제학자 제라르 뒤메닐과 미국의 마르크스주의 경제학자 덩컨 폴리가 제시한 '이윤율의 경제학'과 결합했던 것이지요. 또 그런 결합의 근거를 마르크스 이후 최고의 마르크스주의 경제학자인 헨릭 그로스만에게서 발견했던 것이고요.

『한국자본주의의 역사』에서 제시한 이윤율 그래프를 보면, 전두환 정부의 신자유주의적 정책개혁을 통해 상승하던 남한경제의 이윤율이 3저호황을 계기로 반전하여 1997-98년 경제위기까지 하락세를 지속했고 그 후에는 낮은 수준에서 보합세를 유지했다는 사실을 알 수 있습니다. 반면 미국경제에서는 레이건 정부의 신자유주의적 정책개혁을 통해 상승하던 이윤율이 1997년까지 상승세를 지속했고 그 후에는 높은 수준에서 보합세를 유지했고요.

그런데 이번에는 수익성뿐만 아니라 생산성에서도 재벌의 결함을 발견할 수 있었습니다. 또 안병직 교수가 중진국론의 핵심으로 제시한 '추격'(catch-up) 개념을 비판할 수 있었고요. 1997-98년 경제위기 이후에도 안 교수는 남한경제가 선진국의 추격을 지속한 중진국이라고 강변하고 있지요. 그러나 미국의 경제학자 배리 아이켄그린은 남한경제가 '중진국 함정'(middle-income trap)에 빠져 추격에 실패한 주요 사례라고 강조하고 있습니다. 1997-98년 경제위기가 그런 중진국 함정을 상징하는 사건이었다는 것이에요.

재벌의 기원은 이승만 정부 시절 기업과 은행 같은 국유적산의 무상불하였습니다. 물론 원조물자의 배정에서 특혜정책도 중요했고요. 호남을 대표하던 사대부 김인후의 후손이자 일제강점기 대표적 민족자본가였던 김성수 일가가 아니라 영남 중인의 후손이자 일제강점기 정미업에서 출발하여 무역업과 양조업에 종사하던 이병철 일가가 재벌을 대표하게 된 것도 모두 그런 적산불하와 원조물자특혜배정 덕분이었지요.

1960년대에 박정희 정부는 이승만 정부의 재벌육성정책을 반성하면서 재벌의 부정축재, 특히 삼성이 독점하던 은행을 환수했습니다. 이렇게 재차 국유화된 은행을 통해 재벌을 통제할 수 있었는데, 바로 이것이 수출지향공업화의 가장 중요한 정책수단이던 정책금융이었지요. 물론 한일국교정상화와 베트남참전을 통해 도입한 외자도 중요했고요. 경제적 관점에서 볼 때, 1960년대까지 박정희 정부의 정책에는 큰 결함이 없었습니다. 그래서 4·19세대와 6·3세대가 대거 반정부에서 친정부로 전향했던 것이고요.

『한국자본주의의 역사』의 생산함수 그래프에 대한 설명에서 지적했듯이, 대만과 비교할 때도 1960년대까지는 큰 차이가 없었습니다. 적산을 국유화한 대만에서는 재벌이 아니라 중소기업을 육성했는데, 그러나 남한의 재벌도 1960년대까지는 별로 대단치 않았어요. 대만과 남한의 분기가 발생한 것은 1970년대부터인데, 중화학공업화가 추진되면서 그 주체인 재벌이 점차 강화되었기 때문이지요.

사공일 박사는 정책금융이 1970년대부터 수출지향공업화가 아니라 중화학공업화와 결합된 것에 주목했습니다. 1960년대까지는 수출에 기여하기만 하면 어떤 산업이나 기업이든 지원하는 산업·기업중립적 정책금융이었지요. 그러나 1970년대부터는 중화학공업화에 기여할 경우에만 지원하는 산업·기업특수적 정책금융이 실행되었다는 것이에요.

1970년대 이후 재벌에게는 수익성과 생산성이 중요하지 않았습니다. 중화학공업 자체의 수익성과 생산성이 아무리 낮더라도 정책금융이라는 특혜를 통해 그 이상의 보상을 받을 수 있었는데, 그래서 중화학공업에 대한 중복·과잉투자가 발생했던 것이에요. 물론 미나리 밭이었던 서울 강남의 개발을 비롯한 부동산투기도 중요했지요. 1973-78년에 20% 안팎의 급속한 인플레이션 속에서 6배 안팎이나 급등한 주택·택지가격은 정책금융의 효과를 배가한 요인이었어요.

그런데 전두환 정부 이후에도 재벌에게는 수익성과 생산성이 별로 문제가 아니었습니다. 재벌의 지배구조를 특징짓는 순환출자 때문이었지요. 다단계출자(pyramiding, 벌-민즈) 일반은 소유와 지배의 괴리를 초래하는데, 한국재벌에게 고유한 순환출자는 소유와 지배의 괴리를 최대화하는 최악의 다단계출자이거든요. 따라서 극소수의 지분만 소유하는 총수로서는 재벌 전체의 수익성과 생산성이 별로 중요하지 않았던 것이에요.

독일이나 일본이 미국의 추격에 성공한 것은 그렇다손 치더라도, 남한과 달리 대만이 그럴 수 있었던 것은 추가적 설명이 필요한 대목입니다. 남한과의 가장 중요한 차이는 역시 대만에 재벌이 없었다는 것이지요. 중국의 재벌이 중국사회성격 논쟁의 대상인 관료자본이었는데, 대륙을 상실하고 대만으로 도주한 장개석 정부는 더 이상 관료자본을 육성하지 않았거든요.

남한과 달리 대만에는 1979-80년 경제위기나 1997-98년 경제위기에 비견되는 구조적 위기가 없었던 것은 결국 재벌이 없었던 덕분입니다. 대만에서도 2001년에 심각한 경제위기가 발생했는데, 그것은 자연재해나 미국발 신경제거품의 붕괴와 관련되었던 것이지 대만경제 자체의 결함에 기인했던 것은 아니에요.

마지막으로 사회사 논쟁에 대해서도 간단하게 언급해두겠습니다. 학부 강의에서 제가 늘 강조해온 것이지만, 봉건제를 공부하는 것은 자본주의의 장단점을 인식하기 위한 좋은 방법이지요. 그러면서 저는 남한이 세계 10위권의 자본주의였다면, 조선은 세계 2위의 봉건제였음을 상기할 필요가 있다고 강조하곤 했지요.

식민사관의 잔재인 조선비하론은 생각보다 아주 광범위합니다. 동시에 남한에 대한 자신감은 망상(妄想)이라고 할 정도인데, 대만은 물론이고 일본보다도 낫다고 강변하는 경우까지 있거든요. 조선에 대한 비하와 남한에 대한 망상은 남한사회의 주류가 조선의 비주류였던 탈북서북인과 영남인이라는 사실과도 관련이 있겠지요. 김일성 주석이 북한은 '[조선시대의] 머슴이 주인이 된 나라'라고 했다는데, 남한은 '[조선시대의] 중인이 주인이 된 나라'인 셈이에요.

사회사 논쟁의 기원은 물론 일제강점기의 백남운 선생이었는데, 해방 이후 김용섭 선생과 한역연이 그런 학통을 계승했다고 할 수 있습니다. 그런데 1989-91년의 사회주의 붕괴 이후 이영훈 교수를 비롯한 낙성대학파가 김용섭 선생과 한역연에 대해 비판을 제기했던 것이지요. 그러나 김용섭 선생과 한역연은 이런 비판을 무시하는 것 같아요.

물론 더욱 심각한 것은 팔레학파의 비판이라고 할 수 있습니다. 아마 한국사학계에서 이영훈 교수나 낙성대학파를 무시하는 것은 팔레학파야말로 진정한 논쟁 상대라고 간주하기 때문이기도 한 것 같고요. 그런데 미국판 식민사관이라고 할 수 있는 팔레학파의 원천은 사실 라이샤워의 동아시아사관이라고 할 수 있어요.

질의와 응답

— 한국사회성격 논쟁을 회고하면서 남한과 대만의 차이에 대해 강조하시는 까닭에 대해 설명해주세요.

—『한국자본주의의 역사』에서 설명한 것처럼, 두 나라의 성장경로가 분기하면서 남한은 추격에 실패하고 대만은 일본을 따라 추격을 지속한 원인을 설명할 필요가 있기 때문입니다. 대만과 달리 남한이 국유적산을 무상불하하여 재벌을 육성했다고 하더라도 1960년대까지는 성장경로의 분기가 발생하지 않았지요.

그러나 1970년대부터 중화학공업화가 추진되면서 재벌이 강화되었던 것입니다. 게다가 수출지향공업화보다 중화학공업화가 강조되면서 재벌은 수익성과 생산성을 무시하기 시작했고요. 경제성장을 지향하는 수출지향공업화와 달리 중화학공업화는 군사안보를 지향했지요. 그 결과가 바로 재벌의 '대마불사'였고요.

— 그런데 남한에는 대만에 없는 자동차산업이 있어서 전후방효과를 생산했던 것이 아닌가요?

— 사공일 박사의 증언에 따르면, 현대의 정주영 회장에게 전자산업 진출을 권유하면서 자동차산업에서는 탈퇴하거나 제너럴모터스(GM)와 합작하라고 종용했다고 합니다. 그러나 정 회장이 고집을 부려 현대자동차를 고수했던 것이지요. 대신 삼성의 이병철 회장이 전자산업에 진출하여 역전의 기반을 마련했던 것이고요.

봉건제의 경세학인 유학처럼 자본주의의 경세학인 경제학에서도 궁극적 목표는 생활수준의 향상입니다. 그리고 생활수준을 향상시킬 수 있는 방법이 바로 1인당 국민소득의 상승, 즉 경제성장인데, 경제성장을 위해서는 자본축적과 기술진보가 필요하지요. 문재인 정부의 소득주도성장이 경제학적 문맹 내지 사기인 것은 자본축적과 기술진보의 필요성을 부정하기 때문이에요.

물론 1인당 국민소득이 상승하지 않으면서도 생활수준을 향상시킬 수 있는 방법도 있습니다. 그것이 바로 식민지화 내지 자유무역협정을 통해 노동자민족으로 전락하는 방법이에요. 그래서 김대중 정부의 4대개혁과 노무현 정부의 한미자유무역협정이 생활수준의 향상을 위해 경제주권을 양도한 매국행위라고 비판하는 것이고요.

어쨌든 남한은 자동차산업이라는 재벌의 완성품산업을 기반으로 경제성장을 추진했던 것이고 자동차산업이 없었던 대만은 중소기업의 부품·소재산업을 기반으로 경제성장을 추진했던 것입니다. 물론 자동차산업이 처음부터 경제성장에 기여한 것은 아니었고, 김영삼 정부의 세계무역기구(WTO) 가입이 결정적 계기를 제공했지요. 노무현 정부가 체결한 한미자유무역협정은 두 차례의 개정으로 인해 그 효과가 거의 무산되었고요.

대만과 비교할 때 남한의 성장경로에는 결함이 있었는데, 그것이 바로 신식국독자론이 주장한 독점강화–종속심화였습니다. 영국의 계량경제사학자 로버트 앨런이 강조한 것처럼, 자동차산업의 발전을 위해서는 국내시장을 넘어서 세계시장이 필요했지요. 그래서 세계무역기구 가입과 한미자유무역협정 체결이 불가피했던 것이고요.

경제학에도 일종의 '실험'이 존재하는데, 비교체제론이 그것입니다. 독일통일 이후 자본주의체제와 사회주의체제를 비교할 때 가장 중요한 사례가 경제학 교과서에서 애용되는 남북한의 비교이지요. 모든 조건이 동일하고 다만 경제체제만 다른 유일한 사례가 바로 남북한이거든요. 남북한의 비교체제론이야말로 사회주의에 비해 자본주의가 우월하다는 유력한 증거라는 것이에요.

나아가 자본주의체제의 다양한 변종도 비교할 수 있는데, 그 사례가 남한과 대만의 비교입니다. 둘 다 일본의 식민지에서 해방된 다음 본격적인 자본주의화가 시작되었는데, 남한은 적산의 민유화를 통해 재벌을 육성한 반면 대만은 적산의 국유화를 통해 중소기업을 육성했거든요. 대만에 비해 남한이 열등하다는 결정적 증거가 바로 1979-80년 경제위기와 1997-98년 경제위기였어요.

— 기계산업의 경우는 어땠나요?

— 박정희 정부가 추진한 중화학공업화의 가장 큰 결함은 기계산업의 취약성이었는데, 특히 부품·소재산업이 취약했습니다. 재벌은 완성품 위주의 중화학공업화를 선호했기 때문이에요. 반면 일본이나 대만에서는 중소기업이 중심이 되어 부품·소재산업이 발전했고요. 수송기계인 자동차의 경우도 예외가 아니어서 남한에서는 부품·소재보다는 완성품 위주로 발전했어요.

나아가 기계산업이 완성되려면 부품·소재산업 이외에도 공작기계산업이 발전되어야 합니다. 그런데 그것은 훨씬 더 어려운 일이에요. 1930년대 일본에서도 닛산(日産) 같은 신흥재벌이 출현하여 기계산업과 자동차산업을 발전시켰으나 공작기계는 여전히 미국에서 수입했거든요. 태평양전쟁기 일본의 관료들이 도조 히데키 내각에 참여하지 않았던 한 가지 이유가 여기에 있지요. 공작기계를 수입하면서 전쟁에 승리한다는 것은 망상(妄想)에 불과했기 때문이에요. 전후 일본에서 '관청경제학자'라고 불리기도 한 경제관료가 공작기계산업을 육성한 것은 당연한 일이었지요.

대만에서 부품·소재산업이 발전한 것은 일제 강점기에 진출한 닛산의 영향도 있었고, 나아가 장개석 정부가 미국과 일본의 직접투자를 유치한 덕분이기도 했습니다. 반면 박정희 정부는 직접투자 대신 외채를 선호했는데, 돌이켜보니 외국자본과의 경쟁으로부터 재벌을 보호하기 위한 목적이었던 것 같아요. 얼치기 경제학자들은 그런 정책을 수입대체공업화라고 옹호하기도 했지만요.

— 대만의 문민화에 대해서도 설명해주세요.

— 장개석의 아들이 1987년에 계엄령을 해제했습니다. 이로써 손문이 말하던 군정(軍政) 내지 훈정(訓政)이 헌정(憲政)으로 이행하는 문민화의 첫걸음이 시작되었던 것이고요. 훈정은 해방정국에서 문제가 된 신탁통치(trusteeship) 내지 후견통치(tutelage)와 동일한 것으로, 후진국을 미성년(nonage)에 유비한 자유주의자 존 스튜어트 밀의 구상에서 비롯되었지요.

장개석의 본래 후계자가 1965년에 과로로 급사하는 바람에 그 아들이 후계자가 되었던 것입니다. 그러나 이것이 부자세습이 아니었음은 그가 대만인 후계자를 양성한 다음 사망하기 1년 전에는 계엄령을 해제하기도 했기 때문이에요. 돌이켜보면, 장개석은 이승만 대통령이나 박정희 대통령과 달리 '선의의 독재자'(benevolent dictator)였다고 할 수 있어요.

— 그러나 현재 대만이 남한보다 뒤진 것은 사실이 아닌가요?

— 2000년대의 대만도 경제성장률이 반 토막 나고 맙니다. 주요한 원인은 경제성장의 주역이었던 중소기업이 평가절상에 이은 임금인상으로 인해 중국으로 진출할 수밖에 없었기 때문이지요. 게다가 2001년에는 대만 최초로 마이너스 경제성장을 기록했는데, 1999년에 대지진이 발생한 데다가 2001년에 정보통신기술(ICT) 거품이 붕괴했기 때문이에요. 그러나 대만이 남한처럼 노동자민족으로 전락했다고 할 수는 없어요.

— 노동자민족으로 전락하더라도 생활수준이 상승할 수 있다면, 무엇이 문제인가요?

— '백성에게는 밥이 하늘이다'(民以食爲天, 『사기』)라는 말처럼, 대중에게는 문제가 안 될 수도 있습니다. 그래서 안병직 교수가 주도한 낙성대학파의 '식민지현대화론'도 대중적 차원에서는 일리가

있다고 할 수 있는 것이고요. 개항기 일본에서조차 대중에게는 '손님(客分, 후쿠자와 유키치)' 의식이 보편적이었는데, 청일전쟁과 러일전쟁을 거치면서 비로소 주인 의식이 형성되었다고 하지요.

사실 국가의 존망을 결정하는 경제주권은 대중이 아니라 엘리트, 그것도 전문가가 아니라 경세가의 관심사일 따름입니다. 전문가와 경세가의 차이는 차차 설명하겠는데, 일단 엘리트라고 해도 큰 문제는 없어요. 게다가 경제주권이 없다면, 정치주권도 형해화되겠지요. 문재인 정부가 추구하는 연방제통일도 경제가 미국이나 일본에게 종속되어 있는 상황에서는 미망(迷妄)일 따름이라는 생각이에요.

— 낙성대학파와 팔레학파의 차이에 대해 설명해주세요.

— 학문적 계보가 전혀 다르다는 것입니다. 낙성대학파는 교토학파를 추종하는데, 나카무라 사토루 교수가 그 주창자이지요. 따라서 강좌파를 추종하던 안병직 교수는 역시 강좌파였던 나카무라 교수를 따라 전향한 셈이에요. 반면 팔레학파는 라이샤워가 발탁한 와그너에게서 출발하여 그의 제자인 팔레에 의해 형성되었지요. 팔레학파는 전향한 마르크스주의가 아니라 부르주아 역사학을 추종했는데, 마산에서 출생한 하타다 다카시 교수의 식민사관과 이승훈 선생의 후손인 이기백 교수의 민족사관을 기묘하게 절충한 셈이에요.

한국사학과에서는 낙성대학파보다 팔레학파를 중시하는데, 당연한 일입니다. 반면 낙성대학파에서는 팔레학파에 대해 잘 모르는 것 같은데, 그래서 한국사학계에서 무시당하는 것 같고요. 물론 낙성대학파와 팔레학파가 공유하는 부분도 있어요. 조선의 정체성을 강조하면서 식민지에서 자본주의의 발전에 주목하고 있거든요.

— 그렇다면 역시 자본주의 맹아론이 쟁점일까요?

— 팔레학파와 낙성대학파는 정체성론에 대한 대안으로 제시된 맹아론에 대한 비판이 식민지자본주의론에 대한 증명이라고 생각하는 것 같습니다. 그러나 일제강점기에 이미 백남운 선생이 식민지자

본주의론을 비판하면서 자본주의 맹아론과 함께 이식자본주의론을 주장했는데, 바로 이것이 박현채 선생과 저의 신식국독자론의 출발점이었지요.

한국사학계의 금과옥조였던 자본주의 맹아론은 1950년대까지 중국이나 북한에서 전개된 사회사 논쟁의 성과였습니다. 그런데 한국사학계에서는 1960년대 이후 서구마르크스주의에서 알튀세르의 영향으로 역사유물론이 쇄신되면서 자본주의 맹아론이 부정되었다는 사실은 몰랐던 것 같아요. 그래서 백남운 선생의 이식자본주의론과 식민지자본주의론의 구별에도 주목하지 못했던 것 같고요.

자본주의 맹아는 농민이나 수공업자의 소상품생산을 의미하는데, 그것이 분해되어 매뉴팩처가 성립되는 것이 아닙니다. 게다가 매뉴팩처가 산업혁명을 통해 경쟁자본주의로 발전하는 것도 아니고요. 자본주의 맹아나 매뉴팩처나 경쟁자본주의가 없어도 국독자가 성립할 수 있다는 것이 바로 러시아사회성격 논쟁에서 출현한 국독자 경향론의 핵심이에요.

사실 한국사학계의 최대의 결함은 서양사학이나 중국·일본사학과의 분리, 나아가 경제학·사회과학과의 분리라고 할 수 있습니다. 이것은 박정희 대통령이 유신독재를 지지한 대가로 한국사학계에 지불한 '특혜'였는데, 그 결과 한국사학계가 일종의 '중진국 함정'에 빠졌던 것이지요. 한역연조차 예외는 아니었고요.

— 봉건제의 정체성은 어떤 의미인가요?

— 『봉건제론: 역사학 비판』(공감, 2013)에서는 자본주의의 이윤율 분석과 봉건제의 지대율 분석을 유비했습니다. 프랑스의 마르크스주의 경제사학자 부아가 강조한 것처럼, 봉건제에서도 장기적으로 지대율이 상승하고 하락하는데, 지대율이 상승하는 시기가 봉건제의 성장기인 반면 지대율이 하락하는 시기가 봉건제의 쇠퇴기이지요. 따라서 사회사 논쟁의 쟁점인 정체성을 지대율의 하락으로 해석할 수 있다는 것이 제 생각이에요.

다만 지대율에 대한 통계는 이윤율에 대한 통계 이상으로 구하기 어렵다는 데 문제가 있습니다. 그러나 방법이 없는 것은 아닌데, 지대율 하락에 대한 대응에 주목할 수 있거든요. 이윤율 하락에 대한 자본가의 대응이 자본의 인수·합병(M&A)인 것처럼 지대율 하락에 대한 지주의 대응이 토지의 겸병(兼倂, 합병)인데, 이것을 지대율 하락의 방증(간접증거)으로 간주할 수 있다는 것이에요.

자본주의와 봉건제의 유비를 한 단계 더 진전시킬 수 있습니다. 토지겸병에 반대하여 토지제도나 조세제도의 개혁을 시도할 수도 있고 자본주의로의 변혁을 시도할 수도 있기 때문이에요. 나아가 마르크스처럼 전자는 개혁의 길이라는 '부정적 통과점'이고 후자는 변혁의 길이라는 '긍정적 통과점'이라고 부를 수도 있겠지요.

신자유주의적 정책개혁

한국사회성격 논쟁에 대해 한두 가지만 보충한 다음에 주로 신자유주의적 정책개혁에 대해 설명해보겠습니다. 알다시피 1985년『창작과비평』복간호에서 박현채 선생이 사회성격 논쟁을 제기하신 다음 제가「한국사회성격 해명에 있어서 올바른 이론적 입장의 확정을 위하여」(1986)라는 워킹페이퍼와『창비 1987』의 좌담에서 박 선생의 입장을 옹호하면서 민족해방파와 민중민주파 사이에서 사회성격 논쟁이 본격적으로 전개되었지요.

그 사이에 박태호(이진경) 씨가『사회구성체론과 사회과학방법론: 한국사회성격 논쟁에 부쳐』(아침, 1986)라는 책을 출판하기도 했는데, 그러나 부제와 달리 사회성격 논쟁과는 별로 관련이 없었습니다. MT(민주화투쟁위원회)그룹-CA(제헌의회)파와 대립하던 MC(주류)그룹-NL(민족해방)파 출신이었던 그는 사회성격 논쟁을 사회구성체 논쟁으로 오해하여 남한은 반봉건사회가 아니라 자본주의라고 주장했을 따름이거든요.

하기야 중국고전의 사제간 대화에서 '이것은 네가 모르는 일이다'(是非汝所知也)라는 말이 종종 나오는 것처럼, 석사과정 재학생, 그것도 사회학 전공자가 사회성격 논쟁에 개입하는 것 자체가 애당초 무리였습니다. 제 앞에서 자신의 필명이 '**이**것이 **진**짜 **경**제학이다'라는 풍문을 극구 부인한 적도 있고요.

어쨌든 박태호 씨는 제 이론을 수용하여 민중민주파를 대표하는 논객이 되고 석사논문도 쓸 수 있었습니다. 그리고 1990년을 전후로 저와 일종의 분업을 시작한 셈인데, 박태호 씨는 윤영상 씨와 함께 『노동[자]계급』그룹을 조직하기로 하고 저는 서관모 교수와 함께 서사연을 책임지기로 한 셈이거든요. 또 고훈석 씨는 새길출판사에서 『현실과과학』을 출판하기로 한 셈이고요.

『노동계급』그룹과 서사연의 최대의 약점은 386세대만 있었다는 것입니다. 서사연에는 그나마 저나 서관모 교수 같은 70학번대가 있었지만, 그러나 『노동계급』그룹에는 70학번대가 전혀 없었어요. 그래서 우여곡절 끝에 윤영상·박태호 씨가 인민노련(인천민주노동자연맹)과 통합을 시도했던 것 같아요. 인민노련의 지도부를 구성한 사람이 주대환·황광우·노회찬 씨였는데, 주대환 씨는 저나 서관모 교수와 같은 73학번, 황광우 씨는 79학번, 1956년생이지만 고등학교 입학시험에서 재수하고 병역을 이수한 다음 대학에 입학한 노회찬 씨도 79학번이었지요.

그러나 『노동계급』그룹과 인민노련의 통합에는 이론적 차이라는 장애가 있었습니다. 인민노련은 저의 통일론은 수용하면서도 신식국독자론에는 이견을 제기했지요. 이병천 교수나 양우진 씨와의 연고로 인해 그들이 주장하던 독점강화-종속완화론을 수용했거든요. 그래서 윤영상·박태호 씨의 통합론을 비판하면서 『노동계급』그룹에서 이탈한 성원도 있었던 것이고요.

설상가상으로 1990년 봄의 『노동계급』그룹 조직사건(국가안전기획부 담당)에 이어 1991년 여름에는 서사연에서도 프락치 침투로 인한 공안사건(치안본부대공분실('남영동')과 국군기무사령부 담당)이 발생했습니다. 서사연 사건으로 구속·수감된 대학원생 중 권현정 씨를 제외한 남학생 4명 전원은 '반성문'을 쓰고 전향했는데, 그래서 서사연 사건을 담당하던 민변(민주사회를위한변호사모임)의 변호사들이 연말 망년회에서 '네깐 놈들이 무슨 마르크스주의자냐'면서 주정을 부리기도 했지요. 반면 전향한 어떤 대학원생은 자기 인생을 책임지라는 듯이 뗑깡(癲癎, 지랄)을 부리기도 했고요.

당시 공안당국에서 지목한 서사연 사건의 주모자는 물론 저였습니다. 그러나 대통령비서실까지 참여한 이른바 '관계기관대책회의'에서 대학원생 5명만 구속·수감하기로 결정했던 것이지요. 저의 중고등학교 2년 선배로 당시 법무부 검찰과장이던 이사철 의원의 전언에 따르면, 김영삼 의원을 영입하여 한창 문민화를 준비하던 노태우 정부가 저를 구속·수감하는 것을 부담스러워 했던 것 같아요. 당시에는 제가 꽤 유명해서 저를 탄압하는 순간 정치적으로 문제가 될 수 있었거든요. '위안부 스캔들'을 통해 새삼 깨달은 것처럼, 요즘에는 한신대학보사조차 저에 대해 잘 모르는 것 같지만요.

어쨌든 그런 상황에서 저는 서관모 교수와 함께 『현실과과학』을 폐간하고 『이론』을 창간하면서 서사연도 개조해보려고 시도했는데, 결국 실패하고 말았습니다. 서사연의 개조는 쉽지 않았고, 『이론』 내부에도 이견이 많았기 때문이에요. 그래서 1993년에 서사연을 해체하고 1994년에는 『이론』에서 탈퇴하면서 과천연구실에만 전념하게 되었던 것이지요.

과천연구실은 서사연 경제분과가 주축이었는데, 물론 사회학을 비롯한 비경제학 전공자를 배제한 적은 없습니다. 그러나 그들은 대부분 서사연에 잔류하여 마르크스주의를 포기하는 대신 포스트모더니즘의 전도를 자임했지요. 아마도 일본 68세대의 영향을 받았던 것 같은데, 불어를 읽을 줄 아는 사람이 없었거든요.

알다시피 과천연구실은 마르크스주의의 자기비판으로서 마르크스주의의 일반화를 표방했고, 그 동안 '일이관지'(一以貫之, 일관)해왔습니다. 그런데 1997-98년 경제위기로 한국경제가 붕괴하기 시작했어요. 그래서 브뤼노프를 넘어서 아리기·뒤메닐·폴리 등과 함께 그로스만에 대한 연구를 진행했던 것이고요.

그러던 중 고 정운영 선생과 조준상 기자의 주선으로 『한겨레신문』에 '가리사니'(識見) 칼럼을 쓰게 되었는데, 필진은 김금수 선생, 최장집 교수, 그리고 저 세 사람이었습니다. 가리사니 덕분에 『마르크스의 '경제학 비판'』(공감, 2001; 개정판: 공감, 2005; 증보개정3판: 『마르크스의 '자본'』, 공감, 2009)과 동시에 『이윤율의 경제학과 신자유주의 비판』(공감, 2001)을 쓸 수 있었던 셈이지요.

1997-98년 경제위기와 김대중 정부의 신자유주의적 정책개혁은 마르크스주의를 넘어서 신식국독자론에 대한 자기비판도 요구하는 것이었습니다. 지난 주에 이미 언급한 것처럼, 한국개발연구원이 해방 50주년을 기념하여 출판한 『한국경제 반세기』에서 많은 것을 배웠는데, 특히 수출지향공업화와 중화학공업화의 모순을 해결하려는 시도로서 경제안정화종합시책의 중요성을 알게 되었지요.

1979년 4월 17일의 경제안정화종합시책이 남한 최초의 신자유주의적 정책개혁이었습니다. 개혁으로 인한 고통이 가중되던 와중에 야당에 대한 탄압도 가중되었지요. 9월 8일에 법원은 김영삼 의원의 신민당 총재직을 정지시켰고, 10월 4일에 국회는 사상 초유로 그의 의원직까지 박탈했거든요. 당시 김 의원이 인용한 이양우 시인의 '닭의 목을 비틀어도 새벽은 온다'라는 시구는 차후 민주화운동을 상징하는 격언이 되었어요.

그런 상황에서 10·16부마항쟁이 발생했던 것입니다. 그리고 그 대책을 둘러싸고 강경파인 차지철 경호실장과 온건파인 김재규 중앙정보부장의 갈등이 전개되면서 결국 김 부장이 차 실장과 그를 편애하던 박정희 대통령을 암살한 10·26사건이 발생했고, 나아가 김 부장과 그에 대한 입장이 애매했던 정승화 육군참모총장을 처단한 전두환 보안사령관의 12·12사건이 발생했던 것이지요.

10·16부마항쟁이 10·26사건과 12·12사건을 거쳐 이듬해 5·18광주항쟁으로 이어지는 격동의 수개월에 대한 역사적 분석은 아직 요원

한 일입니다. 전두환 장군의 집권이라는 결과만 보고서 '신군부의 야욕' 운운하는 것은 몰역사적 태도이기 때문이지요. '서울의 봄'을 기화로 김대중 씨와 한신대 중심의 재야운동권에 의해 촉발된 3김의 대권경쟁도 결정적 요인이었다고 할 수 있어요.

1979-80년의 상황은 수출지향공업화와 중화학공업화의 모순으로 인해 한국경제가 붕괴할지도 모르는 상황이었는데, 김대중 씨는 물론이고 김영삼 씨조차도 경제안정화종합시책으로 시작된 신자유주의적 정책개혁을 실행할 능력이 없었습니다. 그래서 전두환 장군이 선택되었던 것이에요. 마치 현대화를 위해 장면 총리나 윤보선 대통령이 아니라 박정희 장군이 선택되었던 것처럼요.

사공일 박사가 자기비판한 것처럼, 전두환 정부의 신자유주의적 정책개혁이 실패한 이유는 1986-88년의 '3저호황'에 대한 오판으로 인해 재벌개혁을 산업합리화로 후퇴시킨 데 있었습니다. 그러나 더욱 중요했던 것은 역시 경제적으로 고통스런 개혁에 대한 저항을 합리화해준 정치적 정당성의 결여였다고 할 수 있겠지요.

물론 재벌의 저항에도 주목할 필요가 있습니다. 유언비어였을지도 모르겠는데, 현대의 정주영 회장은 전두환 장군을 조카로 대우했다는 풍문이 있었어요. 자신이 박정희 대통령의 동생 격이니까 박정희 대통령의 아들 격인 전두환 장군은 조카라는 것이었지요. 그런데 대통령이 된 다음 안하무인으로 구니까 아니꼽게 생각했던 것 같아요. 또 전두환 정부에서 권유한 전자산업 진출을 거부하고 자동차산업만 고집했던 것 같고요. 그 결과 호시탐탐 기회를 노리고 있던 삼성의 이병철 회장에게 역전패당한 셈이지요.

어쨌든 노태우 정부는 1990년에 3당합당을 통해 문민화를 준비하는 동시에 신자유주의적 정책개혁을 재개하여 1991-92년의 '총체적 난국'을 타개하려고 시도했습니다. 노태우 대통령의 민주정의당, 김영삼 의원의 통일민주당, 김종필 의원의 신민주공화당을 합당한 민주자유당은 '포괄정당'(catch-all party/big tent)의 사례였지요.

위키피디아를 보면, 포괄정당은 아주 많습니다. 영국이나 미국처럼 자유주의와 보수주의라는 이념적·정책적 분화가 확실하면 양당제를 통한 정권교체가 가능하지요. 그러나 그런 분화는 유럽에서조차 확실치 않아서 독일이나 프랑스처럼 다당제를 채택하거나 이탈리아처럼 포괄정당제를 채택하는 것이에요. 일본도 역시 포괄정당제를 채택한 것이고요.

김영삼 정부의 신자유주의적 정책개혁도 실패할 수밖에 없었던 것은 3당합당을 통한 문민화의 한계 때문이라는 지적이 있습니다. 지난 주에 언급한 페트라스가 주목한 칠레의 경우를 보면, 1990년에 시작된 문민화의 주체는 피노체트 장군의 군사독재에 반대해온 사민당과 기민당 중심의 민주주의를위한정당연합(Concertación)이었어요. 그런데 남한에서는 1980년 3김의 경쟁을 능가하는 1987년 양김의 분열로 인해 애당초 그런 연합이 불가능했던 것이지요.

그 후에도 양김의 분열은 치유될 전망이 없었습니다. 1992년 대선에서 패배한 당일 정계 은퇴를 선언했던 김대중 씨가 2년만에 정계에 복귀하면서 김근태 선배를 비롯한 재야운동권을 공식적으로 흡수·통합하여 새정치국민회의를 창당했거든요. 곧 이어 김영삼 정부에서 소외된 김종필 씨가 창당한 자유민주연합과 디제이피(DJP)연합을 형성했고요. 그리고 1997-98년 경제위기의 와중에 4전5기로 대통령 꿈을 이룰 수 있었던 것이에요.

김대중 대통령이 '내로남불'이라는 궤변의 원조였습니다. 네이버뉴스를 찾아보면, '내가 하면 로맨스, 남이 하면 불륜'의 기원은 김 대통령이었지요. 1997년 대선에서 김종필 후보의 자민련과의 연합이 야합이라고 이회창 후보의 신한국당(민자당의 후신)이 비판하자 김대중 후보의 국민회의가 그렇다면 3당합당은 로맨스이고 디제이피연합은 불륜인가라고 반박했거든요. 그런데 로맨스는 불륜이라는 의미이므로, 내로남불은 궤변일 따름이에요.

물론 김영삼 정부의 실패를 초래한 양김의 분열에는 역사적 배경도 있었습니다. 김영삼 대통령은 민주당 구파의 후예인 반면 김대중 대통령은 민주당 신파의 후예였지요. 한국민주당에서 연원한 민주당 구파의 지역적 기반은 기호지방이었는데, 신익희 선생, 조병옥 박사, 윤보선 대통령을 계승한 김영삼 대통령은 기호지방이 아니라 경상도, 그것도 하필 경남 출신이었어요. 경북과 달리 경남의 정치 성향은 일관성이 없다는 것이 특징이라면 특징이었거든요.

놀랍게도 김영삼 대통령에 대한 평전은 아직도 없습니다. 재야언론인 출신인 김삼웅 씨는 신뢰할 수 없는 작가인데, 그의 『김영삼 평전』(깊은나무, 2016)은 김대중 대통령을 찬양하기 위한 간접적 수단인 것 같아요. 김대중 대통령처럼 전라도의 섬마을에서 태어난 김 작가도 역시 독학자여서 여러 가지로 동병상련의 처지였지요. 그렇다고 해서 김영삼 대통령에게 애정을 가진 경상도 출신의 작가가 있는 것도 아니어서 아직까지 제대로 된 평전이 없는 것 같아요.

어쨌든 김영삼 정부의 신자유주의적 정책개혁이 실패하면서 남한경제는 '복원력'을 상실하고 침몰하기 시작했습니다. 『한국자본주의의 역사』에서 제시한 이윤율 그래프에서 알 수 있듯이, 1991-92년에 이윤율은 1979-80년 수준으로 하락했지요. 그러나 김영삼 정부의 신자유주의적 정책개혁이 실패하면서 하락세가 지속되어 1997-98년 경제위기가 발생하고 남한경제가 붕괴했던 것이에요. 반면 1979-80년의 경제위기가 남한경제의 붕괴로 귀결되지 않았던 것은 전두환 정부의 신자유주의적 정책개혁 덕분이었습니다. 물론 1986-88년의 3저호황으로 인해 신자유주의적 정책개혁이 중도반단되면서 이윤율이 상승세에서 하락세로 반전되었지만요.

그런데 김대중 정부의 재벌개혁과 금융개혁은 전두환 정부나 김영삼 정부가 추진했던 신자유주의적 정책개혁을 계승한 것이었습니다. 또 노무현 정부가 추진한 한미자유무역협정은 전두환 정부의 개방화정책과 김영삼 정부의 세계무역기구(WTO) 가입을 계승한 것이었고요. 차이가 있었다면, 민주노총의 출범으로 인해 김대중-노무현 정부에서는 노동개혁이 추가된 정도였겠지요. 전두환 정부부터 김대중 정부까지의 공공개혁은 노무현 정부에서 반전되어 오히려 공공부문이 확대되었고요.

그러나 김대중-노무현 정부가 추진한 정책개혁은 전두환-김영삼 정부와 본질적으로 동일한 정책개혁이면서도 남한경제가 복원력을 상실하고 침몰하던 상황에서 추진한 정책개혁이라는 차이가 있었습니다. 적기에 추진된 정책개혁이 아니라 이미 실기한 정책개혁이라는 것인데, 그 결과는 매국에 유비되는 것이었지요. 김대중-노무현 정부를 거치면서 남한경제가 노동자민족으로 전락했거든요.

복원력을 상실한 남한경제가 완전히 침몰한 것은 김대중-노무현 정부 이후였습니다. 완전한 침몰은 경제 자체의 소멸이라는 의미가 아니라 경제주권을 상실한 노동자민족이라는 의미이지요. 우리은행을 제외한 다섯 개 시중은행을 모두 외국인이 지배하고, 심지어 실물경제를 대표하는 삼성전자와 현대자동차조차 외국인이 지배하는 상황을 지시하는 데 적절한 개념이 바로 포스트케인즈주의자 존 로빈슨의 노동자민족이에요. 그런 상황에서는 이윤율과 자본성장률, 나아가 경제성장률의 변동조차 별로 중요하지 않지요.

노동자민족으로 전락하여 경제주권을 상실해도 평상시에는 별 문제가 없을지도 모릅니다. 그러나 2018년 9월 남북정상회담 직후에 미국 국무부와 재무부가 남한의 은행과 기업에 직접 연락하여 '세컨더리 보이콧'을 경고한 것은 아주 주목할 만한 사건이었습니다. 문재인 정부를 '패싱'한 것인데, 남한에서 영업하는 은행과 기업이라고 해서 남한의 소유는 아니라는 사실을 상기시킨 셈이에요.

이번 사건은 문재인 정부가 정치주권이나 군사주권을 행사한답시고 미국의 '허락'(approval, 트럼프 대통령)도 없이 남북관계에서 과속한다면, 미국은 남한에서 영업하는 은행과 기업에 대한 경제주권을 행사할 수 있다는 함의를 갖는 것입니다. 경제주권이 없는 상황에서 정치·군사주권은 형해화될 수밖에 없는데, 제국주의론에서는 그런 상황을 가리켜 반식민지 내지 신식민지라고 불렀지요.

『한국자본주의의 역사』에서 소개한 것처럼, 미국의 정치경제론자(political economist) 배리 와인개스트에 따르면, 1987년 이후 남한사회에서는 금권주의(plutocracy)와 인민주의(populism)가 점차 부상했습니다. 엥겔스가 상찬한 리얼리즘 작가 발자크처럼 말하자면, 그 결과 천민부르주아지의 성장과 그들에게 승복하지 않는 하층민의 '질투의 권리선언'(déclaration des droits de l'Envie)이 공존하게 되었다고 할 수 있지요.

이미 언급한 것처럼, 성장하는 천민부르주아지의 가장 극적인 사례는 1992년에 대권에까지 도전한 현대의 정주영 회장이었습니다. 그러나 개념적으로 접근할 경우, '천민성'(pariahhood)은 노블레스 오블리주, 즉 행동규범이 부재한다는 의미일 것이므로, 삼성의 이병철 회장을 비롯한 거의 모든 경우가 천민적이라고 할 수 있겠지요. 하기야 제가 대학을 다니던 1970년대에는 삼성보다는 오히려 현대가 낫다는 것이 세론이었으니까요.

일제강점기에 거의 유일한 민족부르주아였던 김성수 일가를 대신해 해방 이후 재벌로 성장한 사례는 요즘 말로 '듣보잡'(듣지도 보지도 못한 잡놈)이었고 그 결과 천민부르주아지일 수밖에 없었습니다. 특히 이승만 정부에서 국유적산의 무상불하와 원조물자의 특혜배정, 나아가 사치품산업(제일모직·제일제당)과 밀수를 통해 남한 제1의 재벌로 부상한 삼성은 일제강점기에는 '구멍가게'에 불과했었지요.

김성수 선생을 친일파로 단죄하는 것은 별로 근거가 없습니다. 민족부르주아지의 타협성을 매판성으로 오해한 탓이거든요. 김성수 선생의 경성방직은 윤치호 선생의 송도고보실업장과 함께 일제강점기에 조선인이 소유하고 경영한 면직물공장으로 대표적 민족자본이었지요. 중일전쟁 이후 윤치호 선생과 김성수 선생이 일제와 타협한 것을 구실로 그들을 매판부르주아지로 매도하는 것은 근거 없는 오해일 따름이에요.

게다가 김성수 선생은 민족지 『동아일보』도 창간했습니다. 나아가 해방정국에서는 한국민주당에 이어 민주당을 창당했고요. 김성수 선생이 매판적 친일파였다면, 민주당은 물론이고 『동아일보』도 탄압받아 마땅하겠지요. 그리고 그렇게 했던 이승만 정부와 박정희 정부가 정당했던 셈이고요.

김성수 선생이 고려대를 인수하여 현대화했다는 사실도 지적해두겠습니다. 동학의 후예인 천도교가 운영하던 고려대의 교풍은 자유주의가 아니라 민족주의 내지 인민주의였지요. 그런 고려대가 불교 계통의 동국대가 아니라 개신교 계통의 연세대와 비견되는 대학으로 발전한 것은 오로지 김 선생 덕분이었어요. 김 선생을 대신하여 해방 이후 20년간 고려대를 운영해온 유진오 총장의 회고록인 『양호기』(養虎記, 고대출판부, 1977)를 참고하세요.

김성수 선생이 민족부르주아였다는 것은 호남을 대표하던 사대부인 김인후의 13대손이라는 사실과도 무관한 일이 아닙니다. 김인후는 우리나라 사대부 중 문묘에 종사된 18현 중 한 분인데, 그의 수제자가 바로 서인의 거두 정철이었지요. 정철 이후 호남 출신으로 대단한 인물이 없었다고 해도 사대부적 전통이 단절되었던 것은 아닌데, 그 증거가 바로 김성수 선생이었어요.

어쨌든 1987년 이후에는 천민부르주아지에 대한 하층민의 질투와 저항도 전개되었는데, 여기서 와인개스트가 원용하는 미국의 계량경제사학자 더글러스 노스의 '폭력과 지대의 교환'의 사례를 발견할 수 있습니다. 폭력은 폭력 그 자체라기보다는 오히려 무질서를 초래하겠다는 위협이라고 할 수 있어요. 물론 실제로 폭력을 행사하는 경우도 있겠지만요.

폭력과 지대의 교환을 대표하는 사례는 역시 현대에서 결성된 노동조합이었습니다. 삼성의 노동자와 달리 현대의 노동자는 이제까지 총수 일가가 독식해온 독점이윤의 분배에 참여하기 위해 노동조합이라는 조직된 힘을 사용했는데, 이것이 바로 와인개스트가 말하는 '지대공유제'였지요. 그리고 그런 노선에 따라 조직된 것이 민주노총이었는데, 1987년에 현대엔진(-중공업) 초대 노조위원장이었던 고 권용목 씨가 1995년에 민주노총 초대 사무총장이었다는 사실은 우연한 일이 아니었어요.

물론 인민주의가 노조를 통한 폭력과 지대의 교환, 나아가 지대공유제에 국한되는 것은 아닙니다. 최근에 문제가 되고 있는 하층노동자를 위한 최저임금인상이나 자영업자를 위한 소득주도성장도 일종의 인민주의라고 할 수 있거든요. 물론 그들이 민주노총 같은 조직된 힘을 갖고 있는 것은 아니지만요. 그나마 하층노동자는 민주노총의 지원을 받고 있으나 자영업자는 그렇지도 못한 상황이고요.

사실 인민주의는 386세대에게 고유한 이데올로기라고 할 수도 있습니다. 물론 1970년대 재야운동까지 소급할 수도 있는데, 그러나 당시에는 그리 큰 쟁점은 아니었지요. 그러다가 1989-91년 사회주의 붕괴 이후 386세대가 주체사상이나 마르크스주의를 포기하면서 그 대안으로 인민주의를 수용했다고 할 수 있어요. 동시에 386세대가 남한사회의 새로운 주류로 부상했던 것이고요.

와인개스트가 말하는 금권주의와 인민주의의 공존에서 인민주의를 386세대의 이데올로기로 정의해보자는 것입니다. 이미 지적한 것처럼 김대중 씨가 정계복귀를 선언할 수 있었던 것은 김근태 선배가 386세대와 함께 국민회의에 입당한 덕분이었지요. 그러나 386세대가 당시에는 아직 정치세력화할 정도의 연배는 아니었어요.

홍덕률 교수가 강조한 것처럼, 386세대의 부상을 상징하는 이른바 '주류교체론'은 노무현 정부의 출범과 직결되었습니다. 와인개스트도 노무현 정부에서 인민주의가 부상했다고 지적하고 있지요. 그런데 재미있는 것은 와인개스트가 노무현 대통령과 386세대의 갈등에도 주목한다는 것이에요.

노무현 대통령은 자기 생각이 있어서 386세대가 그를 좌지우지할 수는 없었습니다. 따라서 386세대의 인민주의가 부상했지만 노 대통령 자신이 386세대와 갈등하면서 그들의 인민주의를 통제했다고 할 수 있어요. 재벌개혁이나 노동개혁, 남북관계는 모두 386세대가 아니라 노 대통령이 주도했다는 것이지요. 물론 노 대통령과 386세대 사이에서 최대의 쟁점은 한미자유무역협정이었고요.

홍덕률 교수가 386세대로의 주류교체론을 주장할 때 그의 1년 선배인 송호근 교수는 386세대가 기득권세력과 공존할 수 있다고 주장하기도 했습니다. 삼성경제연구소의 후원을 받고 있던 송 교수가 염두에 둔 기득권세력의 대표는 물론 노무현 대통령과 '특수관계'인 삼성이었겠지요. 송 교수는 노 대통령과 386세대의 갈등을 자신이 조정해보겠다는 야무진 꿈이 있었던 것 같아요.

반면 문재인 대통령은 자기 생각이 별로 없어서 386세대가 좌지우지하는 것 같습니다. 물론 노 대통령보다 문 대통령이 당면한 과제가 훨씬 더 곤란한 것인데, 그러나 그것에 대해 공부하는 것 같지도 않아요. 예를 들어 '종전선언'을 채택했다가 상황이 변화하면 취소할 수도 있다고 하는데, 그럴 경우 '선전포고'로 해석될 수도 있다는 사실을 모르는 것 같거든요. 그러나 문재인 정부에 대해서는 다음 주에 토론할 기회가 있으므로, 오늘은 여기서 그치기로 하지요.

질의와 응답

— 재벌노조의 고임금에 대해 과거에는 '상황의 지대'라고 규정하시다가 최근에 와서는 '지대공유제'라고 규정하시는 까닭은 무엇인지 궁금합니다.

— 과천연구실 최초의 성과인 『마르크스주의의 전화와 '인권의 정치': 알튀세르를 위하여』(문화과학사, 1995)와 그 강의록인 『알튀세르를 위한 강의: '마르크스주의의 일반화'를 위하여』(공감, 1996)에서 신자유주의에 대한 민중민주론적 비판을 제시한 바 있습니다. 당시 저는 알튀세르-발리바르와 친화성이 있었던 프랑스의 마르크스주의 경제학자 쉬잔 브뤼노프를 원용했었지요.

2015년에 타계한 브뤼노프는 마르크스의 경제학 비판이라는 관점에서 신자유주의를 비판했습니다. 브뤼노프를 추모하면서 발리바르는 '그녀는 나만큼 철학을 알았는데, 그러나 나는 그녀만큼 경제학을 알지 못했다'고 고백한 바 있지요. 소르본대학 철학과에서 조르주 캉기옘의 제자였던 브뤼노프는 교수자격시험(agrégation)에 부당하게 불합격한 다음 사회학으로 과정박사학위를 취득하고 또 경제학으로 국가박사학위를 취득했거든요.

브뤼노프는 신자유주의에 대한 노동자운동의 대안을 제시하면서 코퍼러티즘이라는 사이비 대안을 비판했는데, 저로서는 막 출범한 민주노총의 편향에 대한 적절한 비판이라는 생각이 들었습니다. 그래서 '상황의 지대'(rent of situation)라는 코퍼러티즘적 목표를 추구하는 대신 전노협(전국노동조합협의회)으로 소급하는 사회운동노조라는 지향을 부활시키자고 제안했던 것이지요. 코퍼러티즘적 지대는 보편적 이익이 아니라 특수한 이익, 그것도 기득권 내지 특권을 의미했기 때문이에요.

알다시피 저는 2007-09년 금융위기까지 민주노총이 사회운동노조로 개조되었으면 좋겠다는 희망을 피력해왔습니다. 『역사적 마르크스주의: 이념과 운동』(공감, 2004)을 보충하는 『금융위기와 사회운동노조』(공감, 2008)가 그 증거였지요. 그러나 '광야의 외침'이었을 따름인데, 이제 와서 보니 민주노총을 개조하겠다고 노조로 진출한 사회진보연대 활동가 중에서도 저의 사회운동노조론에 대한 이견이 많았던 것 같아요.

민주노총이 코퍼러티즘을 추구한 결과는 상황의 지대를 넘어 독점이윤을 공유하는 '지대공유제'(rent sharing)라고 할 수 있습니다. 게다가 재벌노조는 자신의 조직된 힘을 이용하여 임금투쟁에 몰두한 것뿐만 아니라 이른바 '고용세습'을 통해 재벌과 운명공동체를 형성한 것 같아요. 현대자동차노조가 대표적 사례였는데, 최근에는 서울지하철노조를 비롯한 공공노조로도 확산되고 있는 실정이지요.

상황의 지대 내지 지대공유제를 비판하려면 역시 고임금에 주목해야 합니다. 『재론 위기와 비판』에서 지적한 것처럼, 2016년 현대자동차의 연평균임금은 9400만원으로 최상층임금생활자인 판검사보다 고액이지요. 판검사 연봉은 2018년에야 9500만원이므로 상승률이 3%라고 가정하면 2016년에는 9000만원에 약간 미달하거든요. 심지어 부도가 나서 지엠(GM)에 인수·합병된 대우자동차의 연평균임금도 거의 판검사 수준인 8700만원인데, 그 동안 사회진보연대가 지엠대우노조를 열심히 지원한 성과이겠지요.

— 고임금은 자동차노조에 국한된 현상이 아닐까요?

— 그렇지 않습니다. 『한겨레신문』과 『조선일보』가 보도한 2018년 11월 경사노위(경제사회노동위원회, 과거 노사정위원회) 정책토론회에서 발표된 한 연구에 의하면, 500인 이상 대기업 일반의 평균임금도 역시 세계 최고수준입니다. 국제적 비교를 위해 구매력평가(PPP) 기준으로 환산한 500인 이상 대기업의 월평균임금은 남한(2017)이 6100달러인 반면 미국(2015)은 4700달러, 일본(2016)은 4100달러이지요. 프랑스(2015)는 5200달러이고요.

대기업 노동자의 평균임금을 노동자 일반의 평균임금과 비교하면, 남한은 1.85배인 반면 미국은 1.13배, 일본은 1.16배입니다. 프랑스는 1.37배이고요. 2007-09년 금융위기 이후 남한에서 대기업과 기업 일반의 임금격차가 확대되어 2015년에 최대화되었지요. 2015년의 이른바 '민중총궐기'가 상징하는 쌍용자동차노조 투쟁모델의 일반화가 임금격차의 확대로 귀결되었던 것 같아요.

대기업 노동자의 평균임금을 1인당 국민소득과 비교하면, 남한은 1.91배인 반면 미국은 1.01배, 일본은 1.16배입니다. 프랑스는 1.55배이고요. 대기업 노동자의 평균임금을 노동자 일반의 평균임금과 비교할 때와 비슷한 결과이지요. 반면 노동자 일반의 평균임금을 1인당 국민소득과 비교하면, 남한은 1.03배인 반면 미국은 0.89배, 일본은 0.99배입니다. 프랑스는 1.13배이고요. 노동자 일반과 국민 일반의 경제적 지위를 비교할 때, 남한과 일본은 평등한 반면 미국은 노동자가 불리하고 프랑스는 노동자가 유리하지요.

쌍용자동차노조 투쟁모델의 일반화가 임금격차의 확대로 귀결되었다는 사실에 대한 방증으로는 역시 『한겨레신문』과 『조선일보』가 보도한 노동시장의 이중구조에 대한 2018년 12월 한국은행의 연구에 주목할 수 있을 것입니다. 300인 이상 대기업과 나머지 기업의 임금격차를 보면, 1980년대까지의 1.05배 안팎에서 2014년에는 거의 1.7배로 확대되었거든요. 세 번의 계기가 있었는데, 1987년 노동자대투쟁을 계기로 1.25배 안팎으로 확대되었고, 1997-98년 경제위기를 계기로 1.35배로 확대되었으며, 결국 2007-09년 경제위기를 계기로 1.7배까지 비약적으로 확대되었던 것이에요.

물론 임금격차가 생산성격차를 반영한다는 반론도 가능할 것입니다. 그러나 생산성에 영향을 줄 수 있는 일체의 변수를 통제하고 추정한 '임금프리미엄' 내지 '임금지대'도 1980년대까지의 5-10%에서 2014년에는 거의 50%로 확대되었지요. 이 경우도 역시 세 번의 계기가 중요했는데, 1987년 노동자대투쟁을 계기로 20% 안팎으로 확대되었고, 1997-98년 경제위기를 계기로 25% 안팎으로 확대되었으며, 결국 2007-09년 경제위기를 계기로 50%까지 비약적으로 확대되었던 것이에요. 따라서 임금격차에서 임금프리미엄 내지 임금지대를 뺀 생산성격차는 −5% 내지 0%에서 5% 안팎, 10% 안팎, 20%로 확대되었을 따름이에요.

민주노총이 하층노동자를 완전히 무시한 것만은 아닙니다. 대기업 노동자의 양보를 전제하는 '연대임금'에 대한 대안으로 최저임금 1만원을 주장하여 관철시켰거든요. 위키피디아에 따르면, 2018년 1인당 국민소득에 대한 최저임금 7530원의 비율은 0.43인데, 미국의 0.26과 일본의 0.35보다는 높고 프랑스의 0.50보다는 낮은 수준이지요. 1인당 국민소득이 불변이라고 가정한다면, 8350원으로 인상되는 2019년에는 0.47로 프랑스에 접근하고, 급기야 1만원으로 인상될 경우에는 0.57로 프랑스도 추월하는 셈이고요.

이제까지 설명한 각종 임금의 1인당 국민소득에 대한 비율을 다음과 같은 표로 정리해볼 수 있습니다.

	남한	미국	일본	프랑스
대기업 임금	1.91	1.01	1.16	1.55
평균임금	1.03	0.89	0.99	1.13
최저임금	0.43	0.26	0.35	0.50

임금격차에서 남한이 미국이나 일본이 아니라 프랑스와 비슷하다는 사실을 알 수 있지요. 그러나 대기업 노동자의 임금은 남한이 프랑스보다도 훨씬 더 높아요.

— 민주노총의 노선변화와 노조지도자의 세대교체가 관련이 있지 않을까요? 사회진보연대의 경험에 의하면, 구세대에 비해 신세대는 학생운동 출신과의 연대에 별로 관심이 없거든요.

— 별로 그렇지도 않습니다. 1979-80년 부마·광주항쟁 이후 노동자운동에 투신한 학생운동 출신 활동가가 1987년 노동자대투쟁에 고무된 것은 당연한 일이었어요. 그러나 곧 그런 기대가 망상일지도 모른다는 것을 깨닫게 되었는데, 결정적 계기가 현대중공업의 권용목 씨 같은 공고 출신 엘리트 노동자와의 해후였지요. 학출활동가와의 연대가 아주 냉정하게 거부당했거든요.

공고 출신의 엘리트 노동자가 그렇게 판단한 근거는 분명치 않았습니다. 그러나 그 후의 행태를 보면 짐작가는 대목이 없지는 않아요. 우선 '레드 콤플렉스'에 주목할 수 있는데, 엘리트 노동자가 설정한 노동자운동의 목표가 학출활동가의 마르크스주의와 양립할 수 없었다는 것이지요. 예를 들어 권용목 씨가 임영일 교수와 친화성이 있었다는 것이 그 방증이에요.

2007년 민주노총이 산업별노조로 개편되기 직전에 20여년을 봉직해온 교수직까지 포기하면서 노동자운동에 투신한 임영일 교수는 제가 중고등학교 시절부터 알고 지내온 후배이기도 합니다. 그런데 경제학이 아니라 사회학을 전공한 임 교수는 제가 주장해온 알튀세르식 내지 소련식 마르크스주의에 대한 대안을 그람시에게서 발견할 수 있다고 주장했지요. 그러나 그의 대안은 유로코뮤니즘에도 미달하는 사회민주주의였고, 바로 그 점이 권용목 씨 같은 엘리트 노동자에게 매력이 있었던 것 같아요.

나아가 엘리트 노동자가 지식인에게 기대한 것은 자신에 대한 지도가 아니라 자문이었을 따름이라는 사실에도 주목할 필요가 있을 것입니다. 달리 말해서 지식인, 특히 학출활동가에 대한 근본적 불신은 전위를 자임하면서 자신을 대중으로 취급한 데 기인한 것이었지요. 엘리트 노동자는 지식인을 경세가가 아니라 전문가로 취급했는데, 대학생 친구를 원했던 전태일 열사도 같은 생각이었을까 하는 의문이 드는 대목이에요.

어쨌든 이 때문에 노무현 대통령을 비롯한 민변 변호사가 엘리트 노동자에게 인기가 있었던 것 같습니다. 지도가 아니라 자문 내지 변호가 소임이었기 때문이에요. 그런데 그런 인연을 정치적 기반으로 해서 대권까지 장악한 노 대통령이 민주노총을 견제했던 것이지요. 민주노총이 문재인 정부와 운명을 같이 할 수 없는 데는 친노-친문세력의 그런 '원죄'도 있었다는 것이에요.

물론 공고 출신의 엘리트 노동자 중에서 한상균 씨는 권용목 씨와 다를 것입니다. 2007년을 전후로 권용목 씨가 뉴라이트로 전향하면서 이명박 후보를 지지하자 노동자의힘/사회변혁노동자당이 새로운 대안으로 제시한 사람이 바로 2009년 쌍용자동차노조의 극한투쟁을 주도한 한상균 씨였지요.

그러나 트로츠키주의자의 변종인 노동자의힘/사회변혁노동자당이 진정한 전위일 수는 없을 것입니다. 예를 들어 그들이 제시한 제국주의라는 적의 적은 친구라는 단순한 논리는 마르크스주의와 아무런 관련도 없다고 할 수밖에 없거든요. 하기야 레닌주의자인 민중민주파를 스탈린주의자라고 비판하다가 극단적 스탈린주의자인 민족해방파를 지지한 다함께/노동자연대 같은 트로츠키주의자의 또 다른 변종도 있지만요.

한상균 씨나 권용목 씨는 노동자 중에서 엘리트일 따름이지 진정한 의미에서 엘리트일 수는 없습니다. 달리 말해서 그들이 노사문제 전문가가 될 수는 있을지 몰라도 경세가가 될 수는 없다는 것이에요. 게다가 지식인에 대한 그들의 태도를 보면, 역시 박정희 키즈라는 생각이 들어요. 둘 사이에 경세가보다는 전문가와 친화성이 있다는 공통점이 있거든요.

— 한민당도 적산국유화를 주장했다는데, 무슨 까닭이었나요?

— 미군정이 이승만 정부에게 양도한 적산은 일본의 민유 및 국유 재산으로 기업과 은행은 물론이고 토지와 건물까지 포함된 것이었습니다. 적산은 일제에 의한 조선민족의 수탈의 결과이자, 분명 그것을 능가하는 수준이었을 것 같아요. 따라서 적산을 민간에게 그것도 무상으로 불하한다는 것은 어불성설이었지요.

지난 주에 이미 지적한 것처럼, 대만으로 도주한 장개석 정부는 적산을 민간에게 불하한 것이 아니라 국유화했습니다. 국유화에는 부르주아적 국유화도 있고 프롤레타리아적 국유화도 있는데, 부르주아적인가 프롤레타리아적인가는 결국 국가의 성격에 의해 결정되는 법이지요. 따라서 한민당이 적산국유화에 반대할 이유가 없었던 것이에요. 게다가 이승만 정부가 한민당을 견제하기 위해 탈북서북인과 영남인 위주로 적산을 불하하니까 한민당이 아예 적산을 국유화하자고 주장했던 것 같아요.

그런데 『'한국의 불행'』에서 지적한 것처럼, 미군정에서 이미 적산 불하가 시작되었고, 그 효시가 바로 한신대였습니다. 서울 소재 천리교 적산이 그 대상이었는데, 국가신도로서 신사신도(神社神道, 비종교로서 신도)와 구별되는 13개 교파신도(教派神道, 종교로서 신도) 중 조선 진출에 주력했던 것이 바로 천리교였지요.

당시의 상황은 횡보 염상섭이 생생하게 묘사한 바 있습니다. 해방 정국과 1950년대 서울을 중심으로 한 세태에 대한 리얼리즘적 묘사의 압권은 역시 횡보의 작품인데, 『재론 위기와 비판』에서 소개한 그의 리얼리즘 소설을 읽어보세요. 시간이 없으면 민음사의 『염상섭 전집』 10-11권에 실린 중·후기단편을 읽어보시던가요.

횡보의 소설과 단편을 통해 유엔마담(양갈보)이 된 동기가 적산불하였음을 알 수 있습니다. 대표적 사례가 단편 「양과자갑」(『두 파산』, 문학과지성사, 2006)에서 묘사되었지요. 영어를 읽을 줄도 쓸 줄도 모르는 유엔마담이 무상불하받은 적산가옥에 세들어 살고 있는 미국유학생 출신의 영문학 시간강사 '영수'가 주인공이에요.

해방 이후 일본인은 현금과 패물만 챙겨서 몸만 간신히 빠져나갔습니다. 목숨을 잃거나, 여성의 경우에는 욕을 보지 않은 것만도 다행이었으니까요. 일본인이 버리고 간 집이 적산가옥이었는데, 유엔마담을 비롯한 온갖 모리배의 차지가 되었지요. 1960년대까지는 서울에서도 적산가옥이 최고급주택이었어요.

물론 적산불하 말고도 유엔마담이 된 이유는 아주 많았습니다. 해방정국에서 편안하고 안락한 생활을 도모하고 나아가 미국이민을 통해 신분을 상승시킬 수 있는 경로였거든요. 『재론 위기와 비판』에서 소개한 바 있는 박완서 작가의 리얼리즘 소설 『그 남자네 집』(현대문학, 2004)에 나오는 '춘희'가 그런 경우였지요.

문재인 정부

지난 주에는 김대중 정부와 노무현 정부에 대해 신자유주의적 정책개혁을 중심으로 설명했었습니다. 이번에는 문재인 정부를 설명할 차례인데, 김대중 정부는 물론이고 심지어 노무현 정부와의 차이에 주목하지 않을 수 없지요. 2017년은 몰라도 2018년에 들어와 문재인 정부의 정책이 적어도 그 강조점에서 현저하게 변화했다고 할 수밖에 없거든요.

문재인 정부 1년차 정책의 초점은 소득주도성장이었고, 이것은 노동자민족의 복지국가를 건설하려는 대장정의 첫걸음이었습니다. 노동자민족의 복지국가는 물론이고 소득주도성장조차 경제학적 근거는 없었지만요. 그러나 4년 중임제 개헌을 통해 제왕적 대통령제를 완성하기 위해서는 불가피한 '공약'(空約)이었지요.

그런데 2년차에서 정책의 초점이 완전히 변화했습니다. 소득주도성장 대신 북한 비핵화가 부상한 것인데, 트럼프 대통령의 변덕이 중요한 계기였다고 할 수 있지요. '한경오', 즉 『한겨레신문』·『경향신문』·『오마이뉴스』는 트럼프 대통령을 옹호하는데, 미국은 물론이고 전세계의 정론지(正論紙)와는 상반된 논조인 것 같아요.

북한 비핵화에 대해 평가하려면, 전쟁보다는 평화가 낫다는 즉자적 반응을 넘어서 먼저 북한사회주의에 대해 평가할 필요가 있습니다. 다음 주에 한국전쟁 이후 남로당 숙청과 주체사상 정립을 통해 사회주의가 절대군주정으로 타락하는 과정, 게다가 절대군주정의 안전보장을 위해 핵무장을 강행하는 과정을 설명해보겠어요.

이번 주에는 먼저 문재인 정부의 정책이 변화된 이유를 설명해보겠습니다. 첫 번째 이유는 4년 중임제 개헌 자체가 실행불가능했다는 것이겠지요. 2018년 2월의 평창동계올림픽과 4월의 남북정상회담에서 북한 비핵화가 일정에 오를 때까지도 남북관계에 대한 전망이 분명했던 것은 아닌 것 같아요. 그러다가 9월의 남북정상회담에서 채택된 9·19공동선언에 '민족경제의 균형적 발전'이라는 구절이 삽입되면서 연방제통일이라는 전망이 부상된 것 같고요.

문재인 대통령은 2012년 대선에서 연방제통일을 공약한 바 있습니다. 그러나 2017년 대선에서는 별로 강조하지 않았는데, 2012-13년의 3차 핵·미사일실험에 이어 수차에 걸친 2016-17년의 핵·미사일실험으로 인해 북한의 핵무장이 이미 현실화되었기 때문인 것 같아요. 따라서 2006년의 1차 핵·미사일실험에도 불구하고 노무현 대통령이 2차 남북정상회담을 강행했던 2007년과는 상황이 크게 달라졌던 것이지요.

어쨌든 2017년과 2018년 사이에 문재인 정부의 정책이 적어도 그 강조점에서 크게 변화한 것 같습니다. 만일 4년 중임제 개헌은 여론동향을 알아보기 위해 띄운 '애드벌룬'(advertizing balloon (*sic*), 기상관측기구(trial balloon))이었을 따름이고, 연방제통일이 문재인 정부의 진정한 목표였다면, 정권이 교체된 이후 문 대통령 이하 핵심인사 상당수가 '내란음모죄'로 고발될지도 모르겠어요.

따라서 개헌에 실행가능성이 없었다는 데 주목할 필요가 있을 것입니다. 일차적으로 국회에서 개헌안을 발의할 수 있는 민주당의 의

석수나 정치력이 부족했다는 사실을 지적할 수 있지요. 그래서 마치 유신이나 5공 시절에 대통령이 개헌안을 발의했던 것처럼, 2018년 3월에 문재인 대통령이 개헌안을 발의했던 것입니다. 그것도 아랍에미리트 방문 중에 전자결재를 통해서 말이에요. 그러나 정의당과의 '협치'에도 불구하고, 5월에 '의결정족수 미달로 인한 투표 불성립'으로 대통령의 개헌안은 폐기되었지요.

『위기와 비판』에서 이미 지적한 것처럼, 문재인 정부가 출범하기 직전에 국회에서 준비한 개헌안은 의원내각제였습니다. 의원내각제 개헌안은 전두환–노태우 정부를 거쳐 민주당 구파로 소급하는 것이었지요. 반면 대통령제는 이승만 정부와 박정희 정부의 지론이었고요. 물론 선거정치에 대한 찬반이라는 차이는 있었지만요. 의원내각제가 입헌군주정과 친화성을 갖는 반면 대통령제는 절대군주정과 친화성을 갖는다고 할 수 있어요.

한국정치사의 수수께끼 중 하나가 민주당 구파 출신인 김영삼 대통령이 왜 언제부터 의원내각제를 포기하고 대통령제를 지지하게 되었는가라는 문제일 것입니다. 신파 출신인 김대중 대통령과의 경쟁이 결정적이었을 것 같은데, 그래서 3당합당시 합의한 의원내각제 개헌안을 폐기하고 대권에 도전했던 것 같아요. 박정희 정부 이후 경제개혁의 좌절이 김대중 대통령의 책임이었다면, 정치개혁의 좌절은 김영삼 대통령의 책임이었다고 할 수도 있겠지요.

각설하고, 정책이 변화할 수밖에 없었던 또 다른 이유도 있었습니다. 제왕적 대통령제의 완성을 위한 개헌을 설득할 수 있는 가장 중요한 논거가 노동자민족 복지국가의 건설이고 그 출발점이 바로 소득주도성장인데, 그 실행가능성 역시 2018년에 들어와 불확실해졌던 것이지요. 그 결과 5월부터 소득주도성장이 공개적 논란의 대상이 되었던 것이고요.

『위기와 비판』에서 이미 강조한 것처럼, 소득주도성장이나 임금주도성장은 본래 '경제학적 문맹 내지 사기'였습니다. 그런데 문재인 정부는 소득주도성장을 주장하면서도 민주노총의 위세에 굴복하여 그것과 배치되는 최저임금인상을 수용했지요. 홍장표 경제수석과 그 이론적 후원자인 이상헌 박사가 말하는 소득은 자영업자의 소득이라는 의미이거든요. 그래서 임금노동자의 소득을 강조하는 임금주도성장과 구별하여 소득주도성장이라고 한 것이고요.

물론 민주노총이 임금주도성장을 주장하는 것도 아닙니다. 앞으로 두고볼 일이겠는데, 만일 경사노위에 참여하여 노동시간단축과 탄력근로제를 교환한다면, 결국 저임금·장시간·고강도노동을 수용하는 셈이거든요. 그렇다고 해서 판검사보다도 고임금인 자동차노조가 주도하는 민주노총이 경사노위에 무한정 불참할 수만도 없는 일이겠고요.

지난 주에도 지적한 것처럼, 저는 민주노총의 한계가 '지대공유제'를 통해 기득권 내지 특권을 고수하는 데 있다고 생각합니다. 마르크스는 그런 권리를 사익(私益)이라고 불렀지요. 그는 『자본』의 「서문」에서 다른 과학과 달리 경제학은 무지와 미신이라는 적만 상대하는 것이 아니라고 강조했어요. 경제학이 상대해야 하는 또 다른 적이 바로 '사람의 가슴속에서 가장 난폭하고 가장 야비하며 가장 원한과 증오로 가득 찬 감정, 즉 사익이라는 분노와 복수의 여신들(Furien)'이라는 것이에요.

민주노총의 전투성이 변혁성과는 아무런 관련도 없다는 사실을 강조해둘 필요가 있습니다. 사익에서 비롯되는 원한과 증오, 분노와 복수일 따름이라고 할 수 있거든요. 따라서 '폭력과 지대의 교환'을 통한 '지대공유제'라는 민주노총의 전략도 자본주의의 변혁과는 아무런 관련도 없다는 것이고요.

그런데 2018년 10월에 민주노총의 고용세습에 대한 논란이 제기되었습니다. 재벌노조의 고용세습이 공공노조까지 확대된 것이지요. 하기야 '중인이 주인이 된' 남한에서는 재벌의 3대세습이 이루어지고, '머슴이 주인이 된' 북한에서는 정권의 3대세습이 이루어지는 마당에 노동자가 고용을 세습하는 것이 무슨 문제인가라는 반론 같지 않은 반론을 민주노총이 제기할지도 모르겠지만요.

문재인 정부가 소득주도성장을 보조하는 정책으로 공공부문에서 비정규직의 정규직화를 추진했었는데, 그것을 기화로 해서 민주노총이 고용세습을 도모했다는 것은 정말이지 기절초풍할 일입니다. 고용세습이 노조적폐였음이 폭로되는 순간이기도 하고요. 그러나 민주노총이 이런 난국을 돌파하기 위해 2015년에 이은 제2의 '민중총궐기'를 시도할 수는 없을 것 같아요.

『금융위기와 사회운동노조』에서 설명한 것처럼, 1980년대 이후 이탈리아에서 공공노조가 부상하면서 노동자운동이 쇠퇴했습니다. 노총이 추진하는 '연대임금'에 반대하여 임금격차를 고수하기 위해 독립노조를 결성했던 것이지요. 그런데 민주노총에서는 노총이 무력한 상황에서 공공노조가 재벌노조를 따라 고임금과 고용세습을 도모하고 있다는 것이에요.

민주노총을 노동귀족이라고 부르기도 하는데, 어폐가 있습니다. 하기야 남한에서는 노블레스 오블리주가 없는 천민귀족만 있으니 본래의 귀족이 무엇인지 알 도리가 없겠지만요. 중국이나 조선의 봉건제, 그것도 전기(前期) 봉건제를 특징짓는 귀족은 전쟁에서 군공(軍功)을 세운 대가로 토지와 지위를 세습했지요.

민주노총이 노동귀족이 아니라는 사실은 쉽게 알 수 있습니다. 경제적 의미에서 군공은 생산성일 것인데, 공공노조가 생산성의 대가로 고임금과 고용세습을 보장받는 것은 아니거든요. 심지어 자동차노조조차도 그런 것은 아니고요. 그래서 폭력과 지대의 교환을 통한 지대공유제라고 한 것인데, 언제부터인가 지대공유제가 고용세습을 통해 재생산되었던 것이에요.

민주노총은 노동귀족이 아니라 노동제후입니다. 봉건제를 특징짓는 귀족의 세습과 달리 노예제를 특징짓는 제후의 세습은 군공이 아니라 혈통을 통한 것이지요. 봉건제에서 혈통을 통한 세습은 중국의 황제나 조선의 왕에게만 허용된 특권이었어요. 게다가 후기(後期) 봉건제의 사대부는 토지와 지위를 세습할 수 없었는데, 과거제를 통해 자신의 학력(學力)을 증명해야 했기 때문이에요.

하여튼 민주노총이 최저임금인상에 이어 고용세습이 초래한 이 난국을 어떻게 돌파할지 두고볼 일입니다. 고용세습이라는 적폐는 세계노동자운동사에 길이 남을 에피소드일 것인데, 과거 일본식 노동자운동의 적폐로 지적되어온 연공서열과 종신고용을 무색케 하는 적폐 중의 적폐이거든요.

지난번에 설명한 상황의 지대에 대한 설명도 부연해두겠습니다. 브뤼노프는 코퍼러티즘적 지대를 가리켜 '비옥도[생산성]에 의해 결정되는 지대'(rent of fertility)가 아니라 '위치[시장과의 거리]에 의해 결정되는 지대'(rent of situation)라고 불렀지요. 또 그런 위치는 고정불변의 '신분'(position)이 아니라 역전가능한 '상황'(situation)이라고 강조했고요. 따라서 고용세습을 위한 민주노총의 투쟁은 상황의 지대를 신분의 지대로 전환시키려는 세계사적 시도인 셈이지요.

요컨대 개헌이나 그 경제적 배경으로서 노동자민족의 복지국가 건설이 실행불가능했다는 것인데, 그런 상황에서 친노-친문세력이 분화한 것 같습니다. 예를 들어 공지영 작가는 이재명 지사를 비판하면서 이명박-박근혜 정부가 양산한 '진보의 탈을 쓴 사이비 진보'를 척결하자고 주장한 바 있지요.

공지영 작가식의 논리를 좀 더 일반화해보면, 문재인 정부를 지지하는 친노-친문의 인민주의자가 분화한다고 할 수 있을 것 같습니다. 사이비 인민주의자와 진정한 인민주의자를 구별한다면, 전자는 대중을 지도하는 엘리트인 반면 후자는 이른바 '대중지성'을 찬양하면서 대중과 융합하는 대중의 일원일 따름이지요.

사이비 인민주의자는 소득주도성장이나 기본소득을 통해 노동자민족의 복지국가를 건설하자는 '허황한'(『우리민족끼리』) 정책으로 대중을 현혹할 따름입니다. 반면 진정한 인민주의자는 그런 '돼지의 행복'(Sauwohl, 헤겔)을 비판하는 동시에 미제에 대항하여 핵무력을 건설하면서 인간의 행복을 누리는 북한과의 연방제통일을 추진하는 세력이고요. 2018년 11월에 광화문 세종문화회관 계단에서 공개적으로 결성된 '백두[혈통]칭송위원회'가 그 대변자이겠지요.

개헌안과 노동자민족 복지국가의 건설이 실패하자 친노-친문 인민주의자가 분화하면서 연방제통일을 주장하는 친북세력이 득세한 것 같습니다. 물론 남북정상회담과 북미정상회담이 성사되자 남북관계가 획기적으로 진전된 것 같은 착각도 작용했겠고요. 이것은 문재인 정부의 정책 변화에 대한 선의의 해석인데, 만일 문재인 정부의 목표가 처음부터 연방제통일이었다면, 정권이 교체된 다음 '내란음모죄'에 대한 논란이 제기될 수도 있거든요.

친노-친문 인민주의자의 분화는 우선 문재인 정부의 지역적 기반이라는 요인과 관련될 것 같습니다. 2018년 8월부터 지지율이 50% 대로 하락했는데, 그러나 지역별 격차는 여전하지요. 문재인 대통령의 당선에 결정적으로 기여한 호남의 지지율이 견고하거든요. 그런 상황에서 호남의 지지를 유지할 수 있는 정책이 바로 남북관계라고 할 수 있어요. 호남은 언필칭 통일지상주의이니까요.

나아가 내각 안에 저항세력이 없다는 것이 두 번째 요인일 것 같습니다. 소득주도정책에 대해서는 김동연 부총리가 나름대로 비판적 입장을 개진한 바 있지요. 그러나 대북정책에 대해서는 외교부와 국방부가 완전히 무력했어요. 하기야 강경화 장관은 외교관이 아니라 아나운서 출신 통역관이었고, 송영무 장관은 육사 졸업생이 아니라 해사 졸업생이었거든요.

폼페이오 국무부장관이 강경화 외교부장관에게 '쌍욕'(f-word)까지 했다는 풍문이 있을 정도입니다. 2018년 9월 남북정상회담 직후에 방북한 폼페이오 장관이 방북 성과가 전무하자 문재인 정부에게 속았다고 생각한 것 같아요. 물론 김정은 위원장조차 문재인 정부에게 속았다고 생각할지도 모르고요. 문재인 정부는 'arbiter'(중재자·심판자)가 아니라 'middleman'(중개자·중매자)일 따름인데, '잘하면 술이 석 잔, 못하면 빰이 석 대'라는 속담이 생각나는 대목이지요.

강경화 장관은 아무리 문외한이라고 해도 너무할 정도로 외교에 무지한 것 같습니다. 비선실세에게 방해가 될 뿐인 '워싱턴스쿨'(미국통)이나 '재팬스쿨'(일본통) 같은 베테랑 외교관은 모두 소외되었다고 하지요. 그런데도 강 장관은 외교관의 영어 발음이 나쁘다는 지적질을 일삼는다는데, 역시 멍청이는 어쩔 수 없는 것 같아요.

송영무 국방부 장관은 조금 낫습니다. 그래서 비선실세라고 짐작되는 문정인 교수와의 충돌도 불사했던 것이고요. 그러나 육사 출신이 엘리트이고 해사 출신은 그보다 열등할 수밖에 없어요. 물론 해사 출신이 공사 출신보다는 한 수 위겠지만요. 송 장관이 문 교수에게 수모를 겪으면서도 자리를 지켰던 것은 역시 해사 출신이라서 그런 것 같아요. 한 마디로 엘리트의식이 없었다는 것인데, 엘리트의식이란 자존심 내지 지조라는 의미이거든요.

세 번째 요인은 언론통제일 것 같습니다. 작년에는 탁현민 행정관의 '쇼통'이 문제였다면, 올해의 문제는 역시 언론통제이겠지요. 언론통제에는 신문이나 지상파방송은 물론이고 종편방송에 대한 통제까지 포함되는데, 그래서 종편방송에 출연하던 보수 논객들이 대거 소셜미디어로 진출하여 유튜브(YouTube) 전성기가 도래한 것 같아요. 이승만학당의 학장을 맡은 이영훈 교수조차 유튜브에서 '이승만 TV'를 개설했을 정도로요.

그런 상황에서 문재인 대통령이 직접 유튜브를 '가짜뉴스'의 온상으로 규탄하고 『한겨레신문』 등이 부화뇌동하기 시작했습니다. 유튜브에서는 신문은 물론이고 방송에서도 조심스러울 수밖에 없는 풍문이 자유롭게 떠도는 것이니 가짜뉴스가 많을 수밖에요. 마치 과거에 친노-친문 인민주의자가 인터넷을 통해 마타도어를 양산했던 것처럼 말이에요. 정론지나 믿을 만한 방송이 없다보니 인터넷이나 유튜브에서 가짜뉴스가 양산되는 것이지요.

마지막으로 2018년 6월 북미정상회담 이후 미국 의회가 트럼프 대통령에 대한 견제를 시작하자 문재인 정부는 유럽의 지지를 기대한 것 같습니다. 그런데 10월 벨기에 브뤼셀의 아셈(ASEM, 아시아 유럽정상회의)에 참석한 문 대통령이 북한 비핵화에 대한 지지를 요청하자 프랑스의 마크롱 대통령, 독일의 메르켈 총리, 영국의 메이 총리가 모두 'CVID'(complete, verifiable and irreversible [nuclear] dismantlement, 완전하고 검증가능하며 복구불가능한 [핵] 폐기)를 강조하면서 거부했지요. 그만큼 문재인 정부가 세계여론의 동향에 둔감했다는 방증이에요. 미국의 정론지 『뉴욕타임즈』나 영국의 진보지 『가디언』이나 모두 북한 비핵화에 대해 비관적이거든요.

우리는 아직도 미국의 정치에 대해 모르는 것이 많은 것 같습니다. 남한과 달리 미국은 '제왕적 대통령제'(imperial presidency)가 아닌데, 의회가 대통령을 견제할 수 있기 때문이에요. 6월 북미정상회담에서 트럼프 대통령이 'CVID'를 포기하자 의회가 '대북정책감독법'(North Korea Policy Oversight Act)을 발의하면서 트럼프 대통령을 견제하기 시작했지요. 그런데 11월 중간선거에서 민주당이 하원을 탈환하고 상원도 선방하면서 트럼프 대통령에 대한 견제가 더욱 강화되는 것 같아요.

아셈회의 이후 문재인 대통령이 교황청에서 프란치스코 교황을 만난 것도 정말 의외의 일이었습니다. 2019년 5월에 아키히토 천황을 승계할 나루히토 천황의 10월 즉위식을 축하하기 위해 방일할 예정인 교황에게 방북을 요청하기 위해서였다는 것이에요. 물론 국내 언론은 교황의 방일에 대해 함구하고 있지만요.

생각해보니, 김대중 대통령 이래 노무현 대통령이나 문재인 대통령 같은 인민주의자는 모두 가톨릭교도였습니다. 반면 의회주의자였던 김영삼 대통령은 개신교도였고요. 현대지식인의 역사와 관련하여 지적한 것처럼, 한국현대사에서 개신교도와 달리 가톨릭교도의 역할은 역시 부정적인 것 같아요.

그러나 노무현 대통령은 소탈한 분이었던 것 같습니다. 위키피디아를 찾아봤더니, 정의구현전국사제단 소속이자 자신의 스승이기도 한 송기인 신부에게 늘 죄송스럽게 생각했다고 하지요. 송 신부에게 영세까지 받았는데, 독실한 신자가 못되어, 종교란에는 항상 무종교라고 적었다는 것이고요.

문재인 대통령의 신앙생활이 얼마나 독실한지는 모르겠으나 대북정책에 교황까지 끌어들였다는 것은 간단한 문제가 아닙니다. 『한겨레신문』을 보면, 교황이 어떤 나라를 방문하려면 그 나라 정부와 교회의 초청이 있어야 한다고 하지요. 그런데 평양에는 교회가 없으므로, 서울교구장이 평양교구장을 맡고 있다는 것이에요. 김일성 주석이나 김정일 위원장도 교황의 방북을 추진했으나 성사되지 못한 것은 이런 문제 때문이었는데, 문재인 대통령이나 김정은 위원장이 잘 모르고서 교황의 방문을 추진한 것 같아요.

2014년 박근혜 대통령 시절 프란치스코 교황이 남한을 방문했을 때 그 이유에 대해 언론이 보도한 적이 있습니다. 이제까지의 근거지였던 라틴아메리카에서 개신교의 공세에 밀린 가톨릭이 아시아로 관심을 돌린다는 것인데, 아무래도 전통적 가톨릭국가인 필리핀보다는 오히려 남한이 유력한 교두보가 될 전망이라는 것이었지요.

그런데 『한겨레신문』을 보니까, 아시아에서 교황청이 무시할 수 없는 또 한 나라가 베트남이라는 것입니다. 그래서 베트남 대신 북한을 방문한다는 것은 쉬운 일이 아니라는 것이고요. 혹시 교황이 베트남으로 갈 예정이었는데, 남한이 개입하여 북한으로 가도록 유도하는 것이 아닌가 하는 생각이 들어요. 어쨌든 유럽만큼이나 교황청의 지지를 유도하는 것도 쉬운 일은 아닐 것 같아요.

질의와 응답

— 문재인 정부의 경제정책에 내실이 없는 이유는 무엇일까요?

— 소득주도성장론이 상징하듯이, 경제학적 문맹 내지 사기 때문일 것입니다. 홍장표 수석이나 이상헌 박사 같이 이론경제학에 대한 문외한이 그런 주장을 한다는 것은 사실 경제학자로서 납득하기 어려운 일이에요. 그런데도 한국경제학회 또는 고려대나 서울대 경제학과가 침묵을 지키는 것도 이해하기 어려운 일이고요.

2007-09년 금융위기부터 2012-13년까지 과천연구실의 정세분석에 따르면, 2009년 이후 금융위기가 점차 진정되면서 증시는 오히려 과열되는 조짐에도 불구하고 실물경제의 회복은 요원하다는 것이

결론이었습니다. 그래서 버냉키와 오바마가 말하는 '2차 대불황'에 대한 경고가 여전히 유효하다는 것이었고요. 2017-18년 2차 반도체호황 정도로는 대불황의 전망이 소멸했다고 할 수 없거든요.

게다가 문재인 정부는 2차 반도체호황이 상당 기간 지속될 것이라는 주관적 희망을 가졌던 것 같습니다. 2018년에 들어와 2차 반도체호황의 전망에 대한 논란이 제기되자 『한겨레신문』은 그런 주관적 희망의 근거를 찾기 위해 필사적으로 노력했는데, 경제면이 취약하다는 전통을 감안하더라도 한심하다는 생각이 들었어요.

다우존스의 추세를 통해 간단하게 설명해보겠습니다. 2007년 10월에 역사적 고점인 14000에 도달한 다우존스는 2009년 3월에 반 토막이 나 7000까지 하락하다가 2013년 2월의 14000을 회복한 다음에도 2015년 5월의 18000까지 상승세를 지속했지요. 이런 추세는 거의 4조달러 규모였던 수량완화정책을 비롯한 다양한 금융완화정책의 여파로 설명할 수 있겠지요.

그러나 그 후 다우존스의 운동에 대해서는 추가적 설명이 필요했습니다. 2016년 말에 트럼프 후보가 대통령선거에서 승리하자 상승세가 재개되어 2018년 초에는 27000까지 50%나 상승했거든요. 그러나 이런 추세는 트럼프 정부에 대한 기대라기보다는 오히려 2017년부터 시작된 2차 반도체호황과 관련될 것 같아요.

2018년에 들어와 다우존스가 24000과 27000 사이에서 보합세를 유지하는 것도 역시 2차 반도체호황의 전망과 관련될 것 같습니다. 팡(FANG)이라고 불리는 페이스북·아마존·넷플릭스·구글 등 인터넷 빅4와 정보기술(IT)을 대표하는 애플의 주가가 급락하면서 다우존스의 상승세에도 제동이 걸린 것 같아요. 또 4분기에 하락세가 지속되어 연말에는 22000으로 하락하기도 했고요.

아울러 남한증시의 추세도 간단하게 설명해보겠습니다. 2007년 10월에 역사적 고점인 2000에 도달한 코스피는 2008년 10월에 반 토막이 나 1000까지 하락하다가 2010년 12월에 2000을 회복했지요. 다우존스와 비교하면, 역사적 고점은 일치한 반면 저점은 5개월 빠르고 회복점은 26개월이나 빠르다는 것을 알 수 있지요. 게다가 회복점 이후에는 2000 전후로 보합세를 유지하면서 다우존스와 완전히 탈동조화(decoupling)되었고요. 2007년에 타결된 한미자유무역협정 이후 노동자민족으로 전락한 것과 무관한 일이 아닐 것 같아요.

그런데 다우존스처럼 코스피도 2016년 말부터 상승하여 2018년 초에는 2600까지 30%나 상승했습니다. 그러나 이후에는 하락세가 지속되어 10월과 12월에 2000으로 원상회복되었고요. 상승과 하락은 역시 2차 반도체호황과 관련될 것인데, 상승에 한계가 있고 하락이 급격한 것은 역시 노동자민족이라는 처지 때문이겠지요.

사실 미국이나 남한이나 남아 있는 산업자본은 별로 없습니다. 2007-09년 금융위기를 계기로 제너럴모터스(GM)와 제너럴일렉트릭(GE)이 다우존스에서 퇴출되었는데, 『일반화된 마르크스주의 개론』에서 설명한 것처럼, 이들이 20세기 미국자본주의를 상징하던 산업자본이었지요. 그 결과 현재 미국자본주의를 대표하는 것은 정보기술과 관련된 아이비엠·인텔·마이크로소프트·애플이고요. 그러나 역시 『일반화된 마르크스주의 개론』에서 설명한 것처럼, 그들이 지엠과 지이를 대체할 수는 없는 일이에요.

남한도 마찬가지인데, 삼성전자가 현대자동차를 대체할 수는 없습니다. 또 2018년 하반기부터 2차 반도체호황이 소멸되는 상황에서 이재용 부회장의 승계 문제가 해결될 전망도 없고요. 박근혜 대통령 뇌물수수사건과의 연루에서 탈피하는 것이 쉽지 않은 데다가 삼바(삼성바이오로직스) 분식회계사건까지 발생했기 때문이지요.

『한국자본주의의 역사』에서 설명한 것처럼, 이재용 부회장의 3대 세습을 마무리하는 작업이 바로 2015년 5월의 통합삼성물산 출범이었는데, 이를 위해 국민연금을 동원한 것이 박근혜 대통령 뇌물수수사건의 핵심이었지요. 그런데 통합삼성물산 출범 직후 자회사인 삼바의 회계처리에서 문제가 발생했던 것이에요.

문재인 정부가 출범하기 직전인 2017년 2월 참여연대의 고발에 따라 2018년 11월 금융위원회는 삼바의 회계처리가 분식회계였다는 결론을 내렸습니다. 그러나 12월에 한국거래소는 상장 폐지가 아니라 유지라는 결론을 내렸지요. 이런 결정은 단순한 '대마불사'가 아닌데, 소득주도성장이 실패하고 북한 비핵화마저 불투명한 상황에서 문재인 대통령이 4만명을 고용할 수 있는 180조원의 투자를 약속한 이재용 부회장을 무시할 수 없다는 방증이기 때문이에요.

— 문재인 정부가 출범한 이후 경기지표도 계속 악화되고 있는 상황이 아닌가요?

— 그렇습니다. 2007-09년 금융위기 이후 남한경제에서는 경기순환 역시 노동자민족에게 고유한 특징을 보여왔지요. 경기동행지수가 100을 회복한 다음 줄곧 보합세를 유지했거든요. 그런데 2017년 문재인 정부 출범 이후 지수가 하락하기 시작하여 급기야 2007-09년 수준에 도달하자 2018년 11-12월에 장하성 정책실장과 함께 김동연 경제부총리를 경질했던 것이에요.

그런데 장하성 실장은 친노-친문이 아니었습니다. 그는 안철수 후보의 멘토였는데, 참여연대와의 인연으로 문재인 대통령에게 발탁되었지요. 정권을 '잡았다'(seized)기보다는 오히려 '주웠던'(picked up) 친노-친문에게는 사실 변변한 경제전문가가 없었거든요. 반면 장 실장의 후임인 김수현 실장은 원조 친노-친문입니다. 또 장 실장은 경영학을 전공한 소액주주운동 활동가 출신인 반면 김 실장은 도시공학을 전공한 도시빈민운동 활동가 출신이라는 차이도 있고요.

김 실장을 기용하면서 문 대통령은 소득주도성장론을 포용국가론으로 대체했습니다. 포용자본주의 대신 포용국가라고 한 것은 경제적 인센티브 같은 경제적 원리를 기각하기 위해서인 것 같아요. 역시 원조 친노-친문인 이정우 교수가 비판한 것처럼, 대부분의 업무가 경제정책과 관련되는 정책실장에 경제수석이 아니라 사회수석을 발탁한 것이 그런 반(反)경제학적 지향을 암시하는 셈이지요.

또 김 부총리의 후임인 홍남기 부총리는 예산통으로 거시경제 내지 국제경제에 대해서는 문외한이라는 평가입니다. 그런 맥락에서 김 실장이 포용국가의 '설계자'이고 홍 부총리는 '야전사령관'이라는 윤영찬 국민소통수석의 비유가 아주 상징적이에요. '설계자'와 '야전사령관'을 '발주자'와 '시공자'로 번역한다면, 주종관계를 분명히 함으로써 장하성 실장과 김동연 부총리 같은 분란을 미연에 방지하려는 의도를 읽을 수 있기 때문이지요.

위키피디아에 인용된 한국갤럽조사의 문재인 대통령 지지율에 따르면, 1년차 이후에도 70%대를 유지한 것은 2018년 2월 평창동계올림픽을 계기로 부상한 남북관계에 대한 기대 덕분이었지요. 그러나 6월 북미정상회담 이후 지지율이 급락하기 시작했는데, 남북관계가 개선될 전망이 불투명한 데다가 5월부터 소득주도성장론에 대한 논란이 제기되었거든요. 8월에 50%대로 하락한 지지율은 9월 남북정상회담을 계기로 60%대까지 반등하다가 10월에 또다시 50%대로 하락했지요. 또 김정은 위원장의 서울답방이 무산된 12월에는 40%대까지 하락하면서 비판자와 지지자의 비율과 거의 비슷해졌고요.

— 노동자민족 복지국가와 연금개혁의 관계에 대해 설명해주세요.

— 『사회과학 비판』(공감, 2011)에서 설명한 것처럼, 연금개혁은 2017년 대선이 아니라 2012년 대선의 쟁점이었습니다. 국민연금제도는 김대중 정부가 군인·공무원·사립학교교직원을 대상으로 한 기존의 연금제도를 전국민을 대상으로 확대하면서 도입되었지요. 그러나 성장후퇴와 저출산·고령화가 예상되는 상황에서 '부과방식'의 재정위기는 필연적이었습니다. 그래서 노무현 정부에서 부과방식을 개혁한답시고 '적립방식'을 채택한 것이었고요.

노무현 정부의 연금개혁은 모순적이었습니다. 포스트케인즈주의자 존 로빈슨은 적립방식을 통해 금리생활자민족(rentier nation)으로 변모할 수 있다고 주장한 바 있지요. 그런데 한미자유무역협정은 노동자민족(worker nation)으로 전락하는 계기였어요. 노무현 정부가 금리생활자민족과 노동자민족의 이런 모순을 인식했는지 저로서는 알 수 없는 일이지만요. 하기야 적립방식의 채택은 한미자유무역협정을 대비한 증시부양의 복안이기도 했겠지요.

노무현 정부의 '좌파 신자유주의'의 모순은 문재인 정부에서도 반복되고 있습니다. 역시 로빈슨이 주장하던 임금주도성장을 수정하여 소득주도성장을 채택했거든요. 그런데 임금노동자 소득분배율의 상승을 통한 경제성장인 임금주도성장과 자영업자 소득분배율의 상승을 통한 경제성장인 소득주도성장 사이에는 모순이 있을 수밖에 없지요. 그래서 최저임금인상에 대한 논란이 제기된 것이고요.

— 미국의 중간선거가 문재인 정부에게 어떤 영향을 끼칠까요?

— 11월 초 미국에서는 2년 임기의 하원의원 435명 전체와 6년 임기의 상원의원 100명 중 34명을 선출하는 중간선거가 있었습니다. 그 결과 하원에서는 민주당이 38석이 증가한 233석을 획득하여 8년 만에 다수당(공석 4)이 되었지요. 반면 상원에서는 55%를 득표했음에도 오히려 2석이 감소한 47석으로 다수당 탈환에 실패했고요. 그러나 이번 상원선거는 1914년 이후 가장 불리한 선거로 34석 중 26석이 민주당 의석이었고 공화당 의석은 8석에 불과했습니다. 따라서 민주당이 선방한 셈이에요.

이번 중간선거를 오바마 대통령의 1차 임기 중인 8년 전의 2010년 중간선거와 비교하여 공화당이 오히려 선방했다고 해석하는 경우도 있습니다. 그러나 민주당이 하원 63석과 상원 6석을 상실했던 당시의 상황은 2007-09년 금융위기에서 완전히 회복하지 못하여 경제사정이 나빴었고, 게다가 투표율도 41.5%로 낮았어요. 그에 비하면 이번 선거에서 경제사정은 아주 좋았고, 투표율도 49.3%로 1914년의 50.4% 이후 최고 수준이었지요.

민주당의 승리는 트럼프 대통령의 인민주의, 특히 변덕스럽고 위태로운 대외정책에 제동을 걸었습니다. 그래서 세계여론이 안도의 한숨을 쉬었던 것인데, 유독 『한겨레신문』은 오불관언이었지요. 민주당이 다수당인 하원이 트럼프 대통령에게 비판적일 것임은 쉽게 예상할 수 있습니다. 그러나 공화당이 다수당인 상원도 트럼프 대통령에게 별로 우호적이지 않을 것인데, 중간선거 이전부터 공화당 주류는 공화당 비주류인 트럼프 대통령에게 비판적이었거든요.

북한사회주의의 타락

2001년 9·11테러 직후 부시 대통령이 이라크·이란과 함께 북한을 '악의 축'(axis of evil)으로 규정했는데, 그것은 1990년대에 탈냉전이 시작되면서 국무부가 사용하던 '불량국가'(rogue state)와 대동소이한 의미였습니다. 불량이란 행동규범이 없다는 의미이므로, 국제적인 행동규범을 무시하는 국가를 불량국가라고 불렀던 것이지요.

따라서 테러와의 전쟁과는 다른 맥락에서 불량국가를 해석해볼 수 있을 것입니다. 일단 이라크나 이란 같은 이슬람국가는 논외로 하고 북한만 고려하겠어요. 그럴 경우, 냉전을 종식시키기 위한 게임의 규칙이 있는데, 북한이 그 규칙을 위반했다고 주장할 수 있는 것이지요. 그 증거가 바로 핵무장이고요.

사실 이런 주장은 김정은 위원장이 2011년 3대세습과 2012-13년 3차 핵실험을 감행하자 중국공산당 일각에서 제기된 것이기도 합니다. 물론 문화혁명에 대한 미련을 버리지 못한 마오주의자는 사회주의형제국 북한의 반제 투쟁을 지지해야 한다고 주장했지만요. 이정훈, 「중국 인터넷토론공간에서의 북한 및 북핵문제 인식」(『아시아리뷰』, 13호, 2017)을 참고하세요.

문재인 정부는 탈냉전을 자의적으로 해석하고 있는데, 냉전의 몰인식에 대한 반증(반박증거)이라고 할 수 있습니다. 냉전이란 자본주의와 사회주의라는 두 체제(system) 사이의 경쟁이란 의미이지요. 체제경쟁을 냉전이라고 부르는 것은 경제성장과 정치이념의 우열이 쟁점이기 때문입니다. 따라서 무기를 동원한 실제 전쟁인 열전(hot war)과 구별하여 냉전(cold war)이라고 부르는 것이고요.

냉전의 종식이란 체제경쟁에서 사회주의가 자본주의에게 패배했다는 의미입니다. 그리고 탈냉전을 위한 게임의 규칙이자 행동의 규범이 바로 사회주의에서 자본주의로 이행(transition)하는 체제의 전환(transformation)이고요. 체제전환의 대표적 사례가 소련의 페레스트로이카·글라스노스치와 중국의 개혁·개방입니다. 베트남은 중국의 개혁·개방을 수용하여 도이머이(Doi Moi, 쇄신·개방)를 시작했지요. 반면 소련과 중국의 체제전환을 사회주의의 배신으로 무고하던 북한은 결국 핵무장을 선택했고요.

북한은 체제의 안전을 보장하기 위해 핵무장을 선택할 수밖에 없었다고 강변하고 있습니다. 그리고 '핵주권'이라는 해괴한 논리를 동원하고 있고요. 그러나 국제적으로 저명한 '북한학' 권위자 안드레이 란코프 교수가 『리얼 노스 코리아』(2013; 국역: 개마고원, 2013)에서 강조하는 것처럼, 핵무장을 통해 보장하려는 것은 체제의 안전이 아니라 이른바 '백두혈통'의 안전이지요. 김정은 위원장으로 3대세습이 강행되면서 사회주의가 절대군주정으로 타락한 셈이거든요.

베트남과 북한의 차이에 대한 설명을 부연해두겠습니다. 국제경제연구소 마커스 놀랜드가 1990년대 중반부터 강조해온 것처럼, 베트남은 중국과 비슷한 농업국이었던 반면 북한은 오히려 소련과 비슷한 공업국이었지요. 그래서 북한이 베트남처럼 중국식 체제전환을 시도할 수 없었던 것이에요. 물론 베트남은 북한과 달리 스탈린주의와도 별로 관련이 없었던 것이고요.

북한은 소련식 체제전환을 시도할 수도 없었습니다. 김일성 주석은 스탈린보다 훨씬 더 스탈린주의적이었고, 김 주석의 대숙청은 스탈린의 대숙청을 압도하는 수준이었지요. 그 결과 김 주석을 추종하던 만주파만 생존했는데, 김 주석 정도만 중등교육을 받았고 대부분 초등교육 이하의 학력이었어요. 이 때문에 김 주석의 개인숭배가 스탈린의 개인숭배를 넘어서 '신화화'될 수 있었던 것이고요.

호찌민과 김일성 주석이 전혀 다른 사람이라는 사실도 중요할 것입니다. 호찌민은 박헌영 선생과 국제레닌학교 동창이었지요. 호찌민이나 박 선생은 스탈린이나 김 주석처럼 유일사상을 추구하지 않았어요. '바보' 김일성 주석이 '이론가' 박헌영 선생을 숙청한 사건이 북한사회주의가 타락하는 발단이었는데, '이론가'란 스탈린이 지정학은 무시한 채 이데올로기에만 집착하는 코민테른 활동가를 비하하던 별명이기도 했지요.

2018년 10월에 한국방송공사(KBS) 제1텔레비전의 '저널리즘 토크쇼 J'에서 『조선일보』의 통일론이 일관되지 못하다고 매도한 적이 있습니다. 그러나 '그때는 맞고 지금은 틀리다'는 것이 왜 잘못이라는 것인지 알다가도 모르겠어요. '그때는 그때이고, 이때는 이때이다'(彼一時, 此一時也)라는 맹자의 말도 있거든요. 그런데 더 웃기는 일은 『조선일보』가 한 마디 반박조차 못했다는 것이에요.

박근혜 대통령의 통일대박론을 지지하는 『조선일보』가 문재인 대통령의 연방제통일론을 비판하는 것은 당연한 일입니다. 통일대박론은 독일식 흡수통일론인데, 분단국이던 동독의 체제전환은 곧 서독으로의 흡수통일이었지요. 그러나 란코프 교수 등은 남한에 의한 북한의 흡수통일이 실행불가능하다는 의견이에요. 그 비용이 엄청나기 때문이지요. 박 대통령의 통일대박론을 지지한 『조선일보』는 역시 보수지일 따름이지 정론지일 수는 없어요.

그렇다고 해서 북한이 주장하는 우리식 연방제통일론이 대안일 수도 없습니다. 연방제통일은 7·4 남북공동성명 이후 김일성 주석이 제안한 것으로, 한국사회성격 논쟁의 쟁점 중 하나였지요. 식반사회론과 연방제통일에 대한 찬반에 따라 민족해방(NL)파와 민중민주(PD)파가 분리·정립되었던 것이에요.

이미 설명한 것처럼, 1985년 『창작과비평』 복간호에서 박현채 선생이 한국사회성격 논쟁을 제기하신 다음 제가 1986년에 워킹페이퍼를 집필하고 이어서 『창비 1987』의 좌담에 참석하면서 민중민주파가 형성되었습니다. 그런데 1987년 대선과 1988년 총선을 계기로 선거정치에 대한 비판이라는 문제의식에서 박태호·고훈석 씨와 제가 의기투합하여 서관모 교수의 집에서 비공개세미나를 진행하면서 민중민주론이 체계화되었지요.

그렇게 체계화된 민중민주론이 최초로 공개되는 두 개의 계기가 있었습니다. 하나는 1988년 6월에 개최된 제1회 학단협(학술단체협의회) 연합심포지엄의 논문집이 8월에 출판되었던 것이지요. 제 주장의 핵심은 사회성격 논쟁을 통해 '정치경제학적 전통', 즉 마르크스주의를 복원하자는 것이었어요. 또 하나의 계기는 학단협 논문집과 거의 동시에 출판된 『현실과과학』 창간호의 좌담이었고요.

당시 저는 논문을 쓴 다음 그 논지를 좌담이나 강의를 통해 쉽게 풀어주곤 했습니다. 1986년 워킹페이퍼를 쉽게 풀어준 것이 『창비 1987』의 좌담이었지요. 또 와병 중이던 정운영 선생의 서울대 강의를 1학기 동안 대강한 것도 그럴 수 있는 기회였고요. 마찬가지로 학단협 연합심포지엄 논문을 쉽게 풀어준 것이 『현실과과학』 창간호의 좌담이었지요. 그리고 그것을 토대로 박태호 씨가 서울대 학생운동권 내부에서 민족해방파와 이론투쟁을 전개했던 것이고요.

11월에는 민중민주론이 좀 더 체계화되었습니다. 먼저 『현실과과학』 2호에서 신식국독자론을 국제노동자운동사의 맥락에 위치지으면서 그 논거로 독점강화-종속심화 테제를 제시했지요. 동시에 『NL론 비판』에서는 한민승이라는 필명으로 민중민주파의 연방제통일론을 제시했고요. [당시의 논저목록은 '부록'을 참고하시오.]

물론 『창비 1987』 좌담에서도 백낙청 교수 때문에 통일론이라는 쟁점이 잠깐 제기되기도 했습니다. 그러나 통일론이 본격적 쟁점으로 제기된 것은 역시 1988년 서울올림픽 공동개최론이 계기가 되었지요. 그래서 제가 김일성 주석의 연방제통일론에 대한 내재적 비판을 통해 민중민주파의 연방제통일론을 제시한 것이었고요.

제가 제시한 민중민주파 연방제 통일론의 핵심은 선변혁후통일론이었습니다. 남한에서 먼저 사회주의적 변혁을 수행한 다음에 북한과 연방제통일을 추진한다는 것이 핵심이었어요. 반면 민족해방파는 김일성 주석의 연방제통일론을 추종하여 선통일후변혁론을 주장했는데, 민자정(민족자주정부)을 수립한 다음에 북한으로의 흡수통일을 통해 사회주의 변혁을 수행한다는 것이 핵심이었지요.

김일성 주석도 이전에는 선변혁후통일론을 주장했다는 사실을 지적해두겠습니다. 저와 김 주석의 차이는 사회성격이 식민지반봉건사회에서 신식민지국가독점자본주의로 성장·전화하면서 변혁과제도 반제반봉건에서 반제반독점으로 성장·전화한다는 데 있었던 셈이지요. 그래서 제가 민중민주파의 연방제통일론은 김일성 주석의 연방제통일론에 대한 내재적 비판이라고 했던 것이고요.

어쨌든 민중민주적 통일론의 함의는 북한에 의한 흡수통일은 안 된다는 주장이기도 했습니다. 1989-91년에 전개될 페레스트로이카 논쟁의 맥락이었다면, 북한사회주의도 개혁이 필요하다고 주장했겠지요. 반면 민족해방파의 통일론은 북한사회주의를 무비판적으로 추종했고요. 하기야 백두칭송위원회를 보면, 사회주의와도 별로 관계가 없는 것 같지만요. 절대군주정도 괜찮다는 것 같거든요.

돌이켜보면, 재일동포 이회성 작가의 『금단의 땅』(1976-79; 국역: 미래사, 1988)이 번역된 것도 같은 해였습니다. 이 소설은 남한의 자생적 사회주의자와 북한을 추종하던 통일혁명당의 논쟁을 통해 민중민주파와 민족해방파의 한국사회성격 논쟁을 선취한 작품이었어요. 그래서 번역되자마자 저도 적극적으로 추천했던 것이고요.

당시 민중민주주의를 표방한 최대의 정파가 인민노련이었는데, 저의 독강-종심 테제는 수용하지 못했어도 통일론은 수용했습니다. 결국 종속심화 대 종속완화라는 쟁점, 나아가 자립화-개량화 여부라는 쟁점에도 불구하고 민족해방파에 대항하여 민중민주파를 결속시킨 것이 바로 김일성 주석의 연방제통일론을 내재적으로 비판한 저의 연방제통일론이었다는 것이에요.

그런데 저의 통일론은 김정일 위원장 시대까지는 몰라도 김정은 위원장 시대에는 적용될 수 없습니다. 먼저 남한에서 더 이상 변혁의 전망이 없기 때문이지요. 민주노총은 물론이고 사회진보연대조차 변혁을 지향하는 것 같지는 않아요. 트로츠키주의 그룹인 노동자의힘/사회변혁노동자당이나 다함께/노동자연대도 한심스럽기는 마찬가지인 것 같고요.

게다가 북한에서는 사회주의가 타락하여 급기야 절대군주정이 출현했습니다. 김정일 위원장까지만 하더라도 북한사회주의는 극단화된 스탈린주의라고 할 수 있었습니다. 그러나 극단화된 스탈린주의가 붕괴된 상황에서 김정은 위원장이 3대세습을 강행한 현재는 군주정, 그것도 입헌군주정이 아니라 절대군주정이라고 할 수밖에 없어요. 따라서 설사 남한의 변혁이 가능하더라도 북한과의 통일은 어불성설이지요. 사회주의와 절대군주정이 양립할 리 없으니까요.

북한사회주의의 타락을 설명하기 위해서는 해방정국으로 소급할 수밖에 없을 것입니다. 해방정국의 첫 번째 전환점(turning point)은 루즈벨트가 제안하고 스탈린이 동의한 신탁통치를 통한 독립에 대한 반대였어요. 1946년 초부터 신탁통치를 위한 임시정부로서 민전(민주주의민족전선)을 구성하는 것에 반대한 김구 선생 등 상해임시정부 인사들이 자신들의 기득권을 주장하면서 신탁통치에 찬성하는 좌우파 인사들에 대한 무차별 테러를 자행했던 것이지요.

두 번째 전환점은 1948년 남한만의 단독선거 실시와 단독정부 수립이었는데, 반탁운동은 그 필요조건 중 하나였습니다. 또 다른 필요조건이 바로 1947년 초부터 유럽에서 개시된 냉전이라는 새로운 국제정세였지요. 그래서 김구 선생과 달리 국제정세의 변화에 민감했던 이승만 박사가 반탁운동을 계승하여 단선과 단정을 주도할 수 있었던 것이고요.

세 번째 전환점은 물론 1950년 한국전쟁의 발발이었습니다. 단선과 단정은 역시 한국전쟁의 필요조건 중 하나였을 뿐이고, 또 다른 필요조건이 바로 1949년 중국혁명의 승리였어요. 냉전이 없었으면 반탁운동이 단선과 단정으로 귀결되지 않았을 것처럼, 중국혁명이 없었으면 단선과 단정이 한국전쟁으로 귀결되지 않았겠지요.

한국전쟁의 결과 한반도에서 분단이 고착되면서 동아시아에서도 냉전이 시작되었던 것입니다. 유럽에서 분단과 냉전의 쇼케이스가 독일이었던 반면 동아시아에서 분단과 냉전의 쇼케이스는 한국이었던 것이지요. 독일은 패전국이었던 반면 한국은 패전국 일본의 식민지였다는 차이가 있었지만요.

한국이 분단과 냉전의 쇼케이스가 되었던 과정, 특히 분단의 출발점인 반탁운동에 대한 연구가 필요할 것입니다. 한국의 분단 없이 중국과 일본을 거점으로 냉전이 전개될 수도 있었거든요. 나아가 찬탁운동부터 단선과 단정에 대한 반대를 거쳐 한국전쟁을 주도한 남로당에 대한 연구도 필요할 것입니다. 특히 한국전쟁을 민족해방전쟁으로 인식할 경우, 그것을 주도한 것이 남로당이었다는 사실을 부정할 필요는 없지요. 그래서 박헌영 선생과 남로당이 숙청되었다는 사실도 역시 부정할 필요는 없고요.

1986년 워킹페이퍼와 『창비 1987』 좌담에서 저는 일부러 '국민국가'라는 용어를 사용했습니다. 정치과정(political process)이라는 현실의 관점에서 볼 때, 남북한은 독립된 국가였기 때문이에요. 반면 법의 관점에서 볼 때, 남한에게 북한은 '반국가단체'였고 북한에게 남한은 '괴뢰국가'였지요. 냉전을 특징짓는 정치이념의 갈등이 그런 법으로 표현되었던 것이에요.

그런데 탈냉전이 전개되자 새로운 쟁점이 제기되었습니다. 1991년에 남북한의 국제연합(UN) 동시가입과 교차승인을 계기로 국내법과는 다른 차원인 국제법이 문제가 되었거든요. 제가 굳이 국민국가라는 용어를 사용한 것은 앞으로 국제법적 규정이 점차 중요해질 것이라는 예상 때문이었어요.

위키피디아를 찾아보면, 남북한의 교차승인은 여전히 불균형적임을 알 수 있습니다. 남한과 달리 북한을 승인하지 않은 국가가 많기 때문인데, 어차피 북한은 통일되어 소멸될 국가로 간주하기 때문인 것 같아요. 유엔 회원국은 193개국인데, 이것이 국제법적으로 인정받는 'nation state'이지요. 이 때문에 국제연합을 'United Nations'라고 부르는 것이고요.

현재 남한의 수교국은 188개국인데, 미수교국에는 북한 말고도 북한과의 단독수교국인 쿠바·시리아·마케도니아가 있습니다. 그 중 마케도니아는 그리스와의 갈등 때문에 남한 정부가 수교를 유예한 것이니까 쿠바와 '부자세습사회주의국가' 시리아만이 남한을 승인하지 않은 것이지요. 반면 북한의 수교국은 161개국인데, 그 중 158개국은 남한과 동시수교국이고 나머지 3개국은 북한과 단독수교국이에요. 따라서 남한과의 단독수교국이 30개국이나 되는 셈이지요.

남한과의 단독수교국을 대표하는 것이 바로 미국과 일본입니다. 고이즈미 총리 시절에 북한과의 국교정상화를 추진한 일본에서 최근의 여론은 북한의 핵무장 때문에 국교정상화에 비판적이라고 하지요. 또 김대중 정부 시절 독일과 영국은 북한을 승인함으로써 동시수교국이 된 반면 프랑스는 북한을 승인하지 않은 단독수교국입니다. 프랑스는 오히려 독일과 영국이 북한을 승인한 것을 비판하면서 북한의 비핵화, 특히 'CVID'의 원칙을 고수하고 있고요.

문재인 대통령의 2018년 10월 유럽방문을 '외교참사'라고 부르는 이유를 알 수 있는 대목입니다. 비틀즈도 인정하지 않은 '문화대국' 프랑스가 탁현민 행정관이 기획한 방탄소년단에 현혹되어 'CVID'의 원칙을 포기할 리가 없거든요. 그 결과 아셈의장성명에도 'CVID'의 원칙이 명기되었고요. 『조선일보』에 따르면, 아베 총리의 설득이 주효했다는 평가도 있다고 하는데, 유럽의 신자유주의 진영이 트럼프 대통령보다 아베 총리를 신뢰하는 것은 당연한 일이겠지요.

남북한관계를 동서독관계처럼 '특수관계'라고 부릅니다. 남북한에는 국제법적으로 승인된 두 개의 국가가 있어요. 반면 국내법적으로는 인정이 안 되어 서로 반국가단체니 괴뢰국가니 하면서 비난해왔는데, 앞으로는 통일을 지향하면서 자제하자는 것이 특수관계라는 용어의 의미이지요. 또 그것이 1991년에 노태우 정부가 도출한 남북화해교류합의의 정신이고요.

그런데 란코프 교수가 강조하는 것처럼, 남북한이 동서독처럼 통일될 수는 없습니다, 남북한의 소득격차가 너무 커서 남한의 경제력이 막대한 통일비용을 감당할 수 없기 때문이에요. 동서독의 소득격차는 1:2 내지 1:3이었던 반면 남북한의 소득격차는 1:15 내지 1:40이지요. 이종석 교수 같은 주사파 출신은 한국은행이 북한경제를 과

소평가한다고 무고하는데, 한국은행은 사실 북한경제를 과대평가하는 편이에요. 남북한의 소득격차가 2001년의 1:16에서 2017년의 1:23[2018년의 1:26]으로 확대되었다고 추계하고 있거든요.

동서독의 소득격차가 발생한 것은 서독이 선진국으로 진입한 반면 동독은 '중진국 함정'에 빠졌기 때문이었습니다. 『역사학 비판』(공감, 2012)에서 스탈린주의를 현대화노선으로 해석한 앨런의 분석을 소개한 적이 있지요. 그런 분석에 따르면, 스탈린주의로는 중진국으로 진입하는 것까지만 가능하고 선진국으로 진입하는 것은 불가능하다는 데 문제가 있다고 할 수 있어요. 그래서 소련에 이어 동독도 중진국 함정에 빠졌다고 할 수 있고요.

남북한의 소득격차가 발생한 것은 남한이 중진국 함정에 빠진 반면 북한은 '빈곤의 함정'에 빠졌기 때문입니다. 북한은 단순한 스탈린주의가 아니라 극단화된 스탈린주의였거든요. 역시 『역사학 비판』에서 설명한 것처럼, 스탈린주의를 설명하는 것이 부르주아적 '소련학'과 마르크스주의적 소련사회성격 논쟁이었습니다. 그리고 소련사회성격 논쟁의 결론이 국가자본주의론이었고요.

스탈린주의의 경제적 본질로서 국가자본주의는 농업집단화를 통한 중화학공업화를 의미하는 것입니다. 국가자본주의도 자본주의인 한에서는 이윤율 분석이 가능한데, 1970년대 이후 소련에서 이윤율이 하락했다는 것이 통설이지요. 그리고 결국 이윤율이 회복하지 못하면서 중진국 함정에 빠졌다는 것이고요. 마치 남한경제가 3저호황 이후 이윤율 하락에서 회복하지 못하면서 중진국 함정에 빠진 것처럼 말이에요. 물론 소련과 달리 남한에서는 국가가 아니라 재벌이 중심이었지만요.

극단화된 스탈린주의라고 한 것은 농업집단화와 중화학공업화가 훨씬 더 철저했기 때문인데, 바로 그것이 1952-53년의 국내파 숙청에 이어 1956-58년에 연안파와 소련파를 숙청하는 구실이 되기도 했습니다. 물론 북한에서는 경제통계를 작성하지 않아 이윤율 분석에 이견이 많을 수밖에 없어요. 예를 들어 양문수 교수는 1970년대 이후에 하락한다고 하고 김석진 박사는 1960년대 이후에 하락한다고 하지요. 북한이 소련보다 더욱 극단화된 국가자본주의라면 양 교수가 아니라 오히려 김 박사의 분석이 옳을 것 같아요.

스탈린주의는 경제학을 중시했습니다. 동시에 철학에 의한 경제학의 조작(manipulation)을 시도했고요. 『역사학 비판』에서 설명한 것처럼, 스탈린주의의 핵심은 '변유'(diamat, 변증법적 유물론)였고, 변유에서 '사유'(histomat, 역사유물론)가, 사유에서 경제학이 도출되었지요. 그런 스탈린주의 경제학이 바로 자본주의의 전반적 위기론과 사회주의적 생산양식론이었고요.

반면 황장엽 주체사상연구소장은 주체사상에서 경제학이 폐기되었다고 증언한 바 있습니다. 극단화된 스탈린주의로서 김일성주의 내지 주체사상은 스탈린주의적 변유의 폐기에서 출발하는 주체철학이었지요. 따라서 변유에서 도출되는 사유도 폐기되었고, 사유에서 도출되는 경제학도 폐기되었던 것이에요. 그러면서도 극단화된 스탈린주의라고 하는 것은 주체사상의 핵심인 주체철학도 역시 철학이기 때문이지요.

질의와 응답

— 황장엽 소장에 대해 좀 더 설명해주세요.

— 회고록 『나는 역사의 진리를 보았다』(한울, 1999)를 보면, 황 소장은 희성(稀姓)인 제안(황해도 황주) 황씨로 1923년에 평남 강동(평양 근처)에서 태어났습니다. 그는 일본에 유학하면서도 중인 집안 출신답게 마르크스주의를 수용하지는 않았어요. 또 학병 대신 삼척탄광 징용노동자를 선택했고요.

1946년에 입당한 황 소장은 3년만에 모스크바대학 유학생으로 선발되었습니다. 한국전쟁이 휴전할 때까지 모스크바대학에서 철학을 연구한 그는 1952-58년 대숙청 직후 김일성 주석의 이론비서로 발탁되었지요. 당시 이론비서 4명 중 3명은 남로당 출신의 경제학자였던 반면 북한 출신 최초의 이론비서인 그는 철학자였어요.

김일성 주석의 이론비서로서 김정일 위원장과 교류할 수 있었던 황장엽 소장은 1965년에 김 위원장의 추천을 받아 김일성대학 총장으로 등용되었습니다. 그리고 김 위원장의 누이동생 김경희와 그 남편 장성택과도 교류할 수 있었는데, 그런 인연으로 김 위원장의 적자(嫡子)인 김정남의 후견자가 되었던 셈이지요. 황 소장의 회고록에 김정은 위원장은 나오지 않았는데, 김 주석이 인정하지 않은 서자(庶子)였기 때문인 것 같아요. 김정남의 후견자인 김경희·장성택도 그를 견제했던 것 같고요.

김일성대학 총장 시절 황 소장은 주체사상을 철학화했는데, 주체철학은 변유를 대체한 인간 중심의 철학이었습니다. 그런데 황 소장에 따르면, 주체철학의 궁극적 목표는 마르크스의 『자본』으로부터 주체사상의 독립이었지요. 마르크스주의가 '경제학 비판'인 반면 주체사상은 '반(反)경제학'이었던 셈이에요. 또 모택동사상이 '마르크스주의의 중국화'였던 반면 주체사상은 '마르크스주의로부터의 이탈'이었던 셈이고요.

김정일 위원장은 1974년에 주체사상을 김일성주의로 격상시킴으로써 부자세습을 공식화할 수 있었습니다. 마르크스주의자였던 삼촌 김영주와의 후계 경쟁에서 우위를 차지하기 위해 황 소장의 탈마르크스주의적 주체철학을 활용했던 것이지요. 또 김경희·장성택 부부의 도움으로 계모인 김성애와 그 소생인 3남매도 숙청할 수 있었고요. 주체사상을 철학화한 공적으로 황 소장은 1979년에 주체사상연구소장으로 승진하여 권력의 핵심으로 진입할 수 있었지요.

그런데 황 소장은 1989-91년에 사회주의가 붕괴하면서 1990년부터 마이너스 경제성장이 시작되고 1996년부터 '고난의 행군'이 시작되자 1997년 초에 남한으로 망명·도주했는데, 그 동기에 대해서는 논란이 많았습니다. 그 자신은 전향·귀순한 것이 아니라 김정일 정권의 교체와 북한 사회주의의 개혁·개방을 위해 망명·도주한 것이라고 주장했지만요.

1997년 말 경제위기의 와중에 김대중 정부가 출범하고 이어서 노무현 정부가 출범하면서 황 소장은 진퇴양난의 처지가 되었습니다. 실질적으로 '가택연금'된 상태였거든요. 그러다가 이명박 정부가 출범한 직후인 2010년에 미수(米壽, 88세)를 일기로 사망했어요. 황 소장은 남한에서 재혼하여 득남했는데, 그가 사망할 때 12세였던 아들은 결국 미국으로 이민을 갔지요.

— 김정은 위원장의 서울답방을 준비하는 '백두수호대'가 '경고'의 메시지를 보낸 태영호 공사는 어떤 사람인가요?

— 태 공사의 회고록 『3층 서기실의 암호』(기파랑, 2018)는 남북정상회담과 북미정상회담 사이인 5월에 출판된 베스트셀러인데, '3층짜리 건물에 있는 서기실'은 청와대 비서실 격이라고 합니다. 1962년에 평양에서 태어나 주영 북한공사를 역임하다가 2016년에 탈북한 그는 탈북외교관 중 최고위급이었지요. 또 처가는 만주파인 오백룡 집안이었으므로 란코프 교수가 말하는 1만명의 세습귀족이었는데, 태 공사가 탈북한 것은 자식의 장래 때문이었다고 하고요.

그는 협계 태(太)씨로 발해 왕족인 대(大)씨의 후손이라고 합니다. 조부는 함북 명천의 빈농이었다가 당원으로 출세했는데, 그런 맥락에서 북한은 '머슴이 주인이 된 나라'라는 김일성 주석의 말을 인용하고 있지요. 명천의 태씨는 명태라는 이름에도 남아 있는데, 애당초 '명천 태서방의 진상품'이라는 뜻이었다는 것이에요.

사실 김일성 주석 자신이 머슴의 후손이라는 설이 있습니다. 김 주석의 12대조는 임진왜란기에 전주에서 북한으로 이주했는데, 아마도 함경도였던 것 같아요. 그 후 증조부인 김응우가 평양 근교로 이주하여 묘지기 노릇을 했고요. 달리 말해서 머슴이 되었다는 것인데, 묘지기는 대체로 머슴이었거든요. 북한에서는 평안감사 박규수가 아니라 머슴인 김응우가 1866년 제너럴 셔먼호 격침사건을 지도했다고 주장하고 있어요.

태 공사의 회고록에서 가장 인상 깊었던 것은 덴마크 주재 북한대

사관 근무중이던 1997년에 임권택 감독의 『태백산맥』(1994)을 보고 충격을 받았다는 대목이었습니다. 영화의 마지막 장면은 9·28 직전이었는데, 김범우(안성기)가 마르크스주의를 '원한의 정치'로 타락시켰다고 비판하자 염상진(김명곤)이 다음과 같이 자문자답하거든요.

> 김범우: 당신들은 실패했소, 아주 철저히 말이오.
> 염상진: (인공기와 김일성 주석의 사진이 걸려 있는 벽 쪽으로 다가가며) 난 마르크스를 처음 읽었을 때의 감격을 지금도 기억하고 있네. 더 이상 계급과 착취가 없으며 모든 사람들이 완전한 평등 속에서 인간적인 삶을 누리면서 사는 세상, 그 세상을 만들기 위해 내 평생을 바치겠다고 맹세했었지. (김범우 쪽으로 돌아서서 잠시 동안 말이 없다가 눈물이 그렁그렁한 채) 그런데 대체 어디서부터 무엇이 잘못된 걸까? 할 수만 있다면 처음부터 다시 시작하고 싶네.

물론 1997년 초에 황장엽 소장이 탈북했다는 사실도 태영호 공사에게는 큰 충격이었다고 합니다. 황 소장에 이어 태 공사가 김정은 정권의 교체와 북한 사회주의의 개혁·개방을 주장하고 있다는 사실도 아울러 지적해두겠어요. [태 공사는 2020년 4월 총선 지역구후보 전략공천 1호로 자유한국당에 영입되었다.]

알다시피 임권택 감독의 영화 『태백산맥』의 원작은 조정래 작가의 소설 『태백산맥』이었습니다. 그런데 영화가 소설의 인민주의를 자유주의로 각색하면서 논란이 제기되었지요. 문제의 대사도 소설에는 없었던 것이고요. 그런데 그런 논란에 대해 반박하면서 임 감독은 조 작가가 '이상'을 묘사한 반면 자신은 '체험'을 묘사했다고 아주 당당하게 주장했습니다. 애당초 조 작가의 제안으로 영화화되었고, 게다가 당시로는 사상 최대의 원작료 1억원까지 받은 조 작가는 앙앙불락하면서도 침묵을 지켰을 따름이고요.

임권택 감독은 1934년에 전남 장성(고창과 광주 사이)의 유명한 '지주 빨치산 가족'에서 태어났습니다. 일본 유학생 출신인 큰할아버지 아들 때문에 임 감독의 부모를 비롯해서 집안 전체가 좌익화되어 한국전쟁으로 집안이 풍비박산되었는데, 이문열 작가의 경우처럼 집안을 지키려는 조모도 없었어요. 임 감독의 인생유전은 이 작가 이상으로 파란만장했는데, 결론은 역시 '이념보다 인간'이었고요.

영화화에 대한 논란은 '창조적 파괴'(creative destruction) 또는 '변형'(transformation)으로서 각색(adaptation)에 대한 무지 탓인데, H. 포터 애벗의 『서사학 강의』(재판(2008) 국역: 문학과지성사, 2010)를 참고할 수 있습니다. 또 김영빈 교수의 「영화 『태백산맥』 각색을 통해 본 사관 및 서사 쟁점 고찰」(『현대영화연구』, 25집, 2016)도 참고할 수 있고요.

영화화를 통해 인민주의가 자유주의로 변형되고 주제도 '이념보다 인간'으로 개조되면서 비로소 『태백산맥』이 리얼리즘화될 수 있었습니다. 『태백산맥』의 각색자가 서울대 영화동아리 얄라셩 출신의 송능한 작가였다는 사실도 아울러 지적해두겠어요. 그는 1997년에 『넘버 3』의 감독으로 데뷔했는데, 남한영화계의 복마전에 실망한 탓인지 곧바로 은퇴해버렸지요.

— 호찌민에 대해서도 좀 더 설명해주세요.

— 베트남과 한국의 역사는 유사하면서도 차이가 있는데, 베트남 통사는 유인선 교수의 『새로 쓴 베트남의 역사』(이산, 2002)를 참고할 수 있습니다. 한국처럼 베트남도 한황조의 기미주(羈縻州, 속주/식민지)였는데, 한무제가 9군을 설치했던 것이지요. 그러나 한국과 달리 베트남은 당황조의 안남도호부의 지배를 받다가 송황조와의 조공책봉관계를 통해 비로소 독립했어요.

송원/고려에 해당하는 시기에 불교를 존숭한 5개의 왕조가 있었는데, 10세기에 3개의 왕조가 명멸한 다음 11-12세기의 리왕조와 13-14세기의 쩐왕조가 출현했습니다. 또 명청/조선에 해당하는 시기에는 유학을 존숭한 2개의 왕조가 있었는데, 15세기의 레왕조 이후 16-18세기에 걸쳐 오랫동안 무신정치가 전개되다가 19세기의 응우옌왕조가 출현했지요.

나폴레옹 3세(루이 보나파르트)의 제2제정 때 프랑스의 침략이 개시되어 제3공화국 때 그 식민지로 전락한 베트남에서도 위정척사운동과 유사한 반(反)불-반(反)가톨릭근왕운동이 개시되었습니다. 나아가 근왕운동은 판보이쩌우의 변법운동을 거쳐서 호찌민의 마르크스주의로 발전했지요. 역시 유인선 교수의 「판보이쩌우: 방황하는 베트남 초기민족주의자」(『역사교육』, 90호, 2004)와 「호찌민과 베트남 독립운동」(『한국사시민강좌』, 38집, 2006)을 참고하세요.

간단하게 설명해보면, 변법운동을 상징하는 인물이 향신(鄕紳) 내지 향반(鄕班) 출신이자 양계초의 후원으로 『월남망국사』를 집필한 판보이쩌우였습니다. 나중에 그는 얼마간 모순적으로 손문의 신해혁명도 지지했지요. 판보이쩌우 이후 마르크스주의를 수용하여 베트남 공산당을 창당하고 민족해방투쟁을 전개한 사람이 바로 호찌민이었습니다. 그런데 그의 부친은 역시 향신/향반 출신으로 판보이쩌우와 교분이 깊었다고 하지요.

— 전략·국제문제연구소(CSIS)에서 『아미티지-나이 보고서』가 나왔더군요.

—『아미티지-나이 보고서』는 그 동안 네 차례 발간되었는데, 주기는 일정치 않아 2000년, 2007년, 2012년, 그리고 2018년 10월에 발간되었습니다. 『조선일보』나 『한겨레신문』에는 보도되지 않은 이번 보고서는 유독 『중앙일보』에 보도되었는데, 전략·국제문제연구소와 연례포럼을 개최하는 '특수관계' 때문이겠지요.

이번 보고서에서 제안된 경제정책은 미국이 복귀할 때까지 일본을 중심으로 범태평양파트너십(TPP)을 유지하자는 것입니다. 그러나 보고서의 핵심은 역시 안보정책인데, 2018년 5월에 일본의 요구에 따라 인도-태평양사령부로 확대·개편된 미국 태평양사령부와 일본 자위대의 '연합사령부'(combined forces command)를 창설하자는 것 같아요. 한국군의 전시작전지휘권 환수에 따라 해체될 한미연합사를 미일연합사로 대체하자는 셈이지요. 문재인 정부가 한미간 동맹(alliance)을 제휴(partnership)로 격하하지 않는 한, 한국군은 결국 미일연합사 예하로 편입되겠고요.

중간선거 직후인 12월에 미국 의회가 상하원에서 아시아안심법(Asia Reassurance Initiative Act)을 만장일치로 의결했는데, 『조선일보』와 달리 『한겨레신문』은 보도하지 않았다는 사실도 지적해두겠습니다. 아시아-태평양정책과 관련된 이 법에 'CVID'를 위해 대북경제제재를 유지하고 나아가 제재를 해제할 때는 의회보고를 의무화한다는 조항이 문재인 정부에게는 불만이었기 때문이겠지요. 그렇다고 해서 싱크탱크처럼 의회도 적폐라고 규정할 수는 없으니 아예 보도를 하지 않은 것 같아요.

아직까지는 일본이 남한을 북한 같은 적성국으로 간주하지 않는데, 그러나 '기본적 가치와 전략적 이익의 공유'를 포기했다고 비판하면서 최악의 경우를 대비하고 있습니다. 이런 맥락에서 2018년 11월 문재인 정부가 '화해·치유재단'을 해산하기로 결정함으로써 박근혜 정부와 아베 내각의 위안부합의를 파기한 당일 '대전환, 한반도 평화의 새로운 모색'이라는 주제의 『한겨레』-부산국제심포지엄에서 와다 하루키 교수도 문재인 정부의 친중-친러 경향을 비판하면서 북한 비핵화와 동북아 평화라는 문제의 해결에 '미국의 협력과 일본의 참여[북일국교정상화]'가 필요충분조건임을 강조했지요. 정대협(한국정신대문제대책협의회)이 장애요인이라고 지적하면서요.

나아가 와다 교수는 일본의 재무장을 비판하려면 남북한도 일본처럼 '평화헌법'을 채택해야 한다고 주장하는데, 제 의견과 일치하는 대목입니다. 남북한도 일본처럼 전쟁을 위한 군비 내지 무력(군사력)을 포기해야 하고, 특히 북한은 핵무력을 포기해야 한다는 것이지요. '썩어도 준치'라고 일본 좌파가 공유하는 '자학사관'에도 불구하고 왕년의 마르크스주의자다운 발언인데, '제국주의의 적은 사회주의의 친구'라고 강변하는 남한의 얼치기 마르크스주의자에게는 기대할 수 없는 촌철살인의 비판이에요.

하기야 사회진보연대도 예외는 아닙니다. 『일본 재무장의 새로운 단계: 미국의 태평양 지배를 위한 미일동맹의 선택』(사회운동, 2015)은 아베 총리를 군국주의자로 비난하고 있거든요. 게다가 오바마 대통령이 추진한 '태평양으로의 선회'(pivot to the Pacific)를 제국주의 미국과 반(反)제국주의 중국의 대결로 호도하고 있고요. 옛날 기관지 『사회운동』(2006년 1-2월호)에 실린 발리바르의 「평화를 향한 대장정」(1982)에서 주장된 바, 핵전쟁게임에서는 '정의의 전쟁'과 '불의의 전쟁'을 구별할 수 없다는 사실을 망각한 탓이지요.

한국의 현대지식인: 반공주의자

지난 4주의 주제가 한국사회의 객관적 성격이라면 앞으로 4주는 지식인을 중심으로 한 그 주체적 성격이 주제입니다. 첫 주에 이미 개관한 것처럼, 이번 작업의 발단은 한국사회성격 논쟁의 정리였지요. 그런데 막상 논쟁의 대상인 자본주의의 역사와 달리 그 주체인 현대지식인의 역사에 대한 정리는 불가능했어요.

현대지식인의 역사를 정리하려면, 우선 경제학자나 마르크스주의자의 계보를 정리해야 하는데, 그럴 수 있는 사료가 전혀 없었습니다. 예를 들어 한국사학사의 경우 한영우 교수의 역작이 있지요. 사회과학사의 경우에도 첫걸음이나마 서울대-학회 중심의 정치학사와 사회학사는 있고요. 반면 서울대-학회 중심의 경제학사조차 없는 상황이니 마르크스주의의 역사는 거론할 계제가 아니었지요.

한국사학사는 고사하고서라도 정치학사나 사회학사 정도의 경제학사조차 없다는 것은 영남 출신의 안병직 교수가 서울상대 경제학과에서 행사한 영향력 때문이었다는 것이 제 생각입니다. 나중에는 역시 영남 출신인 고 김수행 교수도 가세했고요. 경제학을 제대로 연구하고 교육한 적이 없으면서도 인맥을 통해 헤게모니를 재생산해왔거든요. 그런 상황에서 학단협 연합심포지엄에서 박현채 선생을 중심으로 '정치경제학적 전통', 즉 마르크스주의를 복원해보려던 저의 시도는 실패할 수밖에 없었지요.

여기서 일부러 서울상대라고 한 것은 관악산으로 캠퍼스가 종합화되기까지는 연립대학적 성격이 견지되어 현재 같은 종합대학으로서 서울대 개념이 없었다는 사실을 상기하기 위해서입니다. 고려대나 연세대와 달리 서울대에서는 단과대학을 가리켜 서울상대니 서울문리대니 서울법대니 하고 서울대 상대니 서울대 문리대니 서울대 법대니 하지는 않았지요. 국대안(국립서울대학교설립법안)에 대한 비판적 관점이 재생산되어왔기 때문이에요.

서울상대 경제학과와 한국경제학회의 관계에도 주목해야 합니다. 한국전쟁 중 급조된 한국경제학회의 타협적 경향에 반대하여 서울상대 경제학과는 비판적 경향을 견지해왔지요. 그러나 유신을 거치면서 서울상대가 해체되고 전두환 정부를 거치면서 경제학과도 변질되자 양자가 수렴했는데, 「창간 50주년 기념 특별대담」(서울대학교 경제연구소 『경제논집』, 51권 2호, 2012)과 「한국경제학회, 한국의 경제학과 경제학자, 그리고 한국의 대학교육」(한국경제학회 『한국경제포럼』, 2016년 봄)에서 이현재 교수의 증언을 참고하세요.

75학번인 송호근 교수는 서울대의 진정한 역사가 1975년의 캠퍼스종합화부터 시작되었다고 주장하곤 하는데, 아주 틀린 말은 아닙니다. 실제로 75학번 이후와 73학번 이전의 사고방식은 판이하거든요. 『재론 위기와 비판』에서 1950년대생 중에서도 386세대에 부화뇌동하는 경우가 있다고 했는데, 송 교수가 그런 사례라고 할 수 있어요. 반면 74학번은 73학번과 유사한데, 서울대 입학생 중 재수생의 비중이 상당했다는 사실과 관계가 있겠지요.

그런데 경제학자나 마르크스주의자의 역사를 정리하기 곤란하다고 해도 현대지식인의 역사 자체를 정리하는 것이 불가능하지는 않았습니다. 박찬승 교수와 김상태 교수의 선구적 연구 덕분이었어요. 다만 한국사학계의 학풍 때문에 사료를 제공할 따름인 실증적 연구에 그쳤다는 한계가 있었지만요. 두 교수의 연구를 사료로 하여 한국현대지식인의 역사를 개념화하기 위해 저는 중국현대지식인의 역사와의 비교에서 출발했지요.

개항이라는 객관적 외압에 대한 주체적 대응에서 중국현대지식인이 양무운동 → 변법운동 → 신해혁명 → 5·4운동의 순서로 급진화 되었다는 사실에 주목할 수 있다는 것입니다. 중체서용(中體西用) 내지 동도서기(東道西器)를 표방한 양무운동은 청일전쟁의 패배로 실패했지요. 그 후 서체서용 내지 서도서기의 정신에 따라 입헌군주정을 추진한 변법운동은 자희태후(서태후)와 원세개의 쿠데타로 실패했고요. 그래서 신해혁명을 통해 공화정을 추진했고, 급기야 5·4운동을 통해 마르크스주의를 수용했던 것이에요.

이런 도식을 가지고 일본과 한국의 현대지식인도 설명할 수 있을 것입니다. 먼저 일본에서는 변법운동이 성공했는데, 그것이 바로 메이지유신이었지요. 차차 설명하겠지만, 양무운동으로 출발한 메이지유신을 변법운동으로 발전시킨 사람이 바로 일본의 국부(國父) 이토 히로부미였어요. 또 변법운동이 성공한 일본에서는 신해혁명이나 5·4운동이 발생하지 않았던 것이고요.

반면 양무운동과 변법운동이 실패한 한국에서는 신해혁명 대신 애국계몽운동과 실력양성운동이 추진되었습니다. 여기서 문명개화파의 특수성에 주목할 수 있는데, 그것이 바로 개신교의 수용이었지요. 개신교 중에서도 감리교파가 중요했습니다. 해방 이후에는 감리교파가 위축되었는데, 그러나 개항기부터 일제강점기까지는 감리교파가 개신교의 중심이었지요. 감리교파를 중심으로 결성된 신민회가 애국계몽운동과 실력양성운동의 중심이었고요.

또 한국에서는 5·4운동 대신 애국계몽운동과 실력양성운동의 분화, 즉 감리교파/신민회의 분화가 발생했습니다. 먼저 윤치호 선생은 애국계몽운동과 실력양성운동을 견지했지요. 반면 이회영·시영 선생 형제분과 이동녕 선생은 대종교(大倧教, 단군교)로 전향하여 만주에서 무장투쟁을 시도했어요. 또 이동휘 선생은 공산주의로 전향하여 한국 최초의 공산당을 건설했고요.

현대지식인의 역사라는 관점에서 볼 때 윤치호 선생의 반공주의와 이동휘 선생의 공산주의의 갈등에 주목할 필요가 있을 것입니다. 윤치호 선생은 최초의 반공주의자였고, 이동휘 선생은 최초의 공산주의자였기 때문이지요. 반면 이회영·시영 선생과 이동녕 선생은 만주에서 신흥무관학교를 설립했으나 막상 제대로 운영하지는 못했어요. 신흥무관학교를 유지하여 나중에 독립군과 연결시킨 사람은 윤기섭 선생인데, 월북인사여서 별로 주목받지 못했고요.

반공주의와 공산주의에 대해 먼저 간단하게 설명해둘 필요가 있을 것입니다. 마르크스와 엥겔스는 『공산주의자 선언』에서 사회주의를 반(反)자유주의로 정의했지요. 그런데 반자유주의에는 몇 개의 분파가 있어요. 봉건적 사회주의와 프티부르주아적 사회주의라는 보수주의와 부르주아적 사회주의라는 진보주의가 있다면, 프롤레타리아적 사회주의가 바로 공산주의이지요. 반자유주의에 이렇게 보수주의, 진보주의, 공산주의가 있다면, 반공주의에도 자유주의, 보수주의, 진보주의가 있는 셈이에요.

자유주의라는 정치이념의 이론적 근거가 바로 경제학이라는 사실을 강조해두겠습니다. 그런 자유주의를 비판하는 정치이념으로서 공산주의의 이론적 근거가 바로 마르크스 필생의 업적인 경제학 비판이고요. 비판은 물론 변증법에서 말하는 '지양'(止揚, Aufhebung/sublation)인데, 쉽게 말해서 '곤란이나 공백 같은 결함을 해결한다'는 의미이지요. 따라서 공산주의와 경제학 비판은 자유주의와 경제학에 대한 단순한 반대와는 전혀 다른 것이에요.

『공산주의자 선언』이 집필되던 당시 칼라일이 대표한 보수주의는 자유주의를 지양한 것이 아니라 자유주의에 미달한 것입니다. 또 이론적 역사가가 아니라 문학적 역사가였던 그에게 경제학에 대한 대안이 있었던 것도 아니고요. 그에게 경제학이란 그냥 '우울한 학문'(dismal science)이었을 따름이에요.

반면 칼라일의 논적이자 친구인 존 스튜어트 밀이 대표한 진보주의는 고전적 자유주의에서 현대적 자유주의로의 이행을 매개했습니다. 현대적 자유주의는 페이비언주의 내지 사회민주주의였는데, 그 논거는 밀을 계승한 마셜과 마셜의 제자인 피구와 케인즈를 중심으로 한 케임브리지학파가 제공했어요. 따라서 밀의 진보주의는 사민주의나 케임브리지학파와 친화성이 있었다고 할 수 있지요.

그런데 진보주의에서 실용주의 철학자 듀이가 대표한 미국적 변종은 인민주의가 현대적 자유주의로 대체되는 과정에서 과도적 역할을 했습니다. 그래서 밀의 진보주의와 달리 듀이의 진보주의는 자유주의가 아니라 인민주의와 친화성이 있었던 것이지요. 남한의 진보주의도 마찬가지인데, 예를 들어 케인즈주의를 원용하는 경우에도 케인즈-새뮤얼슨의 케인즈주의가 아닌 칼레스키-로빈슨의 포스트케인즈주의와 친화성이 있거든요. 남한에서 진보주의가 자유주의에 미달하는 것은 이 때문이에요.

윤치호 선생의 반공주의는 보수주의나 진보주의가 아니라 자유주의였습니다. 그의 자유주의는 개신교 자유주의라는 특징이 있었는데, 베버의 독일식 자유주의가 가톨릭·유다교나 유학과 비교하면서 개신교가 '자본주의의 정신'(Geist des Kapitalismus)이라고 주장한 것과 비슷한 셈이에요. 문명개화파가 개신교를 수용한 것은 한국 최초의 개신교도이자 신학자인 윤치호 선생의 '회심'(回心, conversion)에서 비롯된 것이지요.

윤치호 선생은 개신교 중에서도 감리교파를 수용했는데, 그래서 감리교파가 기호지방의 개신교를 대표해왔던 것입니다. 그가 감리교파를 선택한 것은 현대화라는 '효력, 효능, 효용'이 있다고 판단했기 때문인데, 감리교파의 선교방침은 교리를 전파하는 직접선교가 아니라 교육과 의료를 보급하는 간접선교였거든요. 기호지방에서는 장로교파도 감리교파의 선교방침에 동의하여 양대 교파가 협력할 수 있었던 것이고요.

윤치호 선생이 공산주의에 반대한 논리는 감리교파를 수용한 논리와 동일한 것이었습니다. 그는 공산주의가 현대화에 '무력, 무능, 무용'하다고 판단했지요. 또 감리교파를 통해 애국계몽운동과 실력양성운동을 전개함으로써 현대화를 달성할 수 있다고 생각한 윤치호 선생은 식민지현대화론도 수용하지 않았어요. 따라서 윤치호 선생이 '공산주의현대화론'이나 '식민지현대화론'에 대항하여 '개신교

현대화론'을 주창했다고 해석할 수도 있겠지요.

물론 우연이지만, 윤치호 선생은 저의 종친으로 증조부 뻘입니다. 또 윤보선 대통령은 윤치호 선생의 당질(堂姪, 5촌조카)이고요. '가문사학'이라는 오해를 무릅쓰고 해평 윤씨에 대해 자세하게 설명한 것은 현대지식인의 역사를 정리하는 데 필수불가결한 사례라는 생각 때문이었지요. 해평 윤씨는 덕수 이씨나 풍산 홍씨보다도 적은 3만 명 정도인 데다가 이이 이후 서인(西人)을 지도해온 오음(윤두수)·월정(윤근수) 형제분의 후손이 거의 절반이에요. 그러므로 월정 할아버지의 후손인 제게 오음 할아버지의 후손인 윤치호 선생은 한 집안 어른이나 마찬가지인 셈이지요.

제가 집안에 관심을 갖게 된 최초의 계기는 2004-05년에 한국방송공사 제1텔레비전이 방영한 팩션드라마 『불멸의 이순신』이었습니다. 노무현 대통령의 후원으로 정연주 사장이 기획한 이 드라마는 유성룡을 복권시키기 위해 오음·월정 형제분을 간신 중의 간신으로 묘사했지요. 2015년에 한국방송공사는 아예 유성룡 후손의 재정적 지원을 받아 『징비록』을 방영하면서 오음 할아버지를 얼마간 복권시키면서도 월정 할아버지는 계속 무시했고요. 그런데 2016년은 월정 할아버지의 400주기였어요.

한국현대사에서 대표적 명문이라고 할 수 있는 윤치호 선생 집안은 해평 윤씨의 적자가 아니라 서얼이었습니다. 게다가 윤치호 선생 집안은 윤보선 대통령 집안과도 달리 또다시 서얼이었어요. 조선에 대한 아무런 미련도 없는 윤치호 선생이 문명개화파가 되고, 게다가 개신교까지 수용한 것은 서얼의 서얼이라는 사실과 무관하지 않을 것 같아요. 그런데 같은 해평 윤씨인 제가 아니라면 누가 이런 사실까지 알 수 있겠어요.

월정 할아버지는 아들이 여섯이었는데, 결국 둘째 아들의 후손만 남았습니다. 그래서 그 수효가 오음 할아버지 후손의 30%인 3000명 정도밖에 안 되는 것이고요. 서인 정통파인 노론 벽파에 속했던 저희 집안은 문명개화파가 아니라 위정척사파였지요. 저희 집안에도 마르크스주의자가 있었는데, 저보다 30년 연상의 중고등학교·대학교 선배로 한국전쟁에서 전사한 사촌형이었어요.

마르크스주의자는 문명개화파보다는 오히려 위정척사파의 후손이었다는 생각입니다. 대표적 사례가 풍산 홍씨의 홍명희 선생이었는데, 그의 부친은 위정척사파로 경술국치 때 자결한 홍범식 선생이었어요. 제 사촌형이 마르크스주의자가 된 것은 저희 집안과 사돈인 홍 선생의 영향이었던 것 같아요. 위정척사파의 후손인 마르크스주의자의 또 다른 사례는 물론 백남운 선생이었고요. 백 선생에 대해서는 다음 주에 자세하게 설명하겠어요.

이미 설명한 것처럼, 베트남에서도 위정척사운동과 유사한 근왕운동이 실패하면서 판보이쩌우 같은 문명개화파가 출현했지요. 그리고 그들이 실패하면서 호찌민 같은 공산주의자가 출현했고요. 그런데 향신(鄕紳) 내지 향반(鄕班)의 후손인 판보이쩌우와 호찌민은 유가적 전통을 폐기하지는 않았어요.

애국계몽운동과 실력양성운동이 윤치호 선생에게 국한된 것은 아니었습니다. 한국사회성격 논쟁의 맥락에서 이미 설명했듯이, 윤치호 선생 못지않은 대표자가 바로 김성수 선생이었거든요. 일제강점기에 국외로 망명·도주하지 않고 국내에서 애국계몽운동과 실력양성운동을 지도한 기호파의 지도자가 두 선생이었지요. 김성수 선생은 경성방직을 설립하고 고려대를 인수했고, 윤치호 선생은 송도고보실업장을 설립하고 연세대와 이화여대에 관여했고요.

물론 윤치호 선생과 김성수 선생 사이에 차이도 있었습니다. 『양호기』에서 유진오 총장이 강조한 것처럼, 김성수 선생은 개신교를 수용하지 않은 대신 경세학에 관심이 많았거든요. 또 김성수 선생은 민족언론 『동아일보』를 창간한 반면 윤치호 선생은 기독교청년운동(YMCA)을 주도했고요.

윤치호 선생이 관여한 연세대에는 고려대와 달리 평안도 출신이 아주 많았는데, 그 대표자가 바로 백낙준 총장이었습니다. 그는 안창호 선생의 제자이자 윤치호 선생의 제자이기도 했지요. 두 분이 죽은 다음 백 총장이 나름대로 중요한 역할을 했는데, 특히 해방정국에서 장준하 선생과 『사상계』를 후원했다는 사실을 지적해둘 필요가 있겠지요.

그런데 안창호 선생은 평안도 장로교파 중에서 예외적으로 윤치호 선생과 친화성이 있었습니다. 단적으로 말해서 윤치호 선생과 안창호 선생 사이에서는 감리교파와 장로교파, 기호인과 서북인이라는 차이점보다는 오히려 애국계몽운동과 실력양성운동이라는 공통점이 더 컸었다는 것이지요.

윤치호 선생이나 김성수 선생과 달리 안창호 선생이 친일파로 매도되지 않은 것은 중일전쟁을 계기로 대동아공영권이 부상되기 이전에 죽었다는 사실과도 관련이 있을 것입니다. 안창호 선생이 살아 있었다면, 대동아공영권에 찬성했을 수도 있거든요. 안창호 선생이 죽자 윤치호 선생은 일기에 '그가 저세상으로 간 게 차라리 잘된 일이다. 하지만 친구를 잃은 슬픔이 눈앞을 가린다'고 썼지요.

손문의 수제자인 왕조명의 경우에서 보는 것처럼, 공산주의자가 아닌 한 동양먼로주의로서 대동아공영권을 비판하는 것은 쉬운 일이 아니었습니다. 윤치호 선생은 중일전쟁에서 일본이 승리하여 대동아공영권이 형성될 경우 조선이 '일본의 아일랜드'에서 '일본의 스코틀랜드'로 변모할 수 있을 것으로 기대하기도 했지요. 달리 말해서 독립국에서 보호령을 거쳐 식민지로 전락한 조선이 독립은 못하더라도 자치를 할 수는 있겠다는 것이었어요. 물론 일본에서 군국주의가 자유주의를 압살하고 태평양전쟁을 도발하면서 그런 기대는 허사로 돌아갔지만요.

안창호 선생의 후예는 흥사단으로 결집했는데, 해방정국에서 보수주의를 대표한 것이 바로 흥사단이었습니다. 미군정의 실세는 흔히 오해하는 것처럼 김성수 선생의 한국민주당이 아니라 흥사단이었어요. 또 흥사단이 그 하수인으로 활용한 것이 바로 서북청년회였고요. 그러나 반탁운동이 단선과 단정으로 이어지면서 한민당은 물론이고 흥사단도 이승만 정부에게 이용만 당한 셈이었지요. 그래서 한국전쟁 직후에 김성수 선생이 두 정파를 민주당으로 통합한 것인데, 한민당과 흥사단이 바로 민주당 구파와 신파였어요.

해방정국에서 흥사단-서북청년회와 분리·정립하게 된 평안도 장로교파의 또 다른 세력으로 장준하 선생과 『사상계』가 있었습니다. 흥사단과 서북청년회가 보수주의였던 반면 장준하 선생과 『사상계』는 자유주의 내지 진보주의였는데, 방금 지적한 것처럼, 장준하 선생과 『사상계』의 후원자가 바로 백낙준 총장이었지요.

그러나 박정희 정부가 출범하자 장준하 선생은 박 대통령과의 경쟁에 몰두하면서 인민주의자로 전락하여 재야운동을 개시했습니다. 그 결과 『사상계』가 분화되면서 장준하 선생과 김준엽 선생이 결별했던 것이고요. 장준하 선생이 재야운동에 투신한 반면 학계로 복귀한 김준엽 선생은 민주당 구파와 친화성이 있었지요. 김준엽 선생이 윤보선 대통령과 사돈이었다는 사실도 지적해두겠어요.

장준하 선생과 『사상계』를 계승한 것이 바로 백낙청 교수와 『창작과비평』이었습니다. 백 선생이 전가의 보도로 애용한 이른바 '분단체제론' 자체가 장 선생의 지론이었거든요. 그리고 『창작과비평』의 핵심 성원이었던 강만길 교수가 분단체제론을 이른바 '분단사관'으로 발전시켰던 것이고요.

강만길 교수의 분단사관은 사실 아주 단순한 개념인데, 통일국가가 성립하기 이전까지는 분단시대이고, 분단시대에는 통일운동이 모든 사회운동을 주도해야 한다는 것이 그 요지였습니다. 그러나 『창작과비평』이 『사상계』보다 진일보했다고 평가받을 수 있었던 것은 강만길 교수의 분단사관 덕분이었지요.

1985년부터 한국사회성격 논쟁이 전개되면서 분단사관은 위기에 봉착했습니다. 학단협 연합심포지엄에서 한국사의 발제를 담당하여 백남운·김용섭 선생과 사회경제사학의 복권을 선언했던 사람이 저와 고등학교 동창인 이세영 교수였는데, 제 옆에 앉아서 발제를 듣고 있던 강만길 교수가 같이 온 동료교수에게 차마 입에 담지 못할 욕설을 늘어놓더군요.

한국사회성격 논쟁을 계기로 백낙청·강만길 교수가 주도하던 『창작과비평』은 결국 민중민주파에 반대하면서 민족해방파에 가담했습니다. 당시의 용어로 말해서 이른바 '비(非)주사 민족해방파'라고 할 수 있겠지요. 본래의 민족해방파와 달리 주체사상은 수용하지 못한 인민주의적 민족해방파인데, 쉽게 말해서 종북(從北) 아닌 친북(親北)이라는 것이지요. 조금 이따가 설명할 한신대 신학과에서 주창한 이른바 '민중신학'도 역시 '비주사 민족해방파'라고 할 수 있고요.

리얼리즘 논쟁에 대해서도 한 마디만 하겠습니다. 보통 『문학과지성』은 모더니즘인 반면 『창작과비평』은 리얼리즘이라고 평가하는데, 문제가 있어요. 백낙청 교수의 리얼리즘은 인민주의 내지 민족해방론과 친화성이 있기 때문이지요. 『재론 위기와 비판』에서 설명한 것처럼, 마르크스주의 내지 민중민주론과 친화성이 있는 리얼리즘은 오히려 김윤식 선생에게서 발견할 수 있고요. 신식국독자론에 대해 백 교수는 반발한 반면 김 선생은 수용했다는 사실도 아울러 지적해두겠어요.

마지막으로 한신대 신학과에 대해서도 언급할 것인데, 현대지식인의 역사에서 『사상계』나 『창작과비평』보다 오히려 중요했다고 할 수 있습니다. 요즘은 영락하여 감신(감리교신학대)이나 장신(장로교신학대)에 미치지 못한다는 말도 있지만요. 그렇게 된 것이 경상학부와의 갈등에서 비롯된 종합화의 실패 때문인 것 같아 저로서도 일말의 책임감을 느끼고 있고요.

1907년 평양 대부흥회를 계기로 장로교파의 본거지가 서울에서 평양으로 이전되었습니다. 그러면서 장로교파 내부에서 지역적 편차가 표출되었던 것이에요. 기호지방의 장로교파가 감리교파처럼 현대화를 지향해온 것과 달리 평안도에서 장로교파는 '보무적'(補巫的) 성격, 쉽게 말해서 무속신앙과의 상보적 성격을 강화하여 기복신앙으로 변질되었기 때문이지요. 1907년 평양 대부흥회가 이미 그런 조짐을 보였던 것이고요.

그런데 흥미롭게도 함경도 장로교파에서 평안도 장로교파의 이런 결함을 비판했던 것입니다. 어떻게 보면 가장 심각한 지역갈등은 함경도와 평안도의 갈등일지도 몰라요. 전라도와 경상도의 갈등, 심지어 이남과 이북의 갈등보다도 말이에요. 다음 주에 설명할 것처럼, 함경도와 평안도의 갈등은 공산주의자 사이에서도 재생산되었지요.

이 대목에서 주목할 사람이 바로 함경도 출신의 장로교파 송창근 목사였습니다. 『'한국의 불행'』에서 설명한 것처럼, 그는 윤동주 시인의 고종사촌형인 송몽규 선생의 7촌 아저씨였지요. 그들은 양송이라고 불렸던 송시열·송준길과 같은 은진 송씨였음에도 국망기(國亡期)에 함경도로 이주했던 것이에요. 따라서 본래 함경도 출신이면서 북간도에서 명동(용정 근교)을 개척한 문익환 목사 집안이나 윤동주 시인 집안과는 처지가 달랐다는 것이지요.

송창근 목사와 그가 아끼던 후배 한경직 목사와 김재준 목사는 평안도 장로교파의 보수주의 신학에 맞서 자유주의 신학을 옹호했습니다. 그러나 한국전쟁의 와중에 송 목사가 납북된 직후 한 목사와 김 목사가 결별했는데, 김 목사와 한신대를 중심으로 한 기장(기독교장로회)이 예장(예수교장로회)에서 분리되었던 것이지요. 송 목사나 한 목사는 목회를 강조한 반면 김 목사는 신학을 강조했어요. 그 결과 한신대가 학문적 성과로 유명하게 되었던 것이고요.

김재준 목사는 제자 격인 장준하 선생과의 인연으로 『사상계』와 재야운동에도 참여했습니다. 김 목사는 반공주의적 입장에서 한일국교정상화를 비판하는 논리를 제시한 것으로 유명했는데, 일본의 남북한 등거리외교를 논쟁의 쟁점으로 제기했던 것이지요. 그러나 유신이 시작되자마자 캐나다로 망명·도주했어요.

유신시대에 김재준 목사를 계승한 사람이 바로 그의 수제자인 강원룡 목사였는데, 그는 경동교회를 지식인과 학생을 대상으로 한 특수교회로 발전시켰습니다. 또 독일크리스찬아카데미의 지원으로 한국크리스찬아카데미를 설립하기도 했고요. 그러나 5·18광주항쟁을 계기로 강원룡 목사는 윤보선 대통령이나 지학순 주교처럼 전향하여 재야운동을 청산했지요.

그 후 강원룡 목사를 대신한 사람이 바로 민중신학을 제창한 안병무 교수였습니다. 안 교수는 아예 목사 안수도 받지 않은 신학자였고, 양김의 대권 경쟁에서 디제이를 지지한 재야운동권의 핵심이었지요. 또 자신의 제자인 김성재 목사를 매개로 한신대의 종합화를 추진하여 서울대 출신의 신진 연구자를 대거 영입했고요.

그 결과 신학중심성과 재야중심성이라는 김재준 목사 이래의 편향성이 한층 더 강화되면서 예장에 비해 기장의 교세는 더욱 위축될 수밖에 없었습니다. 그런 상황에서 송창근 목사의 복권운동이 시작되었는데, 이를 주도한 사람이 송 목사의 제자인 이장식 목사와 이 목사의 제자인 주재용 목사였지요. 그런데 이들은 영남 출신이었던 반면 한신대와 기장의 기반은 이미 호남으로 이전되었어요.

1980년대 초 한신대에 부임했을 당시에는 잘 몰랐었는데, 종합화를 계기로 한신대 내부의 갈등은 이미 폭발 직전이었습니다. 송창근 목사식 목회중심인가 김재준 목사식 신학중심인가라는 갈등이 영남중심인가 호남중심인가라는 갈등에 의해 '과잉결정'되었던 셈이지요. 그런 상황에서 김수행 교수가 이장식-주재용 목사 편을 들었던 것입니다. 천방지축인 기질로 보아 무슨 대단한 이유가 있었던 것은 아니고 그냥 경거망동했던 것 같아요.

한신대 종합화의 구상에서 경상학부를 신학과의 카운터파트로 우대하여 물심양면으로 지원해온 안병무 교수와 김성재 목사의 입장에서는 '등 뒤에 칼이 꽂힌' 것 같은 배신감을 느낄 수밖에 없었을 것입니다. 물론 사정을 잘 몰랐던 저로서는 그런 배신감을 이해하지 못했었는데, 이번에 한국개신교와 한신대의 역사를 공부하면서 비로소 그 까닭을 알 수 있게 되었지요.

질의와 응답

— '한국의 불행'이라는 용어에 대해 좀 더 설명해주세요.

— 한국의 현대지식인이 갖는 결함을 비판하기 위해 알튀세르를

흉내내본 것입니다. 『마르크스를 위하여』의 「서문」에서 알튀세르가 하이네와 청년 엥겔스가 말한 '독일의 불행'과 비교하면서 '프랑스의 불행'에 대해 말한 적이 있거든요. 하이네와 엥겔스가 말한 독일의 불행이란 부르주아 혁명의 실패를 의미했는데, 나중에 마르크스는 산업혁명의 실패도 추가했지요.

알튀세르가 말한 프랑스의 불행은 부르주아 혁명에는 성공한 반면 마르크스주의의 토착화에는 실패했다는 의미입니다. 영국은 산업혁명에 성공한 반면 프랑스는 부르주아 혁명에 성공했다는 것이 마르크스의 주장이었는데, 문제가 많다는 생각이 들어요. 프랑스혁명이 부르주아 혁명의 모델일 수는 없기 때문이지요.

영국이 산업혁명에 성공한 것은 이미 부르주아 혁명에 성공했기 때문이라는 설명이 오히려 합리적일 것입니다. 반대로 프랑스는 독일처럼 부르주아 혁명에 실패했기 때문에 결국 산업혁명에도 실패했다고 해야겠지요. 나아가 독일과 비교할 때 오히려 프랑스가 현대화에 더 크게 실패했다고 할 수밖에 없고요.

어쨌든 알튀세르는 '프랑스 노동자운동의 역사에서 진정한 이론적 문화의 근원적 부재'와 노동자주의(workerism)의 지배를 지적했습니다. 노동자주의는 코퍼러티즘과 구별되는 인민주의(populism)의 또 다른 변종인데, 코퍼러티즘이 파시즘과 친화성을 가진 반면 노동자주의는 스탈린주의와 친화성을 가졌지요.

그런데 알튀세르가 주목한 것은 20세기의 상황이고, 발자크와 노년 엥겔스가 주목한 것처럼, 19세기에는 오히려 천민부르주아지에 대해 승복하지 않는 하층민의 '질투의 권리선언'이 보편적이었다고 해야 할 것 같습니다. 그리고 그런 권리선언이 코퍼러티즘으로 귀결되었던 것이고요. 알튀세르가 주목한 노동자주의 이전에 프랑스를 지배한 것은 독일과 마찬가지로 코퍼러티즘이었다는 것이에요.

물론 코퍼러티즘이 파시즘으로 귀결된 나라는 프랑스가 아니라 독일이었습니다. 프랑스는 1차 세계전쟁의 승전국인 반면 독일은 패전국이었거든요. 그리고 전쟁배상에 대한 프랑스의 무리한 요구, 즉

'카르타고식 강화조약'(Carthaginian peace, 케인즈)이 독일에서 파시즘의 득세에 일조했던 셈이고요. 독일에게 배상을 강요한 프랑스와 그 배경으로서 프랑스의 부채를 탕감해주지 않은 미국을 비판한 국제적 베스트셀러 『강화조약의 경제적 귀결』(1919)이 바로 케인즈의 출세작이었지요.

어쨌든 알튀세르와 다른 방식으로 프랑스의 불행을 설명할 수도 있겠다는 것이 제 생각입니다. 현대화에 성공한 '영국의 행복'과 비교할 때 현대화에 실패한 것이 바로 프랑스의 불행이었다는 것이에요. 그 결과 천민부르주아지와 그들에게 승복하지 않는 하층민이 공존하게 되었다는 것이고요. 나아가 '일본의 행복'과 비교할 때 한국의 불행도 유사하게 설명할 수 있겠지요.

이 대목에서 요시다 시게루 총리가 『일본을 결정한 100년』(1967; 국역: 이화문화출판사, 1995)에서 패전 이후 일본이 부활에 성공한 것은 'good loser', 즉 승복하는 패자였기 때문이라고 주장했다는 사실을 강조해두겠습니다. 종전을 주도한 스즈키 간타로 총리가 차기 내각의 외무부장관으로 발탁된 자신에게 해준 다음과 같은 충고는 사실 '일본인의 일반적 사고방식'이기도 했다는 것이지요.

> 잉어는 도마 위에 오른 다음에는 칼을 대도 꿈적도 않는다.

'good loser'의 반대말은 물론 'bad loser', 즉 승복하지 않는 패자입니다. 프랑스나 한국의 천민 부르주아지 같은 정당치 못한 승자에 대해서만 패자인 하층민이 승복하지 않는 것은 아니에요. 그래서 속어에서는 'loser'가 폐만 끼치는 멍청이, 노신처럼 말해서 아큐를 의미하는 것인데, 2007-09년 금융위기를 계기로 '루저'라는 콩글리쉬가 유행한 것은 우연이 아닌 것 같아요.

— 그렇다면 한국의 불행이 프랑스의 불행과 동일한 셈인가요?

— 그렇지는 않습니다. 경제학에 유비하자면, 실패에는 두 가지 의미가 있을 수 있거든요. 『현대경제학 비판』(공감, 2011)에서 자세하

게 설명한 것처럼, '시장실패'(market failure)는 이중적 의미인데, 하나는 시장이 부재한다는 의미이고, 또 하나는 시장이 존재하더라도 오작동한다는 의미이지요.

프랑스의 경우에는 부르주아 혁명이 부재했다기보다는 오히려 오작동했던 것입니다. 프랑스혁명이 급진화되었다가 반동을 초래한 것인데, 바로 그것이 발자크와 엥겔스가 언급한 천민부르주아지의 성장과 하층민의 질투의 권리선언이었지요. 반면 한국에서는 부르주아 혁명이 부재했습니다. 그 결과 한국의 불행은 프랑스의 불행에 비해 훨씬 더 처참했던 것이고요. 파리코뮌과 한국전쟁을 비교해보세요. 물론 한국전쟁은 파리코뮌 같은 '내전'이 아니었지만요.

— 국대안에 대해 좀 더 설명해주세요.

— 『한국근대대학의 성립과 전개: 대학모델의 전파 연구』(1997; 국역: 교육과학사, 2001)에서 우마코시 도루가 강조한 것처럼, 한국에서 대학교육의 역사는 다른 현대적 제도가 그런 것처럼 일제강점기로 소급하는 것입니다. 다만 대학교육의 이식에서는 연희전문이나 세브란스의학전문 같은 초교파적 미션스쿨이 아주 중요했는데, 서울을 비롯한 기호지방에서 미국 감리교파와 장로교파가 교육·의료선교에 역점을 두었기 때문이지요.

물론 민족대학이 없었던 것은 아닙니다. 고종의 측근이었던 이용익이 설립했고 천도교를 거쳐 결국 김성수 선생이 인수한 보성전문이 그것이었지요. 보전이 나중에 고려대로 발전하여 연세대와 함께 사학의 명문이 될 수 있었던 것은 오로지 김성수 선생과 그 유지를 계승한 유진오 선생 덕분이었어요. 보전이 천도교 사학으로 남아 있었다면 불교 사학인 동국대 수준에 머물렀겠지요.

한국대학사에서 연희전문이나 보성전문이 아니라 경성제대를 강조하는 것은 현대대학사에 대한 무지의 소치일 따름입니다. 다이쇼데모크라시에서 문화통치의 일환으로 설립된 경성제대는 식민지대학이었으므로, 법문학부와 의학부만 존재했지요. 그나마 중일전쟁을 계기로 도입한 공학부와 달리 경제학부는 끝까지 존재하지 않았고요. 하기야 일본 본토에서도 경제학부가 존재하는 진정한 제국대학은 도쿄제대와 교토제대 2개뿐이었고, 나머지 5개는 공학부와 의학부를 중심으로 한 '지방국립대학'이었지만요.

반면 연희전문이나 보성전문에는 경제학과가 있었습니다. 또 천재지변으로 인한 재원 부족과 경성제대의 설립으로 무산된 민립대학에도 경제학과 설립계획이 있었고요. 김성수·윤치호·이승훈 선생 등이 계획한 민립대학은 1기에 문리대·법정대·경상대를 설립하고, 공대와 의대는 2기와 3기에 설립할 계획이었지요. 김성수 선생이 인수한 보성전문은 민립대학의 1기 계획에 해당하는 문리대·법정대·경상대가 중심이었어요.

이 때문에 해방정국에서 강행된 국대안의 핵심이 경성고등상업의 후신인 상과대학을 통합하는 데 있었고, 국대안에 대한 반대가 사범대학과 함께 상과대학에서 가장 치열했던 것입니다. 반면 국립서울대학교의 대안으로 평양에 설립된 김일성종합대학의 주축은 경상계였고요. 평양에 공업전문은 있었어도 고등상업은 없었거든요. 최고학부(學府)를 둘러싼 서울대와 김일성대의 경쟁의 핵심에 상과대학이 있었다는 것이에요.

만일 국대안을 강행하지 않았다면, 서울대 경제학과가 오늘처럼 몰락하지는 않았을지도 모릅니다. 혁명 이후 프랑스처럼 소르본(La Sorbonne)이라 불리던 파리대학(Université de Paris)과 파리고등사범(ENS)·고등상업(HEC)·에콜폴리테크닉(Ecole Polytechnique) 같은 다양한 그랑제콜(grandes écoles)이 공존할 수도 있었거든요. 게다가 그럴 경우에는 사범대·상과대·공과대가 문리대·법과대·의과대로만 구성된 서울대를 압도했을지도 모르고요.

— 서울대학교총동창회는 개교 원년을 1895년으로 소급하는 것 같던데요.

— 정말 한심스러운 일입니다. 1894년 갑오개혁의 일환으로 1895

년에 고종이 설립한 법관양성소가 서울대의 기원이라는 주장이거든요. 문민화 이후 정조와 고종의 복권에 매진하는 국사학과 이태진 교수의 주장으로 법학과 최종고 교수가 적극적으로 호응한 바 있지요. 그러나 서울대가 봉건제의 최고 학부인 성균관에 대응하는 자본주의의 최고 학부가 되려면 법대가 아니라 경상계와 이공계가 중심이 되어야만 하는 것이에요.

그런데 경제학과 정기준 교수도 이런 입장에 찬성하고 있습니다. 서울상대의 기원을 경성고상이 아니라 경성제대 법학과로 소급하자는 것이에요. 경성제대 법학과는 1926년 설립 당시에는 법학(순수법학·사법학) 전공인 제1류와 정치학(정치학·공법학) 전공인 제2류로 구성되었었는데, 1937년에 경제학 전공인 제3류가 추가되었지요. 정 교수는 경성제대 법학과 제3류가 '핵'이 되어 경성고상을 통합한 것이 서울상대라는 주장을 하고 있어요.

경성고상의 졸업생은 500여명이고 경성제대 법학과 제3류 졸업생은 채 50명도 되지 않는다는 사실을 고려하면, 도대체 무슨 근거로 전자가 아니라 후자가 핵이라는 주장을 하는지 알 도리가 없습니다. 정기준 교수는 경제학과 60학번으로 김수행 교수보다 1년 선배인데, 아마도 그 세대의 서울상대생이 서울법대생에 대해 가졌던 열등감 때문은 아닌가 하는 의심까지 들어요.

정기준 교수는 도쿄제대가 도쿄고상을 통합하려다 실패했다는 역사에 대해서도 아는 바가 없는 것 같습니다. 1877년에 설립된 도쿄대학은 문리대·법과대·의과대로 구성되었는데, 1871년에 공부(工部)대학교와 1875년에 도쿄고상이 이미 설립되어 있었기 때문이지요. 또 1886년에 제국대학으로 승격하면서 공부대학의 통합은 성공했으나 도쿄고상의 통합은 실패했어요.

그 후 도쿄제대에 경제학부가 설립되는 과정은 케임브리지대학의 경우처럼 우여곡절이 많았습니다. 처음에는 정치학에 기생하는 이재학이었다가 1908년과 1909년에 비로소 법학부에 경제학과와 상업학과(경영학과)가 설립되었거든요. 그리고 1919년에 법학부에서 독립한 경제학부가 설립되었는데, 동시에 교토제대에도 경제학부가 설립되었지요. 그러나 도쿄대 경제학부가 도쿄고상과의 경쟁에서 우위를 차지한 것은 아니었어요.

경성제대를 북경대와 비교해보면 이태진 교수 등의 주장이 불합리하다는 것은 쉽게 알 수 있습니다. 1898년 변법운동의 일환으로 국자감(國子監, 나라의 아들을 가르치는 학교)을 개혁한 경사대학당(京師大學堂, 서울대학교)이 1911년 신해혁명에 즈음하여 북경대로 개칭되었는데, 그 모델은 1886년에 설립된 도쿄제대였지요.

북경대의 설립목적은 도쿄제대의 설립목적과 동일합니다. '국가의 수요(須要, 필요)에 부응하는 학술·기예(science and art)를 교수하고 그 온오(蘊奧, 심오)를 고구(攷究, 연구)한다'는 것이 도쿄제대의 설립목적이고, '심오한 학술을 가르치고 석학과 인재를 양성하여 국가의 수요에 부응한다'는 것이 북경대의 설립목적이거든요. 후자는 전자의 환언(paraphrase)일 따름이었지요.

도쿄제대는 물론이고 북경대학도 최고 학부로서 '나라의 아들'(國子) 내지 '민족의 양심'(the conscience of the nation)을 육성하는 데 목적이 있었습니다. 따라서 문리대·법과대·의과대뿐만 아니라 상과대와 공과대도 존재했던 것이고요. 반면 경성제대는 도쿄제대·교토제대 이외의 다섯 제국대학처럼 '지방국립대학'이었을 따름이에요. 그래서 경상계가 존재하지 않았던 것이고요.

도쿄제대를 비롯한 일본대학의 역사는 요시미 순야의 『대학이란 무엇인가』(2011; 국역: 글항아리, 2014)와 아마노 이쿠오의 『제국대학』(2017; 국역: 산처럼, 2017)을 참고할 수 있습니다. 북경대학을 비롯한 중국대학의 역사에 대한 문헌은 국역된 것이 없는데, 헤이호우(Ruth Hayhoe)의 *China's Universities 1895-1995: A Century of Cultural Conflict* (Garland, 1996)를 참고할 수 있지요. 또 세계대학사는 『대중교육: 역사·이론·쟁점』(공감, 2005)에 실려 있는 해롤드 퍼킨의 「대학의 역사」(1991)를 참고하세요.

— 조선지식인의 주류가 위정척사파가 되었던 반면 비주류가 문명개화파가 되었다고 할 수 있나요?

— 그렇습니다. 조선망국기에 출현한 위정척사파는 서인을 계승한 노론의 정통파였던 반면 북학파는 노론의 이단파였거든요. 그리고 북학파의 선배 그룹이 동도서기파였던 반면 후배 그룹이 문명개화파였고요. 물론 서인의 방계로 소론도 있었는데, 그러나 별다른 역할은 없었던 것 같아요.

동인은 더 말할 것도 없습니다. 그들의 일차적 관심은 국가가 아니라 자신의 가문이었거든요. 서인의 근거지인 기호지방과 달리 동인의 근거지인 영남지방에 수백년 된 고택이 아주 많이 남아 있다는 것이 그 방증이지요. 영남지방에 몇 번 내려갔었는데, 가장 인상깊었던 것이 아직도 남아 있는 수많은 고택이었어요.

『영웅시대』에서 이문열 작가의 부친이 '적의 적은 동지'라는 논리로 마르크스주의자가 된 것은 사실 '집안을 지키기'(保家) 위한 선택이기도 했습니다. 또 이 작가의 조모나 모친이 개신교도가 된 것도 역시 집안을 지키기 위한 선택이었고요. 그런데 이 작가도 최근에는 기호지방과 영남지방의 차이를 깨닫게 된 것 같아요.

이문열 작가의 작품을 읽으면서 제가 생소하게 느꼈던 것도 역시 이런 차이였습니다. 제 경험에 비추어보면, 공부하는 것은 집안을 위한 것이 아니라 나라를 위한 것이에요. 입신(立身) 내지 출세(出世)의 의미를 다르게 해석하기 때문인데, 몸을 일으켜 세상으로 나아간다는 것은 곧 집안을 떠난다는 뜻이에요.

『'한국의 불행'』에서 국망(國亡)에 즈음하여 순국한 사례에 대해서도 소개했는데, 모두 서인-노론의 대표자였습니다. 그 중에서 특히 황현은 벼슬을 하지 않았어도 순국했는데, 황희의 후손이라는 가문의식 때문이었지요. 『논어』에 나오는 '나라의 위기에 생명을 바친다'(見危授命)는 공자의 말씀을 따른 셈이에요. 이런 것을 서양에서는 노블레스 오블리주라고 하지요.

김윤식 선생이 헤겔의 '주인과 노예의 변증법'을 해석하면서 주인이 주인인 이유는 죽음을 두려워하지 않고 싸웠기 때문이고 노예가 노예인 이유는 죽음을 두려워하여 싸우지 않았기 때문이라고 한 적이 있는데, 일리가 있습니다. 다만 주인과 노예보다는 귀족과 평민이라고 하는 것이 좋겠지요. 평민과 달리 귀족이 나라를 위해 죽음을 두려워하지 않고 싸우는 것이 노블레스 오블리주이거든요.

영남, 그것도 중인 집안 출신답게 박정희 대통령은 하향평준화를 통해 노블레스 오블리주를 폐지했습니다. 제 경험만 보더라도 집안 어른보다는 오히려 중고등학교 선생님에게서 엘리트의식을 배웠지요. 그런 엘리트교육은 제 연배가 마지막이었던 것 같아요. 그 후 엘리트는 노블레스 오블리주가 없는 천민엘리트일 따름이고요.

— 사대부와 비교할 때 왕족은 어땠나요?

— 조선왕조 500년 동안 전주 이씨 태조 이성계의 직계후손만이 혈통으로 세습할 수 있었습니다. 15세기 창업기에 이은 16-17세기가 조선왕조의 전성기였는데, 서인의 신권주의가 동인의 왕권주의를 제압하면서 붕당정치가 출현한 덕분이었지요. 그러나 18세기에 숙종의 환국정치와 영·정조의 탕평정치가 붕당정치를 압살하면서 왕권주의가 신권주의를 대체했어요.

그런 왕권주의의 적폐가 19세기의 외척세도정치였는데, 중국사와 한국사에서 환관과 함께 국망(國亡)의 원인으로 지목되었던 것이 바로 외척이었습니다. 부친인 홍선대원군과 적대하면서까지 민비에게 의존했던 고종은 오히려 외척세도정치를 연장시켰던 셈인데, 조선왕조의 멸망은 일차적으로 고종이라는 간군(奸君) 탓이에요.

고종의 사망을 계기로 발발한 3·1운동과 그 후의 독립운동에서도 조선왕조를 재건하려는 시도는 전무했습니다. 하기야 고종과 그 친족 20여명은 일본황적에 편입되어 1947년 5월 일본헌법의 개정에 따라 신적강하(臣籍降下, 평민으로의 강등)가 실시될 때까지 왕공족(王公族)의 특권을 향수했거든요.

조선의 마지막 왕인 순종의 왕비 윤씨, 즉 윤비는 해평 윤씨로 오음 할아버지의 후손이었습니다. 게다가 제 외가도 태종의 둘째 아들 경녕군의 후손이었고요. 그래서 제가 전주 이씨 왕손에 대해서도 관심을 갖는 것인데, 그들은 기질, 즉 능력과 성격에 있어서 사대부와 다른 것 같아요. 제 외가는 사대부적 기질이 있어서 왕실 종친으로는 예외적으로 기묘사화에 연루되기도 했는데, 그러나 친가와 비교하면 역시 기질의 차이를 부정할 수는 없지요.

제 외가는 왕위계승권은 없었어도 다양한 특권을 누렸습니다. 태종의 현손(玄孫, 4대손)까지는 군(君)으로 봉작(封爵)되었고, 그 다음 후손부터는 과거에 응시했으나 역시 특별대우를 받았던 것 같아요. 태종의 6대손인 제 13대조가 선조 때 문과에 급제하여 경상감사로 임진왜란을 치르고 받은 풍덕군 임한면(臨漢面, 임진강과 한강의 합류지) 유천리(柳川里, 버드내)의 식읍(食邑)에서 그 후손이 대대로 300년을 살았거든요. 조선왕조가 망하고 일제강점기가 시작되자 제 외조부가 일가친척을 이끌고 북아현동으로 올라오셨던 것이고요.

한국의 현대지식인: 공산주의자

처음에 한국현대지식인의 역사를 연구할 때는 중국현대지식인의 역사와 비교하는 방법을 채택했었습니다. 한국에 양무운동은 물론이고 변법운동도 존재했었는데, 북학파에서 유래한 동도서기파와 문명개화파가 그들이었지요. 반면 신해혁명과 5·4운동은 존재하지 않았고, 그 대신 애국계몽운동과 실력양성운동이 전개되다가 결국 분화되었던 것이고요.

한국과 중국에서 이렇게 현대지식인의 역사가 분기한 것은 문명개화파가 개신교를 수용했다는 사실과 관련될 것입니다. 문명개화파의 선배격이자 갑신정변의 주모자인 김옥균이나 박영효는 후쿠자와 유키치처럼 기독교를 실용주의적으로 수용했을 따름이에요. 그러나 김옥균은 암살당해 요절했고 박영효는 생존했으나 친일파로 전락했으므로, 그들의 후배이자 감리교파인 윤치호 선생이 문명개화파를 대표하게 되었던 것이지요.

물론 윤치호 선생보다 1년 연상인 서재필 선생도 있었습니다. 그러나 갑신정변의 실패로 멸문지화(滅門之禍, 한 집안이 모두 죽는 재앙)를 당하자 미국으로 망명·도주한 서재필 선생은 한국인 최초로 미국시민권자가 되었지요. 갑오개혁에 '외신'(外臣, 외국인 신하) 자격으로 참여했던 그는 윤치호 선생과 함께 독립협회(1896-98)를 지도하기도 했는데, 그러나 고종이 독립협회를 공격하자마자 곧 미국으로 귀환했어요.

박영효나 서재필처럼 친일이나 친미로 경도되지 않으면서 문명개화파를 계승·발전시킨 사람이 바로 윤치호 선생이었습니다. 그는 독립협회가 해체된 이후 안창호 선생과 함께 신민회(1907-11)를 결성하여 신해혁명 대신 애국계몽운동과 실력양성운동을 전개했지요. 그 후 5·4운동 대신 신민회의 분화가 발생했고요.

1905년 을사조약이 체결된 상황에서 애국계몽운동과 실력양성운동이 먼저인가 아니면 독립운동이 먼저인가라는 논쟁이 제기되었습니다. 애국계몽운동과 실력양성운동을 고수한 윤치호 선생과 달리 이회영·시영 선생과 이동녕 선생, 그리고 이동휘 선생은 독립을 우선시했던 것이지요. 물론 독립의 방법이 무장투쟁인가 아니면 공산당 건설인가라는 차이가 있었지만요.

강제병합 이듬해인 1911년에 '105인사건'이 발생하면서 신민회가 해체되었는데, 일본인 기노시타 다카오가 2011년에 숭실대에 제출한 박사논문에 따르면, 안창호 선생은 물론이고 이회영·시영 선생과 이동녕 선생이 이미 망명한 상황에서 105인사건의 목적은 신민회의 주역이었던 윤치호 선생을 구속·수감하는 데 있었습니다. 이동휘 선생은 아직 그들과 비견될 수 있는 비중이 아니었고요.

그러나 그럼에도 불구하고 신민회의 분화에서 윤치호 선생의 대척점에 서 있던 사람은 역시 이동휘 선생이었고, 이동휘 선생부터 공산주의의 역사가 시작되었습니다. 전상숙 교수는 공산주의자를 세 가지 유형으로 분류했는데, '행동적' 활동가, '이론적' 활동가, 그리고 연구자가 그것이었지요. 그리고 각각의 유형의 모델을 이동휘 선생, 박헌영 선생, 백남운 선생으로 설정했고요.

행동적 활동가와 이론적 활동가는 활동가의 두 가지 유형이라기보다는 오히려 활동가가 성숙해가는 단계라고 하는 것이 타당할 것입니다. 진정한 의미의 활동가는 이론적 활동가여야 하기 때문이지요. 마르크스주의의 역사에서 마르크스는 연구자의 모델이었고, 레닌은 활동가의 모델이었지요. 그런데 레닌은 당대 러시아는 물론이고 유럽에서도 최고의 지식인으로 행동적 활동가가 아니라 이론적 활동가였어요.

어떤 의미에서는 모택동조차 이론적 활동가였다고 할 수 있습니다. 모택동은 레닌 같은 천재가 아니었으므로, 진백달이라는 탁월한 비서의 이론적 지원이 필요했지만요. 그러나 모택동 또한 이론적 활동가였다고 할 수 있는데, 진백달의 이론을 수용할 정도의 수준은 되었거든요. '이론가' 박헌영 선생을 비롯한 남로당 출신의 이론진을 숙청한 '바보' 김일성 주석과는 차원이 달랐다는 것이에요.

물론 모택동의 말년은 문제가 많았습니다. 『역사학 비판』에서 설명한 것처럼, 연안시대부터 대약진운동기까지의 모택동은 이론적 활동가였던 반면 문화혁명기의 모택동은 노망까지는 아니었다고 해도 과오가 많았지요. 발리바르가 지적한 것처럼, 연안시대부터 대약진운동까지와 달리 문화혁명기에는 이론이 없었거든요.

아리스토텔레스 이래 이론에는 두 가지 유형이 있는데, 하나가 철학(sophia)이고 또 하나는 과학(episteme)입니다. 나아가 물리학이 자연을 대상으로 하는 과학을 대표하듯이 경제학이 역사를 대상으로 하는 과학을 대표하는 것이고요. 애덤 스미스의 이론적 역사로서 경제학, 그리고 마르크스의 역사과학으로서 경제학 비판에 대해서는 마지막 주에 자세하게 설명하겠어요.

레닌이 경제학자였던 것은 당연한 일이었습니다. 레닌의 초기 대표작이 『러시아에서 자본주의의 발전』(1899)이었고, 후기 대표작은

『제국주의』(1916)였어요. 그는 『러시아에서 자본주의의 발전』을 토대로 1905년 혁명의 혁명민주주의(RD)론을 전개했고, 『제국주의』를 토대로 1917년의 민중민주주의(PD)론을 전개했지요. 이처럼 이론적 활동가 레닌의 이론은 경제학이었던 것이에요.

알튀세르가 비판했듯이, 이것이 역전되고 전도되면서 스탈린주의가 출현했던 것입니다. 스탈린에게는 경제학보다 철학이 우위였지요. 철학에서도 '사유'(histomat, 역사유물론)보다 '변유'(diamat, 변증법적 유물론)가 우위였고요. 변유를 통해 사유를 지배하고, 사유를 통해 경제학을 지배하려던 것이 바로 스탈린주의였어요.

다만 철학적 이론과 달리 경제학적 이론은 조작할(manipulate) 수 없다는 데 문제가 있었습니다. '사고의 대상'(Objekt)만 있는 철학과 달리 경제학에는 '현실의 대상'(Gegenstand)도 있었거든요. 주체사상 내지 김일성주의를 극단적 스탈린주의라고 규정했던 것은 스탈린주의처럼 철학인 동시에 스탈린주의와 달리 경제학을 부정하기 때문이었고요.

모택동에게는 『러시아에서 자본주의의 발전』이나 『제국주의』 같은 경제학적 저작이 없었습니다. 그래서 마르크스-레닌주의는 성립할 수 있어도 마르크스-레닌-마오주의는 어불성설이었던 것이지요. 그러나 모택동에게는 진백달이라는 탁월한 이론비서가 있어서 중국혁명의 이론으로서 매판적·봉건적 국가독점자본주의론 내지 관료자본주의론, 나아가 중국식 민중민주주의론인 신민주주의론을 제시할 수 있었던 것이에요.

나아가 혁명 이후에는 대(大)과도기론의 관점에서 스탈린의 사회주의적 생산양식론을 비판하고 부단혁명론의 관점에서 대약진운동을 전개했습니다. 그러나 문화혁명기에는 부단혁명론을 급진화한 계속혁명론을 제외한다면, '조반유리'(造反有理, 반역은 정당하다)라는 구호밖에 없었어요. 부단혁명론은 '인민 내부의 [비적대적] 모순'에 주목한 반면 그것을 급진화한 계속혁명론은 '자본주의적 길과 공산주의적 길의 [적대적] 투쟁'에 주목했던 것이고요.

"Can We Write the History of the Russian Revolution?" (1996, in *On History*, The New Press, 1997)에서 홉스봄이 레닌은 '권력을 잡아야 했다기보다는 오히려 주워야 했다'(power didn't so much have to be seized as picked up)고 지적한 바 있습니다. 1차 세계전쟁의 와중에 급진화된 인민에 대해 대처하는 사고와 행동에서 짜르와 케렌스키의 무능, 엥겔스처럼 말해서 '당혹과 허약'(Ratlosigkeit und Schlaffheit)으로 인해 달리 어쩔 수 없었다는 것이지요.

그런 맥락에서 홉스봄은 '반(反)사실적(counterfactual) 역사'의 사례로 '역사적 개인'(historical individual)에 주목했습니다. '…이었다는 가정이 성립한다면 무슨 일이 일어났을까'(what if)라는 질문, 즉 짜르와 케렌스키에 대한 대안을 모색하는 보편적인 역사적 과제를 실행할 수 있는 특수한 기질의 개인인 레닌이 없었다는 가정이 성립한다면 무슨 일이 일어났을까라는 질문을 제기하는 것이지요.

또한 발리바르는 "October 1917 after One Century" (*Crisis & Critique*, 2017 No. 2)에서 마르크스주의 이론의 '타락'(fall), 즉 '현실에 대한 단지 이데올로기적인 해석으로의 타락'을 지적한 바 있습니다. 그 결과 러시아혁명사에 대한 비판은 소멸하고 '변호와 공상적 항변'(apology and utopian protest) 사이의 동요만 존재할 따름인데, 홉스봄이 말한 '감정과 편향'(emotion and partiality) 때문이라고 할 수 있겠지요.

그런 맥락에서 발리바르도 역시 '우발적'(contingent) 내지 '예외적'(exceptional)인 역사적 개인에게 주목했습니다. 레닌과 모택동처럼 그의 선택, 즉 결정과 행동이 '역사의 진로(course)'를 바꾸는 개인이라는 의미로요. 짜르의 보수주의와 케렌스키의 자유주의에 대한 레닌의 공산주의적 대안이 부재했다면 러시아에서도 군벌이 출현했겠지요. 실제로 청황실의 보수주의와 손문의 자유주의에 대한 모택동의 공산주의적 대안이 출현하기까지 중국에서는 군벌이 할거했고요. 당시에는 장개석도 일개 군벌에 불과했거든요.

역사적 개인으로서 레닌의 기질 중 성격은 논외로 하고 능력에만 주목해보겠습니다. 레닌의 이론적 능력을 상징하는 것은 「4월 테제」의 논거를 제시한 『제국주의』였지요. 또한 레닌에게는 발리바르가 이니셔티브라고 부른 정치적 능력도 있었는데, 쉽게 말해서 자신의 선택을 타인도 수용하도록 만드는 리더십이라고 할 수 있겠지요. 이니셔티브에는 그런 개인적·집단적 선택의 결과에 대한 책임도 포함되겠고요. 리더에게 자기비판은 몰라도 전향이란 있을 수 없는 일이거든요.

모택동도 레닌과 유사한 능력자였는데, 발리바르는 특히 '세계혁명'을 '각국에서 재창조되어야 하는 혁명'으로 재해석한 사실에 주목했습니다. 그 결과 코민테른의 식민지반봉건사회론을 관료자본주의론으로 발전시킴으로써 스탈린주의자와 트로츠키주의자 사이의 불모의 논쟁을 종식시킬 수 있었던 것이지요. 물론 레닌과 달리 모택동에게는 진백달의 이론적 지원이 필요했지만요.

활동가만큼은 아니어도 연구자 역시 자기비판과 전향은 구별해야 합니다. 발리바르가 그 둘 사이의 '좁은 길'(thin road)을 걷는다는 생각이 들거든요. 예컨대 "Scattered Notes on 'May 68' and Its Interpretations" (*Crisis & Critique*, 2018 No. 2)를 보면, 급진주의 내지 인민주의에 대해 너무 많이 양보하는 것 같아요. 이런 '모호성'(ambiguity)은 우선 '1968년 혁명'에서 프랑스의 경험을 특권화하기 때문인데, 그것과 구별되는 이탈리아의 경험은 『역사적 마르크스주의』와 『금융위기와 사회운동노조』를 참고하세요.

그러나 발리바르의 모호성은 결국 '프랑스 이데올로기'에 고유한 반(反)자유주의 내지 '경제학과 철학의 교환' 때문이라고 해야 할 것입니다. '1968년 혁명'과 '철학적 사변(思辨)'은 스피노자처럼 말해서 '객설'(bavardage/chatter) 내지 '망상/미망'(délire/delusion)이라는 공통점이 있지요. 아니면 1968년 혁명 두어 달 전의 프랑스 철학회 강연 「레닌과 철학」에서 알튀세르가 주목한 것처럼, '가장 잘못된 길'(der Holzweg der Holzwege, 디츠겐), 즉 막다른길 내지 벼랑길이라는 공통점이 있다고 할 수도 있고요.

각설하고, 이동휘 선생은 한국 최초의 공산주의자였습니다. 따라서 행동적 활동가는 아직 성숙하지 못한 활동가, 맹아적인 형태의 활동가라는 의미이겠지요. 그러나 그럼에도 불구하고 한국사학계에서는 이동휘 선생을 한국 공산주의의 기원으로 간주하는 것이 통설이에요. 그리고 저는 신민회의 분화라는 맥락에서 그런 통설을 수용하는 셈이고요.

이동휘 선생은 1873년에 함경남도 단천에서 출생했습니다. 개신교와 관련하여 설명한 것처럼, 함경도 출신인 관북인은 기호인과 친화성을 가졌지요. 반면 평안도 출신인 관서인은 영남인과 친화성을 가졌고요. 한국의 지역 분할과 갈등이 X자 구도를 갖는다는 것인데, 현대지식인의 역사를 특징짓는 그런 현상의 원인에 대해서는 앞으로 좀 더 연구할 필요가 있겠지요.

이동휘 선생의 집안은 아전 출신의 중인이었습니다. 그래서 개신교, 그 중에서도 감리교를 수용하는 것이 별로 어렵지 않았던 것이고요. 그는 감리교도로서 신민회에 가담했는데, 무관 출신이어서 그리 중요한 역할을 한 것은 아니었어요. 그러다가 105인사건을 계기로 북간도를 거쳐 연해주로 망명했던 것이지요.

북간도에서 이동휘 선생은 송창근 목사를 제자로 받아들이기도 했습니다. 사제가 헤어지는 장면이 김재준 목사에 의해 전승되어왔는데, '나만 알고 나라를 모르는 이 민족을 어떻게 살린단 말인고'라며 통곡을 한 다음 '너는 본국에 돌아가 목사가 되거라'라는 당부를 했다는 것이에요. 물론 과장이 있을지도 모르겠는데, 그러나 이동휘 선생과 송창근 목사의 인연에 주목하지 않을 수 없겠지요.

이동휘 선생은 연해주에서 독립운동을 하다가 1917년 2월혁명 직후에 체포·수감되었습니다. 1차 세계전쟁에서 일본과 러시아가 동맹국이었으므로, 반일활동을 명목으로 케렌스키 임시정부에 의해 체포·수감되었던 것이에요. 그런데 오히려 전화위복이 되어 감옥에서 볼셰비키에게 마르크스주의를 학습할 수 있었지요. 10월혁명 이후 출옥한 이동휘 선생은 그런 연유로 1918년에 동아시아 최초의 공산당인 한인사회당을 창당할 수 있었어요.

박헌영 선생과 비교해보면, 이동휘 선생의 행로에는 우연이 많이 작용했다고 할 수 있습니다. 우연히 북간도를 거쳐 연해주로 망명했고, 우연히 케렌스키 임시정부에 체포되어 볼셰비키와 해후했던 것이에요. 이회영·시영 선생과 이동녕 선생은 서간도로 가서 신흥무관학교를 설립했는데, 막상 무관 출신인 이동휘 선생이 왜 그들과 함께 행동하지 않았는지 확실치 않아요. 당시까지는 별로 중요한 인물이 아니어서 그런 제안을 받지 못한 것 같기도 하고요. 어쨌든 이 또한 우연이었지요. 박헌영 선생과 비교할 때 이동휘 선생의 한계는 공산당 건설에 이르는 행로에 우연이 너무 많았다는 것이에요.

그럼에도 불구하고 이동휘 선생의 업적을 폄하할 수는 없는데, 공산당을 통해 그가 설정한 목표는 사회주의혁명과 민족해방운동의 결합이었기 때문입니다. 1920년 여름 코민테른 2차대회에서 레닌이 제안한 '동방정책'을 선취했다는 것이에요. 아직은 독일혁명의 실패(1923-24) 이전이어서 동방정책이 부상할 단계가 아니었지요.

1918년에 공산당을 건설하면서 이동녕 선생과 갈등이 제기되었는데, 1919년에 상해에서 임시정부가 출범하면서 두 분이 화해할 수 있었습니다. 이동휘 선생이 임정에 참여한 것은 3·1운동의 결과로 형성된 임정이 민족해방운동뿐만 아니라 사회주의혁명에도 기여해야 한다고 생각했기 때문이지요. 1920년 말에 레닌이 이동휘 선생에게 거금을 지원한 것도 그런 취지에 찬성했기 때문이고요.

그런데 두 개의 상이한 정파가 이동휘 선생의 노선에 반대했습니다. 하나는 이동녕 선생을 중심으로 한 친미 성향의 기호파였는데, 그는 신규식 선생과 함께 이승만 박사의 가장 중요한 지지자였지요. 따라서 민족해방운동을 사회주의혁명과 결합한다는 구상을 수용할 수는 없었어요.

또 하나는 재(在)러시아교포로 구성된 공산주의자였습니다. 기호파와 정반대로 그들은 민족해방운동의 중요성을 이해하지 못한 채 사회주의혁명만 주장했지요. 기호파와의 갈등보다는 그들과의 갈등이 더 심각했는데, 공산당 내부에서 종파투쟁의 기원이 되었기 때문이에요. 이동휘 선생의 지지자를 상해파라고 부른 반면 재러교포 공산주의자를 이르쿠츠크파라고 불렀지요.

이동휘 선생의 시도는 비록 실패했지만, 그러나 국내에도 상당한 영향을 끼쳤던 것 같습니다. 『'한국의 불행'』에서 이미 언급한 것처럼, 3·1운동 직후에 윤치호 선생은 이 선생에 대해 '일본인을 몰아낼 수 있다는 믿음이 있어서가 아니라, 조선인이 마지못해 일본인의 노예로 살고 있다는 걸 세계만방에 입증하기 위해 목숨 바쳐 싸운다'는 평가를 인용한 적이 있거든요.

이동휘 선생 이후에 출현한 이론적 활동가, 즉 진정한 의미에서의 본격적 활동가가 박헌영 선생이었습니다. 그는 1900년생으로 이동휘 선생보다 한 세대 후배였고, 기호지방인 충남 예산 출신이었습니다. 박 선생 집안은 중인이었고, 그 자신은 서자였지요. 최초의 자유주의 지식인인 윤치호 선생이 문벌인 해평 윤씨의 서자의 서자였다면, 최초의 공산주의 지식인인 박헌영 선생은 중인인 영해 박씨의 서자였던 것이에요.

이동휘 선생과 비교했을 때 박헌영 선생이 공산주의자가 되는 과정은 더 이상 우연한 조건에 의존한 것이 아니라 자유의지에 의한 선택이었습니다. 박 선생은 경기고를 졸업했는데, 그의 능력으로는 일본으로 유학을 가거나 행정고시에 합격할 수 있었지요. 하지만 박 선생은 공산주의자의 길을 선택했던 것이에요.

박헌영 선생은 1925년 조선공산당이 창당될 때 핵심 간부였습니다. 그러나 곧 체포되어 1927년까지 수감되었지요. 그가 양광(佯狂)을 통해 보석으로 풀려난 일화는 유명한데, 실제로는 양광이 아니었다는 설도 있는 모양이에요. 어쨌든 1928년에 두만강을 건너 소련으로 망명했는데, 원로가수 김정구의 대표곡이자 해방 이후에도 오랫동안 전국민의 애창곡이었던 「눈물 젖은 두만강」(1938)이 그 일화를 묘사한 것이었다고 하고요.

박헌영 선생은 1929년 초에 국제레닌학교(ILS, 1926-38)에 입학했는데, 부하린이 초대 학장이었던 이 학교는 공산당지도자를 양성하기 위한 엘리트학교였습니다. 박 선생은 1931년 말까지 3년 동안 이 학교에 재학하면서 체계적으로 이론을 학습했지요. 기본교과과정은 물론 경제학과 소련공산당사 및 세계노동자운동사였고요. 이 또한 이동휘 선생과의 결정적 차이였어요. 이동휘 선생은 감옥에서 몇 달 동안 무명의 볼셰비키에게 학습했을 따름이거든요.

국제레닌학교 졸업생은 대부분 독일·프랑스 등 선진국 출신이었는데, 예를 들어 독일공산당 총서기 울브리히트와 호네커가 있었고, 프랑스공산당 총서기 토레즈의 후임자이자 알튀세르의 후원자이기도 했던 발덱 로셰가 있었지요. 저명졸업생(notable alumni)은 구글에 사진이 등록되어 있는데, 박 선생의 사진도 포함되어 있어요.

박헌영 선생보다 10년 연상인 호찌민은 국제레닌학교가 폐교될 때까지 처음에는 학생으로 나중에는 강사로 활동한 바 있습니다. 그런데 두 분이 함께 찍었다는 사진을 근거로 두 분이 직접 교류했다는 안재성 작가의 주장은 오해이지요. 정병준 교수의 고증에 따르면, 이 사진은 1929년 모스크바가 아니라 1921년 상해에서 찍은 것이고 사진 속의 인물도 호찌민이 아니거든요. 사실 호찌민이 국제레닌학교에 입학한 것은 빨라도 1932년이고 늦으면 1934년이어서 애당초 두 분이 만날 수조차 없었지만요.

따라서 박헌영 선생이 선물한 『목민심서』가 하노이 호찌민박물관에 전시되어 있다는 안재성 작가의 주장도 사실이 아닙니다. 이것은 쉽게 추론할 수 있는 일인데, 『'한국의 불행'』에서 지적한 것처럼, 백남운 선생과 달리 조선학에 무관심한 박 선생이 조선학이 복권시킨 정약용을 존숭했다면, 부조리한 일이기 때문이에요.

어쨌든 호찌민이 베트남의 국부가 된 반면 박헌영 선생이 '미제의 고용간첩의 두목'으로 처단된 것은 한국현대지식인의 역사에서 언젠가는 해명되어야 할 최대의 스캔들입니다. 두 나라 모두 '혁명기지'는 북부에 있었는데, 베트남에서는 북부가 문명지역이었던 반면 한국에서는 야만지역이었다는 차이를 무시할 수 없겠지요.

박헌영 선생은 국제레닌학교에 입학한 것과 거의 동시에 소련공산당에도 입당했습니다. 당시 코민테른은 일국일당주의를 채택했으므로 거주지의 공산당에 입당해야 했거든요. 그런데 1928년에 발표된 코민테른의 「12월테제」는 지식인 중심의 조선공산당을 해체하고 대중적 토대 위에서 공산당을 재건하는 방침을 제시했고, 박헌영 선생에게 공산당재건운동을 지도할 조선위원회를 위임했던 것이지요.

알다시피 조선공산당의 가장 큰 문제는 종파주의였습니다. 상해파와 이르쿠츠크파의 갈등을 계승한 서울파와 화요파의 갈등에 더해 일본유학파까지 개입하여 점입가경이었는데, 그런 상황에서 「12월테제」가 발표되었던 것이지요. 그리고 창당 직후에 체포·수감되었다가 소련으로 망명한 박헌영 선생이 종파투쟁으로부터 자유로웠으므로 공산당재건운동의 지도자로 선정되었던 것이고요.

1931년 말까지 국제레닌학교를 다닌 박헌영 선생은 1932년 초부터 1933년까지 상해에서 활동하면서 조선위원회 기관지 『콤무니스트』의 편집에 참여했습니다. 여기서 『콤무니스트』그룹이라는 명칭이 유래했던 것이지요. 그런데 이번에도 곧 체포되어 1939년까지 수감되었어요. 그리고 출옥 직후에 이재유 선생이 지도하던 그룹과 합류했던 것이에요.

이재유 선생 집안은 함경도 개마고원의 화전민이었습니다. 평안도 출신과 달리 기호파와 친화적인 함경도 출신의 또 다른 대표적 사례였지요. 게다가 박 선생과는 혈연도 있었는데, 처남 뻘이었거든요. 이재유 선생은 박헌영 선생이 체포·수감된 동안 일련의 경성그룹을 조직했습니다. 그리고 박헌영 선생이 출옥하자마자 지도자로 영입되어 경성그룹을 『콤무니스트』그룹과 통합한 경성콤그룹으로 발전시켰던 것이지요.

그런데 당시의 상황에서 종파주의를 청산하고 공산당재건운동을 추진한 경성콤그룹은 오히려 예외였습니다. 경성콤그룹 이외의 공산주의자는 대부분 종파주의를 청산하지 못했지요. 게다가 이 시기에는 중일전쟁을 계기로 대동아공영권이 추진되면서 전향자가 대량으로 발생하기 시작했고요. 쉽게 말해서 경성콤그룹은 소수였던 반면 전향한 종파주의자가 다수였다는 것이에요.

「8월 테제」에서 박헌영 선생은 전향한 종파주의자와 경성콤그룹을 '사납게 흐르는 탁류'와 '샘솟는 한 줄기 청류'로 비유했습니다. 그러나 그 결과는 잘 아는 것처럼 탁류가 청류를 삼켜버린 비극이었지요. '이론가' 박헌영 선생과 경쟁하던 '바보' 김일성 주석이 청류에 대비되었던 탁류를 대거 월북시켜 자신의 심복으로 등용함으로써 '도도하게 흐르는 탁류가 천하의 대세가 되었다'(滔滔者天下皆是也, 『논어』)고 할 수 있거든요.

전상숙 교수는 1920년대 조선공산당 관련자와 1930년대 공산당재건운동 관련자의 비교를 통해 공산주의자의 진화를 설명했습니다. 가장 중요한 특징은 대중화였는데, 일본유학생 출신의 엘리트가 퇴진했다는 것이지요. 또 지역적으로는 기호 출신이 중심이었다가 함경도 출신이 급증하여 대등한 비중이 되었고요. 물론 두 지역은 친화성이 있었지만요.

또 다른 특징은 세대교체였습니다. 1920년대에는 다수가 1900년대생이었던 반면 1930년대에는 다수가 1910년대생이었지요. 1900년대생이 대량으로 전향했기 때문이에요. 경성콤그룹의 지도자는 모두 1900년대생이었는데, 1900년대생 선배그룹의 일부가 남아서 경성콤그룹을 조직하여 1910년대생을 지도한 것이 공산당재건운동이었다고 할 수 있겠지요.

나아가 1910년대생 중의 생존자가 1930년대생을 가르쳤던 것입니다. 학병세대라고 불리는 1920년대생을 건너뛰었다는 사실에 주목할 수 있지요. 1900년대생은 1910년대생을 가르쳤던 반면 1910년대생은 1920년대생이 아니라 1930년대생을 가르쳤는데, 박현채 선생이나 김용섭 교수가 그들이었지요.

나중에 386세대를 설명하기 위해 전향에 대한 설명을 보충해두겠습니다. 전상숙 교수는 중일전쟁 이전에는 다수가 '행동적' 전향자였던 반면 중일전쟁 이후에는 다수가 '이론적' 전향자였다는 사실을 강

조했지요. 행동적 전향자는 사상은 유지하되 활동을 하지 않는 경우인데, 박헌영 선생은 '유휴(遊休)분자'라고 불렀어요. 생존을 위한 전향자였던 그들에게는 '뉘우치는 마음'(改悛の情)이 있었고요. 반면 이론적 전향자는 진정한 의미에서의 전향자였어요.

홍종욱 교수의 연구에 따르면, 전향의 계기는 동양먼로주의로서 대동아공영권이었습니다. 대동아공영권은 공산주의자에게도 그만큼 매력적이었던 것이지요. 따라서 중일전쟁 이후 윤치호 선생의 행적을 두고 친일파 운운하는 것은 불합리한 일이에요. 공산주의자도 전향하는 판에 자유주의자가 전향하지 못할 이유라도 있다는 것인가요. 그래서 민경배 교수가 윤치호 선생을 옹호하면서 '일시적 용일(容日)'이었다고 한 것이에요.

일본의 노신 연구자 겸 번역자인 다케우치 요시미는 일본현대지식인은 '기존의 개념이 현실과 잘 맞지 않게 되면 새로운 개념을 찾기 시작한다'고 비판한 적이 있습니다. 이것이 이론적 전향인데, 사대부적 전통이 없는 일본에서는 당연한 일일 수도 있지요. 그런데 개념이 현실에 부합하도록 발전시키려면 이론적 역량이 탁월해야 할 것입니다. 따라서 이론적 전향은 이론적 무능을 반영하는 것이고, 대량의 전향은 대중화의 귀결이기도 한 셈이에요.

이제 386세대가 대량으로 전향한 이유를 설명해볼 수 있을 것입니다. 박정희 정부 이후 현대화의 명분으로 사대부적 전통이 소멸했지요. 그 결과 지조나 정조라는 개념도 낯설어졌고요. 게다가 하향평준화가 진행되면서 이론적 역량도 쇠퇴했어요. 그런 상황에서 386세대가 대량으로 전향한 것은 사실 자연스런 일이었지요.

활동가에 대한 설명은 이 정도로 마무리하고 연구자로 넘어가겠습니다. 전상숙 교수가 연구자의 모델을 백남운 선생으로 설정한 것은 당연한 일인데, 일제강점기 최고의 사회경제사학자이자 대표적 마르크스주의자였기 때문이지요. 백남운 선생은 박헌영 선생보다 6세 연상으로 전북 고창 출신이었어요.

백남운 선생은 사회사 논쟁의 대가였을 뿐만 아니라 또한 이식자본주의론을 통해 사회성격 논쟁에도 단초를 제공했습니다. 따라서 박헌영 선생과 백남운 선생이 결합하지 못한 사실에 대한 설명이 필요하겠지요. 백남운 선생 연구자인 고 방기중 교수가 한 가지 해석을 제시했는데, 박헌영 선생의 극좌파 노선과 백남운 선생의 중도좌파 노선의 차이 때문이었다는 것이에요.

그런데 방기중 교수의 이런 해석은 해방정국에 대한 강만길·서중석 교수의 입장, 쉽게 말해서 인민주의적 입장에서 백남운 선생을 해석한 것입니다. 따라서 너무 과도한 해석이라고 할 수밖에 없어요. 오히려 지연과 혈연이 공산주의자마저 분열시켰다고 해석할 수 있는데, 박헌영 선생과 백남운 선생은 모두 기호인이었으므로, 결국 문제는 혈연이었겠지요.

백남운 선생의 12대조인 백인걸은 조광조의 직계 제자였고, 부친은 송시열의 직계 후손으로 을사조약 때 순국한 송병선의 제자였습니다. 또 백 선생의 처가는 이황과의 사단칠정(四端七情) 논쟁으로 유명한 기대승의 후손이었고요. 따라서 백 선생 집안은 서인 정통파 노론을 대표하던 집안으로 위정척사파였던 것이에요. 이미 언급한 홍명희 선생 집안처럼요.

백남운 선생 대신 박헌영 선생을 이론적으로 지원한 사람이 바로 전석담 선생이었습니다. 1916년 황해도 은율의 지주 집안에서 태어난 전 선생은 경성콤그룹의 성원이기도 했는데, 해방정국에서 사회사 논쟁과 사회성격 논쟁에 크게 기여했지요. 그런데 박헌영 선생을 모택동에 비견할 수는 있어도 전석담 선생을 진백달에 비견하는 것은 주저되는 바가 없지는 않아요.

백남운 선생과 전석담 선생의 업적이 1980년대에 한국사회사 논쟁과 한국사회성격 논쟁을 재개하기 위한 출발점이었습니다. 386세대는 아직도 이해하지 못하는 것 같은데, 한국사회사 논쟁이란 봉건제의 보편성과 특수성에 대한 논쟁이었고, 한국사회성격 논쟁이란 자본주의의 보편성과 특수성에 대한 논쟁이었지요.

한국사회사 논쟁은 백남운 선생 개인의 역량이 워낙 탁월해 상당

부분 정리가 되었습니다. 또 전후에도 김용섭 교수, 나아가 한영우 교수나 이태진 교수의 연구가 있었고요. 반면 한국사회성격 논쟁은 전석담 선생에 이어 박현채 선생과 제가 나름대로 노력했음에도 불구하고 여전히 일천한 상태이지요. 주체적 역량은 취약한 반면 제기되는 객관적 과제는 오히려 막중했거든요.

한국사회성격 논쟁을 위해서는 물론 『자본』에 대한 연구가 선행되어야 합니다. 그런데 『자본』에 대한 연구는 고전경제학과 현대경제학에 대한 비판을 의미하는 것이기도 하지요. 김윤식 선생은 카프(KAPF, 조선프롤레타리아예술가동맹)를 연구하기 위해 자본주의의 보편성과 특수성, 나아가 민족국가의 보편성과 특수성에 대해 각각 4년씩 도합 16년을 연구한 바 있다고 증언한 적이 있지요. 김 선생처럼 말하자면, 『자본』을 연구하기 위해서도 고전경제학 4년, 고전경제학 비판 4년, 현대경제학 4년, 현대경제학 비판 4년, 도합 16년을 연구해야 하는 것이지요.

그런데 여기서 그치는 것이 아니라 『자본』과 『제국주의』의 관계를 연구해야 합니다. 게다가 아리기가 강조하는 것처럼, 『제국주의』와 미국자본주의의 관계를 연구해야 하지요. 물론 한국자본주의에 대해서도 연구해야 하고요. 따라서 각각 4년씩 도합 12년이 더 필요한 셈이에요. 결국 28년의 연구가 있은 연후에야 비로소 한국사회성격 논쟁에 개입할 수 있다는 것인데, 저의 경우는 속성으로 14년만 연구한 셈이었지요.

한국사회성격 논쟁에 비해 한국사회사 논쟁은 좀 더 간단합니다. 『자본』이나 『제국주의』에 해당하는 이론이 없기 때문이지요. 그 대신 『봉건제론』에서 강조한 것처럼, 중국봉건제와 비교하면서 한국봉건제를 연구할 필요가 있겠지요. 그러므로 김윤식 선생처럼 말해서, 중국봉건제 4년, 한국봉건제 4년, 도합 8년의 연구가 필요하겠지요. 거기에다가 한문 공부 4년, 외국어 공부 4년을 추가하면 역시 16년이 되겠고요.

질의와 응답

— 한국공산주의운동사는 김준엽 선생의 연구가 효시였지요?

— 그랬습니다. 물론 김준엽·김창순 공저인 『한국공산주의운동사』(1967-76) 이외에도 서대숙의 『한국공산주의운동사 연구』(1967)와 이정식·스칼라피노 공저인 『한국공산주의운동사』(1972)가 있었는데, 그러나 한국사학계가 아니라 미국사학계의 연구성과였지요. 이들 세 연구는 반공주의의 입장에서 한국공산주의운동사를 정리한 것으로 사료로서의 가치를 부정할 수는 없어요.

그런데 한국사회성격 논쟁이 전개되면서 좌파의 관점, 특히 민중민주파의 관점에서 공산주의운동사를 재구성할 필요가 제기되었습니다. 먼저 민족해방파가 선전하는 김일성 주석과 만주파의 이른바 '혁명전통'에 대한 비판이 필요했는데, 당시 성균관대 사학과 출신의 신주백 박사가 그런 역할을 담당했지요. 그러면서 성균관대 행정학과 졸업생으로 대학원은 정치외교학과로 진학한 이종석 교수의 연구를 비판했던 것이에요.

또 국내파에 대한 연구는 역시 성균관대 사학과 출신의 임경석 교수가 담당했는데, 나중에 박헌영 선생의 전집 발간과 복권에도 관여했습니다. 임 교수의 가장 큰 공헌은 경성콤그룹의 공산당재건운동을 복원한 것이지요. 그 덕분에 해방정국에서 남로당의 이른바 '종파주의'에 대한 민족해방파의 고발이 무고였다는 사실을 해명할 수 있었던 것이고요.

그러나 그럼에도 불구하고 『일반화된 마르크스주의 개론』에서 이미 강조한 것처럼, 민중민주파가 남로당의 후예는 아니었습니다. 다만 남로당이 해방정국에서 탁류의 사나운 흐름에 저항한 한 줄기 청류로서 민족해방투쟁을 주도했고 결국 한국전쟁을 통해 산화했다는 사실을 상기시킬 따름이었지요.

박현채 선생의 증언에 따르면, 전후에 한국전쟁을 주도한 남로당에 대한 숙청은 불가피한 측면이 있었습니다. 사회주의조국 북한을 위해 박헌영 선생이 순국했다는 것이에요. 물론 박헌영 선생을 제거하려는 김일성 주석의 집요한 권력투쟁도 있었지만요. 다만 중요한 문제는 박 선생의 순국과 남로당의 산화 이후 북한에서 사회주의가 절대군주정으로 타락했다는 사실이에요.

이런 맥락에서 제가 한국공산주의운동사의 기본 문헌으로 많이 인용하는 안재성 작가의 일련의 평전은 민중민주파와 민족해방파의 갈등을 남로당과 북로당의 갈등으로 환원하는 결함이 있습니다. 물론 남로당을 신원(伸冤)하고자 하는 심정을 이해하지 못하는 바는 아니지만요. 김성동 작가의 평전에 대해서는 역사학보다는 오히려 문학에 가깝다는 결함만 지적해두겠어요.

임경석 교수와 이준식·최규진 박사가 공동으로 집필한 한국공산주의운동사가 2009년에 독립기념관 한국독립운동사연구소에서 『한국독립운동의 역사』(https://search.i815.or.kr/subContent.do)로 출판되었다는 사실도 지적해두겠습니다. 노무현 정부가 2005년에 추진한 광복[해방]60주년기념사업의 일환이었는데, 비매품이어서 저도 얼마 전에야 출판 사실을 알 수 있었지요. 또 전체 60권의 독립운동사 중 공산주의운동사는 겨우 3권뿐이어서 반갑지만은 않은데, 심지어 의열투쟁(테러리즘)도 3권이고, 아나키즘이나 형평운동(백정운동)도 1권씩이거든요.

— 백남운 선생처럼 노론 집안에서 마르크스주의자가 나왔다고 해도 예외라고 해야 하지 않을까요?

— 물론입니다. 사실 저희 집안도 해평 윤씨 중에서는 영락한 집안이었으니, 저로서는 경화사족이 어떻게 살았는지 잘 몰라요. 환국정치, 탕평정치, 외척세도정치를 거치면서 노론도 벽파(僻派)와 시파(時派)로 분화했지요. 시파의 후예가 경화사족이었던 반면 벽파의 후예는 영락했고요.

그런데 사대부가 친일파가 되었던 것이 아니라 경화사족이 친일파가 되었던 것입니다. 해평 윤씨 중에서도 윤비의 부친 윤택영과 백부 윤덕영이 그런 경우였지요. 그러나 윤택영의 장남 윤홍섭은 신익희의 절친으로 임시정부를 지원하기도 했어요. 그러나 저희 집안은 그 집안과 별로 교류가 없어서 자세한 내막은 잘 몰라요.

아울러 서울대 국사학과가 정립한 서인사관은 가문사학과 아무런 관련도 없다는 사실을 지적해두겠습니다. 한우근 교수는 평양에 있는 기자사당의 좨주 집안이었고, 김철준 교수는 중인 집안이었어요. 한영우 교수 집안은 기호남인이었고, 이태진 교수 집안은 역시 중인이었고요. 서울대 국사학과에 대한 이덕일 씨의 무고는 오히려 자신의 가문사학 때문일지도 모르겠다는 생각이 들어요.

— 박헌영 선생과 백남운 선생이 결합하지 못한 이유에 대한 설명을 좀 더 부연해주세요.

— 해방정국에 대한 강만길·서중석 교수의 인민주의적 해석에 근거하여 방기중 교수는 박 선생의 극좌파 노선과 백 선생의 중도좌파 노선의 차이에 주목했습니다. 그러나 별로 설득력이 없었던 것이 그런 차이만으로는 백 선생이 '미제의 고용간첩의 두목'이라는 김일성 주석의 무고에 동조하여 박 선생의 숙청에 일조했다는 사실까지 설명할 수는 없었으니까요.

방기중 교수는 백남운 선생이 연안파를 통해 신민주주의론을 수용했다고 주장했는데, 그러나 과장일 것 같습니다. 백 선생은 물론이고 연안파가 신민주주의론이나 그 논거인 매판적·봉건적 국가독점자본주의론 내지 관료자본주의론에 대해 자세하게 알았을 리는 없으니까요. 당시까지는 일본 마르크스주의자조차 모택동이나 진백달에 대해 잘 몰랐거든요.

박헌영 선생은 자부심이 너무 강했던 것 같습니다. 그래서 누구에게도 고개를 숙이지 않았고, 6살 연상인 백남운 선생이나 12살 연상인 홍명희 선생도 '선배' 내지 '선생'으로 대접하지 않았던 것 같아요. 반면 김일성 주석은 두 분 선생을 극진히 모셨다는 것이고요. 그러니 중인에다가 더욱이 서자 출신인 박 선생에 대한 백 선생과 홍 선생의 감정이 좋았을 리 없었겠지요.

사실 경성콤그룹에는 번듯한 사대부 집안 출신이 없었습니다. 안재성 작가가 전주 이씨 왕손으로 소개한 이현상 선생도 실은 태조 이성계의 종7대조(7대조의 동생)의 후손이었지요. 따라서 굳이 꼽자면 1910년에 충북 진천에서 출생한 정태식 선생 정도가 있었는데, 그는 연일 정씨로 정철의 후손이었습니다. 또 그의 집안은 『위기와 비판』에서 소개한 이구영 선생 집안과 사돈이었고요. 정 선생은 경성제대 법학과 6회 수석졸업자로 1회 수석입학자·졸업자인 유진오 총장과 비견되던 당대 조선 최고의 수재이기도 했어요.

— 박갑동 선생은 어떻게 평가할 수 있을까요?

— 1980년대의 상황에서 민중민주파에게 박헌영 선생에 대한 정보를 제공한 것이 바로 박갑동 선생이 집필한 평전 『박헌영: 그 일대기를 통한 현대사의 재조명』(인간사, 1983)이었는데, 이 책은 1973년에 집필한 『중앙일보』 연재물의 개정판이었습니다. 그 후 박 선생은 1989-90년에 역시 『중앙일보』에 자서전을 연재하고 『통곡의 언덕에서』(서당, 1991)라는 제목으로 출판했지요.

저는 『박헌영』만 읽고 『통곡의 언덕에서』는 읽지 않았다가 이번에야 비로소 읽었습니다. 1919년에 경남 산청에서 출생한 박갑동 선생은 순천 박씨였는데, 견훤의 사위인 박영규의 후손이라고 하지요. 순천 박씨 중 조선시대에 유명한 사람으로는 사육신 박팽년과 중종반정의 주동자로서 대표적 훈구파였던 박원종이 있었지요. 현대에 와서는 9선의원이자 노태우-김영삼-김대중 정부에서 3번이나 국회의장을 역임한 박준규 의원이 있었고요.

『통곡의 언덕에서』를 읽으면서 영남 출신의 마르크스주의자들이 남로당의 숙청에 깊숙하게 연루되었다는 사실을 처음으로 알게 되었습니다. 그들은 대체로 일본에서 유학한 ML파이자 장안파여서 박헌영 선생의 공산당재건운동이나 남로당에 대해 적대적이었기 때문이지요. 경남도당 부위원장까지 지낸 김원일·원우 작가의 부친이 남로당 숙청 이후에도 간부로 활동할 수 있었던 까닭이 궁금했었는데, 남로당 숙청에 협조한 보상이었을지도 모르겠다는 생각이 들 수밖에 없는 대목이에요.

박갑동 선생은 이관술 선생과 마찬가지로 혈연·지연·학연을 지양한 모범적 사례였다고 할 수 있을 것입니다. 영남의 동인 집안 출신이자 일본유학파 출신이면서도 ML파–장안파가 아니라 박헌영 선생과 남로당을 지지한 것은 결국 진리를 추구했기 때문이거든요. 게다가 박헌영 선생과 남로당을 복권시키기 위해 박헌영 선생 평전과 자서전까지 집필했고요.

한국국학진흥원의 책임연구위원인 심상훈 박사에 따르면, 경남은 물론이고 경북에서도 ML파–장안파가 강세였습니다. 경북 북부지역에서 화요회가 우세한 안동은 오히려 예외였고, 북풍회가 우세한 의성과 서울청년회가 우세한 상주는 ML파–장안파와 친화성이 있었지요. 대구를 중심으로 하는 경북 남부지역은 화요파가 거의 없었으므로, 역시 ML파–장안파와 친화성이 있었고요. 따라서 안동을 제외한 영남 전체가 ML파–장안파와 친화성이 있었다고 할 수 있을 것 같아요.

경북 북부지역에 대해서는 심 박사의 「유학적 지식인들의 사회주의 수용과 독립운동」(『한국사상의 재조명』, 한국국학진흥원, 2007); 「영남지역 유학적 지식인들의 사회주의 운동과 성격」(『근현대 영남 유학자들의 현실인식과 대응양상』, 한국국학진흥원, 2009)을 참고할 수 있습니다. 경북 남부지역에 대해서는 「일제강점기 유학적 지식인의 사회주의 수용과 민족운동」(『동아인문학』, 24집, 2014)을 참고할 수 있고요.

영남지방에서 유독 안동만이 예외적이었던 것은 기호지방과 마찬가지로 육왕심학이 아니라 정주리학의 영향 때문이지 않았을까 하는 생각이 들기도 합니다. 조선중화주의의 후예인 위정척사운동이 복류(伏流)하여 마르크스주의로 용출(湧出)했다는 것인데, 중국이나 베트남과 비교하면서 한국현대지식인의 역사를 정리하는 저의 입장에 대한 방증이라고 할 수 있겠지요.

복류는 황하의 발원지와 관련된 용어입니다. 이백이 「장진주」(將進酒, 권주가)에서 노래하기를,

하늘에서 내려온 황하의 강물이 바다로 달려가면 되오지 못하네.	黃河之水天上來, 奔流到海不復回.

바다는 황해인데, 하늘, 즉 황하의 발원지는 설이 분분했지요. 등용문이 있는 적석산에서 발원한다는 설과 티벳고원의 곤륜산에서 발원한다는 설이 있었고, 곤륜산에서 발원하여 적석산까지 복류한다는 설이 있었거든요. 『산해경』에서 유래한 복류설은 한무제 때 서역을 개척한 장건이 채택한 입장이기도 했는데, 그 후 2000여년간 진행된 황하 발원지의 탐색을 통해 사실로 입증되었지요. 호아상과 팽안옥의 『중국지리 오디세이』(2004; 국역: 일빛, 2007)를 참고하세요.

어쨌든 저로서는 조선중화주의와 그 후예인 위정척사운동이 복류하여 마르크스주의로 용출했다고 확신하고 있습니다. 아까 '도도하게 흐르는 탁류가 천하의 대세가 되었다'는 공자의 말과 함께 '사납게 흐르는 탁류'와 '샘솟는 한 줄기 청류'를 대조한 박헌영 선생의 말을 소개했는데, 위정척사운동에서도 '一脈陽氣'라는 말이 있지요. 마치 한겨울 동짓날처럼 '천지에 음기가 가득한데 한 줄기 양기가 숨어 있다'는 뜻이에요.

그런 확신에 따라 조선중화주의 유적의 연원이자 위정척사운동의 정신적 귀의처라고 하는 조종암에 대한 관심도 생겼습니다. 조종암이란 경기도 가평의 조종천 근처에 있는 암벽인데, 『서경』에서 유래하는 '朝宗'이란 말은 '제후가 천자(宗)를 배알한다(朝)'는 뜻이자 '강물이 바다로 흘러간다'는 뜻이지요. 오영섭 교수의 「위정척사의 상징물 조종암」(『태동고전연구』, 11집, 1995)을 참고하세요.

조종암에 새겨진 25자 중에는 선조의 어필(御筆)인 '萬折必東'도 있습니다. '황하는 수없이 굽이돌아도 반드시 동해[황해]로 흘러간다'는 공자의 말인데, 군자의 지조라는 뜻이기도 하고 충신의 절개라는

뜻이기도 하지요. 송시열이 화양서원에 설치한 만동묘의 명칭도 바로 여기서 비롯된 것이에요.

그런데 노영민 비서실장이 주중대사 신임장제정식(信任狀提呈式, 국가원수에게 신임장을 바치는 의식)에서 방명록에 '萬折必東'이라고 적었다고 합니다. [또 문희상 국회의장은 방미중에 펠로시 하원의장에게 '萬折必東'이라고 적은 친필 족자를 선물했다고 한다.] 문재인 대통령 최측근의 지적 수준이 이러니 나라의 앞날이 캄캄할밖에요. 하기야 문 대통령도 피장파장이겠지만요.

— 그렇다면 인민혁명당 사건에 대해서도 비슷한 설명을 제시할 수 있을 것 같은데요.

— 맞습니다. 인혁당은 한국전쟁 이후 기호지방과 영남지방에 생존해 있던 소수의 마르크스주의자가 협력하여 조직했던 것인데, 기호파의 대표자는 박현채 선생인 반면 영남파의 대표자는 도예종 선생이었지요. 반면 인혁당재건위 사건은 기호파의 반대에도 불구하고 영남파의 독단으로 초래된 것이었고요.

『일반화된 마르크스주의 개론』에서도 언급한 적이 있는데, 인혁당재건위 관련자들은 먼저 남한의 변혁역량에 끼친 손실에 대해 자기비판해야 합니다. 그러나 그럼에도 불구하고 배상금을 둘러싸고 부르주아 국가와 분쟁만 하고 있으니 안타까운 일이에요. 게다가 그런 배상의 근거로 인혁당재건위는 물론이고 인혁당조차 조작이었다는 주장을 제시한 것에는 절대 동의할 수 없는데, 결국 통혁당이 정통이라는 민족해방파의 주장을 추종하는 셈이거든요.

서인과 동인의 갈등에서 비롯된 기호인과 영남인의 악연이야말로 한국지식인사의 특징인 것 같습니다. 그런 악연이 해방정국을 거쳐 현재까지 연장되고 있으니까요. 예를 들어, 서울대 경제학과의 역사에서 안병직 교수에 이어 김수행 교수를 중심으로 형성된 영남인맥의 적폐에 주목할 수 있는데, 최근에는 정성진 교수가 다함께 출신인 자신의 제자 대신 김수행 교수의 애제자였던 김공회 박사를 교수로 임용하면서 영남인맥의 '3대세습'을 시도하고 있다는 소문을 듣기도 했어요.

— 그런데 기호인과 관북인의 친화성은 어디서 비롯되었을까요?

— 한국사연구회가 엮은 『한국지방사 연구의 현황과 과제』(경인문화사, 2000)를 보면, 지방사 연구는 아직 일천한 것 같습니다. 게다가 가문사학이 성업 중인 영남지방에 대한 연구가 많고, 기호지방, 그것도 서울·경기도에 대한 연구는 거의 없어요. 정만조 교수 등의 『조선시대 경기북부지역 집성촌과 사족』(국민대학교출판부, 2004)은 예외라고 할 수 있고요.

한국현대사에서 기호인은 관북인과 친화성이 있었고 영남인은 관서인과 친화성이 있었다는 것은 일단 하나의 현상으로 인식해야 할 것입니다. 어떤 원인이 그런 현상으로 귀결되었는지 설명할 수 있는 연구는 아직 없거든요. 혈연과 지연을 타파하자면서 그냥 무시해버리는 편법이 문제인데, 문재인 대통령의 지론인 이른바 '블라인드 채용'이 그런 편법을 상징하는 셈이지요.

굳이 한 가지 설명을 제시해본다면, 조선시대의 주류는 기호인이었고 비주류는 영남인과 서북인이었는데, 서북인 중에서도 관서인과 관북인의 갈등이 영·호남의 갈등보다 훨씬 치열했기 때문일 것 같습니다. 그래서 영남인과 관서인이 연대하고 '적의 적은 친구'라는 논리로 관북인은 기호인과 연대했던 것 같아요. 물론 아직까지 확실한 근거는 없고, 저의 추측일 따름이지만요.

영·호남의 갈등은 사실 박정희 대통령과 김대중 대통령이 경쟁하면서 사후적으로 조작된 측면이 강하다는 사실도 지적해두겠습니다. 조선시대의 지역갈등은 서인의 근거지인 기호지방과 동인의 근거지인 영남지방의 갈등이었는데, 기호지방의 중심은 당연히 기청(畿淸, 경기도와 충청도)지방이었지 호남지방이 아니었거든요. 하기야 김해 김씨인 김대중 대통령은 어처구니없게도 영·호남의 갈등을 신라와 백제의 갈등으로 소급시키곤 했지만요.

— '한국역사연구회시대사총서'가 완결되었더군요.

— 『한국역사』부터 시대사총서까지 한역연의 우여곡절에 대해서는 『'한국의 불행'』에서 설명한 적이 있습니다. 노무현 정부가 출범하기 직전인 2002년에 시작된 시대사총서 작업은 2015-17년에 조선시대사와 한국근대사에 이어 한국고대사와 고려시대사가 출판된 다음 2018년 9월에 드디어 한국현대사가 출판되면서 완결되었지요.

그런데 『한국역사』와 비교할 때 시대사총서의 성격은 집단작업이라기보다는 오히려 개인작업에 가깝다고 할 수 있을 것입니다. 『한국역사』와 달리 시대사총서에서는 각장의 집필자가 명시되어 있는데다가 총서 전체는 물론이고 각각의 시대에 대해서도 편집자가 따로 없기 때문이지요.

그러나 『한국역사』와 시대사총서의 가장 큰 차이는 연구사와 관련된 것입니다. 『한국역사』(역사비평사, 1992)의 출판을 준비하기 위한 연구사로서 한역연은 2권짜리 『한국중세사회 해체기의 제문제』(한울, 1987)와 4권짜리 『한국현대사』(풀빛, 1991)를 출판했지요. 반면 시대사총서는 그런 연구사 없이 출판된 것이에요.

『봉건제론』에서 이미 지적한 것처럼, 『한국역사』의 가장 큰 결함은 현대사에 대한 민족해방론적 편향입니다. 특히 1945-53년 해방정국 이후 남북한이 각각 자본주의와 사회주의로 진화했다는 민중민주론의 역사관을 '반국적(半國的) 인식'이라고 비판하면서 민자정의 수립과 연방제통일을 주장하고 있거든요.

시대사총서의 한국현대사는 급기야 '[촛불항쟁을 서막으로] 한반도에서 [남북통일이라는] 대전환의 역사가 전개되기 시작됐다(*sic*)'고 선언합니다. 이명박-박근혜 정부의 역전·후퇴에도 불구하고 김대중-노무현 정부가 개시한 '사실상의 통일[과정]'을 문재인 정부가 재개한다는 것인데, 그런 입장에서 북한에 대한 변호론적 서술을 대폭 보완하기도 했지요.

시대사총서에서 확대재생산된 『한국역사』의 민족해방론적 편향은 결국 한국사회성격 논쟁에 대한 몰인식을 반영하는 것입니다. 한국현대사 연구자는 세계사와 경제학에 대한 소양을 결여하고 있지요. 이 때문에 한국사학계가 '중진국 함정'에 빠진 것인데, 장학성처럼 말하자면, 사재(史才)와 사학(史學)은 축적되었을지 몰라도 사의(史義)와 사덕(史德)은 결여되었기 때문이에요.

『한국역사』와 시대사총서는 대상의 측면에서도 논란이 될 수 있습니다. 『'한국의 불행'』에서 설명한 것처럼, 중국에서는 현대를 '근대', '현대', '당대'로 세분하지요. 아편전쟁부터 신해혁명까지의 구민주주의혁명 시대가 근대, 5·4운동부터 중국혁명까지의 신민주주의혁명 시대가 현대, 중화인민공화국 시대가 당대라는 것이에요. 그럴 경우 당대는 통사의 대상이 아닌데, 범문란·채미표가 편집한 통사와 전백찬이 편집한 통사는 근대에 국한되고 백수이가 편집한 통사는 근대와 현대에 국한되거든요.

반면 『한국역사』와 시대사총서는 현대를 '근대'와 '현대'로 세분하고 있습니다. 개항기부터 일제강점기까지가 근대이고 해방정국 이후가 현대라는 것이에요. 만일 중국식 시대구분법을 따른다면, 개항부터 국망까지가 근대, 일제강점기부터 해방정국까지가 현대, 전후가 당대라고 할 수 있겠지요. 『한국역사』나 시대사총서는 북한역사학계를 따라 당대까지 대상에 포함하는 반면 국사편찬위원회의 『한국사』는 백수이의 통사처럼 근대와 현대만을 대상으로 하고 있어요.

한역연의 민족해방론적 편향이 박근혜 정부에서 한국사교과서의 국정화 논란을 초래하기도 했다는 사실을 지적해두겠습니다. 김대중 정부에서 제기되어 노무현 정부에서 실현된 근현대사교과서의 검정화에 대해 낙성대학파가 반격해왔기 때문이지요. 근현대사를 둘러싼 한역연과 낙성대학파의 논쟁은 한국사학계의 중진국 함정을 상징하는 것인데, 결국 인민주의 사관과 보수주의 사관의 대결일 따름이기 때문이에요.

중국과 일본의 현대지식인

드디어 문재인 정부에서 386세대가 남한사회의 주류로 진입했습니다. 노무현 정부에서 시도한 주류 진입이 불완전했던 것은 다름 아닌 노 대통령에 의해 견제를 받았기 때문이지요. 그러나 문재인 정부에서는 어느 누구도 감히 그들을 견제하지 못하는 것 같아요. 그래서 1년차의 소득주도성장도 그렇지만, 2년차의 연방제통일이라는 엄청난 일을 벌이고 있는 중인 것 같고요.

386세대에 대한 이해를 위해서도 동아시아 각국의 현대지식인과 비교해볼 필요가 있을 것입니다. 그래서 2017년에 중국현대지식인과의 비교를 시도한 것인데, 저로서는 자연스런 결정이었지요. 『'한국의 불행'』에서 한국현대지식인의 역사를 설명하기 위해 양무운동에서 5·4운동까지 중국현대지식인의 역사와 비교했었거든요.

게다가 조경란 교수의 연구를 필두로 개혁·개방 이후 중국지식계의 논쟁에 대한 참고문헌도 얼마간 축적되어 있었습니다. 다만 조 교수처럼 신좌파 중심으로 논쟁을 정리하는 것은 문제가 있고, 오히려 주류와 비주류라는 식으로 정리할 필요가 있지만요. 조 교수가 신좌파를 과대평가한 것은 현대화론에 대한 몰이해 때문이에요.

개혁·개방 이후 중국의 주류지식인은 대체로 경제학자와 역사학자, 특히 사회경제사학자이고, 정치이념적으로는 자유주의자입니다. 경제학자와 역사학자가 주류가 된 것은 그들이 현대화론을 제공하기 때문이지요. 산업혁명으로서 현대화를 설명하는 것이 경제성장론 내지 경제발전론이거든요. 물론 핵가족이나 학교교육도 현대화와 관련되는데, 그러나 부수적 주제일 따름이에요.

반면 비주류지식인은 두 개의 흐름인데, 하나는 진보주의적 내지 인민주의적 신좌파이고 다른 하나는 보수주의적 신유가입니다. 그들이 비주류인 이유는 사실 간단한데, 그들의 주장이 현대화론에 미달하기 때문이에요. 윤치호 선생처럼 말하자면, 그들은 현대화에 '무력, 무능, 무용'하다고 할 수 있지요. 반면 자유주의적 경제학자와 역사학자는 현대화에 대한 '효력, 효능, 효용'이 있고요.

사실 신좌파는 대부분 문학비평가인데, 대표적 논객인 왕후이가 그렇습니다. 물론 철학자가 가세하기도 하는데, 이른바 '충칭모델'의 설계자인 추이즈위안이 그렇지요. 그런 사람들은 비주류일 따름이에요. 그들의 능력이 나랏일을 맡을 정도는 아니거든요. 남한과 달리 중국은 능력주의를 폐지하지 않았어요.

신유가에 대한 조 교수의 설명은 별로 대단치 않습니다. 대신 대니얼 벨을 참고할 수 있어요. 중국에서 활동하는 캐나다 철학자인 그는 신유가를 지지하면서 특히 지식인을 재생산하는 메커니즘으로서 능력주의에 주목하고 있지요. 중국식 능력주의의 역사적 기원은 물론 과거제도이고요.

사실 사회주의 시절 소련이나 중국이 능력주의를 채택한 것은 당연한 일이었습니다. 『고타강령 비판』에서 마르크스는 '능력에 따른 노동, 욕구에 따른 분배'로 특징지어지는 공산주의에 도달하려면 사회주의를 거쳐야 하는데, 그 원리가 바로 '능력에 따른 노동, 노동에 따른 분배'라고 주장한 바 있지요.

'능력에 따른 노동, 노동에 따른 분배'는 능력주의의 원리입니다. 마르크스가 볼 때, 자본주의에서 능력주의는 불완전한 것이지요. 혈연·지연·학연 같은 연고(緣故, 인간관계)의 제약으로 인해 개인의 능력이 충분히 발전하지 못하거든요. 사회주의는 그런 제약으로부터 개인을 해방시켜 능력주의를 완성한다는 것이고요.

내친 김에 마르크스가 『자본』에서 공산주의를 자유주의의 완성으로 정의했다는 사실도 지적해두겠습니다. 자유주의를 정치이념적으로 근거짓는 것이 바로 로크의 '자기소유론'인데, 마르크스는 자기소유를 완성하는 '노동권'이 바로 공산주의의 핵심이라고 주장하거든요. 좀 더 자세한 설명은 『마르크스의 '자본'』을 참고하세요.

조경란 교수는 마르크스주의자에 대해서는 별로 언급하지 않습니다. 그 대신 신좌파에게 주목하는데, 당연하게도 왕후이나 추이즈위안이 마르크스주의자를 대신할 수는 없어요. 하기야 조 교수는 노신을 존숭하는 노신주의자로서 이영희 교수를 '한국의 노신'으로 칭송하기도 하지만요.

중국에서 마르크스주의자가 소멸하는 계기로서 문화혁명에 주목하면서 '문혁세대'에게 주목할 필요가 있을 것입니다. 지식사회학자 칼 만하임의 지식인세대론을 원용할 때, 문혁세대의 핵심은 1947-49년생이지요. 또 얼마간 연장하자면, 앞으로는 1943-46년생까지 소급되고 뒤로는 1954-60년생까지 연장되고요. 따라서 1940-50년대생을 문혁세대라고 부를 수 있어요.

문혁세대의 연구로 유명한 프랑스 사회학자 미셸 보냉은 문혁세대를 'lost generation'으로 정의한 바 있습니다. 보통 '잃어버린 세대'라고 번역되는 'lost generation'은 환멸(幻滅, 환상의 소멸) 때문에 '갈 길을 잃고 헤매는 세대'라는 의미인데, 문혁세대에게 환멸이란 곧 혁명에 대한 환멸이지요.

이 대목에서 386세대를 문혁세대와 비교할 수 있을 것입니다. 386세대도 '길 잃은 세대'라고 할 수 있거든요. 그러나 갈 길을 잃은 이유는 다른데, 386세대는 환멸이 아니라 망상(妄想, 거짓된 생각) 때문에 헤매는 것 같아요. 게다가 386세대는 문혁세대와 달리 대량으로 전향했는데, 오래된 망상을 새로운 망상으로 대체한 셈이지요. 예를 들어 소득주도성장이 그런 새로운 망상이고요.

중국의 지식인세대론은 문혁세대 이후도 대상으로 합니다. 먼저 1961-79년생 개혁·개방 세대의 특징은 하향평준화라고 할 수 있어요. 그들은 하향평준화 세대답게 능력부족을 인정하지 않고 오히려 자신을 과대평가하는데, 이 점에서 386세대와 유사하지요. 물론 그들이 386세대 같은 망상을 갖는다는 것은 아니고요.

그 다음 세대가 바링허우(八零后, 1980년대생)세대입니다. 문혁세대나 개혁·개방세대는 이론의 중요성을 인정하는 반면 바링허우세대는 이론의 중요성을 부정한다는 것이 차이이지요. 그들은 알튀세르의 제자이자 체 게바라의 전우였던 레지 드브레가 비판한 바 있는 매체(媒體, 미디어)명망가의 최신 변종으로 일종의 연예인이라고 할 수 있어요. 소셜미디어에서 활약하는 남한의 이른바 '개념연예인'도 역시 바링허우세대라고 할 수 있고요.

이렇게 중국의 현대지식인과의 비교를 통해 386세대를 비롯한 남한의 현대지식인에 대해 정리해보았는데, 그럼에도 불구하고 여전히 미진한 감이 있었습니다. 그래서 일본의 현대지식인에 대해 공부하기 시작했던 것이에요. 그리고 그렇게 하기 위해 결국 일본현대사도 공부하지 않을 수 없었던 것이고요.

이미 지적한 것처럼, 한·중·일 3국에서 현대지식인의 역사는 양무운동에서 출발했습니다. 메이지유신도 역시 양무운동에 대한 모방에서 출발했는데, 그러나 우여곡절을 거쳐 변법운동에 도달했던 것이지요. 메이지유신이 성공함으로써 중국 같은 신해혁명과 5·4운동이 불필요했던 것이고요. 메이지유신의 성공은 희대의 경세가 이토 히로부미의 공적이었는데, 물론 메이지천황이라는 현군이 그를 신뢰하고 지원한 것도 중요했지요.

이토의 경세학은 국가의 독립을 통한 민족의 형성, 달리 말해서 국권의 확립을 통한 민권의 발전으로 특징지을 수 있습니다. 물론 이견이 없었던 것은 아닌데, 그래서 라이벌 오쿠마 시게노부와의 논쟁이 전개되었던 것이에요. 오쿠마는 민권에 대한 국권의 우선성을 부정했거든요.

둘 다 자유주의자였던 이토와 오쿠마의 모델은 모두 영국의 입헌군주정이었습니다. 다만 그 경로에 차이가 있었던 것이지요. 오쿠마는 민권의 발전을 통해 직접 입헌군주정으로 이행할 수 있다고 주장한 반면 이토는 국권의 확립을 통해 우회해야 한다고 주장했거든요. 역사적으로 볼 때 오쿠마가 아니라 이토의 노선이 타당했다고 할 수 있는데, 조금 이따가 자세하게 설명하겠어요.

비교하자면, 손문의 삼민주의도 오쿠마보다는 오히려 이토의 경세학과 친화성이 있었습니다. 오쿠마는 민권우선론인 반면 손문은 민권유보론이었는데, 실질적으로는 국권우선론이었던 셈이지요. 그래서 손문이 군정(軍政)과 헌정(憲政)을 매개하는 훈정(訓政)을 주장했던 것이고요. 훈정은 해방정국에서 루즈벨트의 신탁통치 또는 스탈린의 후견통치와 동일한 것이었지요.

이렇게 볼 때 메이지유신이 변법운동을 넘어서 신해혁명을 선취했다고 해석할 수도 있을 것입니다. 게다가 이토의 경세학이 손문의 삼민주의보다 우월하다고 할 수도 있는데, 훈정을 매개로 군정에서 헌정으로 이행하는 경로가 확실치 않았다는 것이 삼민주의의 결정적 약점이었거든요.

반면 이토의 경세학에서는 현대화의 경로가 아주 분명했습니다. 먼저 정치적 경로를 보면, 1882-83년 유럽 출장을 전후로 천황제에 고유한 입헌군주정이 구상되었지요. 영국과는 반대로 내각제를 먼저 채택하고 그 다음에 양원제의회와 정당제를 도입한다는 것이 핵심이었어요. 반면 오쿠마는 영국의 입헌군주정을 그대로 모방하려고만 했던 셈이고요.

내각제의 채택은 신권의 확립을 의미했습니다. 바로 여기서 메이지천황이 이토를 신뢰하고 지원한 현군이었다는 증거를 발견할 수 있는데, 내각제의 도입은 곧 왕권의 양보라고 할 수 있거든요. 비교하자면, 고종과 문명개화파의 갈등도 바로 여기에 있었습니다. 고종은 국권과 왕권을 혼동하면서 국권의 확립을 위한 왕권의 양보와 신권의 확립을 용납하지 않았는데, 절대군주정으로서 대한제국을 선포한 것이 그 증거였지요.

한 가지 설명을 추가할 수 있습니다. 내각제 이전에는 태정관제도가 있었는데, 중국이나 조선의 재상제에 해당하는 것이었지요. 태정관제도나 재상제에서는 황권 내지 왕권이 우위에 있었던 반면 내각제에서는 신권이 우위에 있었다는 차이가 있고요. 명황조의 장거정이나 조선왕조의 정도전이 행사한 재상권은 황권과 왕권을 전제하는 것으로 신권이 아니었어요.

어쨌든 이토 덕분에 일본은 영국에서 500년이 걸린 의원내각제 수립을 50년으로 단축할 수 있었습니다. 14세기 백년전쟁기에 양원제의회를 소집했고 17세기 영국혁명기에 정당제를 도입했으며 18세기에 내각제를 채택한 영국은 19세기에야 의원내각제를 수립하여 입헌군주정을 완성할 수 있었지요.

반면 1885년에 내각제를 채택했고 1890년에 양원제의회를 소집했으며 1900년에 정당제를 도입한 일본은 1918년에 의원내각제를 수립하여 입헌군주정을 완성했는데, 메이지유신 이후 50년만이었고 입헌군주정 구상 이후 35년만이었습니다. 만일 이토가 암살되지만 않았다면, 몇 년 앞당겨졌을 수도 있고요.

역시 한 가지 설명을 추가할 수 있습니다. 보통선거권은 의원내각제보다 나중에 도입되었어요. 영국에서는 19세기 전반에 의원내각제가 수립되었고 19세기 후반에 보통선거권이 도입되었지요. 또 일본에서는 1918년에 의원내각제가 수립되었고 1925년에 보통선거권이 도입되었고요. 그러나 입헌군주정의 완성이라는 관점에서 볼 때는 의원내각제가 일차적이고 보통선거권은 부차적이에요.

이토의 입헌군주정 구상에서 도쿄제국대학의 설립과 행정고시의 실시도 결정적이었습니다. 이것은 일본에는 없었던 과거제도의 도입이었다고 할 수 있는데, 『위기와 비판』에서 설명한 것처럼, 명청시대에 과거제도는 학교제도와 결합되었지요. 또 도쿄제대와 행정고시를 통해 의원내각제를 담지할 인재를 양성했다는 것도 중요했는데, 그 결과 정적을 제거하는 암살의 악순환이 소멸했어요. 이토 자신의 암살이 의원내각제 수립을 몇 년 지연시켰을 따름이라는 것이 그 방증이었고요.

당연한 일이지만, 현대화에는 정치적 경로만이 아니라 경제적 경로도 있었습니다. 그런데 이토는 정치와 달리 경제는 자신이 문외한이라는 사실을 인정했지요. 그래서 자신의 대리인을 발탁했는데, 그가 바로 재무상인 마쓰카타 마사요시였어요. 이토 자신과 마쓰카타 사이에 분업을 도입하여 각각 입헌군주정과 식산흥업(殖産興業, 생산을 늘리기 위해 산업을 일으킴)을 책임졌던 것이에요.

마쓰카타는 1880년대 중후반에 군수산업 이외의 국가자본을 민간에게 불하하여 자이바쓰(財閥)를 육성했습니다. 민간불하는 내각제

도입 1년 전부터 실시되었는데, 마쓰카타가 태정관제도에서 이미 재무대신이었기 때문이지요. 그러나 본격적 민간불하는 역시 내각제가 도입되어 이토로부터 전권을 위임받은 이후였어요.

마쓰카타의 식산흥업이 이토의 경세학에 대응하는 것임을 알 수 있습니다. 국권의 확립이 민권의 발전에 기여한 것처럼 국가자본의 불하가 민간자본의 형성에 기여했거든요. 그 결과 일본식 독점자본인 자이바쓰가 청일전쟁 직전인 1890년대 초부터 러일전쟁 직후인 1900년대 말까지 20년 동안 산업혁명을 수행했던 것이고요.

교육에 대해서도 마찬가지였습니다. 도쿄제대와 독립적으로 경제교육이 필요했다는 것이에요. 그래서 이토가 발탁한 문부상 모리 아리노리가 도쿄고등상업학교를 설립한 것이고요. 나중에 도쿄제대 법학부에서 경제학부가 독립한 다음에도 도쿄고상은 해체되지 않고 오히려 도쿄상대로 발전했지요. 전전의 일본에서 도쿄고상은 도쿄제대와 보완적 관계였다는 것이에요.

전전의 일본경제학계에서 가장 유명한 사람은 도쿄제대가 아니라 도쿄상대의 교수였던 후쿠다 도쿠조였습니다. 남한에서는 그를 백남운 선생의 스승이자 논적 정도로만 알고 있는데, 그는 도쿄제대의 정치학 교수였던 요시노 사쿠조, 역시 도쿄제대의 법학 교수였던 미노베 다쓰키치와 함께 다이쇼민주주의의 3대 사상가였지요.

이렇게 이토의 구상이 실현되면서 다이쇼민주주의가 도래했고 자유주의자가 일본의 주류로 부상했던 것입니다. 다이쇼천황의 재위기간은 1912년부터 1926년까지인데, 다이쇼민주주의의 기간은 1905년부터 1931년까지로 설정하는 것이 통설이에요. 달리 말해서 의원내각제를 통해 입헌군주정을 완성시킨 1918년을 기준으로 그 전후의 13년이라는 것이지요.

메이지 말기와 쇼와 초기가 다이쇼민주주의에 포함된다는 사실에 주목할 수 있습니다. 다이쇼민주주의의 시점을 메이지 말기로 설정하는 것은 다이쇼민주주의가 메이지유신을 완성했다는 함의를 갖는 것이지요. 보통 다이쇼시대를 생략하고 메이지시대와 쇼와시대를 비교하는 것은 이 때문이에요.

반면 다이쇼민주주의를 종결시킨 사건이 바로 쇼와천황 즉위 직후인 1931년에 발발한 만주사변이었습니다. 그 후 1937년의 중일전쟁과 1941년의 태평양전쟁이 발발했고요. 1931년부터 1945년까지의 '15년전쟁'을 주도한 것은 군부, 그 중에서도 특히 육군이었습니다. 군국주의의 기원은 이토의 또 다른 라이벌이었던 야마가타 아리토모로 소급하는 것인데, 그가 바로 '육군의 아버지'였거든요.

메이지유신부터 15년전쟁까지를 자유주의와 군국주의의 대립으로 묘사하면서 이토의 후예인 자유주의자를 주류로 인식하고 야마가타의 후예인 군국주의자를 주류로부터의 일탈로 인식하는 것이 바로 라이샤워의 '자유주의 사관'이었습니다. 또 그런 사관을 역사소설을 통해 대중화한 사람이 바로 시바 료타로였고요. 자유주의와 군국주의의 대립을 '밝은 메이지'와 '어두운 쇼와'로 대조한 시바의 입장을 '시바 사관'이라고 부르기도 하지요.

흔히 일본현대사와 비교되는 독일현대사에서는 'Sonderweg'라는 개념이 있습니다. 'Sonderweg'는 보편성을 거부하는 특수성이므로, 영어로는 특이성이라는 의미의 'peculiarity'나 'singularity'로 번역되지요. 독일현대사의 특이성은 코퍼러티즘인데, 파시즘은 코퍼러티즘으로부터의 일탈이 아니라 필연적 귀결이었다는 것이 전후 서독에서 자유주의 사관의 주장이었어요.

바로 이 때문에 독일과 일본의 패전을 처리하는 과정이 달라졌던 것입니다. 1945-49년 5년 동안 연합군이 직접 통치한 독일과 달리 미군이 간접 통치한 일본에서는 내각에 단 하루도 단절이 없었거든요. 나아가 독일은 1990년에 통일과 동시에 강화조약이 체결된 반면 일본은 1951년에 샌프란시스코 강화조약이 체결되었고요. 연합군이나 미군의 입장에서 볼 때 독일은 'Sonderweg'가 있었고 일본은 'Sonderweg'가 없었기 때문에 그런 차이가 발생했던 것이에요.

2018년 11월에 이재명 지사가 주최한 국제회의에 참석한 북한의 이종혁 대표는 '일본의 책동은 제2차 세계대전 시기 유대인을 대상으로 독일이 자행한 [홀로코스트]를 능가하는 가장 악랄한 민족말살 범죄행위'였다고 강변한 바 있습니다. 여기서 일본의 책동은 직접적으로는 '조선민족의 말과 글, 역사, 성과 이름을 없애려 한' 이른바 '민족말살정책'(강만길 교수)이라는 의미이고, 간접적으로는 위안부와 징용노동자를 지시하는 것이지요.

이종혁 대표는 김일성대학에서 역사학을 전공했다고 하므로, 그의 연설은 주체사관의 '역사적 문맹'을 고백하는 셈입니다. 그런 연설에는 물론 배경이 있어요. 어차피 북일국교정상화가 쉽지 않아 당장 80조원(700억달러)을 못 받을 바에는 일본과 화해·교류할 이유가 없다는 것이겠지요. 게다가 북한은 이스라엘의 적국인 시리아의 우방이기 때문에 유다인에 대한 홀로코스트를 '천벌'로 간주할지도 모르겠다는 생각도 들고요.

이종혁 대표가 이순신의 12대손이자 월북작가의 대표격인 이기영 작가의 아들이라는 사실도 지적해두겠습니다. 이기영 작가는 남한의 본가와 별도로 북한에 첩실가족이 있었는데, 첩실가족의 장남인 이평의 부인이 바로 김정남의 모친인 영화배우 성혜림이었지요. 이종혁 대표는 이평의 첫째 동생이자 김정일 위원장의 절친이었다고 하고요. 본가의 둘째손자인 이성렬 씨의 『민촌 이기영 평전』(심지, 2006)을 참고하세요.

이제까지 일본현대사에서 자유주의자가 주류화되는 과정을 설명한 셈인데, 그런 설명을 배경으로 일본현대지식인의 역사를 재구성하면서 한국현대지식인의 역사와 비교해볼 수 있을 것입니다. 현대지식인의 역사는 당연히 현대학문의 역사이지요. 그래서 제가 한국에서는 현대학문을 대표하는 경제학이 부재하여 현대지식인이 기형화·불구화되었다고 개탄했던 것이고요.

일본에서도 중국처럼 역사학이 먼저 현대화된 다음에 사회과학과 경제학이 현대화되었습니다. 그런데 일본에서도 역사학이나 사회과학과 달리 경제학의 도입은 절반만 성공했던 것 같아요. 일본경제학을 대표한 것은 학계의 경제학보다는 오히려 관청의 경제학이었거든요. 달리 말해서 학문으로서 경제학보다는 오히려 실무로서 경제학이 중요했다는 것이에요.

이렇게 현대학문이 도입되면서 그 내부에서 논쟁이 전개되었는데, 그 정점이 바로 사회성격 논쟁이었습니다. 따라서 일본사회성격 논쟁을 계기로 일본현대지식인이 형성되었다고 할 수 있는 것이지요. 이것은 사실 러시아나 중국에서도 마찬가지였어요. 반면 한국에서는 그렇지 못했고요.

이런 맥락에서 현대지식인의 표준은 경제학자 내지 마르크스주의자라고 할 수밖에 없습니다. 이과는 논외인데, 전현대는 물론이고 현대에서도 지식인의 대표자는 경세가이기 때문이에요. 쉽게 말해서 나라를 다스리는 사람이 최고의 지식인이고, 봉건제에서는 유학자, 자본주의에서는 경제학자라는 것이지요. 그리고 경제학을 비판하여 그 결함을 해결하겠다는 사람이 마르크스주의자이고요.

먼저 일본에서 현대지식인의 형성과정을 개관해보겠습니다. 전전 일본에서 사회성격 논쟁은 민주변혁 논쟁과 그것에 후속하는 자본주의 논쟁이라는 두 단계로 전개되었지요. 사회성격 논쟁의 핵심은 물론 자본주의 논쟁이었는데, 당시 30-40대였던 1890년대생이 주연이었어요. 1900년대생도 조연으로 참여했다고 할 수 있고요. 사회성격 논쟁의 양대 진영을 강좌파와 노농파라고 불렀는데, 전자는 공산주의자였고 후자는 좌파사민주의자였지요.

나아가 사회성격 논쟁의 성과에 대한 찬반 논쟁을 통해서 전후의 지식인이 형성되었습니다. 도쿄대 정치철학자 마루야마 마사오가 '회한(悔恨)공동체'라는 개념을 통해 강좌파를 포함한 모든 지식인의 자기비판을 요구하면서 전후 지식인의 선두에 서게 되었지요. 도쿄대 경제사학자 오쓰카 히사오도 역시 강좌파의 쇄신을 시도했고요. 그런데 마루야마와 오쓰카는 당시 30대였던 1910년대생이었어요.

그 후 지식인의 계보에서 일종의 '격세유전' 현상이 발견됩니다. 1890년대생과 1900년대생이 동참한 자본주의 논쟁과 달리 1910년대생의 입장이 1930년대생으로 계승되었거든요. 그 결과 전후 일본에서 마르크스주의자 내지 구좌파는 1910년대생과 1930년대생이 대표하게 되었던 것이고요.

반면 '전중(戰中)세대'라고 불리던 1920년대생은 마루야마의 회한공동체 개념을 거부했습니다. 쉽게 말해서 자기비판을 모든 지식인에게 요구할 것이 아니라 마르크스주의자에게 국한해야 한다는 것이었는데, 이런 입장을 계승한 것이 바로 '68세대'라고 불리던 1940년대생이었지요. 그 결과 전후 일본에서 비(非)마르크스주의자 내지 신좌파를 대변하는 전중세대와 68세대가 출현했던 것이에요.

한국에서 현대지식인은 1910년대생과 1920년대생에서 시작되었는데, 그들이 바로 김윤식 선생이 주목한 '학병세대'였습니다. 일본의 1890년대생과 1900년대생에 비해 20년의 시차가 있고, 게다가 마르크스주의자가 아니었다는 차이도 있지요. 그래서 일제강점기 한국에 사회사 논쟁은 있었어도 사회성격 논쟁은 없었던 것이에요.

전후 남한에서 학병세대와의 길항관계를 통해 마르크스주의자 내지 좌파가 출현했는데, 그들은 1930년대생이었습니다. 또 그 반대자도 출현했는데, 그들이 4·19세대나 6·3세대라고 불리던 1940년대생이었고요. 일본의 1910년대생이나 1920년대생과 비교할 경우 역시 20년의 시차가 있음을 알 수 있지요.

마르크스주의자 내지 좌파로서 1930년대생을 계승한 것이 1950년대생이었다면, 그 반대자로서 1940년대생을 계승한 것이 386세대라고 불리는 1960년대생이었습니다. 일본에서 1910년대생을 계승한 1930년대생이나 1920년대생을 계승한 1940년대생과 비교할 경우 역시 20년의 시차가 있음을 알 수 있지요.

남한의 386세대가 일본의 68세대와 유사하다는 사실을 강조해두겠습니다. 둘 다 비마르크스주의 내지 포스트모더니즘을 지향했기 때문이지요. 그런데 일본의 68세대는 전향한 적이 없는 반면 남한의 386세대는 대량으로 전향했다는 차이가 있어요. 아까 남한의 386세대는 중국의 문혁세대와 유사하면서도 차이가 있다고 했는데, 일본의 68세대와도 역시 유사하면서 차이가 있다는 것이지요.

그러나 이런 역사적 비교만으로는 386세대를 완전하게 설명할 수 없어서 소설을 읽기 시작했습니다. 처음에 생각났던 것은 물론 『영웅시대』를 비롯한 1980년대의 6·25소설이었는데, 이번에 이문열 작가나 이병주 작가가 6·25소설이라는 우회로를 통해 386세대의 '사이비 사상'이나 '허망한 열정', 달리 말해서 망상을 비판했음을 새삼 깨닫게 되었지요.

이미 지적한 것처럼, 바로 이것이 중국 문혁세대와의 차이였습니다. 386세대의 특징은 환멸이 아니라 망상이었기 때문이에요. 그러나 이문열 작가나 이병주 작가조차 전혀 예상치 못했던 것은 386세대의 대량의 전향이었습니다. 역시 이미 지적한 것처럼, 바로 이것이 중국 문혁세대나 일본 68세대와의 차이였지요.

산문집 『시대와의 불화』에서 사이비 사상이 '변형된 출세주의'일 수도 있음을 지적한 이문열 작가의 『영웅시대』에는 그런 인물이 단 한 명도 나오지 않았다는 사실을 지적해두겠습니다. 386세대는 한국현대지식인의 역사에서 '이태'(異胎) 또는 '귀태'(鬼胎)였는데, '부모를 닮지 않은 귀신의 자식'이라는 의미이지요.

또 이병주 작가는 미완성 유작 『별이 차가운 밤이면』의 주인공인 박달세를 통해 그런 기괴한 지식인의 존재 가능성을 부정한 바 있습니다. 천민 출신의 박달세는 일본유학을 통해 인류의 이상을 발견했는데, 그러나 그런 이상을 추구하는 삶이 자기에게는 어울리지 않음을 곧 깨달았지요. '인생을 엄격하게 살아야 한다'는 것, 달리 말해서 각자에게는 어울리는 삶이 있다는 것이었어요.

박달세와는 반대의 경우를 '게모노미치'(けものみち, 獣道)라는 일본말로 설명할 수 있을 것입니다. 게모노미치는 산이나 숲 속에서 짐승이 다니는 길이라는 뜻인데, 사람이 그 길로 다니면 '마요이코무'(まよいこむ, 迷い込む), 즉 길을 잘못 들어 갈 길을 잃고 헤맨다고 하지요. 역시 '히토노미치'(ひとのみち, 人の道), 즉 사람의 길은 짐승의 길과 다르기 때문이에요.

질의와 응답

— 혈연이나 지연을 강조하시는 것은 아무래도 오해의 소지가 많을 것 같습니다만.

— 스미스나 마르크스처럼 저도 계몽주의자입니다. 이제까지 65년을 살아오면서 단 한 번도 혈연이나 지연을 따져본 적이 없어요. 그러나 서울대를 졸업하고 마르크스주의자를 자처해온 사람들의 도저히 이해할 수 없는 행태를 보고 망연자실하고 아연실색했던 것이지요. 그런데 영남이나 서북의 중인 출신이라는 독립변수를 추가해보니 그들의 행태가 비로소 이해되기 시작했던 것이에요.

사실 저는 시골 출신 지식인이 때마다 고향의 부모를 찾아가는 것을 이상하게 생각해왔습니다. 지식인이 되려면 부모와 고향에 대한 정을 떼야 하거든요. 제가 아는 한 서울에서는 그런 식으로 가르쳤어요. 그래서 '굽은 나무가 선산을 지킨다'는 속담을 잘난 자식은 '나라에 바치는 곧은 나무'라는 뜻으로 받아들였던 것이고요.

고향에 대한 정보다는 부모에 대한 정을 떼는 것이 어려울 것입니다. 그러나 '내리사랑은 있어도 치사랑은 없다'고 부모에 대한 정을 떼는 것이 자식에 대한 정을 떼는 것보다는 쉬운 일이지요. 딸의 경우는 잘 몰라도 저는 외아들이면서도 그랬어요. 어머니와 초등학교 6학년까지 손을 잡고 다니다가 사춘기를 지나면서는 눈도 맞추지 않았거든요. 아버지와는 어렸을 적부터 데면데면했고요.

자식에 대한 부모의 정을 '정종'(情鍾, 『세설신어』)이라고 하는데, 직역하면 '정이 모인다'는 것으로 '깊은 정'이라는 뜻입니다. 그런데 사대부는 자식에 대한 '정을 버려야'(忘情) 하는 법이에요. 공자의 말년 제자 중 한 사람인 자하가 아들이 죽자 '지나친 슬픔으로 실명했는데'(過哀喪明), 그의 동료인 증삼이 잘못을 깨우쳐주었다는 고사가 있지요. 물론 자식에 대한 정을 떼는 것이 '정이 모자라기'(不及情) 때문은 아니고요.

자식에 대한 정을 떼는 것은 특히 어머니에게 어렵습니다. 어머니의 정이 깊기 때문인데, 박완서 작가의 『한 말씀만 하소서』를 읽어 보면 '단장'(斷腸, 『세설신어』), 즉 '애끊는 괴로움'이 무엇인지 알 수 있지요. 1988년에 교통사고로 외아들을 잃은 괴로움을 극복하는 과정을 기록한 일기였거든요. 자식을 잃은 괴로움이 '정종의 괴로움'(情鍾之痛)인데, 우리나라에서는 보통 '참척'(慘慽)이라고 하지요.

내친 김에 김원우 작가가 지적한 '썩어빠진 교육열의 잘못'의 뿌리에 '어처구니없는 아들선호의 잘못'이 있음을 강조해두겠습니다. 사대부 집안에서 아들을 선호했던 것은 나라에 바치는 곧은 나무로 키우고 싶다는 바람 때문이었지요. 그런데 상인이나 기술자 같은 중인 집안에서도 아들을 선호하여 법대나 의대를 보내 저 혼자 잘먹고 잘살게 키우려는 것이 바로 썩어빠진 교육열이에요.

중인 집안에서는 사실 아들을 선호할 필요가 없습니다. 오히려 딸을 잘 길러 데릴사위를 얻는 것이 낫거든요. 『조선일보』에 따르면, 일본에는 100년이 넘는 기업이 1만개가 넘는 반면 남한에는 10개도 안 된다고 합니다. 그러나 『조선일보』는 역시 보수지다운 엉터리 이유를 제시하는데, 사농공상(士農工商)의 이념과 과중한 상속세 때문이라는 것이에요.

'중인이 주인이 된' 남한에서는 사대부가 멸종한 대신 중인다운 중인도 출현하지 못했습니다. 중인다운 중인, 달리 말해서 고유한 '행동규범'(the way of the world) 내지 '의견과 이상'(opinions and ideals, 베버)/'이념과 의견'(ideas and opinions, 아인슈타인)을 가진 부르주아야말로 진정한 부르주아이지요. 그렇지 못한 부르주아는 '천민부르주아'이고요. 모레티의 *The Way of the World: The* Bildungsroman *in European Culture* (Verso, 1987; 2nd ed., Verso, 2000; 국역: 문학동네, 2005)와 *The Bourgeois: Between History and Literature* (Verso, 2013)를 참고하세요.

천민부르주아 문화를 특징짓는 것이 바로 수욕주의(animalism)라는 사실도 지적해두겠습니다. 수욕주의란 인간의 욕망을 수욕(獸欲, 동물적 본능)으로 환원한다는 의미이므로 '식욕이나 성욕 같은 생리적 욕구가 인간의 본성'(生之謂性)이라는 춘추전국시대 고불해의 학설이 부활한 셈이지요. 그 결과 지식의 위계는 부정하면서 식욕과 성욕의 위계는 긍정하는 소외가 발생하는 것이고요.

수욕주의가 소외인 이유는 먼저 동물적 욕망인 식욕과 성욕의 취향(taste)을 위계로 오해하기 때문입니다. 예를 들어 좋아하는 음식에는 위계가 아니라 취향이 있을 따름이지요. 또 좋아하는 성적 파트너에도 위계 대신 취향이 있을 따름이고요. 반면 인간에게 고유한 욕망으로서 지식에는 취향이 아니라 위계(hierarchy)가 있는데, 그래서 경세학 내지 경제학과 철학 사이에서 논쟁이 전개되었던 것이에요. 다음 주에 자세하게 설명하겠어요.

— 남한에서 능력주의의 결함에 대해 좀 더 설명해주세요.

— 과거 중국이나 한국에서 능력주의의 상징이 과거제도였는데, 19세기 프랑스의 학교제도와 영국의 행정고시제도는 그것을 부분적으로 도입한 것이었습니다. 반면 일본에서는 이토 히로부미가 두 제도를 동시에 도입한 것이었고요. 그래서 동경제대를 설립하는 동시에 동경제대 졸업생 중에서 행정고시를 통해 관료를 발탁했던 것이에요. 과거제도의 폐지를 주장한 중국이나 한국의 문명개화파가 얼마나 단견이었는지 알 수 있는 대목이지요.

해방 이후 남한 학교제도의 결함에 대해서는 누차 설명한 바 있으니, 여기서는 행정고시제도에 주목해보겠습니다. 행정고시에 대해 사법시험이 우위에 있다는 것은 전도(顚倒)인데, 얼마 전에 행시 합격자는 5급 사무관인 반면 사시 합격자는 연수원을 졸업하고 판·검사로 임용되면 4급 서기관이라는 사실을 알고 깜짝 놀랐어요.

과거제도에서 문과는 행정고시를 의미했습니다. 반면 사법시험은 잡과 중에서 역과(외무고시)는 물론이고 의과(의사고시)와 음양과(기술고시)에도 뒤진 최하급 잡과인 율과였는데, 본래 아전을 선발하는 이과(吏科)였기 때문이에요. 군사독재가 아닌 문민정부에서도 판·검사는 정치인의 '시다바리'(下張り, 하인)일 따름이에요.

박정희 정부는 이·호·예와 병·형·공의 위계를 역전시켰는데, 중국·조선의 문치를 로마의 무단통치로 대체한 셈이었습니다. 『봉건제론』에서 설명한 것처럼, 이·호·예와 병·형·공의 위계를 정돈한 것은 명황조 구준의 『대학연의보』였지요. 반면 로마에는 병·형·호에 해당하는 집정관·법무관·재무관만 있었고요.

그런데 박정희 정부는 이·호·예는 몰라도 병·형·공에서는 일류를 선호했습니다. 군인 중에서도 육사 출신을 선호했고 서울법대나 서울공대 출신 중에서도 일류를 선호했거든요. 그런데 문민화가 진행되면서 육사 출신이 퇴출되고, 나아가 인민주의가 득세하면서 법대나 공대에서 서울대 출신이더라도 이류나 삼류가 선호되거나 아니면 아예 비서울대 출신이 선호되었지요.

— 경제학과 자유주의의 관계에 대해 좀 더 설명해주세요.

— 경제학자는 당연히 자유주의자인데, 왕이나 대통령이 아니라 설사 하느님이더라도 할 수 없는 일이 있다는 것이 스미스 이래 경제학자의 지론이기 때문입니다. 2014년에 세월호가 침몰했을 때 정몽준 의원의 아들이 '국민이 미개'하여 '대통령만 신적인 존재가 돼서 국민의 모든 니즈[욕구]를 충족시키길 기대하는(…)말도 안 되는' 상황을 지적한 것은 틀린 말이 아니에요.

스미스는 물론이고 마르크스의 입장에서조차 국가의 역할은 시장이 할 수 없는 것으로 정의할 수 있습니다. 그런데 주의할 점은 시장이 할 수 없는 것은 모두 국가가 할 수 있다는 의미는 아니라는 사실이에요. 시장이나 국가가 대신 해줄 수는 없고 개인이 알아서 해야 할 일이 있기 때문인데, '가난 구제는 나라님도 못한다'는 속담이 생각나는 대목이에요. 스미스의 자유방임주의의 원천이 바로 유가의 경세학이었음을 잊어서는 안 되겠지요.

트럼프 대통령의 약속 중 실현불가능한 것이 많다는 사실을 세계인이 모두 아는데, '러스트벨트'(Rust Belt, 쇠락한 공업지역)의 미국인만 모르는 것 같습니다. 문재인 대통령의 약속 중 실현불가능한 것이 많다는 사실을 한국인만 빼고 세계인은 다 아는 것 같고요. 무지하여 미신을 믿는 것과 무엇이 다른지 잘 모르겠어요.

문재인 정부가 한 가장 황당무계한 일은 청와대에 '신문고'(국민청원게시판)를 설치한 것이었습니다. 신문고를 설치한 분이 조선왕조의 가장 강력한 절대군주인 태종이었음을 상기한다면, 문재인 정부가 '제왕적 대통령제'를 지향한다는 방증이겠지요. 그런데 '위안부 스캔들'이 터지자 저를 학계에서 퇴출시켜달라는 청원도 있었다고 합니다. 노태우 정부도 못한 일을 문재인 정부는 할 수 있다고 생각한 사람이 있었던 것이지요. 하기야 프로토파시즘으로서 인민주의는 자유주의는커녕 보수주의에도 미달하는 것이지만요.

— 그런데 이명박-박근혜 정부에 대해서는 거의 언급하지 않으시는군요.

— 한국사회성격 논쟁과 관련해서 지적한 것처럼, 노무현 정부의 한미자유무역협정 이후 남한에서 경제주권은 이미 소멸했습니다. 동시에 2007-09년 금융위기가 발생하면서 이명박-박근혜 정부는 속수무책일 수밖에 없었지요. 반면 그런 상황은 노동자운동이 부활할 수 있는 마지막 기회이기도 했어요. 그래서 제가 민주노총이 사회운동노조로 전환되었으면 좋겠다는 희망을 피력했던 것이고요. 그러나 이명박-박근혜 정부의 무능에 편승하여 문재인 정부가 출범하자 민주노총도 부회뇌동했을 따름이지요.

지난봄에 '위안부 스캔들'을 겪으며 별의별 욕설을 다 들었습니다. 그 중에는 꼴 보기 싫으니까 빨리 뒈져라는 식의 '지렁이 울음소리'(전향한 사기꾼의 변(辯), 박완서)까지 있었지요. 하기야 저도 문재인 정부가 출범한 이후 줄곧 '이거 실화냐?'는 의문이 들다가 가끔 제가 『디 아더스』의 그레이스(니콜 키드먼) 같다고 생각했지만요. 그렇지만 공자의 말씀처럼, '하늘이 아직 이 문화를 버리지 않았기'(天之未喪斯文也) 때문에 저를 살려두는 것 같아요.

— X세대와 Y세대에 대한 설명이 빠진 것 같습니다만.

— 386세대에 대한 설명에 비해 X세대와 Y세대에 대한 설명은 아직 많이 부족합니다. 따라서 가설일 따름이라고 생각해주세요. 1970년대생인 X세대는 1989-98년에 고등학교를 졸업하고 대학에 입학한 세대이고, 1980년대생 이후의 Y세대는 1999년 이후 고졸-대입세대이지요. Y세대에 1990년대생의 일부만, 예를 들어 미국처럼 1996년생까지만 포함하기도 하는데, 그럴 경우에는 1997년생 이후를 Z세대라고 부르기도 하고요.

X세대와 Y세대를 386세대와 비교하기 위해서는 일단 대학진학률에 주목할 필요가 있을 것 같습니다. 교육통계연구센터에서 제공하는 자료를 보면, 대학진학률은 1970년대의 25% 안팎에서 1980년대의 35% 안팎으로 상승했지요. 경제통계처럼 교육통계도 1960년대까지는 미비한 것 같아요. 보통 386세대의 특징으로 대학교육의 대중화와 동시에 하향평준화를 지적하는데, 대학진학률이 거의 절반 가까이 상승한 것이 그 방증이라고 할 수 있지요.

그런데 대학진학률은 초등학교가 아니라 고등학교 졸업자 중에서 대학으로 진학한 비율이라는 사실에도 주의할 필요가 있습니다. 중학교진학률과 고등학교진학률은 1970년대의 70%대에서 1980년대의 90%대로 상승했지요. 따라서 1970년대의 대학진학률 25%는 초등학교 졸업자 기준으로 환산한다면 10% 정도였고, 1980년대의 35%는 30% 정도였어요. 따라서 초등학교 졸업자 기준의 대학진학률은 거의 3배나 상승한 셈인데, 통설은 15%가 대중화의 기준이지요.

1990년대 이후 중학교진학률과 고등학교진학률은 거의 100%로 상승했습니다. 또 대학진학률도 급상승했고요. 먼저 X세대를 보면, 대학진학률이 64%까지 급상승했는데, 평균적으로 30%에서 거의 2배로 상승한 50%였지요. 따라서 하향평준화가 아니라 학력인플레이션이라고 할 수 있을 것 같아요. 하향평준화는 편차, 특히 평균에 미달하는 편차보다는 평균을 초과하는 편차가 축소되는 학력의 평균화이지요. 반면 학력인플레이션은 그런 편차의 축소만이 아니라 평균 학력 자체의 하락이라고 할 수 있고요.

Y세대 내지 바링허우세대의 경우는 또 달라집니다. 1980년대생이 마지막으로 대학에 진학한 것은 2008년이었는데, 그해의 대학진학률이 역사적 고점인 84%였지요. 그 후 1990년대생의 대학진학률은 서서히 하락하여 2017년의 69%는 1999년의 67%로 복귀한 셈이었고요. 바링허우세대는 X세대와 비슷하게 대학진학률이 급상승했는데, 다만 평균적으로 50%에서 절반이나 상승한 75%였다는 차이가 있어요. 따라서 학력거품화라고 할 수 있을 것 같은데, 하락한 평균 학력이 대학생의 수준에 미달한다는 의미이지요.

일본의 현대지식인에서 1950년대생 이후는 잘 언급되는 것 같지 않습니다. 남한의 현대지식인은 20년의 시차를 갖는다고 했는데, 1970년대생인 X세대 이후도 역시 별로 주목받지 못할 것 같아요. 학력인플레이션과 학력거품화는 지식인으로서 실격이라는 의미일 수 있거든요.

방금 386세대를 '이태'나 '귀태'라고 했는데, X세대는 어떨지 몰라도 바링허우세대는 '에일리언'일지도 모르겠다는 생각이 들기도 합니다. 1990년대에는 X세대를 '신세대'라고 부르면서 이해해보려고 시도했었던 반면 2000년대에 와서는 바링허우세대에 대해 그런 시도가 존재하는 것 같지 않거든요.

사실 사회진보연대의 최근 행태도 결국 X세대와 바링허우세대의 문제라고 할 수 있을 것 같습니다. 2007-09년 금융위기의 와중에 장진범 씨 등이 분란을 일으켰을 때 96학번(1977년생) 이후 몇몇 활동가의 일탈로 생각했었는데, 잘못 생각했던 것 같아요. 그 후 바링허우세대가 대거 진출하면서 장진범 씨 등에 대한 동조자가 오히려 증가했기 때문이지요.

1991년 서사연 사건 이후 1994년 과천연구실 출범까지의 경과는 앞에서 회고한 대로인데, 그러나 『노동계급』그룹이 지도하던 학생운동 출신은 어떻게 되었는지 저로서는 알 도리가 없었습니다. 그러다가 『한국자본주의의 역사』에서 회고한 것처럼, 그들이 우여곡절 끝에 사회진보연대로 결집하면서 과천연구실과의 관계도 복원되었지요. 그런데 이제 와 보니 사회진보연대는 역시 386세대가 중심이던 『노동계급』그룹에 미달하는 것 같아요.

사회진보연대가 타락했다는 사실은 친노-친문처럼 동학농민전쟁을 선전하는 것을 보고 이미 알았습니다. 하기야 한상균 씨의 쌍용자동차노조투쟁 이래 민주노총도 노동자운동과 농민운동을 혼동해온 것 같지만요. 그런데 노동자와 달리 농민은 다 불질러버리는 것이 특징이에요. 아니면 떡 쪄먹고 돼지 잡아먹고 막걸리 빚어마시는 식으로 다 나눠먹든지요. 2007-09년 이후 민주노총은 마르크스주의가 아니라 모종의 노동자주의(workerism), 즉 인민주의의 변종을 지향할 따름이에요.

사회진보연대의 타락은 저를 '미투 스캔들'에 연루시키려는 시도가 있을 정도까지 악화되었습니다. 1995-96년 『마르크스주의의 전화와 '인권의 정치'』와 『알튀세르를 위한 강의』에서 이리가레의 성적 차이의 페미니즘을 소개하고, 2000년 이른바 '100인위'(운동사회성폭력뿌리뽑기100인위원회) 사건을 계기로 사회진보연대 여성활동가에게 사회주의 페미니즘을 전수해준 당사자가 바로 저인데도 말이에요. 미심쩍거든 『페미니즘 역사의 재구성: 가족과 성욕을 둘러싼 쟁점들』(공감, 2003)을 참고하세요. 미투운동은 어떤 의미에서든 페미니즘일 수 없고 모종의 여성주의(womanism), 즉 인민주의의 또 다른 변종일 따름이에요.

현대경세학으로서 경제학

4부작의 발단은 『일반화된 마르크스주의 세미나』에서 다루지 못한 사회성격 논쟁을 보충하려는 『한국자본주의의 역사』였습니다. 그런데 경제학자 내지 마르크스주의자로 대표되는 현대지식인의 역사에 대한 정리가 불가능했던 탓에 『'한국의 불행'』을 추가하게 되었던 것이지요.

그렇게 해서 일단락이 지어졌다고 생각했는데, 문재인 정부가 출현하면서 제가 역사에 대해 낙관하고 인간을 과대평가하는 버릇이 있음을 새삼 깨달았습니다. 그래서 『위기와 비판』을 썼던 것이지요. 그러나 올해 초에 '위안부 스캔들'을 겪으면서 그런 버릇의 뿌리가 아주 깊음을 뼈저리게 느꼈어요. 트로츠키주의를 표방하는 한신대 총학생회가 저를 '무지하고 비겁한 역사의 반동'으로 규탄했거든요. 그래서 『재론 위기와 비판』을 쓰면서 동일한 주장을 제시하되 그 강조점을 변화시킬 수밖에 없었던 것이에요.

이런 과정을 통해 저는 한국현대지식인의 결정적 결함이 자유주의가 취약했거나 부재했다는 사실임을 확신할 수 있었습니다. 정치이념으로서 자유주의의 이론적 토대는 물론 경제학인데, 자유주의가 취약했거나 부재했다는 것은 결국 경제학이 취약했거나 부재했다는 의미이지요. 일본처럼 학계에 경제학이 없었다면 관청에라도 경제학이 있어야 했는데, 남한에서 학계는 물론이고 관청에도 경제학이 거의 없었다는 것이에요.

박정희 정부까지 남한의 경제관료는 거의 모두 서울법대 출신이었습니다. 게다가 중화학공업화를 추진하면서 서울공대 출신도 등용하기 시작했지요. 반면 일본처럼 경제학을 전공하고 행정고시에 합격한 경제관료는 아주 드물었고요. 경제학계에서 전두환 정부에 대해 나름대로 평가해주는 것은 그때부터 경제학자가 중용되기 시작했기 때문이에요.

그런데 저의 관점에서 더욱 중요한 것은 자유주의 또는 경제학에 대한 비판을 반대와 혼동해왔다는 사실이었습니다. 이미 지적한 것처럼 변증법적 의미에서 비판은 지양, 즉 결함을 발견하고 해결한다는 의미인데, 공산주의의 입장에서 자유주의 또는 경제학을 비판하는 것이 바로 마르크스주의이지요.

반면 자유주의 또는 경제학에 대한 반대는 그것을 지양하는 것이 아니라 오히려 그것에 미달하는 것입니다. 극단적으로 말해서 봉건제의 입장에서도 자본주의에 반대할 수 있기 때문이에요. 거의 200년 전에 마르크스와 엥겔스가 『공산주의자 선언』에서 강조한 이런 단순한 사실에 대해 남한지식인이 여전히 무지하다는 것은 부끄러운 일일 따름이에요.

박정희 정부 이래 자유주의나 경제학에 대한 반대는 좌우파가 공유하는 전통이었습니다. 먼저 박정희 대통령을 추종하면서 자유주의나 경제학에 반대하는 보수주의가 있었지요. 그리고 박정희 대통령에 대한 대안을 진보주의 내지 인민주의에서 발견하는 재야운동권도 역시 자유주의나 경제학에 대해 반대했고요.

보수주의에 대한 대안으로서 인민주의의 이론적 근거는 경제학이나 경제학 비판이 아니었습니다. 인민주의 경제학이나 경제학 비판 같은 것은 있을 수 없는데, 그래서 제가 소득주도성장론을 '경제학적 문맹 내지 사기'라고 부르는 것이에요. 반면 인민주의 역사학이나 문학 같은 것은 있을 수 있습니다. 나아가 인민주의 철학 내지 신학 같은 것도 있을 수 있지요. 1970년대의 『창작과비평』이나 한신대 신학과가 그 대표였고요.

1980년대에 박현채 선생이 제기하고 제가 주도했던 한국사회성격 논쟁은 『창작과비평』이나 한신대가 대표해온 인민주의에 대한 대안을 마르크스주의에서 발견하려는 시도였습니다. 그러나 1986-88년 3저호황에 뒤이은 1989-91년 소련 붕괴 이후 한국사회성격 논쟁이 중도반단되면서 마르크스주의의 복원도 실패로 돌아갔지요.

그 결과 남한에서는 인민주의와 보수주의가 여전히 좌우파를 대변하는 실정입니다. 또 자유주의는 부재한다고까지 할 수는 없어도 여전히 취약하고요. 경제학계에서 소득주도성장론을 둘러싼 논쟁이 부재한다는 것이 그 방증이지요. 마르크스주의 내지 공산주의의 상황은 처참할 따름인데, 이미 소멸했거나 그렇지 않았더라도 인민주의와 혼동되기 때문이에요.

자유주의와 공산주의는 '선의 축'(axis of good)이라고 부르는 반면 보수주의와 인민주의는 '악의 축'(axis of evil)이라고 부를 수 있을 것입니다. 자유주의와 공산주의는 행복을 달성하기 위해 경쟁하고, 보수주의와 인민주의는 불행을 자초하기 위해 경쟁한다고 할 수 있기 때문이지요. 자유주의와 공산주의가 차선과 최선의 행복을 달성한다면, 보수주의와 인민주의는 차악과 최악의 불행을 초래한다는 것이 제 생각이에요.

그런 상황에서 저는 마르크스주의의 복원 이전에 경제학을 복원할 필요가 있다는 사실을 새삼 깨달았습니다. 그리고 그렇게 하기 위해서는 경제학과 역사학을 결합할 필요가 있다는 사실도요. 이제까지 저의 지론이 마르크스주의는 '역사과학으로서 경제학 비판'이라는 명제로 요약되었다면, 이제부터는 그런 명제의 필요조건으로서 '역사학으로서 경제학'을 좀 더 강조하겠다는 것이지요.

역사학으로서 경제학이란 역사학의 개념과 이론을 제시하는 것이 경제학이고 경제학의 증거(evidence)가 될 수 있는 자료(data)를 제공하는 것이 역사학이라는 의미입니다. 저는 한국유학사와 달리 중국유학사를 특징짓는 경세사학에 관심이 많은데, '역사학으로서 경세학'이라는 함의가 있기 때문이지요. 게다가 18세기 유럽에서 역사학으로서 경세학이 역사학으로서 경제학으로 발전했던 것이고요.

스미스를 비롯한 스코틀랜드 계몽주의자가 말하는 '이론적 역사'가 바로 역사학으로서 경제학이었습니다. 『위기와 비판』에서는 스미스와 스코틀랜드 계몽주의자의 기원에 헬레니즘시대 로마의 역사가 폴리비오스가 있었음을 강조했고, 『재론 위기와 비판』에서는 벤섬을 추종한 제임스 밀 때문에 이론적 역사가 경제학에 수용되지 못했음을 강조했지요. 오늘 마지막 토론에서는 폴리비오스와 제임스 밀을 매개로 역사학과 경제학의 관계를 설명해보겠어요.

폴리비오스는 역사학보다는 오히려 정치학에서 연구되는데, 그의 이론을 정체순환론(anacyclosis)이라고 부릅니다. 문재인 정부가 구상하던 4년 중임제 개헌안을 계기로 의원내각제와 대통령제를 공부하다가 망외의 소득으로 정체순환론을 알게 되었는데, 막상 공부를 해보니 경세사학과 무관하지 않음을 깨닫게 되었지요.

『봉건제론』에서 이미 지적했던 것처럼, 노예제에서 봉건제로 이행하면서 사상적 변혁이 발생하던 '기축시대'(Axial Age, 야스퍼스)에 즈음한 중국과 그리스의 차이에 주목할 필요가 있습니다. 중국에서는 유학을 비롯한 일련의 경세학이 출현한 반면 그리스에서는 다양한 철학이 출현했기 때문이지요. 발리바르처럼 말해서, '경세학과 철학의 교환'이 발생했다는 것이에요.

중국의 경세학과 그리스의 철학은 우연의 산물이 아니었습니다. 나라를 다스리는 학문으로서 경세학은 정착농경민에게 고유한 것이었는데, 예를 들어 야율초재가 건의한 경세학자의 등용을 칭기스칸이 거부한 것은 그로서는 아주 당연한 일이었지요. 유목민의 생활양식은 본질적으로 생산이 아니라 정복과 약탈/수탈이었거든요. 따라서 나라를 다스리는 것보다 전쟁이 중요했고요. '해양유목민', 쉽게 말해서 해적의 후예인 그리스인도 역시 마찬가지였어요.

그리스인의 역사학에 결함이 있었던 것도 같은 맥락에서 설명할 수 있습니다. 과학의 특징은 개념과 이론인데, 실험이나 관찰을 통해 획득되는 자료를 가공하여 그 증거로 이용하지요. 그런데 나라를 다스리면서 실험을 할 수는 없고 관찰을 잘 해야 하므로, 경세학에 역사학이 필수불가결한 것이에요. 그러니 경세학에 무관심한 그리스인의 역사학에는 결함이 있을 수밖에 없었고요.

아리스토텔레스는 헤로도토스나 투키디데스를 비판했습니다. 전쟁이라는 사건에 대한 경험적 지식으로서 '역사'(historia)는 보편적 인과법칙에 대한 합리적 지식으로서 '학문'(scientia)은 아니라는 것이에요. 물론 학문에도 '테크네'(tekhne, 기술적 숙련), '프로네시스'(phronesis, 도덕적 지혜), '테오리아'(theoria, 이론)가 있었고, 테오리아에도 '에피스테메'(episteme, 과학적 이론)와 '소피아'(sophia, 철학적 이론)가 있었지만요.

그런데 헬레니즘 시대가 도래하면서 폴리비오스가 아리스토텔레스에 대한 반비판을 제시했던 것입니다. 폴리비오스는 사마천과 거의 동시대 인물이었지요. 따라서 이 대목에서도 역시 보편사나 세계사가 존재한다는 사실을 깨달을 수 있는데, 중국과 그리스에 모두 노예제에서 봉건제로 이행하는 기축시대가 있었듯이 진한과 로마라는 봉건제국이 동시에 출현했기 때문이에요.

폴리비오스는 먼저 플라톤과 아리스토텔레스 같은 철학자의 정체(constitution) 개념을 역사학에 수용하여 정체순환론을 제시함으로써 경세사학의 변종을 제시했습니다. 굳이 변종이라고 한 것은 정체론은 철학일 따름이지 경세학일 수는 없기 때문이지요. 사마천과 비교할 때 폴리비오스의 결함은 역시 진한봉건제와 비교한 로마봉건제의 결함과 관련된다는 것이에요.

『봉건제론』에서 이미 설명한 것처럼, 로마는 봉건제이면서도 중대한 결함이 있었습니다. 진한의 봉건제는 중농주의와 조공책봉관계를 채택한 반면 로마의 봉건제는 중상주의와 식민통치를 채택했거든요. 이 때문에 로마에도 중국 같은 경세학 대신 그리스 같은 정체론만 있었던 것이지요.

중상주의와 식민통치가 로마시민권의 본질인 면세, 즉 '피의 세금'(blood tax)이라고 불리던 병역을 포함한 일체의 세금의 면제, 나아가 보편적 복지, 즉 무상의 '식량과 오락'(bread and circuses)의 경제적 토대였다는 사실을 지적해두겠습니다. 그 결과 '오늘을 즐기자'는 카르페 디엠(carpe diem, 호라티우스)이라는 세태가 출현했고요. 물론 한국전쟁 직후에도 '노세 노세 젊어서 놀아, 늙어지면~ 못 노나~니'라는 유행가가 있었으니, 욜로(you only live once, 인생은 한 번뿐이다)가 말세의 조짐일 수도 있겠지만요.

어쨌든 플라톤과 아리스토텔레스의 정체론을 역사학과 결합하여 정체는 순환한다는 도식을 제시한 것이 사마천에 비견되는 폴리비오스의 업적이었습니다. 군주정이 귀족정을 거쳐 민주정으로 진화하다가 다시 군주정으로 회귀한다는 것이에요. 따라서 그의 정체순환론은 진화론인 동시에 순환론인 셈이지요.

흥미로운 것은 군주정이 귀족정으로 진화하고 귀족정이 민주정으로 진화하는 계기가 바로 정체의 타락(degeneration)이라는 명제입니다. 물론 타락의 원인에 대한 설명은 논자마다 다른데, 플라톤은 야심과 탐욕에 주목하지요. 스피노자는 야심과 탐욕에 성욕을 추가하여 일종의 광기로 간주하게 되고요. 또 아리스토텔레스는 사익(私益)에 주목하는데, 스미스나 마르크스가 역시 일종의 광기로 간주하게 되는 것이 바로 사익이에요.

그런데 정체의 타락에 대한 폴리비오스의 설명은 유가의 설명과도 유사했습니다. 폴리비오스는 군주정이 타락하여 참주정이 되고, 귀족정이 타락하여 과두정이 되며, 민주정이 타락하여 인민정이 된다고 주장했지요. 유가식으로 말하자면, 간군(奸君)의 출현으로 군주정이 타락하고, 간신(奸臣)의 출현으로 귀족정이 타락하며, 간민(奸民)의 출현으로 민주정이 타락하는 셈이에요. 여기서 간(奸)은 어지럽힌다는 의미이므로 난군(亂君)·난신(亂臣)·난민(亂民)이라고 할 수도 있는 것이고요.

폴리비오스는 여기서 그치지 않고 한 걸음 더 나아가 정체의 '영원회귀'(eternal return)를 중단시킬 수 있다고 주장했습니다. 불교에서 '윤회'(transmigration)를 중단시키는 해탈에 해당하는 것이 바로 폴리비오스가 제안한 혼합정체 개념이었지요. 바로 여기서 폴리비오스가 플라톤이나 아리스토텔레스와 결정적으로 결별하여 일종의 경세사학을 제시했다는 사실을 깨달을 수 있어요.

그는 혼합정체론의 증거를 그리스사가 아니라 로마사에서 발견했습니다. 그리스사와 달리 로마사는 중국사에 비견되는 '세계사의 표준'으로 승격될 수 있었기 때문이에요. 그리스는 기축시대에 해당한 반면 로마는 그 귀결로서 봉건제국에 해당했지요. 마치 중국에서 춘추전국시대의 귀결로서 진한이라는 봉건제국이 출현한 것처럼요.

폴리비오스는 로물루스 이래 로마사에서 군주정과 참주정이 어떻게 공화정으로 진화했는지를 설명했습니다. 중국사에서 '공화'(共和)는 춘추전국시대 직전에 주나라의 왕위가 공석이던 14년을 제후가 '함께 어울려'(共和) 다스렸다는 의미인데, 그래서 군주가 없는 정체를 가리켜 공화정이라고 부르게 되었던 것이지요. 그러나 로마에서 공화정은 혼합정체라는 특징이 있었어요.

로마의 공화정은 귀족정으로서 정치의 중심에 원로원, 현대식으로는 상원이 있었습니다. 그러나 원로원만 있는 단순한 귀족정은 윤회에서 해탈할 수 없어서 군주정적 요소와 민주정적 요소도 결합시켰다는 것이지요. 이런 이유 때문에 로마의 공화정을 혼합정체라고 불렀던 것이고요.

공화정의 군주정적 요소가 바로 콘술(consul)이었는데, 로마사에서는 집정관이라고 번역하고 프랑스혁명사에서는 통령이라고 번역하는 것이 관례입니다. 또 민주정적 요소는 민회, 역시 현대식으로는 하원이었지요. 이렇게 본질적으로 귀족정이면서도 군주정적 요소와 민주정적 요소를 결합했기 때문에 공화정이 과두정으로 타락하지 않았다는 것이 폴리비오스의 로마사 해석이었어요.

그런데 폴리비오스가 대단한 사상가였음은 오히려 순환의 재개를 예상했다는 사실에서 깨달을 수 있습니다. 그는 집정관 소(小)스키피오의 선생이자 절친이었는데, 스키피오의 처남이자 호민관인 그라쿠스 형제의 개혁을 보고 그런 예상을 했던 것이지요. 그라쿠스 형제의 개혁이 민주정적 요소를 강화하면서 결국 공화제를 해체한다고 예상한 것이에요.

그런 예상의 정확성은 후대의 역사가 증명했습니다. 민주정적 요소의 강화는 곧 인민정적 요소의 출현으로 타락했는데, 그 대표자가 집정관 마리우스(카이사르의 고모부)였지요. 그리고 마리우스에 이어 군주정을 확립한 사람이 바로 카이사르와 그의 후계자 아우구스투스(카이사르 누나의 외손자)였고요. 그리하여 로마의 공화정이 군주정으로 이행했던 것이에요. 프랑스혁명기에 공화정이 군주정으로 이행한 것도 비슷하게 설명할 수 있고요.

독립혁명기 미국에서 출현한 'president'를 대통령으로 번역하면 안 된다는 사실을 지적해두겠습니다. 'president'의 어원인 'presider'는 회의의 주재자라는 의미이므로 'president'는 주석(主席)이라고 번역해야 하는 것이지요. 반면 최고위의 통령으로서 대통령은 오히려 군주를 의미하는 것이고요. 실제로 1799년에 쿠데타로 제1통령이 된 나폴레옹은 급기야 1804년에 황제가 되거든요.

폴리비오스 연구의 대가인 월뱅크는 정체순환론과 혼합정체론에다 한 가지를 추가했습니다. 정체순환론에 유기체론적 요소가 있어서 일종의 생애순환론으로 해석할 수 있다는 것이었지요. 경제학에 유비하자면, 단순한 경기순환론이 아니라 성장순환론이라는 것이에요. 정체의 순환에서 전성기 내지 장년기를 공화정으로 해석할 경우, 공화정 이전은 성장기 내지 청년기, 그 이후는 쇠퇴기 내지 노년기로 해석할 수 있지요.

이런 해석을 통해 정체순환론의 경세사학적 측면이 강화되는데, 전성기에 이미 쇠망을 예상했기 때문입니다. 폴리비오스는 스키피오가 카르타고의 멸망을 보면서 로마도 언젠가 멸망하리라고 예언했음을 증언한 바 있지요. 스키피오가 호메로스의 『일리아스』(일리오스의 노래)에 나오는 그리스군 총사령관 아가멤논의 예언 '언젠가 신성한 일리오스(서사시에서 사용하는 트로이아의 별명)가 붕괴할 날이 오리라'를 반복했다는 것이에요. 『역사학 비판』에서 지적한 것처럼, 자본주의의 붕괴를 예상한 그로스만이 이 말을 제사(題詞)로 인용한 것은 우연이 아니었지요.

유가의 경세사학에서 가장 중요한 개념이 바로 '중쇠'(中衰)입니다. 유가는 창업에 이어 수성이 얼마간 지속되면 반드시 중쇠가 도래한다고 주장했거든요. 『봉건제론』에서는 중쇠가 왕부지의 개념이라고 설명했었는데, 알고 보니 사마광의 개념이었어요. 사마광은 중쇠를 예방하면 창업·수성 이후에도 중흥·능이(陵夷, 구릉에서 평지로 이행하듯이 서서히 쇠퇴함)가 가능하다고 주장했지요.

『봉건제론』에서 설명한 것처럼, 조선 중기에 중쇠에 주목하면서 경장(更張), 즉 개혁의 필요성을 주장한 사람이 바로 이이였습니다. 그런 개혁의 핵심이 지주전호제에 적합한 조세제도로서 수미법(收米法), 즉 대동법이었지요. 또 부병제를 대체할 모병제를 의미하는 '10만양병설'도 개혁에 포함되었고요.

나중에 기번은 아우구스투스로부터 100여년이 지나 중쇠의 조짐이 출현하던 '5현제'시대부터 로마제국의 쇠망사를 서술했습니다. 그는 쇠망의 직접적 원인으로 '야만과 기독교'를 강조했는데, 좀 더 일반적으로 말하자면 볼테르가 '두 개의 재앙'이라고 부른 '무지와 미신'이라고 할 수 있겠지요. 나중에 마르크스는 『자본』의 「서문」에서 무지와 미신에다 사익(私益)을 추가했는데, 이미 지적한 것처럼, 이것은 아리스토텔레스와 스미스의 개념이었어요.

이제까지 설명한 정체순환론, 혼합정체론, 생애순환론을 폴리비오스 자신은 '증명된'(apodictic/demonstrated) 역사라고 불렀습니다. 이것은 역사를 학문에서 배제한 아리스토텔레스에 대한 반비판인 동시에 계몽주의자들의 '이론적'(reasoned/conjectural) 역사를 선취하는 것이기도 했지요.

폴리비오스는 자신의 역사학을 가리켜 라틴어로 '프라그마티쿠스'(pragmaticus)하다고 했는데, '국사(國事, 나랏일, 즉 나라를 다스리는 일)를 대상으로 한다'는 의미였습니다. 달리 말해서 헤로도토스나 투키디데스 같은 전쟁사가 아니라 사마광의 '자치통감'(資治通鑑, 통치를 보좌하는 거울로서 통사)처럼 경세사학(pragmatic history)이라는 의미였지요. 이렇게 해서 그리스인이 철학과 교환했던 경세학이 폴리비오스에 의해 복원되었던 셈이에요.

제왕적 대통령제 내지 절대군주정을 선호하는 남한에서는 폴리비오스와 정반대의 사관에 입각한 역사소설이 인기라는 사실을 지적해둘 필요가 있습니다. 먼저 시오노 나나미의 『로마인 이야기』(전15권, 1992-2006; 국역: 한길사, 1995-2007)가 있는데, 처음 두 권에서 군주정과 공화정을 개관한 다음 나머지 권에서 그라쿠스 형제부터 유스티니아누스까지 700여년의 역사를 묘사하고 있지요.

그러나 역시 압권은 콜린 매컬로의 『마스터스 오브 로마』(전21권, 1990-2007; 국역: 교유서가, 2015-18)입니다. 카이사르를 중심으로 마리우스부터 아우구스투스까지 인민정에서 출발하여 군주정에 도달하는 80여년의 역사에 집중하기 때문이에요. 1937년생으로 시오노와 동갑인 매컬로는 이미 『가시나무새』(1977)의 작가로 유명한 데다가 국역된 시점도 아주 절묘했고요.

어쨌든 로마봉건제에 후속하는 것이 이슬람봉건제였는데, 역시 봉건제이면서도 중상주의적 성격과 식민주의적 성격이 강했다는 공통점이 있었습니다. 물론 차이도 있었는데, 로마는 노예를 확보하기 위해 주로 정복전쟁을 선택한 반면 이슬람은 주로 노예무역을 이용했기 때문이에요.

오스만왕조까지 지속된 이슬람의 노예무역에 대한 설명을 보충해 두겠습니다. 먼저 슬라브족 여성은 성노예(후궁 내지 첩)로 이용했는데, 이것이 노예(slave)의 어원이 되었지요. 또 블랙아프리카 흑인 남성은 노동자로 이용했는데, 이것이 아메리카 노예무역의 기원이 되었고요. 나아가 투르크족 남성은 맘루크(노예병사 내지 용병)로 이용했는데, 이것은 이슬람 쇠퇴의 원인이 되었어요.

반면 서아시아가 아니라 유럽에서는 봉건제가 계승되지 못했습니다. 오히려 게르만적 전통에 충실한 '분권봉건제'가 출현하면서 로마제국을 '기독교왕국'(christendom)이 대신했지요. 그 결과 신학을 매개로 철학이 부활하면서 폴리비오스의 정체순환론이 소실되었어요. 또 폴리비오스의 순환적·원형적 역사관도 기독교의 단선적·선형적 역사관으로 대체되었고요.

그러다가 르네상스 시대에 이탈리아가 비잔티움을 통해 폴리비오스를 수입했던 것입니다. 폴리비오스의 정체순환론에서 출발하여 현대적 정치철학을 구상한 사람이 바로 마키아벨리였어요. 그러나 그의 정치철학은 결정적 결함을 갖고 있었는데, 혼합정체론의 중요성을 인식하지 못했기 때문이지요.

그런 결함을 해결한 사람이 바로 프랑스 계몽주의자 몽테스키외였습니다. 그런데 그가 혼합정체론을 인식한 것은 로마의 공화정을 대체한 새로운 세계사의 표준으로서 영국의 입헌군주정이 출현한 덕분이었지요. 보통 몽테스키외 정치철학의 핵심으로 견제와 균형을 통한 삼권분립론에 주목하는데, 오히려 혼합정체로서 입헌군주정론에 주목할 필요가 있다는 것이 제 생각이에요.

그러나 몽테스키외에게도 한계가 있었습니다. 폴리비오스의 경세사학을 현대화하지는 못했기 때문이에요. 폴리비오스가 봉건제에 적합한 경세사학을 제시했다면, 자본주의에 적합한 경세사학을 제시한 사람이 바로 스미스였지요. 스미스가 정초한 경제학의 핵심도 역시 이론적 역사였는데, 이런 의미에서 스미스의 경제학을 현대경세학이라고 부를 수 있다는 것이 제 생각이에요.

몽테스키외와 스미스를 비교하면서 간단하게 설명해보겠습니다. 몽테스키외가 혼합정체로서 영국의 입헌군주정을 상찬했던 것은 프랑스의 절대군주정을 비판하기 위한 목적이었지요. 그러나 절대군주정의 경제적 토대가 중상주의라는 사실을 인식하지 못한 몽테스키외는 중상주의를 비판하지는 못했어요.

중상주의에 대한 비판은 몽테스키외가 아니라 케네에 의해 제시되었고, 의미심장하게도 그 대안은 중농주의였습니다. 케네의 중농주의는 산업혁명을 인식하지 못한 결함이 있었지만요. 사실 스미스조차 산업혁명을 인식한 것은 아니었는데, 그러나 매뉴팩처의 산업적 잠재력을 인식할 수는 있었지요. 어쨌든 케네의 중농주의가 스미스의 경제학으로 발전하면서 현대경세학이 출현했던 것이에요.

중국에서는 봉건제가 계승·발전되면서 봉건제의 경세사학도 역시 계승·발전되었던 반면 유럽에서는 봉건제도 봉건제의 경세사학도 단절되었습니다. 그런데 그런 단절이 전화위복이 되어 자본주의와 함께 현대화된 경세학으로서 경제학이 출현할 수 있었던 것이지요. 중국의 봉건제는 끊임없이 개혁되었기 때문에 변혁이 필요하지 않았습니다. 반대로 그렇지 못한 유럽에서는 개혁을 넘어서는 변혁이 필요했던 것이고요. 중국이 아니라 유럽에서 스미스가 등장한 까닭을 이렇게 설명할 수 있겠지요.

이제까지의 설명은 『위기와 비판』을 요약한 것인데, 당시 제가 가졌던 의문은 스미스 이후 영국에서도 경제학의 역사에 우여곡절이 많았던 까닭이었습니다. 그런데 이번에 『재론 위기와 비판』을 준비하면서 그 까닭을 알게 되었어요. 스미스 이후 프랑스혁명의 맥락에서 대두한 공리주의를 수용하면서 경제학자가 말하자면 멍청이나 사기꾼으로 취급되었기 때문이지요.

스미스가 『민부론』을 출판한 직후에 프랑스혁명이 발생했고 영국도 그 영향을 모면할 수는 없었습니다. 그런 상황에서 제임스 밀이라는 문제의 인물이 등장했던 것이고요. 스코틀랜드에서 잉글랜드로 이주한 그는 벤섬의 제자가 되어 공리주의로 전향했지요. 'utility'의 번역어 '功利'는 아주 정확한데, '功'은 결과이고 '利'는 이익이어서 '결과로서 이익'이라는 'utility'의 의미와 일치하기 때문이에요.

공리주의는 사실 송명유학의 이단파에서도 발견할 수 있습니다. 그 극단적 대표자가 바로 이지였는데, 무슬림 상인 출신이었던 그는 공리를 '사익'(私益)으로 해석했지요. 반면 송명유학 정통파의 마지막 대표자인 왕부지는 '의리'(義理, 올바른 도리)를 강조했고요. 왕부지가 가장 미워한 사람이 바로 이지였는데, 정주리학을 부정한 육왕심학이 명황조가 멸망한 한 가지 원인이었기 때문이에요.

물론 제임스 밀은 스코틀랜드 출신답게 경제학의 중요성을 부정하지는 않았습니다. 그래서 자신의 절친이었던 리카도를 설득하여 스미스의 경제학을 발전시키도록 촉구했던 것이에요. 다만 제임스 밀에게는 경제학보다 오히려 공리주의가 중요했고, 따라서 경제학은 공리주의에 봉사해야만 했지요.

리카도는 스미스와 비교할 때 철저한 이론주의자였습니다. 스미스와 달리 '이론적 역사'에서 역사를 완전히 무시했기 때문이에요. 나중에 마르크스주의에서 전개된 논리와 역사의 관계에 대한 논쟁을 염두에 둔다면, 리카도가 이론을 논리로 환원시킨 논리주의자였다고 할 수도 있겠지요. 반면 『마르크스의 '자본'』에서 설명한 것처럼, 저는 알튀세르를 따라 마르크스의 이론은 논리와 역사를 결합했다는 해석을 채택했고요.

그러나 경제학의 공리주의화·이론주의화에 대한 대안도 제시되었습니다. 먼저 경제학 내부에서 맬서스가 대안을 추구했지요. 그는 공리주의에 대한 대안을 프랑스혁명에 대한 비판가 버크에게서 발견했어요. 유럽이나 남한에서는 버크를 보수주의자로 분류하는 것이 통설인데, 잘못이에요. 버크는 자신의 절친인 스미스의 경제학에 근거한 정치철학을 추구했으므로, 봉건지주를 옹호하는 입장에서 자유주의를 비판한 보수주의자와 혼동해서는 안 되거든요. 스미스가 프랑스혁명과 거의 동시에 사망했기 때문에 버크가 그를 대신해서 프랑스혁명을 비판했다고 해석할 수 있겠지요.

경제학은 본래 무지와 미신, 나아가 종교 내지 이념에 고유한 '광신'(fanaticism, 열광) 내지 '열정'(enthusiasm)을 비판하면서 과학과 예술에 적합한 '중용'(moderation)을 제창했습니다. 스미스는 전자를 독(poison)에 비유한 반면 후자를 해독제(antidote)에 비유했어요. 물론 과학과 예술도 이념과 무관하지 않으므로 '고귀한'(noble) 열정이 있을 수 있지요. 따라서 문제는 '야비한'(vulgar) 열정인데, 그것은 결국 미망(迷妄, delusion)으로 변질되는 법이에요.

『일반화된 마르크스주의 개론』에서 민족해방파적 예술과 민중민주파적 예술, 그 중에서도 특히 민족해방파적 음악과 민중민주파적 음악을 비교한 적이 있습니다. 그러면서 악성(樂聖) 베토벤이 민중민주파적 음악의 표준이라고 주장했고요. 베토벤의 음악도 처음에는 급진적이고 열정적이었다가 점차 온건해지면서 중용을 지향했기 때문이지요.

유가에서 말하는 사상감정과 관련하여 설명할 수도 있습니다. 지식인에게는 생활감정이나 연애감정보다는 오히려 사상감정이 중요한 법이므로, 유가에서는 시성(詩聖) 두보의 시를 시사(詩史, 리얼리즘 시)라고 부르면서 존숭했던 것이지요. 그런데 문예비평에서는 두보의 시를 침착(沈着)이나 침울(沈鬱)로 특징짓습니다. '沈'은 가라앉는다는 의미이므로, 침착은 깊은 사상과 무거운 감정을 의미하지요. 침울은 한 걸음 더 나아가 울분(鬱憤), 즉 가슴속에 쌓여 있는 의분(義憤, 불의에 대한 분노)을 표출한다는 의미이고요.

마르크스는 가치론이나 경기순환론의 이론적 관점에서 리카도의 경제학을 선호하고 맬서스의 경제학을 기각했습니다. 나아가 스미스의 경제학보다 리카도의 경제학을 선호하기도 했고요. 그러나 당시 영국 학계에서 가치론이나 경기순환론을 둘러싼 경제학 내부의 이론적 논쟁은 '찻잔 속의 태풍'(storm in a teacup)에 불과했을 따름이고, 곧 설명할 것처럼, 훨씬 더 중요한 논쟁이 바로 경제학 외부에서 전개된 역사학을 둘러싼 논쟁이었어요.

영국 경제학계에 대한 마르크스의 지식은 불완전했습니다. 그는 맬서스가 리카도의 이론주의 내지 논리주의를 비판하면서 역사학의 중요성을 강조했다는 사실까지는 잘 몰랐어요. 그래서 맬서스의 후계자인 존즈를 상찬하면서도 별로 모순을 느끼지 못했고요. 나중에 '고전경제학에 대한 진화주의적 반역'의 계보에서 마르크스의 직계 선배로서 존즈에게 주목한 사람이 바로 그로스만이었지요.

공리주의적·이론주의적 경제학에 대한 대안은 사실 경제학의 내부가 아니라 외부에서 발견되었습니다. 그래서 1820년대에 리카도가 의회에서 경제학이 '조롱과 비난'의 대상이 된다고 개탄했던 것이지요. 또 1830년대에는 제임스 밀이 '과학이라는 경제학의 주장이 사기로 취급된다'는 사실을 상기한 바 있고요. 공리주의적·이론주의적 경제학자가 멍청이나 사기꾼 대접을 받았다는 것이에요.

경제학 외부에서 휘그사관이라는 대안을 제시한 사람은 역시 스코틀랜드 출신인 매콜리였습니다. 그의 휘그사관은 공리주의 급진파와 토리주의 보수파를 동시에 비판하면서 휘그주의 중도파를 대변했지요. 그러나 매콜리의 휘그사관에는 이론이 없다는 결함이 있었습니다. 그래서 프리먼과 실리가 독일역사학파를 수용했던 것인데, 곧 설명할 것처럼, 독일역사학파와 휘그사관을 비판하면서 스미스의 이론적 역사를 복권시킨 사람이 바로 마셜이었지요.

한 마디만 덧붙이자면, 휘그사관에 이어 콩트의 사회학을 계승한 스펜서의 사회진화론도 출현했습니다. 그런데 휘그사관의 진보 개념과 사회진화론의 진보 개념에는 차이가 있었지요. 미국의 사회학자 니스벳이 비판한 것처럼, 휘그사관에서 진보는 '자유로서 진보'인 반면 사회진화론에서 진보는 '억압으로서 진보'였거든요. 그런 측면에서 사회진화론은 현대경세학의 역사에서 하나의 일탈이었을 따름이라고 할 수 있겠지요.

이제 고전파 이후 경제학의 역사에 대해서도 간단하게 설명해두겠습니다. 먼저 제임스 밀의 아들인 존 스튜어트 밀이 공리주의에 대해 (자기)비판했어요. '돼지의 철학'(pig philosophy, 칼라일)으로 전락할 수 있는 벤섬의 '최대 다수의 최대 행복'에 대한 그의 비판은 '만족한 돼지보다 불만족한 인간이 더 낫고 만족한 멍청이보다 불만족한 소크라테스가 더 낫다'는 경구로 요약할 수 있지요. 쾌락과 그 만족에는 질적 차이가 있다는 것인데, 물론 그런 차이에 무지한 멍청이나 돼지의 의견은 다를 수 있다는 사실도 인정하고 있어요.

경제학에 대한 존 스튜어트 밀의 가장 중요한 기여는 바로 공리주의에 대한 비판이었는데, 그 덕분에 마셜이라는 신예가 등장하여 스미스가 정초한 현대경세학으로서 경제학의 구상, 특히 이론적 역사를 부활시킬 수 있었던 것입니다. 게다가 마셜은 스미스를 한 단계 발전시켰는데, 기업의 기술과 조직이라는 문제에 최초로 주목했기 때문이지요.

존 스튜어트 밀과 마셜의 최대의 관심사는 영국경제가 정지상태에서 쇠퇴상태로 악화되는 것, 쉽게 말해서 경제성장률이 제로에서 마이너스로 악화되는 것을 최대한 지연시키는 데 있었습니다. 그런 맥락에서 마셜의 제자였던 피구가 후생경제학(복지경제학)이라는 새로운 영역을 개척했던 것이고, 그 덕분에 영국에서 페이비언주의 내지 사회민주주의가 출현할 수 있었던 것이에요. 마셜의 또 다른 제자였던 케인즈의 거시경제학은 페이비언주의가 사회민주주의로 발전하는 이론적 근거가 되었고요.

마르크스 이후 마르크스주의의 역사도 비슷하게 설명할 수 있을 것입니다. 그로스만은 마르크스주의에서 마셜 같은 존재였는데, 마르크스의 역사과학을 부활시켰기 때문이지요. 또 그로스만도 마셜처럼 기업의 조직과 기술에 주목했고요. 물론 차이도 있었는데, 마셜은 정지상태를 유지하기 위한 개혁의 구상에 관심이 있었던 반면 정지상태의 쇠퇴상태로의 악화를 예상한 그로스만은 변혁을 위한 구상에 관심이 있었거든요. 또 마셜의 구상은 케인즈와 피구에 의해 계승되어 사회민주주의라는 결실을 거두었던 반면 그로스만의 구상은 사회민주주의를 지향하던 프랑크푸르트연구소에서 소외되어 아무런 결실도 거둘 수 없었고요.

마지막으로 마셜과 그로스만에게는 플레이페어에 대한 공통의 관심도 있었다는 사실을 지적해두겠습니다. 스미스의 이론적 역사와 기번의 쇠망사를 결합하려던 플레이페어의 시도는 경제학의 역사에서 완전히 망각되었었는데, 제본스에 이어 마셜이 주목하고 그로스만이 복권시켰어요. 제본스나 마셜은 몰라도 그로스만이 플레이페어에게 주목한 것은 당연한 일이었는데, 자신의 지론인 붕괴론이 곧 쇠망론이기도 했기 때문이지요.

그로스만에 따르면, 플레이페어의 관심사는 쇠망 내지 붕괴의 원인이었습니다. 플레이페어는 기번에게서 인류사 전체에 적용할 수 있는 항상적이고 보편적인 원인을 발견했는데, 그것이 바로 사치·유약과 부정·부패였지요. 그런데 이것은 태평양전쟁이 발발하던 1941년의 일기에서 윤치호 선생이 지적한 기번의 교훈이기도 했어요. 윤 선생은 평화·번영이 사치·유약과 부정·부패 때문에 영락·전쟁으로 반전된다고 주장했거든요.

동시에 플레이페어는 스미스에게서 역사적으로 특수한 원인을 발견했습니다. 자본주의의 역사는 사치·유약과 부정·부패만으로는 설명할 수 없기 때문이에요. 플레이페어는 스미스가 제시한 생존양식 4단계론에서 농업민족이나 상업민족이 채권자민족이나 투자자민족으로 타락하는 데 주목했지요. 그러면서 스미스가 제시한 자본의 과잉축적론을 실물경제의 금융화론으로 발전시켰던 것이에요. 그로스만의 자본주의 붕괴론이 이미 플레이페어에 의해 선취되었음을 알 수 있는 대목이지요.

질의와 응답

— 경세학이 노예제에서 봉건제로의 이행기에 출현한 까닭에 대해 설명해주세요.

— 노예제에서 백성은 가축처럼 일종의 도구였습니다. 그래서 서양에서 노예를 '말하는 도구'(speaking tool)라고 불렀고, 가축은 '울부짖는 도구'(crying tool)라고 불렀던 것이지요. 본래의 도구는 '조용한 도구'(mute tool)라고 불렀던 것이고요. 그러나 봉건제의 백성은 노예에서 해방된 농민이었으므로, 더 이상 가축과 동일시될 수는 없었던 것이에요.

한고조 유방이 약법삼장(約法三章)의 1장을 '살인한 자는 죽인다'(殺人者死)로 설정했던 것도 이런 맥락입니다. 사람을 죽이는 것은 짐승을 죽이는 것과 다르기 때문이에요. 그래서 경세제민(經世濟民), 즉 '세상을 다스리고 백성을 돕는다'는 말이 나온 것인데, 백성을 돕는다는 것은 생활수준을 향상시킨다는 의미였지요.

노예제에도 경세학이 있었다고 주장할 수도 있을지 모르겠습니다. 공자가 주왕조를 본받아 유학을 창시했으니까요. 그러나 노예제였던 주왕조의 경세학에는 제민 개념은 없었지요. 경세학이 경세제민학으로 확장되는 것은 역시 춘추전국시대였고 그 계기가 공자의 유학을 둘러싼 논쟁을 통해 출현한 일련의 변법, 특히 상앙의 변법이었는데, 자세한 설명은 『봉건제론』을 참고하세요.

— 폴리비오스에게도 단순한 순환이 아니라 진보가 있었다는 말씀이지요?

— 정체순환론은 군주정에서 시작하여 다시 군주정으로 돌아가니까 기본적으로는 순환사관인데, 그러나 주권자의 확대라는 측면에서는 군주정보다 귀족정이 낫고 귀족정보다 민주정이 더 나은 것이니까 진보사관이라고 할 수도 있습니다. 그래서 경제학에 유비하여 경기순환론보다는 성장순환론이라고 한 것이고요. 예를 들어 아리기

가 힉스의 『경제사의 이론』에서 영감을 얻어 『장기20세기』에서 제시한 로지스틱 그래프가 바로 성장순환론을 상징하는 것이에요.

사마천도 역시 마찬가지로 진보사관을 수용했습니다. 그는 분봉제보다 군현제가 진보적이라고 주장했는데, 마르크스식으로 말해서 노예제보다 봉건제가 진보적이라는 주장이었던 셈이지요. 그리고 사마천 이후 중국의 경세사학은 봉건제 내부에서도 농노제가 소작제로 발전한다는 식으로 진보사관을 심화시켰던 것이고요.

『봉건제론』에서 이미 설명한 것처럼, 경세사학의 최고봉인 왕부지조차 결여했던 것이 바로 인과론이었습니다. 하기야 인과론이란 서양에서도 갈릴레이와 뉴튼 이전에는 아리스토텔레스에게 고유한 사고방식이었으니까요. 중국사학자들이 사회진화론을 수용한 것은 생존경쟁과 적자생존에 주목한 인과론 때문이었어요. 그러나 곧 마르크스주의가 수용되면서 그런 사이비 인과론은 역사유물론으로 대체되었지요.

그런데 붕괴하는 원인과 진보하는 원인은 사실 동일한 것입니다. 따라서 진보의 원인이 붕괴의 원인이 되는 시점이라는 의미에서 중쇠기를 판단할 필요가 있는 것이고요. 폴리비오스에게서 발견한 중쇠기 개념을 마르크스에게서도 발견할 수 있는데, 예를 들어 이윤율이 상승하는 원인이 기술진보이고, 기술진보의 한계로 인해 이윤율이 하락한다면, 그런 한계에 도달하는 시기가 바로 중쇠기라고 할 수 있기 때문이지요.

— 영국과 달리 미국에 경세학이 없는 까닭은 무엇일까요?

— 알다시피 20세기 자본주의의 표준이 미국으로 이행하면서 학문의 표준도 미국화되었습니다. 고전경제학을 현대경제학이 대체했고, 현대경제학을 사회과학이 보완했던 것이지요. 또 그런 과정에서 이론적 역사 내지 역사과학에 대한 스미스와 마르크스의 구상은 실종되고 말았고요. 미국에서 현대경제학과 사회과학은 더 이상 경세학이 아니라 전문지식일 따름이었거든요.

그런 맥락에서 1970년대에 서양의 68세대가 마르크스를 복권시켰던 이유를 알 수 있습니다. 현대경제학과 사회과학에 결여되었던 경세학을 추구했기 때문이지요. 그런데 여러 가지 이유로 그런 시도는 실패로 끝났고, 바로 그것이 알튀세르가 주목한 마르크스주의의 위기였던 것이지요. 그리고 지난 25년 동안 저는 마르크스주의의 위기를 마르크스주의의 일반화를 통해 극복하자고 주장해왔고요.

물론 마르크스주의의 일반화를 통한 마르크스주의의 위기의 극복이란 저를 비롯한 과천연구실의 의견일 따름입니다. 1989-91년 사회주의 붕괴 이후에는 결국 마르크스에 대한 대안으로 스미스가 복권된 것이 전세계적으로 대세였거든요. 이것을 단지 신자유주의의 부상만으로 설명할 수는 없는데, 이론적 역사를 비롯한 『민부론』의 경세학적 측면이 부각되기도 했기 때문이에요. 말년의 아리기가 스미스를 연구한 것도 그런 맥락이라는 생각이 들고요.

저도 최근에 와서 스미스에 대한 공부를 시작했는데, 생각보다 배울 것이 많다는 사실을 깨달았습니다. 방금 지적했던 것처럼, 『잉여가치학설사』에서 마르크스가 제시한 고전경제학의 역사에 대한 해석이 반드시 옳은 것은 아니라는 생각도 들었고요. 그렇다고 해서 아리기처럼 마르크스를 스미스로 대체한다는 것은 물론 아니에요. 마르크스의 결함을 그로스만을 통해 해결할 수 있거든요.

전문지식으로서 사회과학에 대한 논쟁에도 주목해두겠습니다. 심리학을 모델로 하는 의학적 접근은 사회의 병리적 상태를 전제하면서 보편적 원리보다 특수한 질병의 치료를 선호하는 것이지요. 반면 경제학을 모델로 하는 공학적 접근은 사회의 정상적 상태를 전제하면서 보편적 원리를 통한 특수한 문제의 해결을 선호하는 것이고요.

전후 미국에서는 일련의 논쟁을 통해 공학적 접근이 주류화되면서 의학적 접근은 주변화되었습니다. 반면 유럽에서는 공학적 접근보다 의학적 접근이 우세했는데, 그 결과 현대경제학도 고전경제학처럼 별로 환영받지 못했어요. 별다른 논거도 없이 미국보다 유럽을 선망하는 남한에서도 역시 그런 것 같고요.

— 미국에 경세학은 없었고 전문지식만 있었다고 하더라도 어쨌든 경세가는 있었던 것 아닌가요?

— 물론입니다. 다만 미국의 경세가는 루즈벨트나 케네디처럼 정치인이었는데, 대신 경제학자나 사회과학자 같은 전문가의 자문을 받았지요. 경세가와 정치인을 구별하자는 스미스의 제안이 거부되었던 셈인데, 19세기 영국보다 20세기 미국에서 경세가의 역할이 더 컸다는 사실을 고려한다면 역설이라고 하지 않을 수 없지요.

그런데 영국에서 마셜이 스미스를 부활시킨 것이 정지상태에서 쇠퇴상태로의 진입이 예상되는 시기였다는 사실에 주목할 필요가 있을 것입니다. 영국의 경우 진보상태에서는 경세학으로서 정치학이 경제학을 대신할 수 있었는데, 그러나 정지상태에서는 그럴 수 없었다는 것이에요. 그 결과 피구의 후생경제학도 출현하고 케인즈의 거시경제학도 출현했던 것이고요.

봉건제에서 명황조와 조선왕조를 비교하면서 설명할 수도 있을 것입니다. 신권이 없었던 명황조에서는 장거정이 사망하자 그의 개혁이 무산되었던 반면 서인이 동인을 제압하면서 신권을 확보한 조선왕조에서는 이이의 수미법이 김육의 대동법으로 결실을 맺었던 것이지요. 게다가 임진왜란을 계기로 명황조는 멸망한 반면 조선왕조는 전성기를 연장했고요.

정치인이 경세가인 미국의 자본주의는 명황조의 봉건제에 유비할 수 있을 것입니다. 반면 조선왕조의 봉건제와 유비할 수 있는 것은 일본의 자본주의라고 할 수 있겠고요. 조선이 중국에 이은 세계 2위의 봉건제였던 것처럼 일본이 미국에 이은 세계 2위의 자본주의인데, 말년의 아리기가 예상한 '중국의 세기'는 영원히 불가능하리라는 것이 제 생각이에요.

이토 히로부미의 가장 중요한 업적 중 하나는 입헌정우회를 통해 정당인과 관료를 결합시킨 것입니다. 물론 이토 자신은 경세가로서 정당인에 가까웠지요. 또 만주사변까지는 관료가 아니라 겐로(元老)

라고 불리던 정당인이 정치의 주도권을 행사했고요. 그러나 전후에 요시다 시게루 총리가 그런 경향을 역전시켜 관료가 정당인을 지배했던 것이지요. 따라서 자민당은 입헌정우회를 계승하면서 개선했다고 할 수 있어요.

어쨌든 유학이 경세학이라면, 황제나 왕이 아니라 '유학자가 나라를 다스린다'(以儒治國, 유학자를 등용하여 나라를 다스린다)는 것이 원칙입니다. 그리고 그런 원칙이 조선왕조에서 서인과 동인, 즉 신권주의자와 왕권주의자의 갈등의 쟁점이었지요. 마찬가지로 경제학이 현대경세학이라면, 대통령이 아니라 경제학자가 나라를 다스려야 하는 것이고요. 그러나 '중인이 주인이 된' 남한에서 서인과 동인의 논쟁 같은 것은 없어요.

박정희 정부 이래 문재인 정부까지 경제학을 경영학과 혼동하고 있는 데다가 경우에 따라서는 공학으로 대체하고 있기도 한 실정입니다. 경제는 국가를 관리한다는 의미이고 경영은 기업을 관리한다는 의미임을 아직도 깨닫지 못했기 때문이지요. 게다가 공학은 국가나 기업의 관리와는 무관한 것이고요. 노무현 정부의 초대 정책실장이었던 이정우 교수가 김수현 정책실장의 등용을 비판하자 종편에서 종횡무진하는 어떤 평론가는 '경제라고 누군들 못하겠는가'라고 막말을 하더라고요.

방금 사회과학에서 공학적 접근과 의학적 접근의 논쟁에 대해 설명했는데, 2007-09년 금융위기 이후 그 현실성이 더욱 제고되었다고 할 수밖에 없습니다. 경제성장률이 제로인 정지상태를 정상적 상태로 인식할 것인가 아니면 병리적 상태로 인식할 것인가라는 쟁점이 제기되었거든요. 아베 내각의 인식이 전자인 반면 문재인 정부의 인식은 후자인데, 아무래도 '일본의 행복'과 비교할 때 '한국의 불행'은 아직까지도 끝나지 않은 것 같아요.

부록: 1986-94년 논저목록

논문, 좌담, 기타

01 「한국사회성격 해명에 있어서의 올바른 이론적 입장의 확정을 위하여」, 『한신경제과학연구소 경제학토론』, 1986. 10.
02 「유물변증법에 대한 에티엔 발리바르의 테제: 소개」, 『한신경제과학연구소 경제학토론』, 1986. 11.
03 「좌담: 현단계 한국사회의 성격과 민족운동의 과제」, 『창비 1987』, 1987. 7.
04 「전후 한국경제학연구의 동향과 과제: 정치경제학의 관점에서」, 『80년대 한국인문사회과학의 현단계와 전망』(학단협 심포지엄), 역사비평사, 1988. 8.
05 「좌담: 한국사회 민주변혁의 성격: 반제반독점인가 반제반봉건인가」, 『현실과과학 1』, 1988. 8.
06 「식민지반봉건사회론과 신식민지국가독점자본주의론: 국제운동사에서의 논쟁을 중심으로」, 『현실과과학 2』, 1988. 11.
07 「북한의 '남조선혁명론'과 '조국통일론'에 대하여: 그 비판적 이해를 위한 하나의 시론」, 『'NL'론 비판』, 벼리, 1988. 11.
08 「알튀세르를 어떻게 읽을 것인가?」, 『문학과사회』, 1988. 12.
09 「한국사회성격 논쟁에서도 페레스트로이카가 임박하였는가?」, 『현실과과학 3』, 1989. 4.
10 「해설: 80년대 소련에서의 사회주의 정치경제학 연구동향」, 『현실과과학 6』, 1990. 7.
11 「해설: 80년대 소련에서의 초국적기업과 발전도상국 연구동향」, 『현실과과학 8』, 1990. 12.
12 「해설: 루이 알튀세르, 1918-1990」, 『현실과과학 10』, 1991. 6.
13 「알튀세르를 다시 읽으며 '마르크스주의의 위기'를 생각한다」(서사연 집단작업), 『이론 1』, 1992. 6.
14 「해설: 발리바르의 '공산주의 이후의 유럽'」, 『이론 1』, 1992. 6.
15 「한국에서의 '맑스주의의 위기'와 한국사회성격 논쟁」(학단협 심포지엄), 『사회평론』, 1992. 8.

16「해외이론지: '마르크스주의를 다시 생각한다'」, 『이론 3』, 1993. 1.
17「해설: 발리바르의 '푸코와 마르크스'」, 『이론 3』, 1993. 1.
18「해설: 스프린커의 '자크 데리다와의 대담'」, 『이론 4』, 1993. 3.
19「해설: 발리바르의 '프로이트-마르크스주의의 교훈'」, 『문화과학』, 1993. 4.
20「마르크스주의의 전화와 한국사회성격 논쟁의 재출발」, 『이론 7』, 1993. 12.
21「대담: 한국사회에서 맑스주의와 모더니티」, 『사회평론-길』, 1993. 12.
22「한국에서 '노동자운동의 위기'와 마르크스주의의 전화」, 『이론 8』, 1994. 4.
23「'PD의 진실' 또는 어떤 아픈 사랑의 꿈에 대한 해석」, 『이론 9』, 1994. 7.
24「해설: 르쿠르의 '다윈의 체로 걸러진 마르크스'」, 『이론 9』, 1994. 7.
25「해설: 로블랭의 '세계시장의 변모와 정치의 전화'」, 『이론 9』, 1994. 7.
26「알튀세르의 철학적 유산」, 『이론 10』, 1994. 12.
27「해설: 마슈레와 발리바르의 '라캉과 철학: 주체성과 상징성이라는 쟁점'」, 『이론 10』, 1994. 12.

저서, 번역, 기타

01『에티엔 발리바르의 '정치경제(학) 비판': '비판의 비판'을 위하여』, 한울, 1987
02『平田淸明 경제원론』(서문), 풀빛, 1987
03『짜골로프 정치경제학 교과서』(서문·해설), 새길, 1989-90
04『논쟁: 페레스트로이카의 정치경제학』(해설), 민맥, 1990-91
05『한국에서 자본주의의 발전: 시론적 분석』(서사연 집단작업), 새길, 1991
06『사회주의의 이론·역사·현실』(서사연 집단작업), 민맥, 1991
07『루이 알튀세르, 1918-1990』(번역), 민맥, 1991
08『맑스주의의 역사』(번역), 민맥, 1991
09『알튀세르와 마르크스주의의 전화』(번역), 이론, 1993

후기: '인민의 벗이란 무엇인가'

서문

안드레아: 영웅을 갖지 못한 나라여, 불행하구나!
갈릴레이: 아닐세. 영웅을 필요로 하는 나라여서 불행한 것이지.
— 브레히트, 『갈릴레이의 생애』

지난 5년 동안 작업한 한국현대지식인사의 화두는 '한국의 불행'이었다. 그간의 작업을 마무리하는 후기의 제사(題詞)는 종교재판 직후에 갈릴레이와 안드레아가 결별하는 장면의 대사인데, 자신을 사이비 지식인이라고 비판하는 제자 안드레아에게 스승 갈릴레이는 지식인만 책임이 있는가라고 항변한다. 문재인 대통령이 취임사에서 약속한 '한번도 경험하지 못한 나라'의 정체가 점차 분명해지고 있는 남한에서 갈릴레이보다는 역시 안드레아가 옳을 것이다.

갈릴레이도 나중에는 자신의 행위로 인해 지식인들이 '잔재주만 부리는 난쟁이족속'(ein Geschlecht erfinderischer Zwerge)으로 타락하여 권력에 굴복하고 협력하는 그들의 행위를 변명할 수 있게 될 것임을 인정한다. '히포크라테스 선서'를 하지 않은 그런 지식인에는 핵무기를 개발할 물리학자뿐만 아니라 혁명을 수행한다는 구실로 '반인류범죄'(crime against humanity, 반인도범죄)를 자행할 사이비 마르크스주의자도 포함된다.

2020년 2월
윤 소 영

후기: '인민의 벗이란 무엇인가'

이른바 '하노이 노딜'

2년차에 들어선 문재인 정부가 1년차 정책의 핵심인 소득주도성장에 대한 대안으로 추진한 것이 북한 비핵화였습니다. 문재인 정부가 출범한 지 꼭 1년이 지난 2018년 5월부터 소득주도성장에 대한 논란이 제기되자 2018년 4-5월의 1-2차 남북정상회담과 6월의 1차 북미정상회담이 북한 비핵화의 단서가 될 수 있다는 희망을 제시한 것이었지요. 그러나 2019년 2월 하노이에서 개최된 2차 북미정상회담의 결렬은 그런 희망에 근거가 없음을 증명했어요.

설상가상으로 2018년 4월 1차 남북정상회담에서 문재인 대통령이 김정은 위원장에게 제안한 바 있는 3·1운동 및 임시정부수립 100주년 남북한공동기념사업도 불발되고 말았습니다. 9월 3차 남북정상회담에서 임시정부에 대한 반감을 고려하여 3·1운동 100주년 기념사업만이라도 공동으로 추진하자는 제안조차 윌슨의 민족자결주의에 호응한 외세의존적 운동이었다는 이유로 거부되었거든요.

이른바 '하노이 노딜' 이후 문재인 정부의 대내외정책은 문자 그대로 난맥상을 보이고 있습니다. 문재인 정부가 '외교를 남북관계의 종속변수처럼 다룬다'고 비판한 『동아일보』 박제균 논설주간의 칼럼을 읽은 적이 있는데, 외교뿐만 아니라 안보도 역시 남북관계의 종속변수인 것 같아요. 내정과 경제조차 예외가 아니고요. 그러니 대내외정책이 난맥상일밖에요.

2018년 10월 대법원의 징용노동자배상청구권 재상고심 판결에 이어 11월에는 정부가 화해·치유재단을 해산하고 위안부 합의를 파기하기로 결정했습니다. 그런데 일본의 대응에 대한 대비는 제대로 하지 못한 것 같아요. 2019년 7월에 아베 정부가 경제제재라는 방식으로 반격해오자 오바마 정부가 한·미·일 안보협력의 기축으로 추진한 바 있는 일본과의 지소미아(GSOMIA, 군사정보보호협정) 종료를 선언함으로써 미국을 자극했거든요. 물론 오바마 정부의 정책에 사사건건 반대해온 트럼프 정부가 지소미아 종료를 수용할 것으로 오판했을지도 모르겠고요.

북한 비핵화는 요원한 채 대미·대일관계만 악화되는 상황에서 문재인 정부가 2020년 4월 총선에 대한 대책으로 검찰개혁을 추진했던 것 같습니다. 그런데 문재인 대통령이 6월에 지명한 검찰총장 윤석열과 8월에 지명한 법무부장관 조국 사이에서 예상치 못한 갈등이 폭발했지요. 조국 법무부장관이 지명되면서 상식을 초월한 갖가지 비리 혐의가 제기되자 윤석열 검찰총장이 조 장관 일가에 대한 수사를 단행했거든요.

하여튼 3년차 문재인 정부를 평가하려면 하노이 노딜부터 출발해야 할 것입니다. 하노이의 2차 북미정상회담에 대해서는 이미 개최 이전부터 회의적인 예상이 많았지요. 싱가포르에서 열린 1차 북미정상회담 이후 9개월 동안 진행된 실무협상의 성과가 거의 없는 상황에서 탄핵 위기에 몰린 트럼프 대통령이 졸속으로 정상회담을 추진했기 때문이에요.

실제로 2017년 5월에 로버트 뮬러 특별검사가 임명되자 트럼프 대통령은 '망했구나'(I am fucked)라면서 낙담했다고 합니다. 물론 2019년 4월 의회에 제출된 특검수사보고서가 지난 대통령선거에서 트럼프 대통령이 러시아의 푸틴 대통령과 내통했다는 증거를 제시한 것은 아니었지요. '대통령의 범죄', 그것도 미국대통령의 범죄로 인해 전세계에 불어닥칠 후폭풍을 고려한 탓일 것 같아요.

보고서는 대신 트럼프 대통령에 의한 특검의 수사방해, 즉 사법방해의 방증 다수를 제시했습니다. '사법방해'(Obstruction of Justice)와 '법원모독'(Contempt of Court)은 남한에는 없는 미국의 제도인데, '의회방해'(Obstruction of Congress) 내지 '의회모독'(Contempt of Congress) 역시 마찬가지이지요. 사법부와 입법부를 무력화시키는 '제왕적 대통령제'(Imperial Presidency)의 사례는 미국이 아니라 남한이거든요.

하노이 노딜 직후 문정인 통일외교안보특별보좌관과 이종석 전(前)통일부장관은 『한겨레신문』의 특별대담에서 폼페이오 국무부장관의 온건노선에 대한 볼턴 국가안보보좌관의 강경노선의 반격 때문에 북미정상회담이 결렬되었다고 주장했습니다. 나아가 정세현 전(前)통일부장관은 민주당내 김근태 의원 계보였던 민평련(민주평화국민연대) 주최 간담회에서 볼턴을 '인디언을 학살한 기병대장'에 비유하는 망언을 불사했고요.

그러나 하노이 노딜이 북미정상회담의 '리셋'(reset, 먹통이 된 컴퓨터를 되살리기 위한 초기상태화)을 의미할 수도 있습니다. 실무협상을 통해 북한의 비핵화 의지를 확인할 수 없는 상황에서 미국이 먼저 경제제재를 완화할 리는 없지요. 따라서 폼페이오 장관과 볼턴 보좌관 사이에도 이견은 없을 것 같고요.

하노이 노딜 직후 회담을 '성과적으로 마쳤다'고 강변하던 『노동신문』은 1주일만에 회담의 결렬을 인정하지 않을 수 없었습니다. 그러나 볼턴 보좌관이 아니라 아베 총리에게 책임을 전가했지요. '고약한 섬나라 족속들은 천벌을 면치 못할 것이다'라는 제목의 논평을 발표한 것인데, 아마도 아베 총리 때문에 트럼프 대통령이 인도-태평양전략을 추진하고 있다는 판단인 것 같아요.

그러나 김정은 위원장 자신은 아직도 '새로운 길'을 모색할 단계는 아니라고 생각한 것 같습니다. 트럼프 대통령에게 다시 한번 기회를 줄 테니까 연말까지 '새로운 셈법'을 가져오라는 것이었지요. 그러면서 최선희를 국무위원으로 승격시켰는데, 김 위원장도 리비아의 가다피처럼 남성을 불신하고 여성을 신뢰한다는 것 같아요.

그런 와중에 트럼프 대통령과 김정은 위원장의 '번개 만남'이 이루어졌습니다. 6월에 오사카에서 열린 주요20개국(G20) 정상회의를 마친 트럼프 대통령이 판문점 비무장지대(DMZ)에서 김 위원장과 만나 3차 북미정상회담을 위한 실무협상의 재개에 합의했던 것이에요. 연합통신(AP)의 지적대로, 정치를 리얼리티쇼로 간주하는 '전례없는 쇼맨'(ever the showman)으로서 트럼프 대통령의 진면목을 보여준 에피소드라고 할 수 있겠지요.

그런데 판문점까지 트럼프 대통령을 따라간 문재인 대통령은 막상 회담장에는 들어가지도 못했습니다. 문 대통령이 회담이 끝날 때까지 회담장 밖에서 기다릴 수밖에 없었던 것은 김정은 위원장의 요구 때문이었다고 하는데, 2018년 9·19공동선언에 대한 기대를 배신한 문 대통령에 대한 분노를 그렇게 표현했던 것 같아요.

9월에 트럼프 대통령이 볼턴 보좌관을 경질한 것은 탈레반 대표와의 비밀회동에 대한 반대가 계기였다고 합니다. 그러면서 '적어도 지난 3년간 이 나라[미국]에 일어난 가장 행복한 일(the best thing)'로 김정은 위원장과의 '아주 친밀한 관계'(a very good relationship)를 언급하기도 했지요.

문재인 대통령도 트럼프 대통령과 김정은 위원장 사이의 우정이 '한국에 일어난 가장 행복한 일'이라고 생각할지는 잘 모르겠습니다. 그러나 8·15경축사에서 문 대통령은 2018년 9·19공동선언을 구체화하는 야심찬 계획을 발표했지요. '남북간의 경제협력'과 '평화경제'를 통해 연방제통일이라는 최종목표를 달성할 수 있다면, 꼭 26년 후인 2045년 8·15 100주년에는 세계경제 6위권에 진입하고 1인당국민소득도 7만달러를 상회할 것이라는 주장이에요. 그리고 중간목표로는 13년 후인 2032년에 남북공동올림픽을 개최하자는 것이고요.

그러나 김정은 위원장은 생각이 다른 것 같습니다. 다음 날 조평

통(조국평화통일위원회) 대변인을 통해 '삶은 소대가리'도 웃을 '망발'(妄發, 망언과 망동)이라고 비난했거든요. 하기야 『한겨레신문』조차 '장밋빛 전망'일 따름이라고 폄하했어요. 연방제통일의 충격은 무시하고서 게다가 북한을 뺀 남한만의 1인당국민소득이 30년 동안 7만달러로 성장한다는 것은 그 성장률이 거의 3%라는 의미이지요. 그러나 2018년부터 잠재적 경제성장률의 하락세가 3%를 하회하고, 인구성장률은 아직도 제로나 마이너스가 아니에요.

하기야 문재인 정부의 '경제학적 문맹'은 어제오늘의 일이 아닙니다. 소득주도성장에 대한 논란이 한창이던 2018년 8월에 발탁된 강신욱 통계청장은 '좋은 통계를 만드는 것으로 보답하겠다'고 발언하여 물의를 일으킨 바 있지요. 그 후 강 청장은 기자간담회에서 2017년 2분기가 경기순환의 고점일 수 있다고 고백했어요. 그러면서 공식적 판정은 2019년 6월로 예고했는데, 3개월을 미룬 9월에 2017년 9월이 경기고점이었다고 공식적으로 판정했지요.

남한경제의 문제를 구조적 위기가 아니라 순환적 위기로 인식한다는 문제는 차치하더라도, 경기순환이 하강을 시작한 상황에서 소득주도성장을 제창하고 게다가 소득주도성장과 배치되는 최저임금 인상과 노동시간단축을 강행한 것은 무지의 소치라고 할 수밖에 없습니다. 물론 2017-18년의 2차 반도체호황으로 인한 착시도 있었는데, 문재인 정부는 2차 반도체호황이 2018년 하반기에 종료되었다는 사실을 2019년 6월에야 비로소 인정했지요.

그러나 그럼에도 불구하고 경제성장을 유지하려면 적자재정이 불가피했으므로, 2019년 5월에 문재인 대통령이 국민소득 대비 국채의 비중을 40%로 유지하려는 홍남기 부총리에게 그 '과학적 근거'가 무엇이냐고 추궁했던 것입니다. 그런데 2015년에 문재인 대통령 자신이 박근혜 정부가 재정을 방만하게 운용하여 국채비중의 '마지노선' 40%를 지키지 못할 것 같다고 비판한 적이 있지요. 아무리 변호사 출신이라지만 경제학에 대해 너무 무지한 것 같아요.

2007-09년 금융위기의 와중에 지속가능한 국채비중이 주목을 끌

었는데, 자세한 설명은 『2007-09년 금융위기 논쟁』(공감, 2010)을 참고할 수 있습니다. 먼저 금융위기 이전의 유럽연합은 지속가능한 국채비중을 60%로 설정한 바 있지요. 60%는 금융위기 이전 미국의 국채비중이기도 했고요. 남한의 경우에는 1997년에 12.3%였던 국채비중이 1997-98년 경제위기 이후 김대중 정부와 노무현 정부에서 각각 19.5%와 33.3%로 상승하자 이명박-박근혜 정부가 40%라는 기준을 설정했던 것인데, 20%포인트를 낮춘 것은 원이 달러나 유로 같은 기축통화가 아니기 때문이에요.

그런데 국채비중의 수치보다 훨씬 더 중요한 것은 경제학적 관점에서 볼 때 국채 발행이 일종의 불의(unjustice)라는 사실입니다. 재무부가 발행한 국채를 중앙은행이 보유하면, 화폐발행을 통한 인플레이션조세이자 역진세이므로 계급간 불의이지요. 민간이 보유하면, 미래세대에게 원리금의 부담을 전가하는 세대간 불의이고, 나아가 미래세대 중에서도 노동자가 자본가에게 원리금을 지불할 것이므로 계급간 불의이고요. 외국인이 보유할 경우는 국부유출인데, 매국이라고까지 할 수는 없더라도 역시 불의라고 할 수밖에 없겠지요.

다시 북한 비핵화 문제로 돌아가서, 7월 말에 『미국의소리』(VOA)가 아주 중요한 보도를 했다는 사실에 주목할 필요가 있습니다. 『조선일보』나 『중앙일보』와 달리 『한겨레신문』은 보도하지 않았지만요. 한국과 일본의 핵무장에 대한 대안으로 전술핵의 재배치 대신 공유를 고려할 필요가 있다고 제안하는 미국 국방부 산하 국방대학의 보고서가 발표되었다는 것인데, 북미정상회담 이전의 '핵전쟁게임'이 여전히 지속되고 있다는 방증이에요.

위키피디아에 따르면, 핵공유(nuclear sharing)란 핵의 소유권은 미국이 독점하고 사용권은 미국의 후견(custodianship/guardianship) 아래 공유한다는 의미입니다. 프랑스의 핵무장 이후 이탈리아와 독일 등 5개 나토회원국이 자체 핵무장의 대안으로 미국과 핵공유협정을 체결한 것이 그 선례였지요.

국방대학보고서의 제목은 『21세기 핵억지력: '2018년 핵태세검토

보고서'의 작전운용화』입니다. 보고서에 따르면, 1990년대 이후 미국에서 탈냉전의 낙관주의가 지속되면서 핵억지력(nuclear deterrence) 개념이 정체 내지 퇴보한 반면 2010년대에 들어와 러시아와 중국 같은 '잠재적 적성국'으로부터 핵위협이 증가해왔지요. 게다가 북한까지 가세하면서 북·중·러의 북방동맹이 형성되었고요.

1994년 이후 8년마다 발표된 『핵태세검토보고서』(*NPR, Nuclear Posture Review*)는 '미국의 안보전략에서 핵무기의 역할'을 규정하고 있습니다. 클린턴 대통령과 부시 대통령의 정책을 계승한 오바마 대통령은 '핵무기 없는 세상'(a world free from nuclear weapons)을 위해 2010년부터 2016년까지 격년으로 4번 핵안보정상회의(nuclear summit)를 추진한 바 있지요.

오바마 대통령의 비핵화(denuclearization, nuclear disarmament) 기준이 바로 'CVID', 즉 '완전하고 검증가능하며 복구불가능한 폐기'(complete, verifiable and irreversible dismantlement)였습니다. 그리고 이 기준을 수용한 이란과 핵협정을 체결하고 이 기준을 거부한 북한에 대해 경제제재를 발동했던 것이지요.

2017년에 취임한 트럼프 대통령은 2018년에 핵안보정상회의를 개최하지 않았습니다. 또 이란과의 핵협정에서 탈퇴하는 동시에 북한과의 핵협상을 개시했고요. 그런 상황에서 2018년 2월에 발표된 『핵태세검토보고서』가 하나의 '변곡점'을 상징했는데, 이번에 그것의 작전운용화(operationalizing)를 통한 핵억지력 개념의 부활을 제안하는 국방대학보고서가 발표되었기 때문이지요.

북한이 핵무장을 포기할 리 없는 것은 이라크의 후세인과 리비아의 가다피를 반면교사로 삼는 김정일 위원장과 김정은 위원장 부자에게 핵무장이야말로 체제보존을 위한 '실존적'(existential) 조건이기 때문입니다. 쉽게 말해서 핵무장 없는 체제보존은 불가능하다는 것이에요. 물론 체제는 백두혈통과 동일시되는 것이고요.

반면 북한의 핵무장에 따라 일본과 남한에서도 핵무장의 필요성이 제기되고 있습니다. 미국의 핵우산에 대한 우려 때문인데, 미국이 북한의 핵공격을 감수하면서까지 일본과 남한에게 핵우산을 제공하지는 않을 것이기 때문이지요. 그래서 미국에 대한 북한의 핵공격을 가능케 하는 미사일 실험, 특히 대륙간탄도미사일(ICBM)과 잠수함발사탄도미사일(SLBM) 실험에 주목하는 것이고요.

방위비분담금을 5-6배 인상하라는 트럼프 대통령의 요구가 핵공유를 위한 사전포석일지도 모르겠습니다. 미국 정부가 이제까지 핵억지력의 대안으로 견지해온 확장억지력(extended deterrence), 즉 핵무기 이외에도 핵추진항공모함·핵추진잠수함·전략폭격기 등 전략자산과 미사일방어체계(MD)를 결합하는 억지력의 비용이 남한과 일본에게 부담스럽다면 핵공유가 경제적일 수 있다는 것이지요.

트럼프 대통령이 재선에 성공할지는 여전히 불확실합니다. 단순한 계산으로 재선에 성공할 확률은 2/3이지요. 암살당한 케네디 대통령을 제외하고 현직인 트럼프 대통령을 포함할 경우 전후 미국의 대통령 12명 중 8명이 재선에 성공했고 4명이 재선에 실패했거든요. 따라서 트럼프가 재선에 성공할 확률이 2/3라는 것이에요.

트럼프가 재선에 성공할 확률은 역시 경제상황에 달려 있습니다. 그런데 2017-18년의 2차 반도체호황이 끝나고 미·중간 무역전쟁으로 인해 경기가 악화될 전망이 높아지고 있는 실정이지요. 그래서 트럼프가 미국의 중앙은행인 연준(Fed, 연방준비제도)에 대해 통화정책을 완화하라고 압력을 가하고 있는 것이고요.

2019년 초 미국경제학회(AEA) 연례총회에서 전현직 연준이사회 의장이 참석한 원탁회의가 개최되었는데, 현직 의장인 파월 이외에 전직 의장인 버냉키와 옐런이 참석했습니다. 여기서 파월은 출구전략(exit strategy)의 속도 조절을 시사했지요. 출구전략이란 2007-09년 금융위기에 대한 대응으로 추진된 제로금리정책(ZIRP)과 수량완화정책(QE) 같은 비전통적 통화정책을 종료하고 전통적 통화정책으로 복귀한다는 의미이고요.

2011년에 버냉키가 약속한 대로, 출구전략은 제로금리정책의 종료에 이어 수량완화정책의 종료로 이어졌습니다. 연준은 2015년 12

월부터 9차례 금리를 인상하여 2018년 12월에는 금리가 0-0.25%에서 2.25-2.50%로 인상되었지요. 또 2017년 10월부터 보유자산을 축소하여 역시 2018년 12월에는 보유자산이 4.5조달러에서 4.0조달러로 축소되었고요.

2019년 3월에 파월은 금리 인상을 종료하는 동시에 9월까지 보유자산을 3.5조달러로 축소한 다음 자산 축소도 종료하겠다고 발표했습니다. 또 7월에는 금리를 2-2.25%로 0.25%포인트 인하하면서 미중무역전쟁에 따른 경기불확실성에 대한 '보험성 인하'(insurance cut)라고 강조하는 동시에 3.6조달러에서 자산 축소도 종료했고요.

그러나 트럼프 대통령은 출구전략을 역전시켜 통화완화정책을 채택하라고 강요하면서 파월을 경질할 수도 있다는 협박까지 불사했습니다. 그러자 생존해 있는 연준이사회 의장들이 『월스트리트저널』에 트럼프 대통령을 비판하고 파월 의장을 지지하는 공동성명을 발표했지요. 볼커, 그린스펀, 버냉키, 옐런 등 카터 정부부터 오바마 정부까지 40년간 신자유주의 시대의 연준이사회 의장 전체가 망라된 것인데, 공동성명에서 그들은 '소규모 정치인집단의 이익'이 아니라 '국민의 최선의 이익'을 강조했어요.

파월은 7월 말에 이어 9월 중순과 10월 말에도 금리를 0.25%포인트씩 인하하여 금리는 결국 1.50-1.75%가 되었습니다. 덕분에 2018년 말에 22000까지 하락했던 다우존스는 상승세를 회복하여 2019년 말에는 역사적 고점인 29000까지 상승했지요. 반면 한미자유무역협정 이후 남한경제가 노동자민족으로 전락함으로써 다우존스와 탈동조화된 코스피는 2000과 2200 사이에서 등락을 거듭했고요.

그러나 트럼프 대통령은 2014년 이후 유로존이나 2016년 이후 일본처럼 마이너스 금리정책을 채택하라고 강요하고 있습니다. 2007-09년 금융위기에 대한 정책대응에 실패한 유로존과 1990년대 이후의 장기불황에서 완전히 탈출하지 못한 일본과 달리 미국에서는 트럼프 대통령 자신이 범태평양파트너십(TPP) 협상에서 철수하고 미중무역전쟁을 도발한 것이 문제인데도요.

트럼프 대통령의 이런 자충수를 틈타 시진핑 주석이 범태평양파트너십의 대안으로 추진해오던 아르셉(RCEP, 역내포괄적경제파트너십)이 급부상하여 11월 초에 잠정 타결되었습니다. 일본과 달리 인도는 참여하지 않아 최종 타결이 2020년으로 연기되었지만요. 박근혜 정부 이래 범태평양파트너십 참여에 소극적이었던 남한은 아르셉에는 적극적으로 참여했고요.

2016년 대선에서 러시아 개입을 공모한 의혹에 이어 2020년 대선에서 우크라이나 개입을 요청한 의혹으로 트럼프 대통령에 대한 탄핵 절차가 9월부터 개시되었습니다. 민주당이 다수당인 하원과 달리 상원은 공화당이 다수당이어서 5개월만에 탄핵안은 부결되었지요. 그러나 공화당이 대안으로 펜스 부통령이 정권재창출에 더 유리하다고 판단한다면, 탄핵안이 가결될 수 있다는 관측도 있었어요.

주요20개국 정상회의가 폐막되자마자 아베 정부가 대법원의 징용배상 판결에 대한 '대항조치'로 경제제재를 발동하기로 결정했다는 사실에도 주목해야 합니다. 경제제재란 사실 남한을 '화이트리스트'(수출심사우대국명단)에서 삭제하는 조치인데, 리스트에 포함된 27개국 중 아시아에서는 남한이 유일했고 중국은 물론 대만과 아세안(ASEAN)도 리스트에 포함되지 못했지요.

어쨌든 아베 정부는 남한의 수출주력품인 반도체 등의 소재와 부품에 대한 수출을 규제하기 시작했습니다. 일본의 소재·부품 수출액이 4억달러인 반면 반도체 등 남한의 수출액은 1500억달러인 것은 대일경제종속의 실상을 그대로 보여주는 것이었지요. 게다가 소재·부품 수출규제를 넘어서 장비, 즉 기계장치와 설비에 대한 수출규제까지도 예상되는 상황이었고요.

1970년대 중화학공업화 이후 남한경제의 대외종속, 특히 대일종속의 핵심을 소재·부품·장비 등 기술의 종속에서 발견하는 것이 신식민지국가독점자본주의론을 특징짓는 '독점강화-종속심화론'이었습니다. 1986-88년 '3저호황'을 기화로 그에 반대하는 '자립화-개량화론'이 제기되었던 것인데, 30여년이 지난 지금에 와서도 자립화-

개량화는 역시 요원한 것 같아요.

아베 정부가 이런 조치를 취한 것은 국제관계를 과거사 문제로 환원하는 문재인 정부에 대한 경고라는 의미가 있습니다. 게다가 트럼프 정부도 '역사적 원한'(historical animosities) 내지 '피해자 심성'(victim mentality)/'피해자중심주의'(victimism)에 집착하는 문재인 정부를 지지할 리가 없다고 판단한 것 같고요.

2015년 「전후70년 담화」에서 아베 총리는 인구의 80%가 넘는 전후 세대에게 '사죄를 계속하는 숙명'을 짊어지게 하지는 않겠다고 약속한 바 있습니다. 그런 아베 총리가 1965년 한일기본조약과 그 배경이 된 1951년 샌프란시스코강화조약조차 부정하는 '전범기업'과 '전범국가'라는 시대착오적 비판을 수용할 리가 없어요. 물론 트럼프 대통령도 마찬가지일 것 같고요.

그런데 조국 교수 일가의 비리가 폭로되는 와중인 8월 말에 문재인 정부가 일본과의 지소미아를 종료하기로 결정했던 것입니다. 외교부와 국방부가 반대하는 데도 불구하고 청와대 국가안보실, 특히 김현종 제2차장이 강행했다는 것이에요. 국내외에서 전혀 예상치 못한 결정이었는데, 그래서 일각에서는 심지어 조국 교수 일가의 비리를 비호하기 위한 조치가 아닌가라는 의혹까지 제기되었지요.

김현종 차장은 하노이 북미정상회담의 성공을 예상한 문재인 대통령이 대미관계를 조율하면서 대북경제협력을 주도하라고 발탁했다고 합니다. 그런데 외교관의 아들로 일본에서 초등학교를 다닐 때 '이지메'(いじめ)를 경험한 김 차장은 반일(反日) 감정이 강하다는 소문이에요. 그 후 줄곧 미국에서 자란 그는 '머리 까만 미국인'이면서도 비미(非美) 성향이 있는 것 같고요. 하기야 미시유에스에이(재미여성교포인터넷커뮤니티)도 비미 성향이 있지만요.

지소미아 종료 결정에 대해 미국 국무부와 국방부는 동시에 '대한민국(ROK) 정부'가 아니라 '문재인 정부'라고 지칭하면서 '강한 우려와 실망'(strong concern and disappointment)을 표명했습니다. 반면 '냉전적 사고에 기반'한 지소미아를 비판해온 중국 외교부는 '주권국가의 독립적 권리'라고 환영했고요.

이번 결정이 문재인 정부의 이른바 '3불 정책', 즉 사드를 추가로 배치하지 않고, 미사일방어체계에 참여하지 않으며, 한·미·일 군사동맹을 결성하지 않는다는 친중(親中) 정책에 따른 인도-태평양전략에서의 이탈 조짐이라고 판단한 미국은 문재인 정부에게 지속적으로 압력을 행사했습니다. 이에 굴복하여 문재인 정부는 3개월만에 지소미아 종료를 '조건부로' 철회할 수밖에 없었고요. 김현종 차장과 달리 문재인 대통령으로서는 반일은 몰라도 비미는 역시 아직까지 부담스러운 일이었겠지요.

문재인 대통령과 그 지지자들은 아베 총리를 군국주의자의 후예로 간주하는데, 아무런 근거도 없는 무고(誣告)일 따름입니다. 미국의 전략·국제문제연구소(CSIS)에서 2019년 7월에 이루어진 아미티지의 인터뷰 "The Grandmaster: An Interview with Ambassador Richard Armitage" (https://www.csis.org)를 참고하세요. 2001-05년에 부시 정부의 국무부 부장관을 역임한 바 있는 아미티지가 미일동맹 강화론자임을 염두에 둘 필요는 있겠지만요.

트럼프의 후보 지명에 반대하여 힐러리 후보를 지지한 바 있는 아미티지는 트럼프가 대통령으로 당선된 다음 줄곧 아베 총리가 '난세의 유일한 희망'(the brightest spot in the globe)이라고 공언하고 있습니다. 그리고 아베 총리야말로 '인간의 자유, 인간의 존엄, 인간의 권리의 깃발을 높이 들고 있는' '자유세계의 지도자'라면서 '바로 지금 일본과 아베 총리를 주셔서 하느님 감사합니다'라고까지 극찬하고 있어요.

전세계 자유주의 진영에서 아베 총리가 오바마 대통령의 후계자 역할을 하고 있다는 사실을 상징하는 발언입니다. 트럼프 대통령이 파기한 범태평양파트너십을 유지하고 나아가 트럼프 대통령을 설득하여 인도-태평양전략을 구체화했기 때문이지요. 그래서 트럼프 대통령이 재선에 성공한다면 아베 총리의 4연임도 불가피한 것이 아닌가 하는 전망이 이미 2019년 초부터 나오는 것 같아요.

이른바 '조국 사태'

하노이 노딜로 시작한 문재인 정부 3년차의 귀결은 역시 조국 사태였습니다. 조국 사태란 조국 교수 일가의 입시 비리와 웅동학원 비리, 나아가 사모펀드 비리를 가리키는데, 8월부터 11월까지 온 나라를 뒤흔든 사상 초유의 사건이었지요. 아직 법원의 판결까지 끝난 것은 아니므로 비리(非理, 이치와 도리에 어긋남, 즉 부조리와 부도덕)라고 부르겠어요.

조국 사태로 인해 2019년 10월까지 마무리지으려던 출판 계획을 4개월이나 연기할 수밖에 없었습니다. 덕분에 남한 386세대의 인민주의에 대한 인식을 심화시킬 수 있었지만요. 그래서 후기의 부제를 '인민의 벗이란 무엇인가'라고 붙인 것인데, 레닌처럼 마르크스주의자('사회민주주의자') 내지 자유주의자('합법마르크스주의자')와 투쟁하는 인민주의자('인민의 벗')의 정체를 폭로하겠다는 의미이지요. 물론 현재 남한의 상황에서는 마르크스주의자는 물론이고 자유주의자조차 거의 존재하지 않지만요.

조국 교수 일가의 비리에 대한 상세한 정리는 위키백과나 나무위키를 참고할 수 있습니다. 다만 남한에서는 네티즌 민도(民度)의 반영으로서 위키피디아가 부실할 수밖에 없다는 사실은 염두에 두어야겠지요. 위키백과에 비해 나무위키는 더 문제가 많은데, 그러나 위키백과에 없는 항목을 다룬다는 장점도 있어요. 어쨌든 가짜뉴스가 판치는 소셜미디어보다는 오히려 위키백과나 나무위키가 도움이 될 수 있겠지요. 정론지가 부재하는 남한에서는 각자가 알아서 배우며 생각하려고 노력할밖에요.

조국 교수 일가의 입시 비리는 두 가지입니다. 먼저 조 교수 딸이 고려대 환경생태공학부에 진학하는 과정과 서울대 환경대학원을 거쳐 부산대 의학전문대학원에 진학하는 과정에서 비리가 있었고, 또 이중국적자로 미국 조지워싱턴대학에 유학한 조 교수 아들이 국내의 법학전문대학원에 진학하기 위한 징검다리로 연세대 대학원 정치외교학과에 진학하는 과정에서 비리가 있었다는 것이지요.

웅동학원 비리는 조국 교수의 부모로 소급하는 것입니다. 건설업자인 조 교수 부친은 일제강점기에 웅동학원 교사로 활동하면서 김원봉 선생 계열의 독립운동에도 관여한 바 있는 자신의 숙부를 연고로 해서 웅동학원의 경영에 참여했고 그가 사망한 다음에는 조 교수 모친이 참여했는데, 우여곡절 끝에 조 교수 형제가 재단의 재산을 편법으로 상속받은 것 같아요.

물론 가장 충격적이었던 것은 역시 조국 교수 일가의 사모펀드 비리였습니다. 처음에는 고졸 출신의 주식투자전문가인 당질(堂姪, 5촌조카)이 주도한 것으로 알려졌으나 결국 그는 조 교수 부인의 하수인에 불과했음이 밝혀졌지요. 사모펀드 비리가 조국 사태의 핵심이라고 생각했던 사람조차 상상할 수 없었던 것은 조 교수 부인이 단지 사모펀드에 투자한 것이 아니라 사모펀드운용사의 경영에까지 참여했다는 것이에요.

지난 20년 동안 주식에 전념해온 주식투자전문가로서 조국 교수 부인이 사모펀드 비리까지 감행한 것은 남편의 대권 도전을 위한 종잣돈 마련 때문이라는 설도 있습니다. 문재인 대통령과 지연(부산)과 학연(경남중·고등학교)이 깊었던 고 김기원 교수는 2012년 대선에서 문재인 캠프에 적극적으로 참여했었지요. 그런데 대선 직후 어느 모임에서 조 교수 부인이 남편을 차기 대통령감이라고 자랑하여 당황했었다는 말을 전해들은 적이 있어요.

조국 교수 자신도 대권 의지가 있었던 것 같습니다. 법무부장관으로 영전을 앞두고 부산에서 친구들과 회식하면서 '대선'(大[朝]鮮) '진로'(眞露) '좋은데이'(舞鶴) 소주병 3개를 세워두고 찍은 사진을 소셜미디어에 올렸는데, 마치 출전식을 방불케 한다고 해서 화제가 되었지요. 연말까지 법무부장관으로서 검찰개혁을 완수하고 2020년 총선을 거쳐 2022년 대선에 도전한다는 설이 있었거든요.

일단 상식적 수준에서도 제기할 수 있는 조국 교수에 대한 비판을 정리해보겠습니다. 지난 10년 동안 소셜미디어에 하루 4건 이상의 글을 올리면서 온갖 문제에 참견했던 조 교수는 자신과 일가의 비리에 대해서는 모르쇠로 일관했지요. 그래서 '조로남불'(조국이 하면 로맨스 남이 하면 불륜)이나 '조적조'(새 조국의 적(敵)은 옛 조국) 같은 촌철살인의 유행어가 나온 것이었고요.

8월 초에 조국 교수가 법무부장관 후보로 지명된 직후부터 일가의 비리 의혹이 제기되었고, 8월 말부터 검찰의 압수수색과 조 교수 일가의 증거인멸이 시작되었습니다. 그러나 9월 초에 문재인 대통령은 '본인이 책임져야 할 명백한 위법행위가 확인되지 않았다'면서 법무부장관 임명을 강행하여 국민을 당혹케 만들었지요.

조국 사태에 대한 문재인 대통령의 대응이 국민을 당혹케 만든 것은 문 대통령이 윤석열 검찰총장의 임명식에서 '청와대를 비롯한 살아 있는 권력도 수사하라'고 지시한 바 있기 때문입니다. 그러나 '기회는 평등하고, 과정은 공정하며, 결과는 정의로울 것'이라는 대통령 취임사의 약속을 배반한 조 교수 일가에 대한 수사가 시작되자마자 청와대는 '내란음모 수준'이라고 비판했어요.

본래의 의도는 아마도 검찰이 조국 교수 일가의 비리를 마치 내란음모처럼 수사한다는 것이겠습니다. 그러나 대통령의 인사권에 도전하는 검찰의 수사를 내란음모에 비견할 수 있다는 의도도 행간에 개재되었다고 할 수 있어요. 쉽게 말해서 검찰을 겁박하여 수사를 중지시키려는 의도도 있었다는 것인데, 그래서 이번 비리가 조 교수 일가에 그치지 않고 대통령 일가로도 확산되는 것이 아닌가 하는 의혹마저 제기되었던 것이지요.

급기야 10월 초부터 광화문에서 '조국 사퇴'를 외치는 대중집회가 열렸습니다. 또 9월 말부터 서초동에서는 '조국 수호'를 외치는 대중집회가 열렸고요. 이렇게 상반된 목적의 대중집회가 계속되는 일촉즉발의 상황이 '국론분열이 아니라 직접민주주의'라고 강변하던 문재인 대통령은 결국 10월 중순에 조국 장관을 전격 사퇴시킬 수밖에 없었지요. 그 동안 문 대통령을 지지해오던 30-40대와 호남의 여론까지도 악화되기 시작했거든요.

그러나 문재인 대통령은 법무부장관 지명과 임명에 대해 사과할 생각은 없었는데, '합법적인 제도 속에 내재한 불공정'이 문제라고 주장했기 때문입니다. 사실 '합법적 불공정'이란 개념은 『중앙일보』 양선희 대기자가 조국 교수 딸의 입시 비리를 비판하는 칼럼에서 '불법'보다 나쁘다는 의미로 사용했던 것인데, 문 대통령은 반대로 '불법'보다는 낫다는 의미로 사용한 것이지요. 역시 소문대로 문 대통령은 공감 능력 없는 외골수이자 옹고집인 것 같아요.

11월 중순에 부인이 구속·기소된 직후부터 자신에 대한 검찰의 수사가 시작되자 조국 교수는 묵비권을 행사했습니다. '구차하고[부적절하고] 불필요하다'는 이유로 진술을 거부한 것인데, '정치검찰'에 의한 박해라는 제스처였을 뿐만 아니라 평소의 지론대로 '피의자의 유일한 무기'를 활용한 것이기도 했지요. 386세대를 대표하던 진보지식인이 일개 범죄혐의자로 전락하는 순간이었어요.

그런데 거의 동시에 유재수 부산부시장 감찰을 중단한 비리, 그리고 무엇보다도 송철호 울산시장 당선을 지원한 비리에 대한 의혹이 제기되면서 백원우 비서관이 '민정수석실 실세'였다는 소문이 사실로 확인되었습니다. '친노-친문 행동대장'인 백 비서관은 2009년 노무현 대통령 영결식에서 헌화하던 이명박 대통령에게 '정치보복과 정치살인에 대해 사죄하라'고 외치면서 대중적으로 주목받기 시작했는데, 당시 그는 재선 국회의원의 신분이었지요.

유재수 부시장은 청와대 행정관 시절에 노무현 대통령의 눈에 띄어 수행비서관으로 발탁되었다고 합니다. 문재인 대통령의 심복이라는 이른바 '3철'의 맏형인 이호철 수석과의 친분을 과시하면서 '호철이 형 아세요?'를 입에 달고 다녔다는 유 부시장은 사석에서는 문 대통령에게도 '재인이 형'이라고 불렀다고 하지요. 조국 교수가 그런 유 부시장에 대한 감찰을 개시했다는 사실은 조 교수가 권력의 '오너 그룹'에 속하지는 못했다는 반증인데, 그러면서도 대권의지를 키

워온 것은 문 대통령의 신임을 과신한 탓일지도 모르겠어요.

송철호 시장은 울산에서 활동해온 민주당·민주노동당·무소속의 정치인으로 3년 연상인 노무현 대통령과 4년 연하인 문재인 대통령과 더불어 부·울·경(부산·울산·경남)을 대표하던 인권변호사였다고 합니다. 그런데 3인방 중 2명은 대통령에 당선되었으나 그는 국회의원과 시장 선거에서 무려 8번이나 낙선하여 문 대통령이 '아주 크게 마음의 빚을 졌던' 것 같아요. 그래서 2018년 지방선거에서 청와대와 경찰에 하명하여 기어코 울산시장에 당선시켰던 것이고요.

유재수 부시장과 송철호 시장의 비리는 전형적인 권력형 비리여서 비호할 도리가 없었습니다. 문재인 정부라고 특별할 것은 없고, 오히려 오랫동안 비주류였던 386세대 운동권이 주류가 되면서 권력형 비리는 더 커질 수밖에 없다는 예상이 있었지요. 대통령 취임사에서도 인용된 '이게 나라냐?'는 '촛불혁명'의 구호에 대해 2019년 초부터 이미 '그럼 이건 나라냐?'라는 반론이 제기되었어요.

문재인 대통령은 결국 윤석열 검찰총장 체제의 해체를 선택했습니다. 2020년 1월 중순에 대검참모진과 서울중앙지검장을 포함한 검사장 인사를 강행했거든요. 게다가 이 인사에 동의하지 않은 윤 총장을 징계하겠다는 협박까지 불사했어요. 또 보름 후에는 대검과 서울지검 등의 차장·부장검사 인사를 통해 관련 수사팀도 교체했고요. 그러려고 민주당 대표 시절에는 '언컨트롤러블'한 '천방지추'라고 폄하했었던 추미애 의원을 법무부장관으로 발탁한 것 같아요.

이번 조치는 본질적으로 인사권 행사를 통한 '사법방해'라고 할 수밖에 없는데, 자유한국당은 전두환 정부보다 '더 심각한 야만'이라고 규탄했습니다. 전두환 정부는 논란이 있을지 몰라도 노태우 정부에 미달하는 것은 분명할 것 같아요. 앞으로 차차 설명할 것처럼, 문재인 정부의 인민주의 내지 프로토파시즘은 보수주의도 인정하는 자유주의적 가치를 부정하고 있거든요.

조국 사태에 직면하여 『한겨레신문』은 정론지가 아니라 정파지일 따름이라는 사실이 여실히 폭로되었습니다. 조국 교수와 우병우 수석을 비교하는 강희철 선임기자의 칼럼이 삭제된 것을 계기로 입사 7년차까지의 평기자 31명이 박용현 편집국장 이하 국장단의 사퇴를 촉구하는 「'한겨레'가 부끄럽다」는 성명을 발표했고 중견기자 28명도 동조했거든요. 물론 『한겨레신문』 주류는 요지부동이었지만요.

조국 교수가 법무부장관으로 임명되자 박찬수 논설위원실장은 검찰 수사를 '군부 쿠데타'에 비유하는 칼럼을 썼는데, 군부나 경찰과 달리 법원이나 검찰은 문관이라는 사실에 대해 무지한 소치입니다. 나아가 김종구 편집인 겸 전무는 칼럼에서 적폐청산이 완료되고 검찰개혁이 시작되자 '토사구팽'(兎死狗烹)을 두려워한 개가 주인을 물었다면서 '구교주인'(狗咬主人)이라는 엉터리 사자성어까지 만들어 냈는데, 노무현 대통령이 자살한 직후에 '자살 방조 논설위원'이라는 구설수에 올랐던 것은 역시 우연이 아닌 것 같아요.

나아가 『한겨레신문』은 1면 톱기사로 윤석열 검찰총장이 건설업자 윤중천 회장에게 별장에서 (성)접대를 받았다는 의혹까지 제기했습니다. 발단은 『한겨레21』 하어영 기자의 보도를 전재한 것이었는데, 하 기자는 최순실국정농단 특종으로 청와대 대변인에 발탁되었다가 부동산 투기로 불명예 퇴진한 김의겸 기자와 학연과 지연(?)이 있지요. 2017년 대선에서 안철수 후보를 지지했던 하 기자가 『한겨레신문』에서 살아남아보려고 무리수를 둔 것 같아요.

이런 오보를 접하자 윤석열 총장은 일개 건설업자에게 성접대를 받을 만큼 '그렇게 대충 살지 않았다'고 항변했다고 합니다. 『한겨레신문』보다는 오히려 조국 교수에게 들으라고 한 말이겠지요. 2013년 국정감사장에서 한 '조직을 사랑한다. 그러나 사람에 충성하지 않는다'는 말과 함께 윤 총장의 어록으로 길이 남을 것 같아요.

참여연대도 조국 교수를 비호했는데, 386세대 운동권과 함께 문재인 정부의 한 축인 참여연대로서는 당연한 일이겠습니다. 물론 김경률 집행위원장 같은 내부고발자도 있었지만요. 또 '민주당의 비례전문위성정당'이라는 지위를 고수하려고 '민주당의 2중대'라는 비난에는 아랑곳하지 않는 정의당이 조국 교수를 비호한 것도 놀랄 일은 아니었어요. 역시 진중권 교수의 내부고발이 있었지만요.

조국 사태를 통해 인민주의적 지식인의 민낯이 드러났는데, 대표적인 경우가 바로 '유튜브 언론인' 유시민 작가였습니다. 유 작가는 언론의 비판을 조 교수라는 영웅에 대한 '질투'일 따름이라고 비난했지요. 또 검찰의 수사는 악당이 주인공의 가족을 인질로 잡은 '저질 스릴러'라고 비난했고요. 이렇게 영웅과 악당을 설정하여 자신의 주장을 전개하는 것이 바로 '담화모형'인데, 나중에 설명하겠어요.

조국 교수와 유시민 작가의 연고가 특별하기는 합니다. 둘 다 영남 출신인데, 특히 조 교수는 조식의 방계 후손이고 유 작가는 유성룡의 직계 후손이라고 하거든요. 동인의 후예로서 조 교수와 유 작가를 보면 '씨도둑은 못 한다'는 속담이 맞는 것 같아요. 특히 유 작가를 보면 유성룡을 속유(俗儒)라고 비판한 이이가 생각나기 때문이지요. 순자는 속유를 누유(陋儒)라고 하기도 했는데, 둘 다 '학식이 부족하고 언행이 비속·비루한 시골선비(鄙儒)'라는 뜻이에요.

이이는 동인의 참소(讒訴, 국왕에게 헐뜯어 고해바침)로 49세에 요절했는데, 그 한 해 전의 활동에 대해 곽신환 교수가 정년퇴임을 자축하는 논문집인 『1583년의 율곡 이이』(서광사, 2019)의 표제논문에서 아주 상세하게 정리한 바 있습니다. 이이는 '당대의 국사에 대한 의견을 진술하는 상소'(陳時事疏)를 올리면서 다음과 같이 동인의 작태를 비판했지요.

> [조정이] 동인과 서인으로 나뉜 다음, 당색이 이미 정해져서, 때때로 당색이 같으면 좋아하고 당색이 다르면 싫어하기에 이르렀습니다.(…)관원 중에서 그런 논의를 주도하는 자는 다수가 동인입니다.(…)[그들은] 동인을 그르다 하는 것은 억압하고, 서인을 물리치는 것은 찬양함으로써, 당대의 여론을 형성하고 있습니다.(…)[그 결과] 인재를 해치고 사습(士習, 지식인의 관습)을 무너뜨리는 것을 못하게 막을 수 없게 되었습니다.(…)사람을 보고 판단하는 길은 다만 바르고 바르지 못함일 따름이지, 어찌 동인과 서인의 당색이 변별에 충분하겠습니까?
>
> 自東西分類之後, 形色旣立, 往往未免以同異爲好惡.(…)縉紳之主論者, 多是東人.(…)非東者抑之, 斥西者揚之, 以此定爲時論.(…)傷人才壞士習, 而莫之禁遏.(…)觀人之道, 只分邪正而已, 何東西之足辨乎?

정치의 기준으로서 호오(好惡)와 정사(正邪) 내지 시비(是非)의 차이에 대해서는 나중에 설명하겠어요.

그런데 이제까지 묘사한 논란은 상식적 수준에서도 제기될 수 있는 것입니다. 애덤 스미스는 『민부론』에 선행하는 『도덕감정론』에서 다음과 같이 갈파한 바 있지요.

> 사람이라면 누구나, 아무리 멍청하고 얼빠진 사람이라 해도, 부정과 불의, 신의성실의 배반(perfidy)을 아주 싫어하고 그런 짓들에 대한 처벌을 보고 아주 좋아한다. 그러나 사회의 존재를 위해 정의(justice)가 필요한(…)이유에 대해 성찰해본 사람은 거의 없다.

비리에 대한 처벌 이전에 정의의 '본성과 원인'(nature and causes)에 대한 설명이 필요하다는 것이에요.

그래서 조국 교수에 대해 좀 더 조사해보았는데, 2012년 대선 직후 '대필작가' 류재운 씨와 함께 출판한 『왜 나는 법을 공부하는가』(다산북스, 2014)를 발견했습니다. 지천명(知天命)인 50세를 앞두고 펴낸 자서전 겸 인생론인데, 조 교수의 대권 의지에 대한 방증이라고 할 수 있겠지요. 하기야 팟캐스트 『나는 꼼수다』의 김용민 피디는 『조국 현상을 말한다』(미래를소유한사람들, 2011)에서 2012년 대선에서 보수의 승리를 예상하는 동시에 2017년 대선에서 진보의 승리를 위해 조 교수를 추천하기도 했으니까요.

『왜 나는』에서 조국 교수는 『하버드대학의 공부벌레들』을 보고 법대 진학을 결심했다고 고백합니다. 법학이 자신이 좋아하던 수학과 논리적이라는 측면에서 친화성을 갖는다는 것이에요. 제 경험으로는 중학교부터 수학을 좋아했고 고등학교에서는 물리학과 경제학도 좋아하게 되었는데, 아마도 평준화된 고등학교에서는 물리학과 경제학을 가르칠 만한 교사가 없었겠지요.

1982년에 서울법대에 진학한 조국 교수는 사법시험을 준비하는 대신 교지(校誌) 『피데스』(*Fides*, 신의성실) 편집을 통해 학생운동에 참여했다고 합니다. 그러나 본격적으로 학생운동을 한 것은 아닌 것 같은데, 학부를 4년만에 정상적으로 졸업했거든요. 그러나 그럼에도 불구하고 민족해방(NL)파와 민중민주(PD)파 사이에서 한국사회성격 논쟁이 전개되던 와중인 1986년에 석사과정에 진학하면서 점차 급진화되었던 것 같아요.

그래서 조국 교수가 박태호(이진경) 교수나 진중권 교수와도 알게 된 것 같습니다. 1987년 대선과 1988년 총선을 반성하면서 『노동[자]계급』-서울사회과학연구소(서사연)-노동자문화예술운동연합(노문연)을 중심으로 민중민주파를 결성하려는 준비작업의 일환인 『주체사상 비판』(벼리, 1989)의 집필에도 참여했다고 하거든요.

그런데 『노동계급』에 투신한 박태호 교수나 노문연에 투신한 진중권 교수와 달리 민족민주(ND)파인 남한사회주의노동자동맹(사노맹)-『노동해방문학』(『노해문』)에 투신한 조국 교수는 남한사회주의과학원의 결성을 시도했습니다. 법대 선배인 백태웅 교수와의 인연 때문이었다고 하는데, 별로 설득력은 없어요. 오히려 경제학과를 비롯해서 사회학과·정치학과·국사학과 출신이 많았던 민중민주파보다는 문학가·문학평론가가 많았던 민족민주파에서 법대 출신인 자신이 더 돋보일 수 있다고 판단했을 것 같아요.

『왜 나는』에서 조국 교수는 진보적 시도로서 민족해방파와 민중민주파에 한계가 있었다고 주장합니다. '진지하고 열정적이었지만, 동시에 조야하고 저열한' 시도였다는 것이지요. 웬일인지 몰라도 민족민주파에 대해서는 별다른 언급이 없는데, 박태호 교수 같은 '유명인사'(celebrity)가 없는 탓인지도 모르겠어요.

조국 교수가 전향을 결심한 계기는 역시 페레스트로이카였습니다. 또 1989년에 박사과정으로 진학하고 1992년에 울산대 전임강사로 부임하면서 미국 유학도 고민하게 되었던 것 같고요. 조 교수는 1993년에 사노맹 사건으로 구속·수감된 것을 계기로 미국 유학을 결행한 것 같은데, 자세한 내막은 알 도리가 없지요.

그런데 전향을 결심한 조국 교수가 선택한 것은 인민주의였습니다. 조 교수보다 2년 선배이자 민주주의법학연구회에서 같이 활동한 김도균 교수를 보면 인민주의가 유일한 선택지는 아니었지요. 김 교수처럼 자유주의를 선택할 수도 있었거든요. 조 교수가 선택한 인민주의와 김 교수가 선택한 자유주의 사이에서 '법치'라는 쟁점이 제기되는데, 방금 인용한 스미스의 '정의'와 무관한 것이 아니에요.

조국 교수는 「근대시민혁명기의 '민중적 형법사상'에 관한 소고: 베카리아와 마라를 중심으로」(『형사법연구』, 5권, 1992)에서 전향을 선언한 바 있습니다. 그때까지 조 교수는 스탈린주의적 형법론을 선전해왔는데, 그가 사노맹을 선택한 이유를 짐작할 수 있는 대목이지요. 민족해방파에 버금가는 스탈린주의자였던 사노맹이 『노해문』을 통해 서사연과 『현실과과학』을 '강단사회주의자'라고 폄하했다는 사실도 지적해두겠어요.

스탈린주의에서 전향을 모색하던 조국 교수가 선택한 사람이 바로 베카리아와 마라였습니다. 베카리아가 주창한 몽테스키외-루소적 형법을 공안위원회의 공포정치로 실현한 사람이 바로 법률가 출신인 로베스피에르·당통과 함께 산악파의 거두였던 의사 출신인 마라였는데, 그는 1789년 혁명 직후에 『인민의 벗』(*L'Ami du peuple*)이라는 정치신문을 창간한 프랑스식 인민주의자였지요. 베카리아를 계승하여 공리주의를 제창한 벤섬에 대해서는 나중에 스미스와 비교하면서 설명하겠어요. 또 조 교수가 포스트모더니즘으로 전향한 박태호 교수에 대해 동조한 것은 논외로 하겠고요.

인민주의 내지 공리주의로 전향한 조국 교수를 자유주의로 전향한 김도균 교수와 비교할 수 있습니다. 「한국사회에서의 법치주의」(『지식의 지평』, 13호, 2012)에서 김 교수는 자유주의의 상징인 법치가 '법에 의한 지배'(rule by law)가 아니라 '법의 지배'(rule of law)임을 강조하고 있지요. '만인은 법 앞에서 평등하므로', '만 명만 법 앞에서 더 평등하다'는 것은 있을 수 없다는 것이에요.

나아가 법치는 '(제정)법을 초과하는 법'(ein Mehr an Recht), 즉 '사회적으로 타당하다고 인정된 일반적 정의 관념'의 지배를 의미한다는 것입니다. 독어에서는 법이라는 의미의 'Recht'와 제정법을 의미하는 'Gesetz'를 구별하는데, 불어에서도 역시 'droit'와 'loi'를 구별하지요. 반면 영어에서는 'the law'와 'a law/laws'로 구별할 따름이고요. 어쨌든 'rule of law'를 독어로는 'Rechtsstaat', 불어로는 'état de droit'라고 번역하는데, 법치의 법은 'Recht'나 'droit'이고 'Gesetz'나 'loi'로 환원될 수 없기 때문이에요.

'Recht'나 'droit'에는 법과 동시에 권리라는 의미가 있다는 사실도 지적해두겠습니다. 대륙법에서는 법(law)과 권리(right)가 분화되어 있지 않기 때문인데, 그래서 주관적 내지 주체적 의미에서 'Recht'나 'droit'는 권리로 해석하고 객관적 의미에서 'Recht'나 'droit'는 법으로 해석하는 것이지요. 그 결과 대륙법에서는 권리가 법으로 환원될 수도 있는 것이고요.

마지막으로 김 교수는 법치가 '법조정'(法曹政, juristocracy)은 아니라는 사실을 강조합니다. 김대중 정부에서 시작하여 노무현 정부에서 급속하게 진행된 '정치의 사법화'(judicialization of politics)에 대한 경고인 셈이겠지요. 정치의 사법화를 설명하기 위해 법조정이라는 개념을 제안한 사람은 이스라엘 출신의 캐나다 정치학자 허쉴(Ran Hirschl)이에요.

정치의 사법화와 법조정에 대해서는 허쉴의 "The Judicialization of Politics" (in *The Oxford Handbook of Political Science*, Oxford University Press, 2009); "'Juristocracy': Political, not Juridical" (*The Good Society*, 2004 No.3)을 참고할 수 있습니다. 또 오승용 교수의 「민주화 이후 정치의 사법화에 관한 연구」(『기억과 전망』, 20호, 2009)도 참고할 수 있고요.

법조정이란 판·검사와 변호사로 구성되는 법조(法曹, 법률가 집단), 특히 판사로 구성되는 법원이 정치인으로 구성되는 입법부와 관료로 구성되는 행정부를 대체한다는 의미인데, 허쉴에 따르면, 그 원인은 제왕적 대통령제의 귀결인 입법부와 행정부의 무능에 있습니다. 남한의 경우, 정치인의 무능은 정당정치와 의회정치를 부정한 박정희 정부로 소급하고, 관료의 무능은 민주정을 인민정과 혼동한 김대중-노무현 정부로 소급하지요.

법조정의 또 다른 원인은 헌법재판소, 특히 헌법소원제도의 도입입니다. 남한의 경우, 현행 헌법의 핵심은 5년 단임의 대통령직선제였고, 기본권이나 헌법재판소는 큰 고민 없이 '우연히' 채택한 '모조장식'(sema/token)이었지요. 그런데 인민주의를 표방한 김대중-노무현 정부 이후 헌재에 기본권의 침해(injury)를 호소(呼訴)하면서 그 배상을 원망(願望)하는 개인들이 급증했던 것이에요. 그 압권은 물론 위안부의 소원(訴願)이었고요.

조국 사태의 본질은 이제까지 설명한 세 가지 의미의 법치에 대한 위반임을 알 수 있습니다. 박근혜 대통령과 최순실-정유라 모녀의 경우를 상기해보면, 조국 교수 일가야말로 '법 앞에서 더 평등한 만 명'의 사례라고 할 수 있지요. 또 '합법적 불공정'이라는 문재인 대통령의 망언은 제정법을 초과하는 법이 지배한다는 법치주의를 정면으로 부정한 것이고요.

그러나 역시 쟁점은 정치의 사법화인데, 아리스토파네스의 희극에서 볼 수 있는 것처럼, '인민정'(ochlocracy/mobocracy)은 동시에 법조정이기도 합니다. 인민정과 동시에 법조정을 완성한 문재인 정부는 앞으로 국제적 연구대상이 될 것인데, 김대중-노무현 정부 이후의 남한은 이미 몰락기의 아테나이처럼 '소송과잉사회'(litigious society)로 이행한 바 있지요.

반면 윤석열 총장이 조국 교수 일가에 대한 수사를 결심한 이유는 법치의 준수와 수호에 있습니다. 윤 총장은 정치검찰이라는 비난에 대해 자신은 헌법주의자, 즉 법치를 준수하고 수호하는 법치주의자일 따름이라고 항변한 바 있지요. 윤 총장이 볼 때는 오히려 검찰개혁론자가 정치를 사법화하기 위해 정치판사에 이어 정치검찰을 육성하고 있는 셈이에요.

윤 총장의 이름은 석열(錫悅)이지 석렬(錫烈)이 아니므로 [서결]로 발음해야지 [성녈]로 발음하면 안 된다는 사실도 지적해두겠습니다. 본인의 부탁에도 불구하고 요즘은 아나운서조차 서울말이나 경기어를 할 줄 몰라 잘못 발음하고 있거든요. 석유는 [서규]이고 석류는 [성뉴]임을 참고하세요. 또 조국 교수는 창녕 조씨여서 '趙'가 아니라 '曺'라고 쓰고 [조:]가 아니라 [조]라고 발음하는데, 그래서 '조국 수호'와 '조국(祖國) 수호'를 혼동하는 것 같아요. 우리나라에서만 쓰는 '曺'는 조조의 성씨인 '曹'와 같은 글자이고요.

마지막으로 『왜 나는』에서 조국 교수가 '빵빵이 세대임이 항상 자랑스럽다'고 하면서 고교평준화를 지지한다는 사실도 지적해두겠습니다. 물론 딸과 아들은 외고에 진학시켰지만요. 게다가 딸이 록밴드동아리에 빠져 서울대에 진학하지 못한 것을 아쉬워하기도 하는데, 서울대가 고려대와 연세대 수준으로 하향평준화되어 'SKY'라는 신조어까지 나왔다는 사실을 부정하는 것 같아요. 아들에 대한 별다른 언급이 없는 것은 '딸 바보'이기 때문인 것 같고요. 또 '부모의 욕망을 자식에게 투영·강요하지 말라'고 충고하는데, 그러나 딸은 의전원에 진학했고, 아들은 법전원 진학을 준비하고 있지요.

능력주의의 상징인 서울대 본고사가 점차 축소되다가 결국 폐지되자 고려대·연세대가 서울대에 비견되는 'SKY' 현상이 출현했습니다. 1974년부터 본고사를 대체하기 시작한 대학입학예비고사는 본고사가 폐지된 다음인 1982년부터 대학입학학력고사라고 불리다가 1994년에 대학수학능력시험으로 대체되었어요. 본고사만큼은 아니어도 대학입학예비고사나 대학입학학력고사는 교육을 통해 계발된 후천적 능력인 지식(intellect)을 평가하는 성취도검사(achievement test)였던 반면 대학수학능력시험은 교육과 무관한 선천적 능력인 지능(intelligence)을 평가하는 적성검사(aptitude test)이지요.

그런데 자녀의 교육과 관련해서 조국 교수의 언행불일치를 비판하는 것은 문제가 있다는 사실을 지적해두겠습니다. 2012년 초에 조 교수는 '개천에서 용 났다는 류의 일화'의 비현실성을 지적하면서 '개천에서 붕어, 개구리, 가재로 살아도 행복한 세상'을 만들자고 주장한 적이 있지요. 민정수석 취임 직후에 이미 이 말에 대한 논란이 제기되었는데, 딸이 외고 출신으로 의전원에 재학 중이었거든요.

조국 교수가 말한 행복한 세상은 2012년 대선에서 문재인 후보의 핵심 공약인 노동자민족의 복지국가라는 뜻이었습니다. 그러나 자녀의 진학 문제와 연결시킨다고 해도 조 교수의 언행에는 나름대로 일관성이 있어요. 개천에 사는 붕어, 개구리, 가재는 용이 될 수 없는 반면 잉어는 용이 될 수 있다는 것이 조 교수의 생각이거든요. 달리 말해서 자신의 딸과 아들은 용종(龍種, 용의 씨)이고 용이 되기 위해 의전원과 법전원을 목표로 외고에 진학했다는 것이에요.

『왜 나는』에서 조국 교수는 공감에 대해 강조하고 있습니다. 그런데 그가 말하는 공감은 스미스가 말한 'sympathy'가 아니라 동물행동학에서 유래한 'empathy'라는 사실에 주목해야겠지요. 양자의 차이는 'sympathy'가 '동료로서의 공동체의식'(fellow feeling)인 반면 'empathy'는 약소자에 대한 감정이입이라는 데 있고요. 쉽게 말해서 용이 될 수 있는 잉어와 용이 될 수 없는 붕어 등속 사이에 감정이입은 몰라도 공동체의식은 있을 수 없지요. 'empathy'와 'sympathy'의 차이에 대해서는 나중에 다시 설명하겠어요.

검찰개혁 논쟁

조국 사태의 와중에 뜬금없이 검찰개혁이라는 쟁점이 부각되었는데, 핵심은 고비처(고위공직자비리수사처) 내지 공수처(고위공직자범죄수사처) 설치와 검경수사권 조정을 통한 검찰의 '해편'(해체적 수준의 개편)입니다. 윤석열 검찰총장이 검찰개혁/해편을 저지하려고 조국 법무부장관을 낙마시켰다는 주장의 대표적 사례는 『한겨레신문』 김종구 편집인 겸 전무의 '구교주인'(狗咬主人) 칼럼이고요.

먼저 용어를 정리해두겠습니다. 알다시피 입법권은 법을 제정하는 권력인 반면 행정권은 법을 집행하는 권력이지요. 사실 '행법권'이라는 번역이 훨씬 더 정확한데, 행정권은 법을 초월한다는 함의가 있기 때문이에요. 사법권은 입법권이나 행정권/행법권에 비해 주변적인데, 삼권분립을 주장한 몽테스키외조차 사법권을 중시하지 않았지요. 입법권을 강조한 그에게 재판관은 '법을 말하는 입'(la bouche qui prononce les paroles de la loi)이었을 따름이에요.

프랑스혁명기에 검찰관이 출현하면서 재판관의 권력은 더욱 축소되었습니다. 사법권 중 수사권과 기소권은 검찰관이 독점하고 재판권은 재판관이 독점하게 되었거든요. 이것을 규문주의(inquisitorial system)에서 탄핵주의(accusatorial system)로의 이행이라고 하는데, 전자는 중세가톨릭의 종교재판(inquisition)처럼 재판관이 수사(규명·문초)하여 기소한다는 의미인 반면 후자는 수사와 기소는 검찰관의 소관이라는 의미이지요. 그 결과 사법관은 검찰관(검사)과 재판관(판사), 사법부는 검찰청과 재판소(법원)로 구성되게 되었고요.

아직까지 경찰은 존재하지 않았는데, 국방과 함께 치안은 군대의 기능이었기 때문입니다. 1789년 프랑스혁명으로부터 꼭 100년이 지난 1889년 영국에서 런던부두노조의 파업을 계기로 '평화시위'가 정착되자 비로소 국방과 치안이 분리되고 군대와 경찰의 분업이 출현하게 된 것이에요. 물론 '평화시위'라는 조건이 소멸하면 치안 유지를 위해 경찰 대신 군대가 개입하는 것이고요.

남한에서는 검찰관과 검찰청을 그냥 검찰이라 부르기도 합니다. 경찰관과 경찰청을 그냥 경찰이라 부르는 것과 마찬가지라고 생각하면 될 것 같아요. 그러나 검사의 최고위직인 검찰총장은 일본처럼 검사총장이라고 부르는 것이 합리적인데, 검사총장은 검사장의 수장이고 검사장은 검사의 수장이라는 의미이거든요. 또 검사장 밑에 차장검사, 차장검사 밑에 부장검사가 있는 것이고요.

버닝썬 사건 때문에 유명해진 '경찰총장'은 존재하지 않는데, '경찰장'이 존재하지 않기 때문입니다. 경찰의 직급은 판·검사가 아니라 군인의 직급에 준하는 것인데, 판·검사는 문관인 반면 군·경은 무관이기 때문이지요. 물론 경찰 중에도 사법경찰이 아닌 행정경찰은 얼마간 문관적 성격이 있다고 할 수도 있겠지만요.

그런데 이상의 설명은 프랑스와 독일, 나아가 일본과 남한에서 채택한 대륙법계(法系, legal system)에 해당하는 것이고, 영미법계는 차이가 있습니다. 관습법(common law, 보통법)으로 특징지어지는 영미법계의 사법은 자치사법 내지 시민사법인 반면 성문법(written law)으로 특징지어지는 대륙법계의 사법은 국가사법 내지 관료사법이거든요. 관료사법에서도 재판관 중심의 사법과 검찰관 중심의 사법이라는 차이는 있겠지만요.

검찰개혁을 검토하려면 법원과 검찰의 역사에 대해 알아야 합니다. 문준영 교수의 『법원과 검찰의 탄생: 사법의 역사로 읽는 대한민국』(역사비평사, 2010)이 기본문헌인데, 1000쪽에 가까운 방대한 저작이지요. 그런데 다행스럽게도 「법원조직법 입법사의 교훈」(『내일을 여는 역사』, 38호, 2010)과 「한국적 검찰제도의 형성」(『내일을 여는 역사』, 36호, 2009)을 통해 문 교수의 논지를 파악할 수 있어요.

문준영 교수의 저서는 1부 개화기의 자주적 사법제도 형성의 실패, 2부 일제강점기의 식민지적 사법제도의 도입, 3부 해방정국부터 5·16까지 식민지적 사법제도의 재편으로 구성되어 있습니다. 그 중에서 2부 일제강점기 사법제도가 핵심인데, 그러나 검찰개혁의 타당성 검토에서 문 교수의 업적만으로는 부족하지요. 법원과 검찰의 역사보다 훨씬 더 중요한 경찰의 역사에 대해서는 소홀하거든요.

경찰의 역사에 대한 본격적 연구는 아직까지 없는 것 같습니다. 그나마 김진혁 교수의 「한국경찰 60년: 평가와 전망」(『법학연구』, 28집, 2007)과 「한국경찰체제의 역사적 특성」(『법학연구』, 20집, 2005)을 참고할 수 있지만요. 또 김민철, 「식민지 통치와 경찰」(『역사비평』, 1994년 봄)과 이상의, 「일제하 조선경찰의 특징과 그 이미지」(『역사교육』, 115호, 2010)도 참고할 수 있고요.

먼저 검찰의 역사에 대해 검토해보겠습니다. 다이쇼 민주주의 사법제도와 비교할 때 일제강점기 사법제도는 검찰 중심의 현대적 사법제도가 아니라 경찰 중심의 전현대적 사법제도였다는 데 차이가 있었지요. 따라서 해방 이후 사법개혁의 핵심은 사법제도를 현대화하기 위해 경찰에서 검찰 내지 법원으로 그 중심을 이전시키는 데 있었고요. 그런데 이승만 정부에서는 여전히 경찰이 중심이었고, 박정희 정부에서 비로소 검찰이 강화되었어요. 물론 경찰사법이 검찰사법으로 이행한 것은 아니었지만요.

다이쇼 민주주의에서 검찰의 과제는 좌경사건에 대한 수사와 함께 정계·관계·재계의 권력형 비리사건에 대한 수사였습니다. 그런데 권력형 비리사건을 수사하기 위해서는 정치인·관료·재벌의 권력으로부터 독립해야만 했지요. 본국에서는 불가능했던 검찰의 독립을 실험한 곳은 군부 독립의 실험과 마찬가지로 '근대초극'의 '오족협화'와 '왕도낙토'의 실험실이었던 만주국이었어요.

박정희 대통령의 10월유신에서 육사와 서울법대 출신 권력엘리트의 별명인 '육법회'는 만주국의 경험으로 소급하는 것입니다. 수출지향공업화를 대체한 군수공업화로서 중화학공업화도 마찬가지였고요. 쉽게 말해서 10월유신은 자유주의를 지향하던 메이지유신을 대체한 군국주의적 '쇼와유신'의 모방이었다는 것이에요. 쇼와유신이 망국적 패전으로 귀결된 것처럼 10월유신이 1979-80년과 1997-98년의 망국적 경제위기로 귀결된 것은 우연이 아니었지요.

물론 박정희 대통령 자신은 메이지유신을 쇼와유신과 구별하지 않은 채 자유주의가 아니라 군국주의로 해석했는데, 이런 해석은 존슨(Chalmers Johnson) 등의 '개발국가'(developmental state) 개념과도 친화성을 갖는 것입니다. 이준식 박사의 「박정희의 식민지 체험과 박정희 시대의 기원」(『역사비평』, 2009년 겨울)과 한석정 교수의 「박정희, 혹은 만주국판 하이 모더니즘의 확산」(『일본비평』, 3호, 2010)을 비교해보세요.

망국으로 귀결된 쇼와유신이나 10월유신이 유신일 수는 없습니다. 일본의 메이지유신이나 중국의 변법유신에서 유신은 '오래된 나라를 새로운 나라로 만드는 개혁'이라는 의미이거든요. 출전은 『대학』에 인용된 '주나라가 비록 오래된 나라이지만, 그 천명은 새롭다[무왕의 아버지 문왕이 천명을 받아 새로운 나라가 되었다]'(周雖舊邦, 其命維新)는 『시경』의 구절이고요.

어쨌든 박정희 정부에서 경찰에 비해 검찰이 강화되면서 육법회가 출현했다고 해도 검찰사법으로 이행한 것은 아니었습니다. 자유당 정부에서 검찰은 경찰에 저항하기 위해 미국의 연방수사국(FBI)을 모델로 대검찰청 중앙수사국/중앙수사부를 도입했는데, 유명무실했어요. 또 박정희 정부에서도 미국의 중앙정보국(CIA)을 모델로 중앙정보부가 설치되면서 대검 중수부는 실권이 없었고요. 대신 중수부에서 독립한 공안부가 유신 이후 엘리트코스로 부상했지만요.

마지막으로 패전 이후 일본에서 미국의 주도로 검찰 중심의 사법제도를 개혁하면서 재판소의 독립을 보장하고 사법성도 법무성으로 개칭했습니다. 남한에서도 미군정기에는 사법부라고 하다가 단정 수립 이후에는 법무부로 개칭했고요. 그러나 사법부(司法部)든 법무부든 영어로는 'Ministry of Justice'입니다. 반면 사법부(司法府)로 번역하는 'The Judiciary'는 법원이고요.

그런데 사법이란 법의 위반이라는 문제를 해결한다는 의미에서 정의를 관리하는 'administration of justice'입니다. 따라서 법원뿐만 아니라 검찰도 사법부(司法府)일 수밖에 없는 것이지요. 그래서 미국과 달리 대법원이 없는 프랑스에서는 법원이 검찰과 함께 사법부(司法部)에 소속되어 있는 것이고요. '部'는 부처(部處)라는 의미이고, '府'는 권부(權府)라는 의미이지요.

이제 경찰의 역사를 검토해보면, 일제강점기의 경찰은 무단통치에서 문화통치로 이행하면서 헌병경찰에서 보통경찰로 이행했습니다. 그런데 헌병경찰과 비교하여 보통경찰을 '문관경찰'이라고 부르는 것은 잘못이에요. 군대와 경찰의 분리는 무관 내부의 분업이거든요. 쉽게 말해서 제복을 입고 무장도 하는 검찰은 없어도 경찰은 있다는 것인데, 그래서 중일전쟁 이후에도 헌병경찰이 부활하지 않은 것이에요. 판·검사는 물론이고 군인의 지지도 받지 못한 자유당 정부가 경찰에게 의존할 수 있었던 것도 이 때문이고요.

박정희 정부에서 격하된 경찰이 복권되기 시작한 것은 전두환 정부 이후였습니다. 1981년에 경찰대학이 개교되었고, 1991년에는 내무부 치안국/치안본부가 경찰청으로 승격되었거든요. 내무부-경찰청 관계와 법무부-검찰청 관계는 구별해야 하는데, 법무부-검찰청 관계는 대법원/법원행정처-법원 관계와 유사한 반면 내무부-경찰청 관계는 국방부-합동참모본부 관계와 유사하지요. 달리 말해서 법무부장관이나 대법원장/법원행정처장이 검찰이나 법원에 개입하는 것은 사법방해나 법원모독인 반면 내무부장관이나 국방부장관이 경찰이나 합참에 개입하는 것은 문민통제라는 것이에요.

경찰의 복권이 경찰사법의 부활은 아니었는데, 검찰도 역시 강화되었기 때문입니다. 유신이 종료된 이후 학생운동과 재야운동이 급진화되면서 검찰 공안부가 강화되었지요. 물론 전두환 정부에서는 중앙정보부 대신 보안사령부가 헤게모니를 행사했지만요. 노태우 정부에서 기무사령부로 개칭된 보안사령부는 약화되었고 국가안전기획부로 개칭된 중앙정보부는 얼마간 복권되었어요.

그러나 전두환-노태우 정부를 거치면서 검찰이 이른바 '관계기관대책회의' 등을 통해 경찰은 물론이고 비밀경찰 내지 정보경찰인 보안사와 안기부에 대한 '견제와 균형'을 시도하기도 했습니다. 그런 맥락에서 1987년 6월 항쟁의 도화선이 된 박종철 군 고문치사사건에서 서울지검 공안부장이었던 최환 부장검사가 치안본부 대공수사처장이었던 박처원 치안감의 은폐 시도를 좌절시켰던 것이고요.

김영삼 정부가 문민화를 추진하면서 검찰 내부에서 공안부가 약화되고 노태우 정부가 중수부에서 독립시킨 특별수사부가 새로운 엘리트코스로 부상했습니다. 학생운동과 재야운동이 퇴조하면서 공안사건 대신 권력형 비리사건이 부각되었기 때문인데, 12·12사건 및 5·18사건(1995)과 한보비리사건(1997)이 대표적이었지요. 김대중-노무현 정부에서도 공적자금비리사건(2001-05), 대우비리사건(2001), 선경(SK)비리사건(2002-03), 불법대선자금사건(2003-04)이 대표적이었고요. 그러나 검찰사법이 확립된 것은 아닌데, 법원과 달리 검찰은 그 인사권과 예산권이 제왕적 대통령에게 종속되었거든요.

마지막으로 판·검사와 군·경의 직급에 차이가 있다는 사실을 지적해두겠습니다. 사관학교를 졸업하면 소위로 임관되듯이 경찰대학을 졸업하면 경위로 임관되지요. 소위와 경위는 7급 주사보(補)급, 중위와 경감은 6급 주사급이고, 그 하급자인 하사와 순경은 9급 서기보(補)급, 중사/상사와 경장은 8급 서기급이에요. 반면 사법시험에 합격하면 사법연수원생은 5급 사무관급, 판·검사로 임관되면 4급 서기관급이고, 행정고시에 합격하면 5급 사무관이지요.

하사 이상의 군인이 직업군인이고 직업군인이 아닌 군인이 병사입니다. 달리 말해서 병사에게는 직급이 없고, 따라서 월급은 몰라도 연금도 없다는 것이지요. 공무원의 경우도 마찬가지인데, 정규직 이외에 피고용자, 즉 비노무직인 고원(雇員)과 노무직인 용인(傭人)이 있어요. 예를 들어 초등학교의 방과후교사나 급식노동자는 교육공무원이 아니라 학교피고용자이지요.

경찰 최고위직인 경찰청장은 대장처럼 차관급인 반면 검찰 최고위직인 검찰총장은 대법관처럼 장관급입니다. 따라서 합참의장이 국방부장관의 하급자인 것처럼 경찰청장도 내무부장관의 하급자인 반면 검찰총장은 법무부장관과 동급자이지요. 법관 최고위직인 대법원장은 사법부의 대표로서 입법부의 대표인 국회의장처럼 총리급입니다. 대통령이 국회의장이나 대법원장보다 상급자인 것은 행정부의 대표인 정부수반인 동시에 국가원수이기도 하기 때문이에요.

국회의원은 초·재선 신진의원의 경우 차관급이고 3선 이상 중진의원의 경우 장관급이라는 사실도 아울러 지적해두겠습니다. 직급만 보면 남한에서도 입법부가 우위에 있는데, 물론 국민적 통념은 그렇지 못해서 심지어 국회의원의 세비조차 시비의 대상이 되는 실정이지요. 김대중-노무현 정부 이후 인민주의의 확산으로 인해 국회의원의 수준이 하향평준화되었기 때문이에요.

이제 문재인 정부가 추진하는 검찰개혁에 대해 간단하게 설명해보겠습니다. 검찰개혁은 검찰의 수사권을 기소권과 분리한다는 장기적 목표 아래 점차 경찰과 공수처로 이전함으로써 검찰을 약화시킨다는 것이 핵심이에요. 따라서 검찰사법이 확립되지 못한 상황에서 검찰개혁이 경찰사법의 부활로 귀결될 수 있다는 우려가 제기될 수밖에 없는 것이지요.

문재인 대통령은 노무현 대통령 때문에 검찰개혁을 강행한다고 합니다. 문 대통령의 생각으로는, 노 대통령이 추진한 검찰개혁에 반대하던 검찰이 노 대통령이 퇴임하자 그의 친형에 이어 부인과 아들·딸 등 일가의 비리에 대한 수사를 강행했고 두 달만에 노 대통령이 자살이라는 극단적 선택을 했다는 것이에요.

『루이 보나파르트의 브뤼메르 18일』에서 마르크스는 비극이 광대극으로 반복된다고 주장한 바 있습니다. 역사에서 '배워'(lernen) '행동의 교훈(Lehre, 鑑戒)'으로 삼지 못한 채 '산 세대의 사고(Gehirn)가 죽은 세대의 전통(Tradition)에 가위눌리기' 때문이라는 것이었지요. 노 대통령의 유업(遺業)이자 유훈(遺訓)인 검찰개혁의 완수를 자임하는 문 대통령을 보고 이 대목을 상기하지 않을 수 없어요.

문 대통령의 생각은 불합리한 것입니다. 노무현 대통령 일가의 비리에 대한 수사는 검찰이 아니라 이명박 대통령이 강행한 것이었고, 그 이유는 친노세력이 광우병을 구실로 노무현 정부가 타결한 한미자유무역협정의 비준을 반대하면서 막 출범한 이명박 정부를 공격했기 때문이에요. 문재인 대통령은 2012년 대선에서도 한미자유무역협정 재협상을 공약했지요. 반면 2017년 대선에서는 한미자유무역협정 타결을 노무현 정부의 공적으로 치부했고요.

게다가 검찰 수사를 모면하려고 자살한다는 것은 법률가다운 처신이 아닙니다. '대만의 노무현 대통령'인 천수이볜 총통은 2008년 퇴임 직후 부인과 아들·딸, 그리고 처남 등 일가의 비리로 기소되어 부인과 같이 19년형을 선고받았고 2015년에 겨우 가석방되었거든요. 물론 천 총통 일가의 비리는 노 대통령 일가의 비리를 초과하는 규모인데, 그러나 규모에 상관없이 비리는 비리일 따름이지요.

검경수사권 조정은 경찰을 검찰의 대안으로 간주하는 것입니다. 놀랍게도 검찰개혁론자 중에는 중국의 경찰인 '공안'을 모델로 설정하는 경우가 있는데, 소련과도 달리 개혁·개방 이전에는 형법이 부재했던 중국에서 사법제도의 중심은 여전히 경찰이지요. 게다가 그들은 국가정보원(안기부 후신) 국내부서까지 경찰에 통합하려는 것 같아요. 어쨌든 민정수석 시절 조국 교수가 총애하던 윤규근 총경이 경찰 편향의 방증인데, 4급 서기관급인 총경이면서도 차관급 경찰청장 이상의 권력이 있어서 '장관급 경찰총장'으로 불리던 그의 정체는 버닝썬 사건이라는 우연한 계기에 폭로되었지요.

그러나 모든 검찰개혁론자가 경찰대안론을 수용하는 것은 아니라, 검경수사권 조정보다 공수처 설치가 더욱 중요합니다. 다만 자유한국당의 주장처럼, 헌법기관인 검찰청 위에 법률기관인 공수처를 설치하는 것은 위헌이지요. 따라서 검경수사권 조정도 그렇지만 특히 공수처 설치는 패스트트랙으로 처리할 수 없다는 것이에요. 또 제1야당인 자유한국당과 제2야당 격인 바른미래당비(非)당권파를 배제하고 정의당 및 호남기반군소야당 셋과 결탁하여 검찰개혁과 선거법개정을 교환한 것은 정당정치와 의회정치를 부정하는 셈이고요.

그런데 정의당 심상정 대표가 '국민은 그 산식(算式)을 이해할 필요 없다'면서 강행 처리한 선거법개정도 문제가 많습니다. 자유한국당의 주장처럼, '연동형 비례대표제'는 위헌인데, 그래서 현행 선거법이 비례대표의원을 지역구의원과 분리하여 선출하는 '1인2표제'를 채택한 것이지요. 위헌 문제를 차치하더라도 비례정당이 난립한 알바니아 등의 실패 경험도 염두에 두어야 하고요.

제왕적 대통령제를 강화할 것이 분명한 공수처를 프랑스혁명기의 '공안위원회'에 유비할 수 있을 것입니다. 이런 맥락에서 자유한국당의 곽상도 의원이 제안했고 검찰 일각에서도 지지했던 수사청이 공수처의 대안일 수 있는데, 법무부 안에 기소권을 독점하는 검찰청과 함께 수사권을 독점하는 수사청, 즉 '한국형 연방수사국'을 병행 설치하자는 것이지요. 나아가 국정원 국내부서도 경찰청이 아니라 수사청에 통합시키자는 것이고요.

문재인 정부가 검찰개혁을 강행하는 데는 물론 나름대로의 사정이 있을 것입니다. 문 대통령은 집권 2년차부터 북한 비핵화에 몰두하면서 개헌을 포기했고, 게다가 적폐수사를 명분으로 특수부를 증설하는 등 검찰을 강화해왔지요. 그러나 하노이 노딜 이후 2020년 총선에 대한 전망이 암울해지면서 검찰개혁이라는 자충수를 두게 되었던 것 같아요. 게다가 노무현 대통령과의 '동병상련'(同病相憐)이라는 소문이 사실일 수도 있겠고요.

나아가 '반(反)사실적'(counterfactual) 가정을 해볼 수도 있을 것입니다. 검찰의 수사권이 형해화되었다고 가정하면 조국 교수 일가, 나아가 유재수 부시장과 송철호 시장의 비리에 대한 수사가 어떻게 되었을까 생각해보자는 것이에요. 버닝썬 사건에서 보았듯이 경찰이 제대로 수사했을 리 없겠지요. 게다가 송 시장의 비리는 청와대와 함께 경찰이 직접 개입했던 것이고요. 민변(민주사회를위한변호사모임) 출신이 지배하는 공수처가 제대로 수사했을 리도 없는데, '피아를 구별하자'는 것이 그들의 구호이거든요.

문재인 정부는 검찰개혁을 완수한 다음 법원개혁도 추진할 계획이라고 합니다. 법원행정처를 대체할 사법행정위원회를 설치하려는 것인데, 공수처처럼 역시 민변 출신이 지배하겠지요. 법조정의 주체로서 정치의 사법화에 순응적인 법원에도 여전히 인민주의적 민변에 저항하는 엘리트주의적 '적폐'가 잔존하고 있거든요.

노무현-문재인 정부의 검찰개혁론은 영웅과 악당이 등장하는 '담화모형'(narrative framework/framing)을 채택한다는 주장이 있는데, 설득력이 있습니다. 최규남·유지성, 「노무현-문재인 정부의 고위공직자비리수사처 정책 변화의 연구」(『한국동북아논총』, 2018년 12월)를 참고하세요.

노무현 대통령은 악당인 검찰에게 희생당한 국민을 구원하는 영웅을 자임했습니다. 검찰개혁이 실패하자 노 대통령은 검경수사권 조정과 공수처 설치 없는 검찰개혁은 '미련한 짓', 달리 말해서 광대짓이라고 했다는데, 영웅이 아니라 광대였음을 자인한 셈이지요. 그런데 문재인 대통령은 검찰을 적폐 청산에 동원함으로써 오히려 영웅으로 만들었어요. 그 대신 자신은 사기꾼으로 전락했고요.

요즘 종편에 출현하는 정치평론가들이 애용하는 표현이 프레이밍(framing) 내지 프레임(frame)입니다. 프레임은 이데올로기와 짝이 되는 개념으로, 사회학적 사회운동론에서는 추상적 이데올로기를 구체적 사안에 적용하는 것을 프레임이라고 불러요. 따라서 프레임이 과거에 마르크스주의적 사회운동론에서 사용하던 선전·선동 개념에 해당한다고 할 수도 있겠지요.

그러나 사회학적 프레임과 마르크스주의적 선전·선동이 동일한 것은 아닙니다. 전자의 이데올로기는 과학적 근거가 없는 반면 후자의 이데올로기는 과학적 근거가 있거든요. 프레임은 여론 조작일 따름인데, 방금 설명한 담화모형이 그 증거이지요. 소셜미디어로 유포되는 가짜뉴스의 원천이 바로 프레임이고 담화모형이에요.

수사권과 기소권을 독점한 검찰이 '무소불위의 권력'을 행사한다는 주장은 본래 노무현 정부에서 비서실장이었던 문재인 대통령과 비서관이었던 김인회 교수의 『검찰을 생각한다』(오월의 봄, 2011)와 참여연대 사법감시센터소장이었던 하태훈 교수가 주도한 『검찰공화국, 대한민국』(삼인, 2011)에서 제기되었습니다. 그 후 군법무관임용시험 출신으로 조국 교수의 측근인 최강욱 변호사가 주도한 『권력과 검찰: 괴물의 탄생과 진화』(창비, 2017)로 계승되었고요.

제왕적 대통령제와 검·경의 역사에 대한 무지에서 비롯된 이런 주장은 사실 문민화과정에서 제기된 국가보안법 비판으로 소급하는 것이기도 합니다. 민변 창립성원이었던 박원순 시장이 최초로 제기했고 조국 교수가 계승했던 국가보안법에 대한 비판의 절정은 노무현 정부가 이른바 '4대 개혁입법'의 하나로 국가보안법을 형법으로 대체하려던 시도였지요. 그런데 국가보안법 논쟁을 회고해보면 역시 무지한 주장이었다는 생각이 들어요.

국가보안법은 일제강점기 치안유지법이 기원이었는데, 초임 판사 시절 김영란 대법관의 도움을 받아 김윤식 선생이 번역한 리차드 미첼의 『일제의 사상통제』(1976; 국역: 일지사, 1982)가 언급조차 되지 않은 것은 놀라운 일이었습니다. 변호사인 박 시장은 몰라도 법학 교수인 조 교수가 이 책을 읽지 않은 것은 변명의 여지가 없어요.

미첼은 나치즘이나 스탈린주의의 사상통제와 비교할 때 다이쇼 민주주의에서 제정된 치안유지법의 사상통제는 처형이 아니라 전향이 목적이었음을 강조하고 있습니다. '조르게 첩보단' 사건에 연루된 『아사히신문』 경제기자 오자키 호쓰미의 교수형이 유일한 예외였다는 사실이 그 반증이라는 것이고요. 조르게 첩보단 사건에 대해서는 『역사학 비판』(공감, 2012)을 참고하세요.

다이쇼 민주주의는 보통선거법과 동시에 치안유지법을 제정했습니다. 치안유지법은 러시아혁명 이후 마르크스주의의 보급과 공산당의 출현에 대응한 반공법이 핵심이었지요. 그리고 반공법의 핵심은 마르크스주의자나 공산당원 같은 정치범을 '사상범'으로 취급하는 데 있었고요. 그래서 처형이 아니라 전향이 목적이었다는 것이에요. 치안유지법의 담당부서는 사법성이었고, 사법성의 핵심은 행정관이나 재판관이 아니라 검찰관이었는데, 그 결과 경찰사법이 검찰사법으로 이행했던 것이지요.

치안유지법의 제정과 검찰사법으로의 이행의 배후 인물이 바로 도쿄제대 법학부를 졸업한 검사총장 출신의 사법대신으로 장차 총리대신이 될 보수주의자 히라누마 기이치로였습니다. 후쿠다 도쿠조 같은 자유주의자는 치안유지법에 반대했는데, 논쟁을 통해 공산주의자를 제압할 수 있으므로 '사상의 자유', 즉 양심과 표현의 자유를 제한할 필요가 없다고 생각했기 때문이지요. 그러나 이토 히로부미의 후계자인 사이온지 긴모치는 치안유지법에 찬성했어요.

만주사변 이후 다이쇼 민주주의가 종언을 고하고 군국주의가 대두하면서 치안유지법이 공산주의자뿐만 아니라 자유주의자에게도 적용되는 오남용이 발생했습니다. 그러나 처형이 아니라 전향이라는 목적은 변함이 없었는데, 김윤식 선생에 따르면, 오자키에게는 치안유지법 말고도 국방보안법이 적용되었어요. 정치범 내지 사상범이 아니라 첩보원이었다는 것이지요.

전향이란 사상범으로서 정치범을 처형하는 대신 기소유예, 집행

유예, 나아가 가석방을 통해 '갱생'(更生), 즉 사회로의 복귀를 유도한다는 의미였습니다. 반면 나치 독일은 처형을 선호했고, 소련은 처형과 함께 강제입원형·유형·추방형을 선호했지요. 중국은 처형과 함께 세뇌를 선호했고요.

북한에서는 '교양개조가 아니라 징벌을 통한 진압'을 선호하는데, 소련이나 중국보다 오히려 나치 독일과 유사한 것 같습니다. 김정은 위원장은 자신의 정적인 고모부 장성택과 이복형 김정남을 처형했지요. 게다가 처형수단으로 기관총/기관포와 대량살상무기인 신경독(VX)을 사용했고요.

치안유지법을 계승한 국가보안법은 1948년 10월 여순사건 직후인 12월에 제정되었습니다. 그러나 1950-53년 한국전쟁을 거치면서 유명무실해졌는데, 당시의 폭력적 상황이 전향보다는 처형을 강제했기 때문이지요. 전후에도 폭력적 상황은 여전했는데, 그래서 경찰사법이 지배했던 것이에요. 형법은 1953년 7월 휴전 직후인 9월에야 제정되었고요. 하기야 비밀경찰인 중앙정보부가 득세한 박정희 정부에서도 여전히 경찰사법이 지배적이었다고 할 수 있겠지만요.

국가보안법의 목적은 국가의 수호(Staatsschutz) 내지 헌법의 수호(Verfassungsschutz)에 있습니다. 국가보안법을 형법과 구별하는 것은 일반형법이 아니라 특수형법이기 때문인데, 그래서 국가보안법을 위반한 경우는 일반범죄자인 상사범(常事犯)이 아니라 특수범죄자인 국사범(國事犯)으로 간주하는 것이지요.

자유당 정부는 물론이고 박정희 정부에서도 국가보안법은 유명무실했습니다. 국가보안법으로는 국가와 헌법을 수호할 수 없다는 이유였겠지요. 박원순 시장이 30대 중반에 출판한 『국가보안법 연구』(1992, 역사비평사)는 무려 1200쪽인데, 변천사(1권)와 폐지론(3권)이 각각 1/4이고 나머지 1/2은 적용사(2권)였어요.

그런데 국가보안법 적용사 자체가 국가보안법이 유명무실했다는 증거입니다. 1964년 인민혁명당 사건에서 서울지검 공안부 검사들이 기소를 거부하는 동시에 사표를 제출한 것이 사법파동의 조짐이었지요. 결국 1971년에 국가보안법 사건에서 검찰과 법원이 충돌하면서 전국의 판사 450여명 중 150여명이 집단으로 사표를 제출하는 최초의 사법파동이 발생했고요. 박정희 정부 시절에는 판·검사에게도 지사(志士)의 기질이 있었던 것이에요.

노태우 정부부터 제기되기 시작한 국가보안법 비판의 결함은 탈냉전의 관점이 아니라 민족통일의 관점에서 제기된 비판이었다는 데 있습니다. 게다가 민족통일을 지향하는 관점이 점차 북한체제를 옹호하고 급기야 김정은 위원장의 3대세습까지 변호하는 관점으로 변질되었던 것이고요.

국가보안법 비판의 또 다른 결함은 사상의 자유에 대한 옹호가 불철저했다는 사실입니다. 볼테르의 전기작가였던 홀(Evelyn Hall)은 볼테르의 사상의 자유를 다음과 같이 정리한 바 있지요.

> 나는 당신의 말에 찬성하지 않지만, 그러나 당신이 그렇게 말할 권리를 목숨 걸고 지킬 것이다.
>
> I disapprove what you say, but I will defend to the death your right to say it.

볼테르가 천명한 사상의 자유는 1789년 프랑스혁명의 「권리선언」으로 수용되어 '사상과 의견의 자유로운 교통'(libre communication des pensées et des opinions)이 인간의 권리이자 시민의 권리로 선언되었습니다. 또 그 자유의 '남용'(abus)이 '공공질서를 교란하지 않는다'(ne troubler pas l'ordre public)는 조건부로 보장되었고요.

미국의 판례에서도 사상의 자유는 토론을 통한 '사상의 자유교환'(free trade in ideas)을 의미합니다. '사상의 시장'에서도 독점이 아니라 경쟁의 원리가 준수되어야 한다는 것이지요. 따라서 사상의 사용가치, 즉 내용에 따라 교환을 제한할 수는 없는데, 이것을 '내용규제'(content-based regulation)의 금지라고 부르지요. 그래서 '증오언론'(hate speech)조차 규제를 금지하는 것이고요.

미국의 판례에서 사상의 자유를 제한하는 유일한 조건은 밀의 톨

레랑스 개념을 적용한 '명백하고 현존하는 위험'(clear and present danger)일 뿐입니다. 그리고 이런 조건은 아주 엄격하게 해석되는데, 예를 들어 '명백하고 예상할 만한(probable) 위험'이나 '실질적 해악'(substantive evil)을 끼칠 '해로운 경향'(bad tendency)이라는 식으로 확대 해석할 수는 없다는 것이에요.

통일 이전의 서독에는 국가보안법이 없었습니다. 아마도 1972년 동서독기본조약에 따라 1민족 2국가가 승인되면서 분단이 실질적으로 해소된 데다가 동서독의 국력 차이 때문에 그럴 필요가 없었던 것 같아요. 그러나 미국과 달리 서독에서는 사상의 자유가 절대적이지는 않았는데, '명백하고 현존하는 위험'이라는 원칙이 채택되지 않았다는 사실이 그 방증이지요.

서독에서는 '가치구속적 민주주의'(wertgebundene Demokratie)를 방어하는 '투쟁적 민주주의'(streitbare Demokratie)의 원칙이 채택되었습니다. 쉽게 말해서 민주주의의 적에게 민주주의를 보장하지 않고 민주주의의 적에 반해 민주주의를 보호해야 한다는 것이지요. 합법적 선거를 통해 바이마르공화국이 붕괴하고 나치가 집권했다는 역사적 경험에 대한 반성인 셈이에요.

미국의 사례는 오동석, 「20세기 전반 미국 국가보안법제의 형성과 전개」(『공법학 연구』, 2008년 3호); 이부하, 「미국 헌법상 명백하고 현존하는 위험 원칙」(『헌법학 연구』, 2006년 6월)을 참고할 수 있습니다. 또 서독의 사례는 강승식, 「독일기본법상 표현의 자유 제한에 대한 비판적 고찰」(『중앙법학』, 2005년 8월); 박진애, 「표현의 자유와 국가안보」(『헌법학 연구』, 2008년 1호)를 참고할 수 있고요.

애덤 스미스의 『법학 강의』

조국 사태와 그 와중에 뜬금없이 제기된 검찰개혁 논쟁을 보면서 '만 권의 책을 읽었으나 법률서를 읽은 적은 없다'(讀書萬卷不讀律,

소동파)는 것이 자랑일 수 없음을 비로소 깨달을 수 있었습니다. 그런데 막상 공부를 해보려니까 마땅한 교과서가 없었어요. 사실 법학 교수는 실력이 없어서 기껏해야 사법시험용 교과서밖에 쓸 수 없다는 것이 정설이거든요. 물론 경제학처럼 법학에서도 외국어 원서가 아니라 한글 교과서로 공부한다는 것은 어불성설이겠지만요.

『재론 위기와 비판』에서 사법시험의 역사를 소개한 적이 있습니다. 제가 대학을 다니던 1970년대에는 사법시험의 정원이 70명 안팎이었지요. 당시 서울대 법학과는 정원이 50명 안팎이어서 사시에 합격하지 못한 사람은 무시당하곤 했는데, 교수가 되었다고 해도 예외는 아니었어요. 반면 정원이 역시 50명 안팎이었던 경제학과에서는 교수직과 행정고시나 외무고시는 대등하게 평가되었고요. 제 동기의 절반은 교수였고 절반은 행시·외시 출신의 공무원이었지요.

서울대 법학과와 사시에 대한 인식이 변화한 것은 전두환 정부부터였습니다. 먼저 1981년부터 본고사가 폐지되고 졸업정원제가 실시되면서 서울대와 고려대·연세대의 정원이 2배 이상으로 폭증했는데, 80학번이 아니라 81학번부터 386세대라고 부르는 한 가지 이유는 이것 같아요. 특히 1981년 서울대의 입학정원은 6500명이고 합격자는 5300명이어서 사상 초유의 미달 사태를 겪었지요. 정원이 2배로 증가한 반면 지원자는 오히려 감소했기 때문이에요.

그런데 서울대 법학과와 경제학과의 경우는 더욱 특별했습니다. 1974-76년에 매년 20% 정도씩 증가하던 법학과와 경제학과의 정원은 1981년에는 2배로 폭증하여 법학과는 360명이 되었고 경제학과는 190명이 되었거든요. 1975년 종합화 이후의 법학과는 이전의 행정학과를 통폐합한 것이므로, 법학과와 경제학과의 정원이 거의 4배로 증가한 셈이지요. 서울대 전체에 비해서도 법학과·경제학과의 하향평준화가 두드러진 이유를 알 수 있는 대목이에요.

사시 정원도 1981년부터 결국 4배 이상인 300명으로 증가했습니다. 조국 교수가 자신은 사시파가 아니라 비(非)사시파였다고 강변하는 이유를 짐작할 수 있는 대목인데, 70학번대에 비해 80학번대에서는 사시에 합격하지 못하면 무시당하는 정도가 아니라 낙오자 취급을 받을 수밖에 없었기 때문이에요. 그런데 조 교수와 서울대 법학과 82학번 동기인 원희룡 지사는 역시 동기인 박찬식 교수와 함께 김승호 선생의 지도를 받아 노동자운동에 투신했으면서도 사시에 수석으로 합격했어요. 하기야 원 지사는 서울대 입시에도 수석으로 합격한 82학번의 '공신'(功神, 공부의 신)이었지만요.

그러나 그럼에도 불구하고 서울대 법학과의 최종고 교수에게 주목할 수 있습니다. 최 교수는 법학이 실무로 환원되지 않으려면 학문적 체계가 있어야 한다면서 『법학 통론』(박영사, 1986; 전정신판, 1994)을 출판했지요. 통론(通論)은 '입문'(Einführung)을 번역한 일본식 명칭인데, 1-13장은 원론(原論), 14-24장은 각론(各論), 25장은 한국법학으로 구성되어 있어요. 각론이나 한국경제론은 무시하고 원론 내지 원리에 집중하는 경제학 교과서와 차이가 많지요.

최종고 교수는 『법학 통론』과 함께 『법사상사』(박영사, 1983; 전정판, 1992)와 『서양법제사』(박영사, 1986)도 출판했습니다. 전자는 이념이자 사상으로서 법학을 대상으로 하고 후자는 제도이자 기술로서 법학을 대상으로 하는 것이지요. 특히 후자에는 간략하나마 러시아법사와 교회법사까지 포함되어 있어 참고가 되고요.

최종고 교수는 'jurisprudence'가 라틴어 'jus'와 'prudentia'의 합성어인 'jurisprudentia'의 번역어란 점에 주목하고 있습니다. 'economics'가 물리학을 모방하여 's'를 붙이거나 'sociology'가 생물학을 모방하여 '-logy'를 붙인 것과 비교하면서 법학은 실천적 지식이라고 강조하는 셈이에요. 'prudentia'는 그리스어 '프로네시스'(phronesis)의 번역어인데, 실천적 지식을 의미하는 프로네시스에 대립하는 것이 바로 도구적 지식을 의미하는 '테크네'(tekhne)이지요.

실천적 지식으로서 법학에 대한 강조는 결국 법학이 판·검사나 변호사 같은 실무자의 도구적 지식으로 환원될 수 없다는 주장입니다. 서울법대생이나 사시합격생이 하향평준화된 1980년대에 최종고 교수처럼 실무가 아니라 학문으로서 법학을 강조한 것은 당연한 일이었어요. 그러나 노무현 정부의 법학전문대학원 도입으로 최 교수의 시도는 좌절되었고, 오히려 검찰·법원개혁이라는 민변과 그 주변 폴리페서의 '법학적 문맹 내지 사기'가 출현했던 것이지요.

나아가 최종고 교수는 실천적 지식으로서 법학을 이론적 지식으로 발전시켜야 한다고 강조했습니다. 프로네시스의 가장 완전하고 자기충족적인 형태가 바로 이론적 지식으로서 '테오리아'(theoria)이기 때문이에요. 그런데 최 교수가 염두에 둔 것은 이론적 지식으로서 테오리아 중에서도 과학적 이론으로서 '에피스테메'(episteme)가 아니라 철학적 이론으로서 '소피아'(sophia)였지요.

그런데 이런 입장에는 논란이 있을 수도 있습니다. 철학적 이론으로서 법학, 즉 법철학이 아니라 과학적 이론으로서 법학, 달리 말해서 법경제론에 주목할 수도 있거든요. 그리고 최종고 교수와 66학번 동기인 박세일 교수가 그런 주장을 제기한 바 있지요. 박 교수에 대해서는 곧 설명하겠어요.

최종고 교수가 당시까지 남한에서 존숭받던 실정법주의 법철학자인 켈젠(Hans Kelsen)의 대안으로 소개한 사람이 바로 자연법주의를 부활시킨 법철학자인 라드부르흐(Gustav Radbruch)입니다. 그는 '합(제정)법적 불법'(gesetzliches Unrecht)을 비판하는 기준으로서 '초(제정)법적 법'(übergesetzliches Recht)을 제안한 바 있는데, 김도균 교수가 주목한 '(제정)법을 초과하는 법'(ein Mehr an Recht)과 동일한 것이지요.

최종고 교수에 따르면, 라드부르흐는 법률가의 전형인 논리적이고 냉정한 법학도에 대해 경계했다고 합니다. 그러면서 인문학적 내지 인간주의적 감수성이 필요하다고 주장했다고 하지요. 조국 교수나 그의 스승인 안경환 교수가 문학에 대한 관심을 표명하고 나아가 공감을 강조하는 것도 비슷한 맥락인 것 같은데, 그러나 라드부르흐의 기준에 맞는 사례는 그들이 아니라 동반작가 출신으로 제헌헌법을 기초한 유진오 선생이라고 해야겠지요.

최종고 교수나 안경환-조국 교수 같은 인문학적 경향의 법학자와 대비되는 사람이 박세일 교수입니다. 『법경제학』(박영사, 1994; 개정판, 2000)을 집필한 박 교수는 나름대로 '경세가'를 자처했지요. 그는 '법경제론'(law and economics)을 '경세학(science of legislation)으로서 법학'으로 간주한 셈이에요. 역시 66학번 동기인 양건 교수가 '법사회론'(law and society)의 관점에서 주목한 '비판법학'은 논외로 하겠는데, '비판사회학'처럼 별 내용이 없기 때문이에요.

박세일 교수는 경실련(경제정의실천시민연합)의 핵심으로 활동하다가 김영삼 정부의 정책기획·사회복지수석을 역임했습니다. 나중에 박 교수는 한나라당 총선공동대책위원장으로 정계에 투신하기도 했는데, 아마도 김영삼 대통령의 민주계가 대표하는 한나라당 자유주의 분파와 공감이 있었겠지요. 그러나 곧 세종시 수정이 아니라 이전을 지지한 박근혜 대표를 인민주의자라고 비판하면서 한나라당과 결별했어요. 박 교수는 기질적으로 정치에 부적합했던 것이지요.

남한 최초의 비정부기구(NGO)로 1989년에 출범한 경실련과 1994년에 출범한 그 경쟁단체인 참여연대를 비교해볼 수 있습니다. 경제학도 중심으로 자유주의를 표방한 경실련은 김영삼 정부와 친화성을 가졌고, 법학도 중심으로 진보주의 내지 인민주의를 표방한 참여연대는 노무현-문재인 정부와 친화성을 가졌지요. 자유주의자로서 박세일 교수는 경실련의 핵심이었고, 진보주의자 내지 인민주의자로서 조국 교수는 참여연대의 핵심이었고요. 경실련에 참여한 경제학 교수로는 정운찬 교수와 66학번 동기인 이근식 교수가 있는데, 저와 함께 한신대 경상학부에 재직한 적도 있어요.

박세일 교수는 애덤 스미스의 『법학 강의』에 주목하고 있습니다. 최종고 교수도 스미스를 언급하는데, 그러나 박 교수처럼 강조하는 편은 아니지요. 1760년대 전반까지 글래스고우대학에서 스미스는 '도덕철학'(moral philosophy) 강의를 담당했고, 그 일부가 『법학 강의』였어요. 도덕철학은 물론 '자연철학'(natural philosophy)에 대비되는 것이었는데, 자연철학은 나중에 물리과학(physical science)과 생명과학(biological science)으로 발전할 것이었지요.

그러나 스미스에 대한 박세일 교수의 설명에는 문제가 있습니다. 그는 법경제론의 계보가 스미스에서 미국의 진보주의자를 거쳐 하이에크와 코우즈로 계승되었다고 주장하거든요. 그런데 진보주의자의 구식 법경제론의 기원은 독일역사학파였고 하이에크-코우즈의 신식 법경제론의 기원은 베카리아와 벤섬이었지요. 반면 스미스는 법경제론이 아니라 오히려 '정치경제론'(political economy)의 기원이라고 할 수 있는데, 나중에 설명하겠어요.

이런 차이는 계몽주의의 계보적 차이였기도 합니다. 스미스가 대표한 것이 경제적 계몽주의(economic enlightenment)였던 반면 몽테스키외와 루소의 철학적 계몽주의를 계승한 것이 베카리아와 벤섬의 사법적 계몽주의(juridical/legal enlightenment)였지요. Fabrizio Simon, "Adam Smith and the Law" (in Christopher Berry et al., eds., *The Oxford Handbook of Adam Smith*, Oxford University Press, 2013)를 참고하세요.

그런데 사법적 계몽주의에도 차이가 있었습니다. 베카리아는 계몽군주정이라 불리던 절대군주정을 옹호하면서 인치(rule by man)를 법치(rule by law)로 대체했음을 강조했지요. 반면 베카리아의 후예인 마라는 프랑스혁명기에 공안위원회와 공포정치를 지지했는데, 이 점에서 벤섬은 베카리아보다 오히려 마라와 유사했어요. 사이먼도 인용한 바 있는 Paolo Grossi, *A History of European Law* (2007; 영역: Wiley-Blackwell, 2010)를 참고하세요.

물론 박세일 교수의 주장이 전혀 근거가 없다는 것은 아닙니다. 박 교수는 법경제론의 대가인 포즈너의 주장을 수용하는 셈인데, 그러나 논란이 많다는 것이지요. Robin Malloy and Jerry Evensky, eds., *Adam Smith and the Philosophy of Law and Economics* (Springer, 1995)를 참고하세요.

어쨌든 박세일 교수 덕분에 스미스의 『법학 강의』에 주목할 수 있었습니다. Knud Haakonssen, "The *Lectures on Jurisprudence*" (in Ryan Hanley, ed., *Adam Smith: His Life, Thought, and*

Legacy, Princeton University Press, 2016); David Liberman, "Adam Smith on Justice, Rights, and Law" (in K. Haakonssen, ed., *The Cambridge Companion to Adam Smith*, Cambridge University Press, 2006)를 참고하면서 『법학 강의』를 중심으로 스미스의 도덕 철학 강의에 대해 간단하게 설명해보겠어요.

먼저 신학과 윤리학, 법학과 경제학으로 구성된 스미스의 도덕철학 강의는 스피노자가 말한 '객설'(bavardage/chatter) 내지 '망상/미망'(délire/delusion)으로서 철학이 과학으로 이행하는 사례이기도 합니다. 신학과 윤리학 강의는 『도덕감정론』으로 출판되었는데, 스피노자가 말한 인간학에 해당하지요. 또 법학과 경제학 강의는 『민부론』으로 출판되었는데, 스피노자의 정치학에 해당하고요.

스미스의 도덕철학에 대한 개관은 스미스 저작집을 출판한 옥스퍼드대학출판부(OUP)의 *Past Masters* 시리즈로 나온 라파엘(D. D. Raphael)의 *Adam Smith* (1985; 국역: 시공사, 2002)를 참고할 수 있는데, 그는 『도덕감정론』의 편집자였습니다. 또 *Past Masters* 시리즈를 확대·개편한 *A Very Short Introduction* 시리즈의 Christopher Berry, *Adam Smith* (2018)도 참고할 수 있고요.

이 두 책과 달리 『민부론』의 편집자인 스키너(Andrew Skinner)는 "Smith, Adam (1723-1790)" (in Steven Durlauf and Lawrence Blume, eds., *The New Palgrave Dictionary of Economics: Second Edition*, Macmillan, 2008)에서 경제학에 집중하고 있습니다. 그리고 Anthony Brewer, "Let Us Now Praise Famous Men: Assessments of Adam Smith's Economics" (in *The Adam Smith Review*, 2007)는 『민부론』과 관련된 연구동향을 정리하고 있고요.

마지막으로 『법학 강의』의 편집자이자 저명한 마르크스주의자였던 미크(Ronald Meek)의 유작이 바로 *Social Science and the Ignoble Savage* (Cambridge University Press, 1976)였습니다. 이미 『위기와 비판』에서 설명한 것처럼, 어렵·채집, 목축, 농경, 상업이라는 생존양식(mode of subsistence) 개념이 스미스의 '이론적 역사'(conjectural history)의 핵심이라는 것이 미크의 주장이었지요.

이제 스미스의 도덕철학 강의를 개관해보겠습니다. 먼저 스미스의 『도덕감정론』에서 기본 개념은 'sympathy'입니다. 그런데 역시 공감으로 번역되는 개념으로 'empathy'가 있고, 양자의 관계에 대한 논쟁이 아주 많아요. Stephen Darwall, "Empathy, Symapthy, Care" (*Philosophical Studies*, March 1998); "Sympathetic Liberalism" (*Philosophy and Public Affairs*, 1999 No.2)을 참고하면서 간단하게 설명해보겠어요.

동물행동학(ethology), 나아가 심리학에서는 인간과 침팬지가 공유하는 감정이자 갓난아기에게서 발견되는 감정으로서 'empathy'에 주목합니다. 예를 들어 병원 영유아실에서 한 아기가 울면 다른 아기들도 따라 우는 것이 'empathy'이지요. 그러나 철학자 중에는 인간에게 고유한 감정으로서 'sympathy'에 주목하는 경우도 있는데, 방금 인용한 다월이 그래요.

일상어로서 'sympathy'는 연민(pity) 내지 동정(compassion)이라는 의미인데, 전자는 열등한 상대에 대한 감정이고 후자는 대등한 상대에 대한 감정입니다. 그러나 스미스에게서 'sympathy'는 '동료로서의 공동체의식'(fellow feeling)이에요. 그래서 다월이 'empathy'의 남용에 반대하면서 스미스적 'sympathy'를 대안으로 제시한 것이고요. 'empathy'는 감정의 감염 내지 이입으로 번역하고 'sympathy'만 공감으로 번역하는 것이 타당할 것 같아요.

이런 맥락에서 브레히트가 비판한 것은 'empathy'/'Einfühlung'이지 'sympathy'/'Mitgefühl'이 아니라는 사실도 지적해두겠습니다. 후자와 달리 전자는 무비판적 동일화와 '열광/열정'(Rausch)을 유발하기 때문인데, 그래서 브레히트가 '소격/거리두기'(Verfremdung)를 주창했던 것이지요. Darko Suvin, "Emotion, Brecht, Empathy vs. Sympathy" (in *The Brecht Yearbook*, Vol. 33, 2008)를 참고하세요.

나치의 구호는 '영도자가 우리 대신 생각한다!'(Der Führer denkt für uns!)는 것입니다. 예를 들어 '문프[문재인 대통령]께 모든 권리를 양도해드린' 공지영 작가 같은 '깨시민'(깨어있는 시민)이 그런 경우인데, 하기야 그들에게 무슨 생각 같은 것이 있을 리 없겠지만요. 'empathy'/'Einfühlung'과 'sympathy'/'Mitgefühl'은 각각 인민주의 내지 파시즘과 자유주의 내지 마르크스주의에 적합한 감정이에요.

스미스에게서 도덕감정(moral sentiment)은 덕성(virtue)으로 발전합니다. 자기 자신의 행복과 관련된 덕성이 자제(self-command)와 'prudence', 즉 자기애(self-love)로, 통칭하면 자중자애이지요. 또 타인의 행복과 관련된 덕성은 정의(justice)와 인애(仁愛, beneficience/benevolence)인데, 나중에 설명할 것처럼, 공감이나 정의/인애는 맹자가 말하는 사단(四端)이나 사덕(四德)과 거의 동일한 것이에요.

법학의 기본 개념이 바로 정의(justice)입니다. 이미 인용한 것처럼, 스미스는 정의가 사회의 존재조건이라고 주장하지요. 인애 없는 사회는 있어도 정의 없는 사회는 없다는 것인데, 그래서 몽테스키외가 주장한 행정부에 대한 입법부의 우위에 행정부에 대한 사법부(검찰과 법원)의 독립과 중립을 추가한 것이에요. 동시에 정의에는 예외가 없다는 의미에서 문법에 비유하기도 하고요. 하기야 안경환-조국 교수라면 문법을 위반할 '문학적 면허'(poetic license)를 요구할 수도 있겠지요. 그러나 '문학적 정의'(poetic justice)를 인정하지 않는 한 그것은 특권의 요구일 따름이에요.

스미스는 정의를 부정적(negative, 소극적) 덕성인 동시에 완전한(perfect) 의무이자 권리라고 부르고 있습니다. 타인의 행복을 손상하지 않는다는 부정적 덕성으로서 정의를 준수하는 것은 완전한 의무이고 정의에 위배되면 배상을 요구할 완전한 권리가 있다는 것이지요. 반면 타인의 행복을 증진시킨다는 긍정적(positive, 적극적) 덕성으로서 인애의 의무와 권리는 불완전한(imperfect) 것이고요.

정의와 인애의 차이를 표준(standard)의 이중적 의미로 설명할 수도 있습니다. 정의는 '기준'(yardstick/criterion)으로서 표준인 반면 인애는 '모범'(example/model)으로서 표준이에요. 모범과 달리 기준에는 예외가 있을 수 없겠지요. 이런 맥락에서 상앙이 법을 저울이나 자에 비유한 것이고요.

> 저울을 버려둔 채 무게를 재고 자를 버려둔 채 길이를 재는 방법이 비록 세밀하다고 하더라도 상인이 그런 방법을 쓰지 않는 것은 정확치 못하다고 생각하기 때문이다.
>
> 釋權衡而斷輕重, 廢尺寸而意長短, 雖察, 商賈不用, 爲其不必也.

로마신화에서 정의의 여신인 유스티티아가 한 손에 든 저울과 다른 손에 든 칼은 판결과 그 권위를 상징합니다. 또 유스티티아는 눈가리개를 하는데, 이것은 판결의 정치적 독립성과 중립성, 달리 말해서 판결의 공정성을 상징하는 것이지요. 그런데 조국 교수의 『왜 나는』을 비롯해서 검찰개혁론자의 책들의 표지에 나온 유스티티아는 대개 눈가리개가 없더군요. 친노-친문은 정의의 여신에게도 '피아를 구별하는 정무감각'이 필요하다고 생각하기 때문이겠지요.

경제적 계몽주의와 사법적 계몽주의를 구별하는 사이먼에 따르면, 범죄와 형벌에 대한 양자의 차이는 유가와 법가의 차이와 거의 동일합니다. 스미스와 유가에게 형벌은 범죄에 대한 배상, 즉 사적 원한에 대한 분노와 복수를 대신하는 공적 배상이었어요. 공자는 '원수를 은덕으로 갚는다'(以德報怨)는 도가적 원리 대신 '원수를 정의로 갚는다'(以直報怨)는 유가적 원리를 주창한 바 있지요. 동아시아의 법문화(legal culture)에 대해서는 나중에 설명하겠어요.

베카리아-벤섬에게서 형벌은 범죄의 억지(抑止, deterrence)인데, 프랑스혁명에서 산악파가 공포정치를 자행한 근거가 바로 이것입니다. 나아가 형벌은 사회를 방어하고 변혁하는 수단이고요. 그런데 공안위원회에서 공안은 사실 'sûreté publique'(공공의 안전)이 아니라 'salut public'(공공의 구원)이에요. 산악파는 시민의 구세주(救世主), 즉 그리스도를 자임했던 것이지요.

베카리아-벤섬과 상앙의 유사성에 주목할 수 있습니다. 법가는 '가벼운 죄도 무겁게 벌하고'(輕罪重刑), '한 사람을 엄벌하여 백 사람을 경계한다'(一罰百戒)고 주장했거든요. 또 상앙의 변법은 노예제를 봉건제로 변혁하기 위한 것이었고요. 자세한 설명은 『봉건제론: 역사학 비판』(공감, 2013)을 참고하세요.

스미스의 『법학 강의』는 '정의의 법'(law of justice)에서 출발하여 '편익(便益, 편리와 유익)의 법'(law of expediency)에 도달합니다. 스미스에게 '민족의 법과 정부의 일반적 원리(general principles)에 대한 연구'로서 법학은 곧 경세학이므로 정의의 법과 편익의 법은 정부의 기능 분화에 대한 설명이기도 하지요.

여기서도 역시 유가의 경세학과 비교할 수 있습니다. 정의의 법이란 형조(법무부)의 업무인 반면 편익의 법이란 이조(내무부)의 업무, 호조(재무부)의 업무, 병조(국방부)의 업무라는 것이에요. 스미스는 예조(외무부)의 업무를 정의의 법으로 간주했는데, 그로티우스의 후예답게 외교를 국제법의 영역으로 사고했기 때문이지요. 관개농이 발달하지 못한 서양으로서는 낯설고 새로운 공조(건설교통부)의 업무는 편익의 법으로 간주할 수 있고요.

『법학 강의』의 편익의 법학이 분업론이나 자본축적론 같은 경제학적 개념과 이론을 통해 『민부론』, 즉 '민족의 부의 본성과 원인(nature and causes)에 대한 연구'로 발전했던 것입니다. 동시에 『법학 강의』의 이론적 역사, 즉 생존양식의 진화론도 경제성장의 '역사동역학'(historical dynamics)으로 발전했던 것이고요.

좀 더 자세하게 설명해보겠습니다. 먼저 민부(wealth of nations), 즉 국민소득 Y의 성장은 노동생산성 Y/N의 상승과 생산적 노동자 N의 증가로 분해할 수 있어요.

$$Y \Uparrow \equiv \frac{Y}{N} \uparrow \times N \uparrow .$$

노동생산성 Y/N를 결정하는 것이 기술적 분업이고, 그것을 결정하는 것이 시장, 즉 마르크스가 말하는 사회적 분업인데, 이런 이중적 의미의 분업이 『민부론』 1책의 주제이지요. 또 생산적 노동자 N을 결정하는 것이 자본축적인데, 이것은 2책의 주제이고요.

『민부론』 1-2책에서 제시된 경제성장의 역사동역학은 진보상태(advancing/progressive state), 정지상태(stationary state), 퇴보상태(declining[/regressive] state)로 구성되었는데, 각각 경제성장률이 플러스, 0, 마이너스라는 의미였습니다. 『민부론』 3책에서 제시된 이론적 역사는 역사동역학의 특징인 '자연적 진보'(natural progress)의 관점에서 로마제국 이후 유럽경제사를 특징짓는 '비자연적 진보'(unnatural progress)를 설명했고요. 나아가 『민부론』 4책의 주제는 자유무역의 관점에서 제시된 중상주의 비판, 그리고 5책의 주제는 편익의 법학과 관련된 재정학이었지요.

이제 19세기 후반 독일 경제학자들이 제기했던 '애덤 스미스 문제'(Das Adam Smith Problem)란 애당초 존재하지 않는다는 사실을 알 수 있습니다. 공감에 기초한 『도덕감정론』과 자기애 내지 자기이익(self-interest)에 기초한 『민부론』의 '비일관성'이란 출판되지 않았던 『법학 강의』에 대한 무지로 인한 오해였을 따름이에요.

나아가 인간학을 정치학으로 발전시키지 못한 스피노자의 한계가 경제학의 부재는 물론이고 이론적 역사의 부재임도 알 수 있는데, 한 마디로 말해서 스피노자에게는 경세학이 없었다는 것입니다. 스미스의 '이론적 역사로서 경제학'에 대한 마르크스의 오해나 알튀세르의 '역사과학으로서 경제학 비판'에 대한 발리바르의 부정도 비슷하게 설명할 수 있겠고요. 하기야 2000년 이상 나라를 다스려보지 못한 유다인이 경세학에 관심을 가질 이유는 없었겠지만요.

마지막으로 스미스가 법과 정부의 실패에 대해서도 주목했다는 사실을 지적해두겠습니다. 엘리트의 '간계'(machination)와 대중의 '무지'(rudeness and barbarism, 야만)로 인한 사익 추구가 법과 정부의 일반적 실패를 설명한다면, 인민정이나 법조정 같은 그 특수한 형태는 생존양식의 진화라는 맥락에서 설명할 수 있겠지요.

Katarzyna de Lazari-Radek and Peter Singer, *Utilitarianism: A Very Short Introduction* (Oxford University Press, 2017; 국역: 울력, 2019)을 참고하면서 공리주의에 대해서도 설명해보겠습니다. 벤

섬은 베카리아의 '최대 다수의 최대 행복'(the greatest happiness of the greatest number)을 공리주의의 원리로 차용하면서 그 원리를 '감각적 존재'(sensitive being), 즉 노예에서 동물까지 '숨 쉬는 모든 것'(everything which breathes)에게 확대 적용했지요.

그러나 벤섬의 공리주의 원리는 그 후예들에 의해 수정되었습니다. 먼저 존 스튜어트 밀은 '전체의 행복'(general happiness)의 '전체'에 특히 여성을 포함했지요. 나아가 시지위크는 스미스의 공감을 수용하면서 그의 덕성, 특히 'prudence'와 인애에도 주목하게 되었고요. 여기서 'prudence'는 검약이라는 의미인데, 불확실한 미래를 고려하지 않는 찰나주의적 탐욕에 대비되는 개념이거든요.

마셜의 케임브리지대학 선배로서 그를 경제학으로 인도한 사람이 시지위크였는데, 그러나 경제학에 대한 두 사람의 입장은 차이가 있었습니다. 시지위크는 경제학을 프랑스식 도덕과학의 일부로 간주한 반면 마셜은 경제학을 도덕과학은 물론이고 독일역사학파를 추종하는 정치사로부터 독립시키고자 했기 때문이에요. 그러나 시지위크의 시도를 완전히 기각한 것은 아닌데, 마셜의 제자인 피구가 정립한 후생경제학이 그 증거라고 할 수 있지요.

『현대경제학 비판』(공감, 2011)에서 소개한 사회후생함수를 통해 공리주의에 대한 설명을 보충해보겠습니다. 사회후생(social welfare)은 밀의 '전체의 행복'을 개념화한 것이에요. '잘 지낸다'(fare well)는 의미의 'welfare'는 행복인데, 경제학에서는 후생이라고 번역하지요. '잘 산다'(be well (off))는 의미의 'well-being'도 역시 행복이고요.

후생경제학에서 사용하는 사회후생함수 $W=W(U^{rich}, U^{poor})$는 부자의 효용 U^{rich}와 빈자의 효용 U^{poor}의 총계로 특정화됩니다.

$$W=\frac{1}{MU_I^{rich}}U^{rich}+\frac{1}{MU_I^{poor}}U^{poor}.$$

부자와 빈자의 효용의 가중치가 소득의 한계효용 MU_I^{rich}와 MU_I^{poor}의 역수라는 사실에 주목한 새뮤얼슨은 이런 사회후생함수를 'dollar vote', 즉 소득에 따른 차등투표(weighted vote)라고 부른 바 있지요.

반면 공리주의적 사회후생함수는 $W=U^{rich}+U^{poor}$로 특정화됩니다. 부자와 빈자의 효용의 가중치가 모두 1인 평등투표(equal vote), 쉽게 말해서 '1인 1표'(one man, one vote)인 셈이지요. 또 공리주의적 사회후생함수에 대한 롤즈의 대안은 $W=\min(U^{rich}, U^{poor})$, 즉 빈자의 효용 U^{poor}로 특정화되고요.

공리주의자와 롤즈의 차이를 설명해보겠습니다. 경제성장의 결과 $(U^{rich}, U^{poor})=(8, 2)$에서 $(24, 6)$과 $(12, 8)$로 변화할 경우, 공리주의자는 후자가 아니라 전자를 선택하는데, 부자와 빈자 전체의 효용이 더 크기 때문이지요. 반면 롤즈는 전자가 아니라 후자를 선택하는데, 전체의 효용은 더 작더라도 빈자의 효용이 더 크기 때문이에요.

공리주의자의 선택보다 롤즈의 선택이 더 평등합니다. 부자와 빈자의 효용이 공리주의자의 선택에서는 $4:1$로 불변이고 롤즈의 선택에서는 $3:2$로 축소되거든요. 롤즈는 심지어 $(6, 4)$도 선택할 수 있는데, 정지상태에서 재분배가 발생한 경우이지요. 그러나 롤즈가 평등주의자인 것은 아닌데, 경제쇠퇴에도 불구하고 나의 행복보다 남의 불행을 더 기뻐한다는 '질투의 권리선언'(déclaration des droits de l'Envie, 발자크)에 따라 $(2, 2)$를 선택하지는 않기 때문이에요.

벤섬의 공리주의가 평등주의는 아님을 쉽게 알 수 있습니다. 벤섬이 감각적 존재를 고려한다고 해서 동물권을 주장하는 채식주의자인 것은 아니기 때문이에요. 그는 육식을 통한 인간의 쾌락과 도살당하는 동물의 고통의 가중치가 1로 동일하다고 주장할 따름이지요. '붕어, 개구리, 가재'의 행복을 고려하는 조국 교수가 자기 딸과 아들도 '붕어, 개구리, 가재'로 간주해야 하는 것은 아니에요.

피구로 소급하는 후생경제학도 물론 평등주의를 주장하지 않습니다. 얼마 전 남한에서도 성가를 올렸던 피케티(Thomas Piketty)의 스승인 앳킨슨(Anthony Atkinson)은 유작인 *Inequality: What Can Be Done?* (Harvard University Press, 2015; 국역: 글항아리, 2015)에서 후생경제학 내지 복지국가론의 재검토를 제안했지요.

자신의 제안이 '허튼소리'(flapdoodle)로 무시될 것을 염려한 앳킨슨이 평등주의를 주장할 리는 없습니다. 스승인 미드(James Meade)처럼 밀의 후예이기도 한 그는 정지상태, 즉 성장후퇴와 저출산·고령화를 전제하면서 재산세나 상속세 같은 부유세(wealth tax)를 통한 불평등의 감축을 제안했을 따름이에요.

아까 국채 발행이 세대간 불의라고 했는데, 미래세대의 효용에 현재세대의 효용과 동일한 가중치 1을 부여하지 않기 때문입니다. 『현대경제학 비판』에서 설명한 최적성장론에서 램지가 미래세대의 효용에 대한 할인을 '상상력의 부족'으로 비판했는데, 스미스의 '공정한 관찰자'(impartial spectator), 즉 양심이라는 중재자 내지 심판자를 상상하지 못한다는 의미이겠지요. 또 해로드는 그런 할인을 현재세대의 '탐욕의 표현'으로 비판했는데, 스미스가 말한 'prudence'의 결여라는 의미이겠고요. 경제성장의 전망이 불확실한 현재의 상황에서는 램지와 해로드의 비판이 더욱 적합하겠지요.

이미 지적한 것처럼, 스미스에게서 법경제론 대신 정치경제론의 기원을 발견할 수 있습니다. 『한국자본주의의 역사』(공감, 2015)에서 소개한 와인개스트(Barry Weingast)의 "An Introduction to My Webpage"; "From 'The Lowest State of Poverty and Barbarism' to The Opulent Commercial Society: Adam Smith's Theory of Violence and the Political Economics of Development"; "The Violence Trap: A Political-Economic Approach to the Problems of Development", https://mcnollgast.stanford.edu/를 참고하면서 설명해보겠어요.

와인개스트에 따르면, 스미스는 국가를 '권위'보다는 오히려 '효용'의 관점에서 설명하고 있습니다. 효용이 동의를 의미하는 것은 아닌데, 그럴 경우 효용론이 계약론과 동일해지기 때문이지요. 효용은 오히려 경제구조에 적합한 정치·경제적 제도의 기능이에요. 스미스가 정치경제론의 기원인 이유가 바로 이것이고요.

와인개스트는 국가의 기능 중에서 특히 외교와 국방, 사법과 치안과 관련된 기능, 한 마디로 말해서 '평화'를 유지하는 기능에 주목하고 있습니다. 『민부론』에서 강조되는 '상업사회의 편익'(facilitating the commerce of the society)을 위한 국가의 기능, 즉 '공공사업과 공공제도', 달리 말해서 사회간접자본과 교육이라는 '공공재'(public goods)의 공급은 논외로 한다는 것이지요.

와인개스트가 이렇게 평화의 유지에 주목하는 것은 '폭력의 함정'(violence trap)을 강조하려는 목적 때문인데, 후진국이 '빈곤의 함정'(poverty trap)을 벗어난 다음에 '중진국 함정'(middle-income trap)에 빠질 수 있기 때문입니다. 인류의 15%인 20여개의 선진국을 제외하면 나머지 85%인 170여개의 후진국과 중진국은 '폭력의 곁에서'(in the shadow of violence) 폭력과 함께 살고 있다는 것이에요.

중진국 함정을 상징하는 것이 바로 '폭력과 지대의 교환'입니다. 중진국은 폭력의 잠재성을 가진 집단에게 독점적 권리, 달리 말해서 신분화된 권리로서 '지대'(rent)를 허용함으로써 잠재적으로 폭력적인 집단을 순치하여 평화를 유지하지요. 그런데 중진국이 후진국으로 전락하지 않기 위한 필요악으로서 폭력과 지대의 교환은 동시에 중진국이 선진국으로 진입하는 데 결정적 장애, 한 마디로 말해서 중진국 함정이기도 한 것이에요.

『한국자본주의의 역사』에서 설명한 것처럼, 와인개스트는 모종린 교수와 함께 *Korean Political and Economic Development: Crisis, Security, and Institutional Rebalancing* (2013; 국역: 서울셀렉션, 2015)에서 문민화 이후 폭력과 지대를 교환한 주체를 재벌과 노조로 설정했습니다. 그 결과 금권주의(plutocracy)와 인민주의(populism)가 공존하면서 문민화가 실패했다는 것이고요. 재벌과 군부의 지대공유제가 재벌과 민주노총의 지대공유제로 이행한 셈이에요.

문재인 정부에 와서는 이른바 '촛불혁명'을 주도한 386세대 운동권과 참여연대 같은 비정부기구도 폭력과 지대의 교환에 참여하게 되었습니다. 또 문 대통령이 주창한 이른바 '평화경제'란 연방제통일 이전에라도 북한을 폭력과 지대의 교환에 참여시키려는 시도인데, 하노이 노딜을 보면 그 전망이 밝지만은 않을 것 같아요.

와인개스트와 모종린 교수는 금권주의와 인민주의가 공존하는 이유를 경제개혁은 부진한 채 정치개혁만 추진함으로써 경제개방과 정치개방의 불균형이 발생한 데서 찾고 있습니다. 정치개방도를 나타내는 프리덤하우스 지수는 14가 가장 비개방적이고 2가 가장 개방적인 반면 경제개방도를 나타내는 프레이저연구소 지수는 0이 가장 비개방적이고 10이 가장 개방적이지요.

남한의 프리덤하우스 지수는 유신-5공의 10에서 노태우 정부의 5, 김영삼-김대중 정부의 4, 노무현 정부의 3으로 하락하여 선진국 수준에 도달했다고 할 수 있습니다. 반면 프레이저연구소 지수는 유신-5공의 5 중후반에서 노태우-김영삼 정부의 6 전반, 김대중 정부의 6 후반, 노무현 정부의 7 전반으로 상승하여 여전히 선진국 수준에 미달했는데, 신자유주의적 정책개혁이 부진한 탓이지요.

다음과 같이 지수를 정규화(normalization)할 수 있습니다. 프리덤하우스 지수 14를 0으로 환산하고 2를 10으로 환산한 것이지요.

	박정희	전두환	노태우	김영삼	김대중	노무현
정치개방도	3.3	3.3	7.5	8.3	8.3	9.2
경제개방도	5.4	5.8	6.2	6.3	6.8	7.3
격차	-2.1	-2.5	1.3	2.0	1.5	1.9

유가의 법문화

조국 사태를 겪으면서 386세대가 한국현대지식인의 역사에서 '이태'(異胎) 내지 '귀태'(鬼胎), 즉 '부모를 닮지 않은 귀신의 자식'이라는 사실이 재확인되었는데, 그들의 기이한 법문화(legal culture) 때문이었습니다. 나아가 일제강점기로 소급하는 남한의 법제도(legal system)를 영미식으로 개혁하자는 '좌파 신자유주의'(노무현 대통령)도 별로 설득력이 없고요.

범충신 외, 『중국법률문화 탐구: 정리법과 중국인』(1991; 국역: 일조각, 1996)을 참고하면서 간단하게 설명해보겠습니다. 다만 저자들이 법제사 연구자이므로 유가의 법문화에 대해 비판적임을 유념할 필요가 있지요. 개혁·개방 이후에도 '법가를 재평가하고 유가를 비판한다'(評法批儒)는 문화혁명의 잔재가 소멸한 것 같지는 않아요.

범충신 등에 따르면, 중국의 법문화는 국법(國法) 이외에 천리(天理)와 인정(人情)을 법원(法源, sources of law), 즉 법의 존재형태로 인정하는 정리법(情理法)으로 특징지을 수 있습니다. 인정은 (국)법 밖의 법으로서 관습이고, 천리는 (국)법 위의 법으로서 조리(條理)이지요. 다음과 같은 주희의 말처럼, 정리는 곧 예이고요.

> 예라는 것은 천하 이치의 조리이고 인간 만사의 규칙[관습]이다.
>
> 禮者, 天理之節文, 人事之儀則.

반면 국법은 군주가 제정한 형법(律)과 행정법(令)인데, 형법에만 주목하겠습니다. '法'은 '廌'(해태)와 '水'(물)와 '去'(내쫓는다)의 뜻을 모은 회의자(會意字, ideograph)에서 '廌'를 생략한 것으로 해태가 찾아낸 범죄자를 물에 띄워 내쫓는다는 뜻이에요. 조선왕조에서 대사헌의 흉배는 다른 문관의 흉배처럼 학이 아니라 해태였는데, 시비를 판단하는 상상의 동물인 해태가 사는 곳이 바로 만주였지요.

예를 통한 교화(敎化)와 선도를 우선시하는 유가에서 형위(刑威)와 처벌은 봉건제에도 잔존하는 노예제의 유제(遺制)였습니다. 노예제에 행정법은 없었어도 형법은 있었거든요. 다만 농민은 노예가 아니었으므로, 봉건제의 형법은 노예제의 형법에 비해 온건했지요. 유가는 예를 '좋은 음식'(粱肉, 쌀밥과 고깃국)에 비유하고 법은 '약과 침'(藥石)에 비유했습니다. 건강에 필수적인 것은 좋은 음식이었지요. 약과 침은 질병을 치료하는 데 필요했는데, 교도(敎導, 교화와 선도)가 어려운 자는 형벌(刑罰, 형위와 처벌)에 처했거든요.

유가에서는 법률과 도덕이 충돌할 때 도덕을 우선시했습니다. 구타죄를 예로 들면, 일반적 경우로 환원할 수 없는 특수한 경우로서 부자간에 주목할 수 있지요. 즉 아버지가 아들을 때렸으면 교육을 위한 것인지 등등 그 사정을 참작하여 무죄일 수도 있었고, 아들이 아버지를 때렸으면 그 사정이 어떠하든 가중 처벌된다는 것이었지요. 부자간과 동일한 사제간에도 마찬가지였고요.

심지어 용은(容隱), 즉 범죄자의 은닉에 대한 용서도 가능했습니다. 공자는 효(孝)에 대해 설명하면서 '아들이 아버지의 범죄를 숨겨준다'(子爲父隱)고 했지요. 또 맹자는 순임금이라면 아버지가 사람을 죽였을 때 임금 자리를 헌신짝처럼 버리고 몰래 아버지를 업고 달아나 바닷가에서 즐거이 숨어 살았을 것이라고 했고요. 아버지에 대한 효를 강조한 것은 남을 사랑하는 인(仁)의 시작이었기 때문이에요. 그 반대로 '아버지가 아들의 범죄를 숨겨준다'(父爲子隱)는 경우는 물론 자애(慈愛)로 설명할 수 있고요.

효에서 시작된 인이 나라를 사랑하는 충(忠)으로 발전했던 것입니다. 그런데 효의 대상에 비해 충의 대상은 그 범위가 훨씬 넓기 때문에, 상사범(常事犯)과 달리 국사범(國事犯)에 대해서는 용은이 적용되지 않았어요. 오히려 연좌(緣坐)가 적용되었는데, 국사범의 삼족(三族, 부모와 형제와 자식), 심지어 구족(九族, 위로는 4대조인 고조(高祖)부터 아래로는 4대손인 현손(玄孫)까지의 친족)에게도 책임을 묻는다는 것이었지요. 이런 의미에서 연좌는 혈연이 아닌 자에게 연대책임을 묻는 연좌(連坐)와는 전혀 다른 것이었어요.

요컨대 맹자의 말처럼,

> 군자가 도의를 지키지 않고 소인이 형법을 지키지 않으면서도 나라가 망하지 않는다는 것은 요행이다.
>
> 上無道揆下無法守, 君子犯義小人犯刑, 國之所存者幸也.

이 말은 나라가 망하지 않으려면 군자는 예를 지켜야 하고 소인은 법을 지켜야 한다는 뜻이지요.

그런데 『논어』에서 공자는 다음과 같이 말한 적이 있습니다.

> 교화 없는 주살[誅殺, 사형]을 잔학[잔혹]하다고 한다.
>
> 不敎而殺謂之虐.

소인은 개돼지(犬豚/狗彘)가 아니므로 가르칠 수 있다는 것이지요. 마치 어린아이를 가르치는 것과 같은데, 『훈민정음 언해본』의 「서문」에서 알 수 있듯이, '어리다'는 '어리석다'는 뜻이에요. 하기야 요즘은 반려동물을 가르치는 것이 유행이라고 하지만요.

상나라와 주나라의 노예제처럼 '예는 평민에게 미치지 않는다'(禮不下庶人)는 것에 반대하여 공자는 다음과 같이 주장했습니다.

> 평민도 예로써 다스리면 부끄러움도 알고 교화도 된다.
>
> 齊之[民]以禮, 有恥且格.

이렇게 교화된 소인이 중인이었는데, 그래서 '법을 제정할 때는 오로지 중인으로 기준을 삼아야 한다'(立法(…)一以中人爲準)는 것이지요.

또 맹자는 다음과 같이 말했습니다.

> 사람이 짐승과 다른 것은 별로 없는데, 소인은 버리고 군자는 간직한다.
>
> 人之所以異於禽獸者幾希, 庶民去之, 君子存之.
>
> 사람에게는 도리가 있기에, 배부르게 먹고, 따뜻하게 입으며, 안락하게 살면서도, 도리를 배워 교화되지 않으면, 짐승과 다름이 없다.
>
> 人之有道也, 飽食暖衣逸居而無敎, 則近於禽獸.

맹자는 사단(四端, 네 가지 단서)과 사덕(四德, 네 가지 덕성)을 강조한 바 있지요. 측은지심(惻隱之心), 수오지심(羞惡之心), 사양지심(辭讓之心), 시비지심(是非之心)이라는 도덕감정으로서 사단이 인의예지(仁義禮智)라는 사덕으로 발전하려면 교육을 통해 기질, 즉 능력과 성격(mind and character)을 계발해야 한다는 것이에요.

맹자는 특히 측은지심에 주목하면서 우물가의 아이를 예로 들어 다음과 같이 말한 바 있습니다.

> 사람은 누구나 남에게 모질지 못한 마음을 갖고 있다.
>
> 人皆有不忍人之心.

바로 이것이 남에 대한 사랑인 인의 단서이기 때문인데, 그렇지 못한 자는 사람이 아닌 짐승일 따름이에요. 맹자에게 인애(benevolence)의 결여는 곧 잔혹(cruelty)이거든요.

그런데 이제까지의 설명을 지식인의 경우에도 그대로 적용할 수는 없습니다. 『공자가어』에는 공자가 55세에 노나라의 대사구(大司寇, 사법부장관)가 된 지 7일만에 소정묘를 주살하면서 그의 죄악을 다음과 같이 고발했다는 일화가 나오지요.

마음이 사악하고 음험한 것,	心逆而險,
행동이 편벽되고 완고한 것,	行僻而堅,
언사가 거짓되고 번드런 것,	言僞而辯,
불의를 기억하고 해박한 것,	記醜而博,
비리를 좋아하고 감싸는 것.	順非而飾.

청황조 고증학자인 최술 이래 이 일화의 사실 여부는 논란이 많은데, 그러나 큰 문제가 아닙니다. 공자는 5대악을 범한 소정묘를 예로 들어 사이비 지식인을 정의한 셈인데, '교화를 기다리지 않고 처벌할 자'(不待教而誅者, 순자)였다는 것이지요. 박성규 박사의 『공자 '논어'』(서울대학교 철학사상연구소, 2005; http://philinst.snu.ac.kr/html/menu6/extra_number.php)를 참고하세요.

공자는 지식인을 몇 가지로 분류한 바 있습니다. 최선의 지식인은 '중용을 행하는 지식인'(中行), 즉 군자였고, 차선의 지식인은 '강직하거나 고집있는 지식인'인 광견(狂狷)이었지요. 강직한 것은 사리사욕이 없기 때문이고, 고집있는 것은 부정부패를 부끄러워하기 때문인데, 군자라고 하지 않은 것은 다만 학식이 부족하기 때문이에요.

반면 사리사욕이 있고 부정부패를 부끄러워하지 않는 지식인이 향원인데, 최악의 지식인이라고 할 수 있습니다. 공자는 '향원은 덕을 해치는 사람이다'(鄕原德之賊也)라고 비판했고, 맹자는 향원을 사이비(似而非) 군자, 즉 속으로는 소인인데 겉으로만 군자인 척하는 사이비라고 비판했지요.

사이비 군자는 향민(鄕民, 시골사람)에게 영합하여 군자라고 칭송받는 향사(鄕士, 시골선비)일 따름이지 그 능력과 성격이 나라를 다스릴 수 있는 국사(國士)일 수는 없습니다. 그러나 그런 사이비 군자가 군자를 해칠 수 있는데, 논이나 밭에 나는 김(雜草)인 피(稗)나 가라지(莠)가 벼(稻)나 보리(大麥)·밀(小麥)을 해치는 것과 같은 이치라고 할 수 있지요. 그래서 피나 가라지 같은 김은 보는 대로 뽑아버려야 하는 것이고요.

조선유학사에도 강직하고 고집있는 지식인인 광견이 있는데, 대표적 사례가 바로 이황과 함께 동인의 비조였던 조식이었습니다. 조식의 문인도 대체로 광견이었고요. 물론 이황은 몰라도 이황의 문인도 군자라고 할 수 있는 것은 아니지만요. 조식의 방계 후손인 조국 교수는 광견보다 오히려 향원에 가까운 것 같은데, 자신이 애용하는 표현대로, 왜인지 '성찰'해볼 필요가 있겠지요.

사이비 지식인뿐만 아니라 폭군도 주살하여 마땅했습니다. 그래서 맹자가 역성(易姓)혁명에 대한 제선왕의 질문에 답변하면서 상나라의 주임금을 비판하고 주나라의 무왕을 변호했던 것이지요.

> 인의를 해치는 자를 필부라고 이르니, 무왕이 필부로서 주임금을 주살했다는 말은 들었어도, 군주로서 주임금을 시해했다는 말은 듣지 못했습니다.
>
> 殘賊之人謂之一夫, 聞誅一夫紂矣, 未聞弑君也.

노무현 대통령이나 박근혜 대통령 이상으로 문재인 대통령에게는 탄핵당할 사유가 있을지도 모릅니다. 30년 독서일기인 『일지록』에서 고염무가 말하기를,

군주와 나라의 이름이 바뀐 것을 두고 나라가 망했다고 일컫고, 인의가 꽉 막혀 짐승을 몰아 사람을 잡아먹게 하거나 사람을 몰아 서로 잡아먹게 하기에 이른 것을 두고 천하가 망했다고 일컫는다.(…)나라를 지키는 것은 그 군주와 그 신하인 사대부가 도모할 일이고, 천하를 지키는 것은 하찮은 필부도 함께 책임질 일일 따름이다.

易姓改號, 謂之亡國, 仁義充塞而至于率獸食人人將相食, 謂之亡天下.(…)保國者, 其君其臣肉食者謀之, 保天下者, 匹夫之賤與有責焉耳矣.

군주와 나라는 대통령과 정부로 대체하고, 천하는 국가로 대체해보세요. 또 사대부와 필부는 국회의원·관료와 국민으로 대체할 수 있고요. 이 구절을 요약하여 '천하의 흥망은 필부에게도 책임이 있다'(天下興亡, 匹夫有責)고 일갈한 사람은 양계초였지요.

이제까지 설명한 중국을 비롯한 동아시아의 법문화를 김도균 교수가 주목한 바 있는 법치와 비교해보겠습니다. 먼저 '법이라는 것은 [군주가] 천하와 공유하는 것이다'(法者, 所與天下共也)라는 『사기』와 『자치통감』의 구절에 주목할 수 있지요. 법은 '[군주가] 독점하는 것이 아니다'(非所獨有也)라는 것인데, 인치는 물론이고 '법에 의한 지배'로서 법치도 비판한 셈이지요.

나아가 '합법적 불법'(gesetzliches Unrecht)을 비판하는 기준인 '초법적 법'(übergesetzliches Recht) 내지 '법을 초과하는 법'(ein Mehr an Recht)의 지배라는 법치 관념도 있습니다. 황종희가 말하기를,

법이 소략할수록 더더욱 혼란이 발생하지 않는데, 그것을 법 없는 법[즉 자연법]이라 한다.(…)법이 정밀할수록 천하의 혼란이 곧 법 안에서 발생하는데, 그것을 법 아닌 법[즉 괴법(壞法, 문란케 하는 법)으로서 제정법]이라 한다.

法愈疏而亂愈不作, 所謂無法之法也.(…)法愈密而天下之亂即生於法之中, 所謂非法之法也.

'법 아닌 법'이 영어로는 'hyperlexis'(입법과잉·과잉입법)이지요.

마지막으로 유가가 형리(刑吏, 아전인 형방)의 국정농단일 따름인 '정치의 사법화'를 용납할 리 없습니다. 사마광의 『자치통감』에 대한 논평이자 자신의 유작인 『독통감론』에서 왕부지가 말하기를,

법률만으로는 반드시 다스려지지 않고 다스려지려면 군자가 있어야 한다.

法者非必治, 治者其人也.

그런데 법가의 비조로 간주되는 순자도 다음과 같이 말했어요.

예[『예경』]가 법의 근본(…)이다.

禮者法之大分(…)也.

나라를 다스리는 군자는 있어도 나라를 다스리는 법률은 없다.

有治人, 無治法.

반면 황종희는 '나라를 다스리는 법률이 있은 다음에야 나라를 다스리는 군자가 있다'(有治法而後有治人)고 말했는데, 그는 사실 정주리학이 아닌 육왕심학의 계승자였지요.

국법보다 정리를 우선시한 유가의 이상은 인정(仁政), 즉 '조세와 함께 형벌을 줄이는 것'(省刑罰, 薄稅斂, 맹자)이었습니다. 그런 것이 '인자(仁者)사법' 내지 '군자(君子)사법'이었는데, 놀랍게도 법학도는 '원님재판'이라고 비하하는 경우가 많더군요. 형리처럼 법률전문가가 아닌 문관 수령은 '네 죄를 네가 알렷다!'라고 호통칠 따름이라는 것이에요. 그러나 '관대한 조세와 사법(easy taxes and a tolerable administration of justice)은 스미스의 이상이기도 했어요.

법학도는 역시 한비자의 후예입니다. 한비자는 나라라는 큰 나무를 쓰러트리는 '오두'(五蠹, 다섯 가지 나무좀벌레)의 으뜸이 유가라고 예단했는데, 그 다음은 세객(說客, 명가·종횡가 등 궤변가)·협객·음부농민(患御者)·상공민으로 이어졌어요. 그에 따르면,

현명한 군주의 나라는 서책의 글이 없이 형법으로 가르치고, 선왕의 말이 없이 형리가 스승이다.

明主之國, 無書簡之文, 以法爲敎, 無先王之語, 以吏爲師.

그런데 '형리가 스승이 되어 형법으로 가르치는 것', 즉 형리의 국정 농단이 바로 정치의 사법화이지요.

처음에 386세대의 법문화가 기이하다고 했습니다. 남한의 법문화에 대한 연구는 함병춘 교수와 그의 동료인 양승두 교수가 개시했지요. 두 교수는 박정희 정부 초기인 1963-65년에 남한 최초로 법사회론의 관점에서 법의식을 조사했는데, 대륙법계를 중시한 서울법대와 달리 영미법계를 중시한 연세대 법대의 학풍 덕분이었어요.

함병춘 교수가 전두환 대통령의 비서실장으로 1983년에 미얀마 아웅산국립묘지에서 폭사한 다음에도 양승두 교수가 연구를 계속했습니다. 그 결과는 연세대 『법학연구』 8권(1998), 9-10권(2000), 11권 1호(2001)에 '한국의 법문화' 3부작으로 발표되었고요. 두 교수 이외의 연구에 대해서는 황승흠 교수의 「한국 법의식조사 연구사의 검토」(『법학논총』, 2010년 2호)를 참고하세요.

양승두 교수 등에 따르면, 문민화 이후 법의식은 '사익을 실현하는 수단으로서 법'으로 특징지을 수 있습니다. 여전히 법을 불신하면서도 법을 회피하지(avoid) 않고 활용하려는(manipulate) 경향이 출현했거든요. 그 결과가 바로 '소송과잉사회'(litigious society), 즉 '송사를 좋아하는'(好訟/興訟) 사회였던 것이고요.

범충신 등에 따르면, 형사사건을 옥사(獄事)라고 부른 반면 민사사건을 송사(訟事)라고 불렀습니다. 중국을 비롯한 동아시아의 법은 공법(公法)이 중심이었고 사법(私法)은 부차적이었는데, 송사를 기피하는 관습 때문이었어요. 먼저 범죄조차 숨겨주는 부자간에 송사란 생각할 수조차 없는 일이었지요. 부자간과 같은 사제간에도 마찬가지였고요. 나아가 혈연이나 학연이 없어도 지연이 있는 경우에는 소송이 기피되었어요.

공자의 이상은 '송사가 없는 것'(無訟)이었는데, 교화를 통한 중재(仲裁)로써 '송사를 그치게 했다'(息訟/止訟)는 순임금의 고사에 따른 것이었습니다. 여기서 '송사를 싫어하고'(賤訟) '송사를 부끄러워하는'(惡訟) 관습이 유래했던 것이고요. 물론 현실은 그렇지 못해서 오히려 '송사를 좋아하고'(好訟/興訟) '송사를 자주하여'(健訟/滋訟) '끝없는 송사'(爭訟/聚訟)가 이어졌지요. '송사를 일삼는 무리'(訟徒)가 바로 송곤(訟棍)이었는데, 제자백가 중 명가(名家)의 등석이 대표한 송사(訟師, 선비의 말종인 변호사)와 지곤(地棍, 토착불량배)을 통칭한 것이었어요.

물론 문민화 이후에 출현한 정치의 사법화가 더 큰 문제였습니다. 노무현 대통령의 탄핵과 박근혜 대통령의 탄핵은 정치의 사법화를 상징하는 일대 사건이었지요. 또 위안부와 징용노동자의 배상청구권소송은 국내정치를 넘어서 국제정치까지도 사법화했던 셈이고요. 그 결과 일본은 물론이고 미국과의 관계도 경색되었는데, 하기야 정치의 사법화에 부정적이었던 양승태 대법원장을 '사법농단'으로 단죄한 문재인 정부로서는 별다른 대안이 없었겠지요.

라이샤워의 제자인 윌리엄 시어도어 드 배리는 『다섯 단계의 대화로 본 동아시아 문명』(1988; 국역: 실천문학사, 2001)에서 유가와 애덤 스미스의 유사성에 대해 주목했습니다. 공자의 '충서'(忠恕), 즉 '가슴속(心中)으로부터 같은 마음(如心)'을 맹자의 측은지심으로 해석하면서 측은지심이 흄이나 스미스의 공감과 동일하다고 주장했던 것이지요. 측은지심을 설명하기 위해 맹자가 '우물에 빠질 것 같은 아이'의 예를 들었듯이, 공감을 설명하기 위해 흄은 '말에 밟힐 것 같은 사람', 스미스는 '칼에 찔릴 것 같은 사람'의 예를 들었거든요.

그런데 스미스의 윤리학과 흄의 윤리학이 동일한 것은 아닙니다. 흄의 공감은 스미스의 'sympathy'보다는 오히려 'empathy'에 가깝거든요. 게다가 스미스는 흄이 윤리학과 미학을 혼동한다고 비판했지요. 표준(standard)에 따라 시비(是非, 옳고 그름, right and wrong)를 가리는 윤리학적 판단과 취향(taste)에 따라 호오(好惡, 좋고 싫음, like and dislike)를 따지는 미학적 판단을 혼동했다는 것이에요.

물론 윤리학과 미학의 혼동이 흄에게 국한된 것은 아닙니다. 인민주의와 파시즘이야말로 윤리학의 미학화를 통해 배제(exclusion)의 정치를 실천한 대표적 사례라고 할 수 있거든요. 그릇되다고 판단할 경우와 달리 싫다고 판단할 경우에는 교류(engagement)를 단절할 수도 있어요. 배제의 정치가 공동체를 해체하면서 잔혹(cruelty)의 정치로 귀결되는 것은 이 때문이지요.

이른바 '촛불혁명'을 주도한 386세대 운동권이 인민주의자 내지 프로토파시스트임을 알 수 있는 대목입니다. 그들이 소셜미디어를 통해 지지자를 조직하는 방식이 바로 호감과 비호감, 달리 말해서 '좋아요'와 '싫어요'의 선택이에요. 국정농단사건에서 그들이 보여준 배제와 잔혹의 정치는 또 다른 방증이라고 할 수 있고요.

마지막으로 아리스토파네스의 희극이 몰락기 아테나이의 인민정과 법조정에 대한 풍자였다는 사실을 지적해두겠습니다. 천병희 교수가 『아리스토파네스 희극』(단국대학교출판부, 2000)에 이어 『아리스토파네스 희극 전집』(숲, 2010)을 출판했는데, 덕분에 아리스토파네스의 희극이 모두 국역되었지요. 또 저도 『문학 비판』(공감, 2012)에서는 무시했던 희극에 대해 좀 더 알게 되었고요.

희극의 역사에 대해서는 Matthew Bevis, *Comedy: A Very Short Introduction* (Oxford University Press, 2013)을 참고할 수 있습니다. 또 1970-80년대에 서울대학교출판부가 번역·출판한 바 있는 메수엔(Methuen) 출판사의 비평용어(*Critical Idiom*) 시리즈 중의 『희극』(*Comedy*), 『소극』(*Farce*), 『풍자』(*Satire*), 『아이러니』(*Irony*)도 참고할 수 있고요.

11편의 희극 중에서 『아카르나이 자치구민』, 『기사』, 『구름』, 『벌』 등 9편은 펠로폰네소스 전쟁기에 집필되었습니다. 전쟁을 통해 사익(私益)을 추구한 자본가 출신의 데마고그인 클레온이 주된 비판의 대상이었지요. 그래서 아리스토파네스의 희극(comedy)이 정치희극의 면모를 견지했던 것인데, 그러나 아리스토파네스 이후로는 오락화되어 풍속희극 내지 광대극(farce)으로 타락했어요.

아리스토파네스의 희극 덕분에 인민정이 곧 법조정이었다는 사실을 알게 되었습니다. 클레온이 민회(民會, popular assembly)에 이어

인민법정(people's court)도 지배하게 되었거든요. 아리스토파네스는 소피스트도 비판했는데, 그들이 가르치던 궤변은 재판에서 정론(正論, dikaios logos)을 논파하는 사론(邪論, adikos logos), 쉽게 말해서 참을 이기는 거짓이었기 때문이지요.

아까 향원을 사이비 지식인이라고 했는데, 사이비는 겉은 비슷해도(似) 속은 다르다(非)는 뜻입니다. 그런 자가 가짜가 진짜인 척 꾸미는 'imposture'(사기)를 치는 'impostor'(사기꾼)이지요. 또 그 일종이 'sophist'(궤변가)인데, 'sophism'은 거짓을 참 같이 꾸미는 말이고 'sophistry'는 거짓을 참 같이 꾸미는 짓이에요. 그래서 공자가 '교언영색'(巧言令色, 꾸며낸 말과 몸짓)을 싫어했던 것이고요.

아리스토파네스의 희극 중 나머지 2편은 펠로폰네소스 전쟁에서 패배하고 10여년이 지난 아테나이가 배경이었습니다. 먼저 『민회의 여성』은 복지국가론에 현혹되어 '돼지의 행복'(Sauwohl, 헤겔)을 추구하는 세태를 야유한 것이었지요. 마치 노무현 정부가 타결한 한미자유무역협정 이후 '노동자민족'(worker nation, 로빈슨)으로 전락한 남한에서 뜬금없이 복지국가론이 횡행한 것처럼요.

또 『플루토스』는 펠로폰네소스 전쟁에 이어진 코린토스 전쟁의 와중에 집필되었습니다. 농업의 여신 데메테르의 아들인 플루토스는 부(富)의 신(神)이었지요. 그런데 아리스토파네스는 플루토스를 '눈먼 거지'로 묘사하면서 정의롭지 못한 부의 분배를 야유했어요. 펠로폰네소스 전쟁과 달리 부자가 아니라 빈자가 주도한 코린토스 전쟁을 종식시키려면 플루토스를 치료하여 정의를 실현해야 한다는 것이 아리스토파네스의 작의(作意, 창작의도)였던 셈이에요.

그런데 『플루토스』에서는 아테나이의 특산물로서 데마고그의 조수인 시코판테스(sykophantes)가 주목되었습니다. 아테나이식 송곤(訟棍)인 그들은 공공기소자(public prosecutor, 검찰관)를 대신한 민간기소자(private litigator), 즉 밀고자(informer)였지요. 플루토스가 눈먼 거지로 떠도는 동안 부자가 된 것은 그들이었는데, 데마고그가 인민법정을 지배할 수 있도록 도운 대가였어요. 물론 인민법정의 판결은 배심원이 내렸는데, 그러나 그들은 '무책임하고 변덕스런 주권자'로서 인민의 제유(提喩)였지요. 조국 교수가 국민참여재판을 거부한 이유도 이런 배심원에 대한 불신 때문인지는 잘 모르겠어요.

어쨌든 노무현 정부가 도입한 법학전문대학원 덕분에 시코판테스가 남한에서도 특산물이 된 것 같습니다. 물론 데마고그도 특산물이 되었는데, 노 대통령 자신이 김대중 대통령을 능가하는 데마고그의 상징이었지요. 문민화 이후 남한이 소송과잉사회로 이행하는 동시에 정치를 사법화할 수 있었던 것은 과연 노 대통령 덕분이었어요.

박정희 정부와 유신체제

본래 후기의 주제로 설정한 것은 제왕적 대통령제였는데, 조국 사태로 인해 정치의 사법화라는 새로운 주제에도 주목하게 되었던 것입니다. 그런데 허쉴이 강조한 것처럼, 정치의 사법화의 한 가지 원인은 입법부와 행정부의 무능에 있지요. 그리고 남한의 경우, 박정희 정부로 소급하는 입법부의 무능과 김대중-노무현 정부로 소급하는 행정부의 무능의 원인이 바로 제왕적 대통령제였고요. 본래 준비했던 내용을 대폭 축약하여 핵심만 설명해보겠어요.

전두환 정부는 박정희 정부를 계승한 것이 아니라 그 결함의 해결을 시도했습니다. 수출지향공업화와 모순되는 중화학공업화를 강행하면서 1979-80년 경제위기를 초래했고, 10월유신을 통해 임기 6년의 중임 제한 없는 대통령제를 도입하여 종신독재를 추구했다는 결함 말이지요. 전 대통령이 7년 단임의 대통령제, 나아가 신자유주의적 정책개혁이 자신의 업적이라고 자부하는 것은 일리가 있어요. 다만 '국지적 내전'으로 비화한 광주항쟁을 진압하면서 230명의 사망자와 행방불명자가 발생했던 것이 그의 '원죄'였지만요.

전두환 정부가 박정희 정부의 비판자였다는 사실에 대한 방증이 바로 전 대통령의 퇴임과 거의 동시에 박 대통령이 부활하기 시작했다는 사실인데, 한승조 교수의 『박정희 붐: 우연인가 필연인가』(말과창조사, 1999)를 참고하면서 간단하게 설명해보겠습니다. 또 김영수, 「박정희의 정치리더십」(정윤재 외, 『1960년대 초 주요 정치지도자 연구: 장면·윤보선·박정희』, 백산서당, 2001); 김갑식, 「박정희 시대 연구경향과 재조명」(『한국정치연구』, 2007년 1호) 등도 참고할 수 있고요.

박정희 대통령의 부활은 10주기인 1989년에 이미 시작되었습니다. 당시 『조선일보』의 여론조사에 따르면, 국민의 85%가 그를 지지했지요. 이런 폭발적인 지지 여론은 그 후에도 지속되어 1992년 미디어리서치의 여론조사에서 역대 대통령 중 최고의 지지율인 88%를 차지했고, 1997년 공보처의 여론조사에서는 역대 임금과 대통령 중 1등을 차지하여 세종을 추월하기도 했어요.

박정희 대통령의 부활에 기여한 사람이 바로 김정렴 비서실장이었는데, 1966년부터 재무부·상공부장관을 역임한 그는 1969년 10월부터 1978년 12월까지 최장수 비서실장을 역임했습니다. 그가 비서실장으로 재임했었다면, 차지철 경호실장도 전횡할 수 없었고 10·26도 미연에 방지할 수 있었을 것이라는 설이 있지요. 그런 그가 경제회고록인 『한국경제정책 30년사』(중앙일보사, 1990)에 이어 정치회고록인 『아, 박정희』(중앙M&B, 1997)를 출판했던 것인데, 그러나 무비판적 변호론으로 일관했을 따름이에요.

변호 대신 논쟁이라는 방식을 채택함으로써 오히려 영향력이 훨씬 더 컸던 것은 『조선일보』의 탐사보도전문기자이자 『월간조선』의 편집장으로 명성이 높았던 조갑제 기자의 8권짜리 『내 무덤에 침을 뱉어라』(조선일보사, 1998-2001)였습니다. 조 기자는 개정판으로 13권짜리 『박정희 전기』(기파랑, 2006)를 출판했고, 30주기에 맞추어 발췌본인 『박정희의 결정적 순간들』(기파랑, 2009)도 출판했지요.

조갑제 기자는 노태우-김영삼 정부를 '잃어버린 10년'이었다고 비판했습니다. 노태우-김영삼 정부가 추진한 이른바 '민주화' 10년의 대가가 바로 1997-98년 경제위기였다는 것이지요. 따라서 '산업화'

를 실현한 '한국적 민주주의'에 주목할 수밖에 없고, 결국에는 박정희 대통령을 복권시킬 수밖에 없다는 입장이었고요.

조갑제 기자의 입장은 보수주의와 진보주의 내지 인민주의의 대립을 산업화와 민주화로 설명하는 대표적 사례입니다. 물론 이런 설명을 조 기자가 발명한 것은 아니에요. 김영명 교수가 『한국현대정치사』(을유문화사, 1992)에서 그런 설명을 시도한 적이 있는데, 『대한민국정치사: 민주주의의 도입, 좌절, 부활』(일조각, 2013)이 그 최신판이지요. 그러나 별로 대단한 내용은 없는데, 김 교수의 이론적 토대인 '관료제적 권위주의'(BA) 개념의 결함 때문이에요.

조갑제 기자에 대한 반론으로 진중권 교수가 『네 무덤에 침을 뱉으마!』(개마고원, 1998)를 출판하기도 했습니다. 당시 유시민 작가는 진 교수를 '진보와 보수를 포용하는' '진짜 자유주의자'로 평가하기도 했는데, 어이없는 일이었지요. 미학 전공자인 진 교수야 그렇다고 해도 명색이 서울대 경제학과 출신인 유 작가의 식견이 그 정도였으니까요. 하기야 자칭 '프티부르주아 리버럴'인 유 작가는 학연보다는 오히려 지연을 중시하는 편이지만요.

그런데 나무위키에 따르면, 박 대통령이 즐겨 인용한 '내 무덤에 침을 뱉어라'는 사실 4·19와 5·16 사이에 국내에서 개봉된 프랑스 영화의 제목 'J'irai cracher sur vos tombes'의 오역이었다고 합니다. 박 대통령이 '생전에 변명은 하지 않겠다. 평가는 역사의 법정에 맡기겠다'는 의미로 인용하곤 했고, 조갑제 기자가 그런 역사적 평가를 자임했던 셈이지요. 물론 불어 제목 '네 무덤에 침을 뱉겠다'는 원한 또는 분노와 복수라는 의미였는데, 일어 제목 '墓に唾をかけろ'(무덤에 침을 뱉어라)를 중역하면서 국어 제목이 '그 무덤에 침을 뱉어라'로 오역되었던 것이지만요.

한승조 교수 자신은 20주기에 맞추어 『박정희 붐』을 출판하면서 박정희 시대를 개념화하려고 시도했습니다. 한 교수는 유신과 5공의 이데올로그를 자임한 바 있는데, 그는 고려대 정치학과의 주류를 김종필계 이론가 윤천주 교수가 소개한 이스턴과 아먼드의 현대화론에서 헌팅턴의 현대화론으로 대체했지요. 물론 정치학과 소속이었던 윤천주-한승조 교수의 친여적 입장은 사학과 소속이었던 김준엽 교수의 친야적 입장과 대립하는 것이었고요.

한승조 교수는 12·12와 5·17은 물론이고 5·16까지 쿠데타로 규정한 김영삼 대통령의 '역사 바로 세우기'에 대한 반발에서 출발했습니다. 그는 노태우 대통령에 대해서도 비판적이었는데, 전두환 대통령과 박정희 대통령에 대한 거리두기를 통해 김 대통령의 역사 바로 세우기를 초래한 책임이 있었다는 것이에요. 어쨌든 3당합당으로 태어난 민주자유당으로 소급하는 자유한국당에서 김 대통령의 민주계에 대한 비판의 효시라고 할 수 있겠지요.

한승조 교수는 자신이 제안한 '유신체제의 개혁'을 거부하고 유신체제와 단절한 전두환 정부에 대해서도 유감이 있었습니다. 그러나 그런 과오에도 불구하고 여전히 전 대통령을 박 대통령의 계승자로 인식하고 있었지요. 순진하고 무지한 탓에 저지른 과오였다는 것인데, 오히려 한 교수가 전두환 정부의 역사적 성격에 대해 오해하는 것 같아요. 어쨌든 박정희-전두환 정부와 노태우-김영삼 정부의 대립을 강조하는 것이 한 교수의 입장이었지요.

한승조 교수의 또 다른 저서로는 『한국정치의 지도자들』(대정진, 1992)이 있습니다. 김영삼 대통령의 문민정부 탄생 전야에 출판된 이 책에서 그는 지도자(leader)와 수령(head)을 구별했는데, 전자가 유가의 군자와 친화성을 갖는다면 후자는 불교의 전륜성왕(轉輪聖王, 태양왕)과 친화성을 갖는다는 것이었지요. 그런데 김일성 주석을 후자의 대표자로 간주할 수는 있을지 몰라도 이승만 대통령이나 박정희 대통령을 전자의 대표자로 간주할 수는 없어요.

74세에 집권한 이승만 대통령은 정당정치와 의회정치에 무지한 인민주의자였을 따름입니다. 게다가 노망이라고 할 수 있을 정도로 판단력에 문제가 있어서 단정 이후 '12년 동란'이 이어졌던 것인데, 겉으로 보자면, 역시 74세에 문화혁명을 강행한 모택동이 '10년동란'을 야기한 것과 마찬가지였던 셈이지요.

반면 45세에 집권하여 이른바 '40대기수론'을 선취한 박정희 대통령은 결국 10월유신을 통해 종신집권을 획책했고, 정당을 기생화하면서 의회를 식물화했습니다. 김정렴 비서실장에 따르면, 1978년 통일주체국민회의의 간접선거로 대통령에 당선된 직후에 박 대통령이 1984년까지의 임기를 다 채우지는 않고 김종필 총리에게 권력을 넘겨주겠다고 했다는데, 박 대통령을 미화하기에 급급한 그의 증언은 별로 신빙성이 없어요.

박정희 대통령과 김종필 총리 사이의 관계를 정리해두겠습니다. 박 대통령이 볼 때 육사를 졸업하기 전에 서울사대에 재학한 적이 있는 김 총리는 지도자가 아니라 재사였을 따름이에요. 더욱이 김 총리는 주제를 모르는 '대통령병 환자'이기도 했지요. 박 대통령이 유정회를 육성하여 공화당을 약화시킨 것은 김 총리의 세력기반이기도 했기 때문이에요. 유정회, 즉 유신정우회라는 명칭은 언감생심 이토 히로부미의 입헌정우회를 모방했던 것이고요.

반면 김 총리에게는 자신이야말로 '5·16혁명의 아버지'라는 자부심이 있었습니다. 공화당을 창당하고 중앙정보부를 창설했을 뿐만 아니라 수출지향공업화의 전제조건인 한일국교정상화도 성사시켰거든요. 다만 베트남전쟁 파병은 박 대통령의 공적이었지요. 그러나 10월유신으로 자신의 모든 업적이 무효화되었던 셈인데, 김 총리의 유언처럼, 역시 '정치는 허업(虛業)'이었어요. 허업이란 김 총리의 조어(造語)로서 결실을 수확할 수 있는 생산적 사업으로서 실업(實業)이 아니라는 의미였지요.

자생력 없이 권력에 기생한다는 의미의 기생정당의 사례가 바로 공화당과 유정회였습니다. 그러나 기생정당은 대권경쟁의 수단이라는 의미일 수도 있는데, 이런 관점에서 볼 때 박 대통령의 후계자는 오히려 김대중 대통령이었다고 할 수 있지요. 권력의지의 화신인 그는 9개의 정당에 가입하고 6개의 정당을 창당함으로써 결국 대권을 장악하고 노벨평화상까지 획득했거든요.

그런데 한승조 교수의 『한국정치의 지도자들』은 대통령과 함께 행정부와 입법부의 권력엘리트, 즉 국회의원과 장관 같은 정치엘리트(엘리트정치인)와 행정엘리트(엘리트관료)도 분석했습니다. 한 교수는 특히 권력엘리트의 지역별 분포에 주목했는데, 자세한 분석은 김운태 외, 『한국정치론』(박영사, 1976; 제4전정판, 1999)에 기고한 「한국정치의 권력엘리트」를 참고할 수 있지요.

한승조 교수의 분석에 따르면, 이승만 정부의 권력엘리트는 기호지방에 집중되었는데, 서울 32%, 경기도 10%, 충청도 13%, 전라도 4%로 거의 60%였습니다. 강원도 7%, 황해도 2%를 포함하면 70%에 가까웠고요. 반면 경상도는 19%에 불과했고, 서북지방, 즉 평안도·함경도는 12%에 불과했어요.

한국전쟁 이후 정치엘리트와 행정엘리트가 분화하면서 전자는 야권으로 집결하고 후자는 여권으로 집결했다는 사실에 주목할 필요가 있습니다. 정치엘리트는 이승만 대통령에게 복종하지 않았는데, 행정엘리트에 비해 사회적 지위와 명성이 높았던 데다가 아직은 정권교체의 가능성도 컸기 때문이지요.

이승만 대통령은 양녕대군의 후손이었고 이기붕 국회의장은 효령대군의 후손이었는데, 둘 다 왕손이었으나 몰락한 집안 출신이었습니다. 이승만 대통령이 이기붕 국회의장을 발탁한 것은 그 인물이 '범용'(凡庸, 평범하고 용렬함)했기 때문이라고 하지요. 쉽게 말해서 잘난 구석이 없는 사람이었다는 것이에요.

반면 김성수 선생은 기호사림의 비조인 김인후의 후손으로 사대부의 후예였습니다. 게다가 김 선생 집안은 경성방직, 나아가 고려대와 『동아일보』를 기반으로 한 전형적인 민족부르주아였지요. 해방이 되자 김 선생은 『동아일보』를 기반으로 한국민주당을 조직할 수 있었습니다. 『동아일보』 지국이 한민당 지부의 모태였고, 『동아일보』 본사가 한민당 본부이자 서울시당 격이었지요. 또 『동아일보』가 한민당의 기관지였던 셈이고요. 그 결과 2년만에 거의 100만명에 육박하는 당원을 확보할 수 있었던 것이에요.

김성수 선생이 한민당에 직접 관여하게 된 것은 평생의 동지로서 한민당을 지도하던 송진우 선생과 그를 이은 장덕수 선생마저 암살당한 것이 계기였습니다. 송 선생은 임시정부를 봉대(奉戴, 받들어 섬김)했음에도 불구하고 친일파 척결이나 미군정 접수에는 동의하지 않았다는 이유로 암살당했지요. 일제강점기에 공산주의에서 사회민주주의로 전향한 장 선생은 미소공동위원회 지지에 이어 이승만 대통령의 단선·단정을 지지했다는 이유로 암살당했고요. 두 선생을 암살한 배후자로 지목되었던 사람은 물론 김구 선생이었어요.

한민당만으로는 이승만 정부에 대항하는 것이 역부족이라고 생각한 김성수 선생은 친야 세력을 규합하여 민주당을 창당하기로 결심했습니다. 한민당으로 소급하는 분파가 민주당 구파였고, 흥사단과 자유당탈당파로 소급하는 분파가 민주당 신파였지요. 구파는 주로 기호지방과 강원도·황해도 출신이었던 반면 신파는 흥사단계가 서북지방 출신이었고 자유당탈당파는 영남지방 출신이거나 친일관료·법조인 출신이었어요.

민주당을 창당하는 와중에 김성수 선생이 지병으로 작고하자 신익희 선생과 조병옥 선생을 거쳐 결국 윤보선 대통령이 민주당 구파의 지도자로 옹립되었습니다. 반면 민주당 신파의 지도자로는 미국이 선호하던 장면 총리가 옹립되었지요. 김영삼 대통령은 본래 신파였으나 구파로 전향한 경우인 반면 이철승 대표는 본래 구파였으나 신파로 전향한 경우였고요.

민주당 신파가 집권한 장면 정부에서 권력엘리트의 구성이 변화했습니다. 영남과 서북 출신이 각각 21%를 차지했는데, 영남보다는 오히려 서북 출신이 약진했지요. 반면 서울은 16%, 경기도·강원도는 6%로 위축되었고, 충청도는 16%로 얼마간 확대되었어요. 그러나 가장 눈에 띄는 현상은 전라도가 21%를 차지했던 것인데, 김성수 선생 사후 전라도가 구파에서 신파로 전향하는 조짐이었던 셈이지요. 사실 김대중 대통령도 장면 총리를 추종한 신파였거든요.

그러나 권력엘리트의 구성을 크게 변화시킨 것은 역시 박정희 정부였습니다. 박 대통령은 이승만 정부에 대해서 반감을 가졌을 뿐만 아니라 그 '의붓자식'인 민주당 구파에 대해서도 반감을 가졌지요. 기호인에 대한 영남인의 반감을 대변했던 셈인데, 탈북서북인과 영남인이 중심인 민주당 신파에 대해서는 유보적이었거든요. 그래서 김영삼 대통령의 경쟁자로 김대중 대통령을 지원했던 것이고요.

박정희 대통령은 암행어사로 유명한 박문수의 방계 후손이자 대대로 무관이었던 중인 집안 출신이었습니다. 박 대통령은 말단 무관이었던 부친이 동학도이기도 했다는 자부심이 대단했다고 하는데, 1963년 대선 10여일 전에 전라북도 정읍시 황토현에 '갑오동학혁명기념탑'을 건립하고 제막식에도 직접 참여했지요. 박 대통령 덕분에 동학란이 동학혁명으로 승격될 수 있었던 것이에요.

나아가 박정희 대통령은 『우리 민족의 나갈 길』이라는 저서에서 동학혁명에서 시작하여 3·1운동, 상해임시정부, 대한민국을 거쳐 4·19혁명과 5·16혁명으로 귀결되는 '민족사의 거류(巨流, 큰 흐름)'에 주목하기도 했습니다. 그런데 이것은 사실 월탄(박종화)이 역사소설 『민족』(1947)에서 제시한 사관을 4·19혁명과 5·16혁명까지 연장한 것이에요. 공임순, 「박종화와 김동리의 자리: '반탁운동의 후예들'과 한국의 우파 문단」(『사학연구』, 121호, 2016)을 참고하세요.

어쨌든 박정희 대통령에게서 가문의식이 역사의식을 결정하는 사례를 발견할 수 있습니다. 1962년 3·1절에 동아출판사에서 초판이 나온 『우리 민족의 나갈 길』은 조선왕조사에 이어 망국부터 4·19와 5·16까지의 근현대사를 정리한 것으로 뒤늦은 5·16 선언이라고 할 수 있지요. 1971년 3선 출마에 즈음하여 광명출판사에서 『민족의 저력』이라는 제목으로 그 개정판이 출판되기도 했고요.

『민족의 저력』을 출판한 광명출판사는 5·16 혁명공약을 인쇄하기도 했습니다. 이학수 사장이 만주군관학교 1년 선배이자 혁명동지인 이주일 소장의 친척이었기 때문이에요. 이 사장은 이 소장처럼 용정의 광명중학교 출신이어서 출판사 이름도 광명출판사로 지었다고 하지요. 대륙낭인이었던 히다카 헤이시로가 설립·경영한 광명중학교는 문익환 목사와 윤동주 시인의 모교이기도 했고요.

『종합토론』에서 이미 지적한 것처럼, 김일성 주석의 경우도 사실 마찬가지였습니다. 임진왜란기에 김 주석의 12대조가 전주에서 함경도로 이주했는데, 증조부인 김응우가 다시 평양 근교로 이주하여 머슴의 일종인 묘지기 노릇을 했다고 하지요. 그런데 주체사관은 김응우가 지도했다는 1866년 제너럴셔먼호 격침사건부터 근대가 시작되었다고 주장하고 있어요.

유신 이전의 권력엘리트는 경상도 25%, 서북 16%, 전라도 17%로 도합 58%였고, 유신 이후에는 경상도 35%, 서북 3%, 전라도 13%로 도합 51%였습니다. 서북 출신의 비중이 감소한 것은 자연적 현상이었는데, 경상도 출신 중에는 외가가 서북인 경우도 많았으므로 실제의 감소폭은 더 작았겠지요. 전라도는 얼마간 위축되었으나 다른 지방에 비하면 여전히 건재했던 셈이고요.

박정희 정부에서 가장 크게 위축된 것은 역시 서울 출신이었습니다. 유신 이전에는 장면 정부와 비슷한 15%였으나, 유신 이후에는 3%였거든요. 또 경기도 출신은 유신 이전에는 4%였고, 유신 이후에는 8%였는데, 장면 정부보다는 나았으나 대세에 영향을 줄 정도는 아니었지요. 반면 충청도는 유신 이전에는 14%였고, 유신 이후에는 19%였는데, 김종필 총리와 무관하지 않았겠고요.

박정희 정부에서는 야당인 민주당에서도 세력의 변화가 발생했습니다. 특히 유신 이후에 윤보선 대통령이 재야운동에 투신하면서 구파는 경상도 출신인 김영삼 대통령이 대표하게 되었고 신파는 전라도 출신인 김대중 대통령이 대표하게 되었거든요. 또 중앙정보부를 비롯한 정부의 개입도 상당했고요.

박정희 정부에 대한 논쟁에서 최대의 쟁점은 조갑제 기자처럼 말해서 산업화와 그것을 위한 '선의의 독재'(benevolent dictatorship)였습니다. 그러나 박정희 정부를 유신 전후로 구별하면서 특히 중화학공업화와 그것을 위한 유신체제에 비판을 집중할 수도 있지요. 동시에 대만의 경험을 비교의 기준으로 채택할 수도 있는데, 박 대통령이 장개석 총통을 모방했다는 주장은 장 총통에 대한 명예훼손이에요. 자세한 설명은 『한국자본주의의 역사』를 참고하세요.

박정희 정부의 현대화 덕분에 '신분정치가 능력정치로 전환되어' '개천에서 용이 날 수 있었다'는 식의 한승조 교수의 평가에도 문제가 있습니다. 서울 출신 야당 성향의 사대부 후예를 지방 출신 여당 성향의 중인 후예가 대체했다는 사실을 견강부회했을 따름이거든요. 또 사대부를 신분으로, 능력을 기술로 오해했을 따름이고요.

전두환 정부 이후의 권력엘리트에 대해서도 간단하게 설명해두겠습니다. 먼저 서울 출신이 약진하여 10%로 증가했지요. 이런 추세는 노태우 정부의 16%, 김영삼 정부의 14%로 이어졌는데, 유신 이전의 상황으로 복귀한 셈이지요. 그러나 경상도 정권인 것은 변함이 없어서 33%, 33%, 37%를 유지했어요. 또 전라도도 계속 선전하여 15%, 11%, 17%를 유지했고요.

유신 이후 서울대 출신이 약진한 사실에도 주목해두겠습니다. 유신체제의 30%가 전두환 정부의 48%, 노태우 정부의 52%, 김영삼 정부의 62%로 증가했지요. 대체로 1940년대까지 출생한 법대 출신이 주류였고요. 또 육사 출신은 16%, 19%, 15%, 8%였고, 고려대 출신은 8%, 6%, 7%, 10%였지요.

유신 이후 야당 엘리트는 거의 몰락했습니다. 윤보선 대통령이 야당에서 이탈하여 재야운동에 투신한 것이 그 상징이었지요. 전두환 정부는 재야운동을 배제한 채 야당만 포섭하려고 시도했는데, 재야운동이 급진화 내지 용공화되었기 때문이기도 했어요. 어쨌든 야당과 재야운동의 분열로 인해 노태우-김영삼 정부의 3당합당이 실패하면서 김대중-노무현 정부가 탄생한 셈이지요.

한승조 교수의 『한국정치의 지도자들』이나 「한국정치의 권력엘리트」는 자료가 풍부하기는 하나 일관성이 결여되어 있다는 결함이 있어서 신명순 교수의 「정치엘리트의 충원」(『한국정치론』, 법문사, 1993에 실림)으로 보충할 필요가 있습니다. 신 교수는 연세대 정치학과 출신인데, 서울대나 고려대와 달리 연세대는 전통적으로 정치학과가 법학과를 압도했었지요. 문재인 대통령이 문정인 특보를 발탁한 덕분에 이른바 '연정' 라인이 주목받고 있는데, 그러나 무슨 대단한 학문적 전통이 있는 것은 아니에요.

신명순 교수는 이승만 정부부터 노태우 정부까지 장관, 비서실장, 정보부장, 검찰총장을 역임한 700명(중복자를 제외하면 500명)을 분석하고 있습니다. 신 교수는 장관을 능가하는 실세인 비서실장, 정보부장, 검찰총장을 포함하는 대신 국회의원은 제외했는데, 정권교체의 가능성이 점차 작아지면서 야당이 약화되고 재야운동이 출현했기 때문이지요. 야당과 재야운동에 대해서는 곧 설명하겠어요.

이승만-장면 정부와 비교할 때 박정희 정부부터 노태우 정부까지 경상북도와 전라남도·제주도 출신의 약진이 눈에 띕니다. 물론 경상남도나 전라북도도 홀대받은 것은 아니었고요. 반면 서울과 충청남도가 타격을 받았고, 충청북도는 혜택을 받았지요. 경기도와 강원도도 홀대받은 것은 아니었고요. 그 결과 영남은 25%에서 34%로, 호남·제주는 7%에서 14%로 약진한 반면 기청(畿淸, 서울·경기도·충청도)은 50%에서 37%로 위축되었어요.

쉽게 말해서 박정희-전두환-노태우 정부는 기청에 대립한 영남과 호남의 연립정권이었다고 할 수 있습니다. 사실 전라도가 홀대받았다는 것은 김대중 대통령이 날조한 신화였을 따름이에요. 김 대통령은 자신이 김해 김씨이면서도 경상도 출신에 대한 전라도 출신의 경쟁을 신라에 대한 백제의 항쟁에 비유하기도 했지요. 하기야 김 대통령의 성씨는 (해남?) 윤씨이고 본명도 대만(大萬)이라는 설이 있기는 하지만요. 위키피디아를 참고하세요.

전라도에 대해 가장 크게 배려한 사람이 바로 전두환 대통령이었다는 사실도 지적해두겠습니다. 울산석유화학공업단지에 버금가는 여천석유화학공업단지의 확장에 이어 포항제철소에 버금가는 광양제철소를 건설해주었거든요. 또 서울과 부산을 잇는 경부고속도로에 버금가는 광주와 대구를 잇는 88고속도로도 건설해주었고요.

학력을 보면, 1960년대까지는 당연히 국내대학보다 외국대학 졸업자가 많았던 반면 유신 이후에는 그런 상황이 역전되었습니다. 예를 들어 유신 이전의 박정희 정부에서 서울대 출신은 22%(경성제대 출신 제외)였던 반면 육사 출신이 25%, 비서울대 출신이 44%였지요. 그러나 유신 이후에는 서울대 출신이 50% 안팎을 차지하면서 육사 출신과 비서울대 출신을 압도하게 되었어요.

자유민주정과 인민민주정에 대한 보론

남한 정치에서 논란이 끊이지 않는 자유민주정에 대한 설명을 보론으로 추가해두겠습니다. 먼저 정치이념과 정치제도 내지 정치체제를 구별할 필요가 있지요. 현대를 특징짓는 정치이념은 물론 자유주의입니다. 그런데 마르크스는 자유주의에 반대하는 다양한 정치이념을 사회주의라고 부르고, 그 중에서 자유주의를 지양하는 공산주의를 지지한 바 있지요. 자유주의에 반대할 따름인 보수주의나 인민주의는 오히려 자유주의에 미달하는 것으로 기각하면서요.

정치이념과 달리 정치체제, 좀 더 간단하게 말해서 정체는 현대에 국한되는 것이 아닙니다. 군주정이나 귀족정은 물론이고 민주정도 고대로 소급한다고 할 수 있거든요. 대신 이 세 가지 정체가 현대적 정치이념과 결합할 수 있어요. 영국의 의원내각제는 자유주의를 이념적 토대로 한 민주정, 즉 자유민주정으로서 군주정적 요소와 귀족정적 요소를 결합한 혼합정체이지요.

자유민주정은 'liberal democracy'입니다. 'liberal democracy'를 자유민주주의로 번역하기도 하는데, 'democracy'를 정치이념으로 오해하기 때문이지요. 그러나 'democracy'는 정치이념이 아니에요. 헤이우드(Andrew Heywood)의 *Political Ideologies: An Introduction* (Macmillan, 6th ed., 2017)을 보면, 1989-91년 소련사회주의의 붕괴 직후에 출판된 초판(1992)에서는 맨 마지막에 'democracy'를 포함했다가 재판(1997)부터는 삭제했거든요.

정치이념으로서 민주주의는 'democracy'가 아니라 'democratism'이라고 하는 것이 정확할 것입니다. 알다시피 '-ism'은 제도 내지 체제를 의미하기도 하고 이념을 의미하기도 하는 접미사이지요. 예를 들어 'feudalism'과 'capitalism'은 (경제)제도 내지 (경제)체제를 의미하고 'socialism'과 'communism'은 (정치)이념을 의미하거든요. 물론 마르크스주의에서는 'socialism'과 'communism'을 그런 (정치)이념을 표방하는 (경제)제도라는 의미로 사용하기도 하지만요.

어쨌든 자유민주정이 영국의 의원내각제에 국한되는 것은 아닙니다. *The Life and Times of Liberal Democracy* (1977; 국역: 청사, 1979)에서 맥퍼슨(C. B. Macpherson)은 래스키(Harold Laski)를 따라 자유민주정이 사회민주정(social democracy, 사회민주주의)으로 계승·발전되었다고 주장하지요. 물론 스미스-리카도의 고전경제학이 마셜-케인즈의 현대경제학으로 계승·발전되었다는 사실까지 고려한다면, 20세기에는 영국의 의원내각제가 아니라 미국의 대통령제가 자유민주정을 대표한다고 할 수도 있겠지만요.

『미국정치론: 부조화의 패러다임』(1981; 국역: 오름, 1999)에서 헌팅턴은 미국정치의 위기를 설명하기 위해 자유민주정의 이념과 제도의 불일치에 주목한 적이 있습니다. 나아가 그런 불일치에 대한 반응을 설명하기 위해 '인지부조화'(cognitive dissonance)라는 심리학적 개념을 도입하여 부조화를 감소시켜 조화를 달성하려는 네 가지 시도를 설명했고요.

	불일치 인식	불일치 몰인식
높은 이념화	도덕주의	위선주의
낮은 이념화	냉소주의	자기위안

먼저 이념과 제도 내지 이상과 현실의 불일치를 인식할 경우에는, 불일치를 해결하려는 도덕주의나 불일치를 용인하려는 냉소주의가 출현합니다. 그러나 이념과 제도의 불일치를 인식하지 못할 경우에는, 불일치를 부정하려는 위선주의와 불일치를 무시하려는 자기위안이 출현하고요. 상류층은 위선주의로 도피하고 하류층은 자기위안

이나 냉소주의로 도피하면서 1970년대 미국정치의 위기가 발생했다는 것이 헌팅턴의 진단이었어요. 예외적으로 상류층에 도덕주의가 존재한다고 주장하기도 했지만요.

미국정치의 위기에 대한 헌팅턴의 설명은 사실 마르크스주의의 위기에 대한 알튀세르의 설명과도 유사한 것입니다.

	위기 인식	위기 몰인식
연구자	위기 해결	위기 부정
활동가	위기 용인	위기 무시

마르크스주의의 위기를 인식하고 해결하려는 태도와 구별되는 태도에도 부정과 침묵(무시 내지 용인)이라는 두 가지 형태가 있는데, 자세한 설명은 『일반화된 마르크스주의 개론』(공감, 2006; 개정판: 공감, 2008)을 참고하세요.

그런데 자유주의만 민주정과 결합될 수 있는 것은 아닙니다. 사회주의나 공산주의도 민주정과 결합될 수 있기 때문인데, 인민민주정(people's democracy, 인민민주주의)이 그것입니다. 물론 사회민주정(socialist democracy)이나 공산민주정(communist democracy)이라고 하는 것이 좀 더 정확할 수 있겠지만요. 그러나 마르크스주의가 민주정에 별로 관심이 없었던 탓인지 사회민주정이나 공산민주정 같은 단어는 잘 쓰지 않아요.

한국사회성격 논쟁에서 저는 자유민주정에 대한 대안으로 인민민주정을 제안한 바 있습니다. 그리고 그 논거를 코민테른 7차대회의 인민전선(popular front)이 아니라 레닌이 「4월테제」와 『국가와 혁명』에서 제시한 1917년 혁명론으로 소급한 바 있지요. 레닌이 인민민주정을 수립하기 위한 1917년 혁명에서 자유민주정을 수립하기 위한 1905년 혁명의 특징인 제헌의회(constitutional assembly, CA)를 해산한 것은 당연한 결정이었지요.

아울러 레닌이 러일전쟁에서 일본을 지지했다는 사실에도 주목할 필요가 있습니다. 레닌이 '자유로운 문화국 일본'(cultured and free Japan) 내지 '입헌국 일본'(constitutional Japan)을 지지하면서 러시아의 절대군주정(autocracy)을 개혁하기 위해 제헌의회의 소집을 요구했던 것이에요.

민주주의와 비슷하게 'populism'의 번역에도 문제가 있습니다. 자유주의에 미달하는 정치이념이라는 측면에서는 인민주의로 번역할 수 있고, 민주정의 타락이라는 측면에서는 인민정으로 번역할 수 있거든요. 물론 정치체제 내지 정체로서 인민정을 의미하기 위해서는 'ochlocracy' 내지 'mobocracy'라고 할 수도 있고, 아니면 맥퍼슨처럼 'plebiscitary democracy'(국민투표적 내지 직접민주주의적 민주정)라고 할 수도 있겠지요.

민주정이 인민정으로 타락하는 것은 결국 자유주의에 미달하는 인민주의라는 정치이념 때문입니다. 달리 말해서 고전경제학이든 현대경제학이든 경제학에 대한 문맹으로서 '반(反)경제학'이라는 결함 때문이라는 것이에요. 반면 자유주의를 지양하는 공산주의는 마르크스의 필생의 업적인 경제학 비판으로 특징지어지는데, 여기서 비판은 물론 '지양'(止揚, Aufhebung/sublation), 쉽게 말해서 '곤란이나 공백 같은 결함을 해결한다'는 의미이지요.

'선거'(election)는 민주정의 필요조건이 아닙니다. 아테나이 민주정은 선거제(psephocracy)가 아니라 추첨제(stochocracy)를 채택했는데, 인민정으로의 타락을 예방하려는 목적이었지요. 물론 아테나이 시민이 동질적이었다는 조건 때문에 추첨제가 실행가능했던 것이고요. 선거제는 본질적으로 호오(好惡, 좋고 싫음)에 따른 추천제입니다. 트위터에서 '좋아요'(like)와 '싫어요'(dislike)의 버튼을 누르는 것이 바로 호감/추천과 비호감/비추천을 표현하는 투표(vote)이지요. 선거제가 민주정의 필요조건이 아니라 오히려 민주정을 인민정으로 타락시키는 수단이므로, 미국에서는 상원을 통해 하원을 통제하고 의회를 통해 대통령도 견제하는 것이에요.

1987년의 개헌정국에서 민중민주파는 인민민주정을 주장하면서 민족해방파의 대통령 직선제에 반대함으로써 민주정의 인민정으로의 타락에 대한 비판을 선취했던 셈입니다. 그런데 『재론 위기와 비판』의 「서문」에서 지적했듯이, 1986-88년 이후의 상황은 1945-53년의 해방정국을 슬로우 모션으로 반복하는 것 같아요. 해방정국의 인민주의가 반탁을 거쳐 단정으로 귀결되었듯이 개헌정국의 인민주의가 김대중-노무현-문재인 정부로 귀결되었다면, 2차 한국전쟁 같은 파국도 그리 멀지 않을 것 같거든요. 다만 민족해방전쟁이었던 1차 한국전쟁과 달리 2차 한국전쟁은 '백두[혈통]수호전쟁'이겠지만요.

『조선일보』 2020년 1월 1일자에 실린 인터뷰에서 앨리슨(Graham Allison) 교수가 실제로 그런 예상을 제시했는데, 그는 하버드대학 케네디스쿨 학장을 역임한 바 있습니다. 언제든 핵·미사일실험이 재개된다면, 바로 그것이 2차 한국전쟁의 계기가 될 수도 있지요. 미국이 북한을 응징하고 북한이 남한에 보복하면서 전면전으로 비화할 수도 있기 때문인데, 하기야 2016-17년부터 3년이 지난 2020년에 김정은 위원장이 핵·미사일실험을 재개할지도 모르겠어요.

한국사회성격 논쟁이 중도반단되면서 민중민주파가 주장했던 인민민주정이 수용되지 못한 것은 우연이 아닙니다. 돌이켜보면 일제강점기에도 한국사회성격 논쟁이 주목받지 못했는데, 중국은 물론이고 일본과 비교해서도 한국의 마르크스주의가 후진적이었다는 사실의 반증이라고 할 수 있지요. 그런 상황에서 코민테른이나 소련을 추수할 따름이었고 '모택동사상'은커녕 '노농파'조차도 존재할 수 없었던 것이고요.

김민환, 「일제하 좌파잡지의 사회주의논설 내용 분석」(『한국언론학보』, 2005년 1호); 이상호, 「식민지조선의 제국 인식: 대공황 전후 경제평론의 변화를 중심으로」(『언론과사회』, 2011년 봄)를 보면, 일제강점기 마르크스주의가 '다이쇼 교양주의'의 영향으로 인문학 내지 철학에 편향되었다는 사실을 알 수 있습니다. 1930년대 초에는 대공황의 충격으로 강좌파의 스탈린주의 경제학이 소개되기도 했는데, 그러나 곧 '근대초극'을 표방한 교토학파의 철학에 압도되었고요.

전향문학의 백미인 「맥」(麥, 1941; 『맥』, 문학과지성사, 2006)에서 김남천이 '경제학으로부터 철학에의 전향'에 주목한 것은 이런 맥락이었는데, 그러니 한국사회성격 논쟁이 전개될 도리가 없었겠지요.

일제강점기와 1980년대에 제기된 한국사회성격 논쟁의 가장 중요한 쟁점 중 하나는 매판부르주아지나 독점부르주아지 같은 반동부르주아지와 민족부르주아지나 경쟁부르주아지 같은 자유부르주아지의 구별이라는 문제였습니다. 달리 말해서 『레닌주의의 기초』(1924)에서 스탈린이 주장했던 것처럼, 1905년 혁명론에서 레닌이 제기한 주적(main enemy)으로서 반동부르주아지와 주타방(주요타격방향, direction of the main blow)으로서 자유부르주아지의 구별이 여전히 타당한가라는 문제였지요.

코민테른 6차대회와 7차대회의 좌우편향은 결국 주타방으로서 자유부르주아지라는 개념의 결함에서 비롯된 것이었습니다. 먼저 사회민주주의가 파시즘과 동일하다고 주장한 6차대회의 '사회파시즘론'은 주타방으로서 자유부르주아지를 주적으로서 반동부르주아지로 환원한 셈이었지요. 반면 7차대회의 인민전선론은 주타방으로서 자유부르주아지를 부정한 셈이었고요.

한국사회성격 논쟁에서 저는 식민지반봉건사회가 신식민지국가독점자본주의로 성장·전화함에 따라 그 변혁의 과제도 반제반봉건인민민주변혁(NLPDR)이 반제반독점인민민주변혁(NLPDR)으로 성장·전화했다고 주장한 바 있습니다. 예를 들어 학술단체협의회 창립심포지엄에서 발표한 「전후 한국경제학연구의 동향과 과제: 정치경제학의 관점에서」(『80년대 한국인문사회과학의 현단계와 전망』, 역사비평사, 1988)를 참고하세요.

저는 동시에 식반사회에서는 주타방 개념을 폐기하고 신식국독자에서는 주타방 개념을 유지하되 중국사회성격 논쟁을 참고하여 자유부르주아지의 완고파와 투항파를 구별하자고 제안한 바 있습니다. 식반사회에서 자유부르주아지는 전략적 동맹의 대상인 반면 신식국독자에서 자유부르주아지의 완고파는 전술적 제휴의 대상이고 투항파는 무력화·중립화의 대상이라는 것이었지요. 물론 식반사회의 반동부르주아지, 특히 완고파가 아닌 투항파와 신식국독자의 반동부르주아지는 주적으로서 타도의 대상이었고요.

예를 들어 김성수 선생 일가는 일제강점기의 대표적인 자유부르주아지였습니다. 물론 중일전쟁 이후 만주로 진출하면서 반동부르주아지로 변질되었다고 하더라도 투항파보다는 오히려 완고파였다고 할 수 있고요. 또 해방 이후 이승만-박정희 정부에서는 자유부르주아지로 복귀했는데, 경성방직은 이승만-박정희 정부가 육성한 재벌에 포함되지 않았거든요. 김성수 선생 일가를 친일파라고 매도하는 것은 자유주의에 대한 인민주의적 무고일 따름이에요. 윤치호 선생 일가를 친일파라고 매도하는 것도 물론 마찬가지이고요.

야당과 재야운동

저도 몇 번인가 인용한 적이 있는데, 이건희 회장이 '기업인은 이류, 관료는 삼류, 정치인은 사류'라고 발언하여 물의를 일으킨 적이 있습니다. 사대부의 후예임을 자부하는 저로서는 굴욕적인 동시에 자책과 반성을 촉구하는 발언인데, 이 회장이 비하하는 정치인이 곧 경세가이거든요. 또 기업인과 관료는 물론 기업과 정부의 경영자(administrator)이고요.

애덤 스미스는 경세가를 입법가(legislator)라고 불렀습니다. 따라서 정당정치와 의회정치가 오작동하거나 부재하는 상황에서 입법가로서 경세가가 재생산될 수는 없지요. 남한의 정치를 특징짓는 기생정당은 의회의 '비인간화'를 초래하여 식물국회가 아니면 동물국회가 일반화되었어요. 김대중 정부에서 정치에 입문한 정세균 의원을 보면, 노무현 정부에서는 열린우리당 당의장이었다가 산업자원부 장관으로 격하되었고 문재인 정부에서는 국회의장이었다가 국무총리로 격하되었지요. 그런 것이 호남 출신 6선 의원의 실상이에요.

영·호남인이 약진하면서 기청인이 몰락했다는 것은 단지 지역간 세력관계의 역전은 아니었습니다. 영·호남인은 친여적이었고 기청인은 친야적이었기 때문이에요. 물론 재야운동이 출현하면서 호남에서 김대중 대통령을 추종하는 세력이나 영남에서 노무현 대통령을 추종하는 세력이 출현하기도 했지만요. 그러나 그들이 한민당으로 소급하는 전통야당을 계승할 수는 없어요.

동아일보 기자 출신인 이영훈 작가의 『파벌로 보는 한국야당사』(에디터, 2000)와 『한국정치, 바람만이 아는 대답』(나남, 2009)을 참고하면서 간단하게 설명해보겠어요. 전자는 복잡다단한 야당의 이합집산을 정리한 것이고, 후자는 야당 당수 10명의 전기이지요. 심지연 교수의 『한국정당정치사: 위기와 통합의 정치』(백산서당, 2004; 3차 증보판, 2017)도 참고할 수 있고요.

김성수 선생이 구상한 민주당은 일본의 자민당과 유사한 '포괄정당'(catch-all party/big tent)이었습니다. 한민당으로 소급하는 구파가 주로 정치인이었던 반면 홍사단 출신과 자유당탈당파는 주로 관료였거든요. 게다가 김 선생은 홍사단 출신의 반대에도 불구하고 해방 직후에 전향한 조봉암 선생을 입당시키려고 노력했는데, 김 선생이 사망하면서 조 선생의 입당은 결국 무산되고 말았지요.

정당 내부에 분파가 존재할 수 있습니다. 박사논문을 『에티엔 발리바르의 '정치경제(학) 비판': '비판의 비판'을 위하여』(한울, 1987)로 출판하면서 발리바르의 논문을 번역하여 첨부했는데, 그 중 한 편이 「분파형성권」이었지요. 스탈린주의의 결함 중 하나가 분파(fraction) 문제를 잘못 처리한 데 있다고 생각했거든요.

물론 정책적 차이가 아니라 조직적 차이를 강조하면서 급기야 '민주집중제'를 거부하는 분파도 있을 수 있습니다. 후자는 보통 종파라고 불리는 'sect/faction'인데, 'tendency/current'라고 불리는 전자와 구별해야 하는 것이지요. 발리바르와 제가 주목했던 것은 물론 'sect/faction'이 아니라 'tendency/current'였고요.

정당정치가 제대로 작동하려면 양당제나 포괄정당제가 확립될 필요가 있습니다. 양당제는 영국이나 미국처럼 자유주의적 정당과 보수주의적 정당이 정책 대결을 통해 교대로 정부를 구성하는 경우이지요. 포괄정당제는 자유주의적 정당과 보수주의적 정당을 별도로 구성하기 곤란한 전후의 일본처럼 단일 정당 내부에서 자유주의적 분파와 보수주의적 분파가 정책 대결을 통해 교대로 다수파가 되어 정부를 구성하는 경우이고요.

민주당의 구파는 기호지방 출신이자 해외유학파 출신으로서 의원내각제 개헌을 지향했습니다. 반면 신파는 서북지방과 영남지방 출신이자 국내파 출신으로서 의원내각제 개헌에 소극적이었지요. 또 구파가 사대부의 후예로서 반일(反日) 내지 비일(非日) 성향의 정치인 출신이었던 반면 중인의 후예인 신파는 친일(親日) 성향의 관료 내지 법조인 출신이었고요.

민주당 구파와 신파가 점차 종파로 변질되기 시작한 계기는 4·19 이후 윤보선 대통령과 장면 총리의 갈등이었습니다. 의원내각제에서 정부수반인 장 총리가 국가원수인 윤 대통령을 무시하고 신파만으로 정부를 구성했거든요. 물론 구파는 구파대로 신파는 신파대로 그 내부에도 분열이 있었고요.

장면 총리는 서북 출신의 가톨릭교도였습니다. 그런데 장 총리는 개항기부터 일제강점기까지 조선에서 악명을 떨쳤던 프랑스계 가톨릭이 아니라 미국계 가톨릭(메리놀수도회)에 소속되었어요. 혜화동에 있는 가톨릭계 동성상업학교의 교장을 역임한 장 총리는 반탁운동의 와중에 노기남 주교의 강권으로 정치에 입문하여 가톨릭을 정치적으로 대변했지요. 단정 수립 이후 외교관으로 활약했던 그는 특히 미국 정부가 선호한 정치인이었어요. 동시에 미국 정부는 그에게 정치적 '교황청'이었고요.

그러나 장 총리는 외교관으로는 몰라도 정치인으로는 실격이었습니다. 4·19 이후 총선에서 승리하자 '10년 집권'을 호언장담했다고 하는데, 미국 정부의 공식·비공식 지지를 굳게 믿었기 때문이지요. 그리하여 정부의 구성에서 구파를 배제함으로써 자중지란을 초래했던 것이고요. 그는 신파 동료에 대한 의심도 아주 많았는데, 특히 흥사단 출신인 정일형 의원에 대한 견제가 심했다고 하지요.

미국의 절대적 지지를 확신한 장면 총리는 국군보다도 오히려 미군을 신뢰했다고 합니다. 그래서 허정 과도정부의 국방부 장관이었던 이종찬 장군을 자유당탈당파이자 자신의 최측근인 현석호 의원으로 교체했던 것이지요. 또 정일형 의원과 연고가 있던 최경록 장군을 육군참모총장으로 임명했다가 자신과 연고가 있던 정치군인 장도영 장군으로 경질했던 것이고요. 박정희 대통령의 고백처럼, 군부의 신망이 높았던 이종찬·최경록 두 장군이 국방부장관이자 육군참모총장이었다면, 쿠데타는 애당초 불가능한 일이었어요.

장면 총리는 의원내각제의 총리로서 정부수반이자 국군통수권자였음에도 불구하고 미군이 대신 5·16을 진압해줄 것으로 기대했을 따름입니다. 그리고 자신은 도주하기에 급급했는데, 미국 대사관에서 거절당하자 당시 혜화동에 있던 가르멜수녀원으로 잠적했지요. 가르멜수녀원은 선교·봉사 등에 종사하는 활동(action) 수녀원이 아니라 수도에 전념하는 관상(contemplation) 수녀원이에요.

장면 총리는 55시간만에 잠적을 끝내고 내각의 총사퇴를 발표함으로써 5·16을 추인했습니다. 결국 미국 정부가 자신을 지지하지 않는다는 사실을 확인했기 때문이지요. 그가 마지막으로 남긴 말이 '피를 흘리면서까지 정권을 유지하면 뭘 하겠나'라는 데서 역시 정치인으로는 실격이었음을 알 수 있어요.

민주당 신파의 또 다른 지도자였던 박순천 의원은 부산 출신이었는데, 5·16 이후 장면 총리의 권유로 장로교에서 가톨릭으로 개종했습니다. 또 장 총리가 발탁한 김대중 대통령도 역시 그의 권유로 가톨릭에 입교했고요. 흥사단과의 연고로 인해 장로교 세력이 강했던 민주당 신파에서 가톨릭이 부상하게 된 것은 결국 장 총리 덕분이었다고 할 수 있겠지요.

장면 총리가 정계를 은퇴한 다음에 신파를 지도한 박순천 의원은 박정희 대통령에 대해 유화적이었는데, 사석에서는 박 대통령이 누님이라고 부르기도 했다는 설이 있습니다. 또 박 대통령이 김영삼 대통령의 대안으로 김대중 대통령을 지원했다는 설도 있는데, 역시 구파보다는 신파가 박 대통령에 대해 유화적이었기 때문이지요.

몇 차례 언급했던 것처럼, 윤치호 선생과 윤보선 대통령은 종숙과 종질 사이로 해방 전후에 두 분이 저희 해평 윤씨의 문장(門長, 문중 최고의 어른)이었습니다. 두 분은 해평 윤씨의 중흥조이신 오음 윤두수와 월정 윤근수 형제분 중 오음 할아버지의 9대손과 10대손이었고, 저는 월정 할아버지의 12대손이지요.

김영삼 대통령만큼이나 윤보선 대통령에 대한 평가도 부당한 것 같습니다. 그러나 김명구 교수의 평전 『해위 윤보선: 생애와 사상』(고려대학교출판부, 2011)을 참고할 수 있는데, 그는 윤치호 선생의 복권에 앞장선 바 있는 연세대 신학과 민경배 교수의 제자이지요. 또 윤 대통령의 자서전 『외로운 선택의 나날』(동아일보사, 1991; 개정증보판, 해위윤보선대통령기념사업회, 2012)도 참고할 수 있고요.

윤보선 대통령이 '온다던 것이 왔구나' 내지 '올 것이 왔구나'라면서 5·16을 추인했다는 것은 낭설일 따름입니다. 4·19를 전후해서 쿠데타의 소문이 이미 파다했는데, 1959년에 미국 의회에 제출된 대아시아 정책보고서인 『콜론 보고서』 중 남한에서 쿠데타 전망을 검토한 스칼라피노 교수의 집필분이 『사상계』 1960년 1월호부터 4회에 걸쳐 번역·연재되기도 했거든요. 5·16을 방치하고 추인한 것은 누가 뭐래도 장면 총리 자신이었어요.

1963년 대선에서 기청은 윤보선 대통령을 지지한 반면 영·호남은 박정희 대통령을 지지했습니다. 추풍령을 가로지르는 36도선이 기청과 영·호남의 분단선이었던 셈인데, 그것이 1963년 봄에 개국한 동아방송의 가청·불가청지역의 분단선이기도 했다는 것은 우연이 아니었어요. 당시의 투표성향을 여촌야도(與村野都, 농촌은 친여인 반면 도시는 친야)라고도 했는데, 그러나 부산·진주·대구는 친여 성향이었으므로 36도선이 훨씬 더 결정적이었음을 알 수 있지요.

박정희 대통령은 『동아일보』에 대한 대안으로 『조선일보』를 육성했습니다. 정론지(正論紙) 탄압의 절정은 유신 초기인 1974-75년에 『동아일보』의 광고주에 대한 압박이었는데, 1만건에 이르는 시민들의 '격려광고'로는 역부족이었어요. 결국 7개월만에 『동아일보』가 굴복하면서 정론지가 소멸했지요. 당시 해직된 『동아일보』 기자를 중심으로 1988년에 창간된 『한겨레신문』은 김대중-노무현 정부를 거치면서 일개 정파지(政派紙)로 전락해버렸고요.

1967년 대선에서도 박정희 대통령에게 패배한 윤보선 대통령은 3선개헌과 10월유신을 계기로 재야운동의 원로로 변모했습니다. 10·26 이후 '서울의 봄'에서 윤 대통령은 강원룡 목사와 함께 김영삼 대통령과 김대중 대통령의 후보단일화를 추진하면서 실질적으로는 김영삼 대통령을 지지했지요. 그러니 김대중 대통령이나 호남인으로서는 결코 받아들일 수 없는 제안이었고, 결국 서울의 봄은 5·18 광주항쟁의 비극으로 끝났어요.

광주항쟁 이후 이미 80대 중반인 윤보선 대통령은 강원룡 목사와 함께 재야운동을 청산했는데, 재야운동이 용공화되었다고 판단한 데다가 전두환 대통령이 7년 단임을 약속했기 때문이라고 합니다. 천관우 선생과 지학순 주교도 이에 동참하여 차후 재야운동에서 윤·천·지·강이라고 매도되고 소외되었지요.

얼마 전에 이순자 여사가 남편인 전두환 대통령이 '민주화의 아버지'라고 주장하여 빈축을 산 일이 있었습니다. 그러나 당시에는 7년 단임의 약속에 대한 기대가 상당했던 것 같아요. 국내의 재야운동뿐만 아니라 재일동포에게도 반향이 커서 조총련에 비판적인 『삼천리』 동인 중 일부가 전향하여 전 대통령의 초청으로 귀국하기도 했거든요. 박정희 대통령과 달리 전두환-노태우 대통령은 정치군인이 아니라 직업군인이었다는 사실을 염두에 둘 필요도 있고요.

윤보선 대통령의 영부인 공덕귀 여사의 자서전이 『나, 그들과 함께 있었네』(여성신문사, 1994)입니다. 공자의 후손으로 영남 지방 무관 집안 출신인 공 여사는 한신대를 설립한 송창근 목사의 애제자였어요. 결혼 이후 가사에 전념하던 공 여사는 3선개헌과 10월유신을 계기로 재야운동에 참여했는데, 자서전에서 다양한 일화를 소개한 바 있지요. 공 여사는 광주항쟁 이후 재야운동을 청산한 윤 대통령이 노망이 들었다고 생각한 것 같아요. 그러니 윤 대통령 자서전의 제목이 '외로운 선택의 나날'인 것은 우연이 아니겠지요.

윤보선 대통령은 국가원수 중 유일하게 본인의 희망에 따라 국립묘지가 아니라 충남 아산 새말(新村)의 선산에 안장되었습니다. 이승만 대통령이나 박정희 대통령 같은 독재자와 함께 눕기가 싫었던 것 같아요. 노무현 대통령이 퇴임 이후 자신의 정치활동을 위한 근거지로 삼았던 봉하(烽下, 봉화산 봉수대 아래) 마을에 안장된 것은 물론 본인이 아니라 그 추종자들의 선택이었고요.

10·26과 5·18 사이에 자유주의에서 마르크스주의로 전향한 저로서는 윤보선 대통령과 임무를 교대했다는 생각이 들기도 듭니다. 나아가 윤치호 선생과 윤보선 대통령 두 분이 개항기 이후 100년 동안 한국에서 자유주의를 대표했다고 한다면, 저로서는 자유주의를 지양하기 위해 마르크스주의를 선택했던 셈이고요. 중인의 후손인 박정희 대통령이나 머슴의 후손인 김일성 주석처럼 사대부의 후손인 저에게도 가문의식과 역사의식이 있다는 것이에요.

어쨌든 윤보선 대통령이 재야운동에 투신한 다음 김영삼 대통령과 김대중 대통령의 대권 경쟁이 본격화되었습니다. 그러면서 두 분의 갈등은 급기야 자유주의/보수주의와 인민주의의 대립이라는 정책적 내지 이념적 갈등으로까지 비화되었지요. 그 결과 김영삼 대통령이 3당합당을 결행하여 새로운 포괄정당인 민주자유당을 결성하려고 시도했던 것 같고요.

민자당 내부에서 김영삼 대통령 자신은 자유주의적 분파를 지도하고 민정당의 노태우 대통령과 공화당의 김종필 총리는 보수주의적 분파를 지도한다는 구상이었을 것 같습니다. 김대중-노무현 대통령의 추종자들은 3당합당을 3당야합이라고 비난하는데, 자유주의/보수주의와 인민주의의 차이에 대한 무지의 소치일 따름이에요.

1992년 대선에서 김영삼 대통령은 김대중 후보에게 승리함으로써 문민화를 개시할 수 있었습니다. 김영삼 대통령의 가장 큰 업적은 역시 전두환-노태우 대통령의 정치적 기반이었던 하나회를 해체함으로써 차후 군부가 정치에 개입할 수 있는 여지를 소멸시켰던 것인데, 그 최대의 수혜자가 바로 김대중 대통령이었지요. 김대중 대통령에 대한 최대의 비토세력이 바로 군부였거든요.

나아가 김영삼 대통령은 1986-88년 '3저호황'으로 중도반단된 전두환 정부의 신자유주의적 정책개혁의 재개를 시도했는데, 그러나 김대중 대통령의 방해 내지 비협조로 실패하고 말았습니다. 이미 설명한 것처럼, 정규화된 정치개방도와 경제개방도의 격차가 노태우 정부의 1.3에서 김영삼 정부의 2.0으로 확대되면서 문민화의 실패가 예고되었던 것은 이 때문이지요.

그런 와중에 민자당 내부에서도 자유주의적 분파인 민주계와 보수주의적 분파인 민정계의 갈등이 대두되었습니다. 급기야 1995년 말에 민정계가 이회창 대표를 영입하면서 민자당은 신한국당으로 변모했고, 1997년 말 대선 직전에는 이회창 대표가 박근혜 대통령을 영입하면서 신한국당은 한나라당으로 변모했지요. 그런 일련의 과정을 통해 민주계가 위축될 수밖에 없었는데, 1997-98년 경제위기는 그야말로 설상가상이었던 셈이에요.

김영삼 대통령과 김대중 대통령의 대권 경쟁으로 인해 대통령제와 의원내각제 사이의 선택이라는 쟁점도 소멸되고 말았습니다. 민주당 구파와 신파 사이에서 제기되었던 의원내각제 개헌이라는 쟁점이 포기되면서 유신체제에서 시작된 제왕적 대통령제가 날로 강화되었던 셈이지요. 대신 김종필 총리가 의원내각제의 전도사로 간주되면서 어차피 대권 경쟁에서 승리할 수 없으니까 그런 선택을 했다는 식의 오해가 만연되기도 했고요.

이회창 대표가 김대중 대통령과 노무현 대통령에게 연이어 패배한 다음에는 박근혜 대통령이 대안으로 부상했습니다. 2004년 노무현 대통령에 대한 탄핵의 역풍 속에서 '선거의 여왕'으로 인정받은 덕분이었는데, 물론 박근혜 대통령이 선거정치를 활용한 인민주의자였는지는 논란의 여지가 있겠지요. 그럴 경우에는 부친이 아니라 부친의 정적인 김대중 대통령을 닮았던 셈이겠고요.

박근혜 대통령은 2007년 대선을 앞두고 당내 경선에서 이명박 대통령에게 패배했습니다. 게다가 2008년 총선에서는 친박계가 대거 공천에서 탈락하기도 했고요. 그러나 우여곡절 끝에 2012년 대선에서 승리할 수 있었는데, 결국에는 최초로 탄핵·파면된 대통령이라는 불명예를 모면할 수는 없었지요. 2012년 대선 직전 한나라당은 새누리당으로 변모했고, 2017년 탄핵 직전 새누리당은 자유한국당으로 변모했다는 사실도 지적해두겠어요.

박근혜 대통령의 몰락은 그 부상만큼이나 미스터리 같습니다. 민정계에서 영입한 이명박 대통령의 홀대에도 불구하고 민주계의 마지막 계승자인 김무성 의원의 지원으로 집권에 성공할 수 있었던 박 대통령이 오히려 민주계를 홀대하면서 친박계와 비박계의 분열이 시작되었지요. 그 결과 김무성 의원이 탄핵에 찬성하고 탈당을 감행하면서 친박계와 비박계가 공멸한 덕분에 문재인 정부가 출범할 수 있었던 것이고요.

김무성 의원 이외의 민주계는 결국 계파에서 이탈하거나 심지어 탈당을 선택하기도 했는데, 그래서 김 의원을 민주계의 마지막 계승자라고 부른 것입니다. 예를 들어 이재오 의원은 친이계로 이적했고 서청원 의원은 친박계로 이적했지요. 곧 설명할 것처럼, 이우재 의원은 탈당을 선택했고요. 이우재 의원에 이어 뒤늦게 손학규 의원도 탈당을 선택했지만요.

김대중 정부에서 대두한 인민주의는 노무현 정부에서 절정에 도달했는데, 정치개방도와 경제개방도의 격차가 1.5로 축소되다가 또다시 1.9로 확대되었다는 것이 그 증거입니다. 나아가 김대중 대통령이 의중에 두었던 이인제 의원이 아니라 노무현 의원이 대선 후보로 선출되고 대선에서 승리하는 일련의 정치과정 자체가 인민주의적 행태에 의해 지배되었다는 사실에도 주목할 수 있는데, 그 주체가 바로 남한 최초의 정치인인터넷팬클럽인 노사모(노무현을사랑하는사람들의모임)였거든요.

그러나 인민주의를 견제하려는 시도가 없었던 것은 아닙니다. 국회가 노무현 대통령에 대한 탄핵을 소추한 것이 대표적 사례였지요. 그러나 헌법재판소가 탄핵을 기각했는데, 허설이 지적한 것처럼, 세계헌정사에서 유례가 없는 일대 사건이었지요. 행정부를 견제하기 위한 입법부의 결정을 사법부가 번복한다는 것은 불합리한 일이거든요. 미국처럼 헌법재판소를 설치하지 않은 채 하원이 탄핵을 소추하고 상원이 탄핵을 심판하는 것이 합리적인 일이에요.

탄핵 사건 이외에 인민주의를 상징하는 사건은 당선된 직후 노무현 대통령이 김대중 대통령이 창당한 새천년민주당을 탈당하고 자신의 열린우리당을 창당한 일이었습니다. 새천년민주당의 신주류로서 열우당의 창당에 참여한 세력은 김근태계, 천·신·정, 유시민계, 한나라당 출신 '독수리5형제'였지요.

김근태계는 1983년에 민청련(민주화운동청년연합)을 조직한 '운동권 대부' 김근태 의원을 중심으로 한 386세대 운동권이었는데, 그들이 새천년민주당의 전신인 새정치국민회의에 대거 입당한 것을 계기로 1992년 대선 패배 당일 정계은퇴를 선언했던 김대중 대통령의 정계복귀가 가능했던 것입니다. 천·신·정은 호남 출신으로 서울대를 졸업한 천정배·신기남·정동영 의원이었어요. 유시민계는 개혁국민정당이었고, 독수리 5형제는 이우재 의원 등이었는데, 손학규 의원도 뒤늦게 그들과 합류했지요.

열우당 비판을 주도한 사람은 김근태 의원이었고, 정동영·손학규 의원도 동조했습니다. 물론 그 배후에는 노무현 대통령에게 복수하려는 김대중 대통령이 있었고요. 노무현 대통령과 김근태 의원은 반년 터울의 동년배였는데, 보건사회부 장관이던 김 의원이 이른바 '좌파 신자유주의'를 표방하던 노 대통령에게 '계급장 떼고 논쟁하자'고 요구했다는 유명한 일화가 있지요.

반면 열우당을 옹호한 사람은 친노 그룹의 좌장이던 이해찬 대표와 노 대통령의 '호위무사'를 자임하던 유시민 작가였습니다. 유 작가의 정치적 멘토로서 그를 보좌관으로 발탁해준 이 대표는 1985년에 민청련의 확대판인 민통련(민주통일민중운동연합)에 참여한 원조 '비지파'(비판적 지지파)로서 1987년에 김대중 대통령을 지지한 보상으로 1988년 총선에서 정계에 입문할 수 있었지요.

문재인 정부에서 주류로 부상한 386세대 운동권은 이미 김근태계를 지양한 것 같습니다. 1987년에 출범한 전대협(전국대학생대표자협의회)의 초대 의장이자 민주당내 김근태 계보인 민평련(민주평화국민연대) 소속인 이인영 의원은 원내대표로서 거의 존재감이 없거든요. 노무현 정부의 실패를 반면교사로 삼아 청와대가 여당을 철저하게 통제하는 것 같은데, 게다가 김근태 의원은 이미 2011년에 지병으로 작고했어요.

김영삼 대통령과 달리 김대중 대통령은 재야운동권이라고 불리던 의회 외부의 정치세력과 연대함으로써 정당을 약화시켰다는 사실을 강조해두겠습니다. 그 덕분에 386세대 운동권이 부르주아 정치에 입문하면서 능력제(merit system)가 엽관제(獵官制, spoils system)로 대체되었다는 사실도요. 노무현 정부에 이어 문재인 정부에서 출세한 인물의 면면을 살펴보세요. 하기야 자기의 출신을 은폐·조작하는 것도 인권이라고 강변하는 요즘은 '신상털기'가 쉽지 않지만요.

그나마 민주당 의원의 구성에 대한 『조선일보』의 조사가 도움이 될 것입니다. 128명의 의원 중에서 386세대 운동권은 과반수인 69명인데, 그 중에서 80-87학번 67명은 직선제 개헌을 요구한 1987년 6월항쟁에 참여한 경험이 있지요. 또 '인서울'(서울소재대학 졸업자)이 57명인데, 서울대가 15명이고 고려대·연세대가 각각 10명이어서 거의 평준화되었어요. 고려대와 연세대를 비롯한 비(非)서울대 학생운동권이 약진했던 덕분이겠지요.

민주당의 주류는 1987년 6월항쟁에 참여한 80-87학번 67명이고, 그 중에서도 특히 1987년에 학생운동의 지도부를 구성한 81-84학번 45명이 핵심입니다. 반면 60년대 학번 4명, 70년대 학번 43명, 90년대 학번 10명, 비대졸자 2명 등 59명과 1987년 6월항쟁에 참여하지 못한 386세대 '불우학번'인 88-89학번 2명은 비주류이지요. 또 80-87학번이더라도 인서울이 아닐 경우는 역시 비주류이고요.

나아가 고위관료의 발탁도 행정고시나 외무고시 같은 능력제와는 거리가 멀었습니다. 김대중 대통령의 '신자유주의적 대중경제론'을 이론적으로 지원한 유종근 지사라든지 노무현-문재인 정부의 '좌파신자유주의'를 실무적으로 지원한 김현종 차장이 고시와 무관하게 발탁된 엽관제의 사례이지요. 문재인 정부에서 그런 사례가 급증하면서 고시 출신의 '늘공'(늘 공무원)과 구별되는 엽관제 출신의 '어공'(어쩌다 공무원)이라는 말이 일반화되었고요.

마지막으로 민청련이 민통련으로 확대 개편되는 과정에서 김근태 의원이 후배 이을호 씨와 함께 'CNP 논쟁'을 제기했다는 사실에도 주목해두겠습니다. 당대의 변혁과제를 '시민민주주의'(CD), '민족민주주의'(ND), '민중민주주의'(PD)라는 3대노선으로 정리한 것인데, 요즘에는 이것도 중앙정보부 조작이라고 주장하고 있어요. 그러나 'CNP 논쟁'은 박현채 선생이 한국사회성격 논쟁을 제기하신 계기가 되기도 했던 1980년대 남한운동사의 주요 사건이었지요.

1988년에 당시 실무를 담당하던 박원순 시장의 주선으로 민변에서 한국사회성격 논쟁에 대한 강연을 한 적이 있습니다. 그 때 5공비리청문회에서 막 스타로 등극한 노무현 대통령을 처음이자 마지막으로 만났는데, 피차간에 첫인상부터 별로였지요. 한국사회성격 논쟁을 폄하하던 그에게서 이미 인민주의적 반(反)지식인주의를 간취할 수 있었고요.

정치의 사법화는 입법부와 행정부의 무능으로 인해 초래되었다는 허설의 주장과 비슷하게, 인민주의는 자유주의와 마르크스주의의 약화로 인해 초래되었다고 주장할 수도 있을 것입니다. 저만 해도 이제까지는 인민주의보다 오히려 자유주의와의 대결에 주력해왔거든요. 물론 노무현 정부가 출범한 다음에는 인민주의에도 주목했었는데, 그러나 자유주의의 대안으로는 마르크스주의가 더욱 유력하다고 예단했던 것이지요.

그러다가 세월호 침몰사건과 최순실 씨 국정농단사건을 계기로 문재인 정부가 출범하면서 저의 착각임을 깨달았습니다. 알고 보니 저만 빼고 모두 '촛불혁명'과 문재인 정부 출범에 동참하고 있었던 것 같아요. 그래서 35년간 봉직하던 한신대에서조차 총학생회가 저를 '무지하고 비겁한 역사의 반동'으로 규탄하기에 이르렀고, 창립 이후 20년 동안 정치적 입장을 공유해온 사회진보연대조차 문재인 정부에 대한 저의 비판에 동참하기를 거부했던 것이지요.

『한국사회성격 논쟁 세미나』를 여는 『한국자본주의의 역사』에서 왕부지의 『사해』(俟解)를 소개한 적이 있습니다. 자신의 사상이 수용될 수 없음을 안 왕부지가 '나는 [내 사상을 비판적으로 발전시킬] 이런 독자를 아침부터 저녁까지 기다린다'(此解者, 吾旦暮俟之)고 말했거든요. 이제 『한국사회성격 논쟁 세미나』를 마무리하는 『후기』에서는 고염무의 『일지록』(日知錄)를 소개하고 싶어요. 『논어』에 나오는 '모르던 것을 날마다 알아간다'(日知其所亡)는 자하의 말을 제목으로 인용한 이 책에서 고염무도 비슷한 말을 했기 때문이에요.

> 왕도로 천하를 다스릴 사람이 다시 나타난다면, 바라건대 [이 책에서] 여러 지난 일들을 되돌아봄으로써, 이 세상을 융성했던 옛날의 치세로 올려놓을 것인데, 그러나 [이 책이] 감히 요즘 사람의 치도가 될 수는 없을 것이다.
>
> 有王者起, 將以見諸行事, 以躋斯世於治古之隆, 而未敢爲今人道也.

정론지와 정론에 대한 보론

보론 삼아 정론지에 대한 설명을 추가해두겠습니다. 정치인이 정당정치와 의회정치를 통해 재생산된다면, 시민은 정론지를 통해 재생산되는 법이거든요. 그래서 미국의 국부(國父)인 제퍼슨이 '신문 없는 정부'(a government without newspapers)보다는 오히려 '정부 없는 신문'(newspapers without a government)을 선택하겠다고 선언했던 것이고요.

나아가 *Imagined Communities: Reflections on the Origin and*

Spread of Nationalism (Verso, 1983; 2nd ed., 1991; 국역: 나남, 2002)에서 앤더슨(Benedict Anderson)은 소설과 신문을 통해 시민이 재생산된다고 주장했습니다. 소설을 통해 교양을 얻게 되고 신문을 통해 여론을 알게 되면서 비로소 개인으로서 국민이 공동체로서 국민과 동일화될 수 있다는 것이에요.

'public opinion'을 번역한 여론(輿論)은 인민(people)으로서 국민(nation) 다수의 의견이라는 의미입니다. 인민으로서 국민이란 정부가 아니라 민간을 의미하는 동시에 외국인이 아니라 민족을 의미하는 것이고요. 외국인은 물론이고 정부에 의한 여론의 통제나 조작을 감시하고 올바른 여론을 형성하는 신문이 바로 정론지이고 그래서 언론을 입법부·행정부·사법부에 이은 '제4의 권부'(Fourth Power)라고 부르는 것이지요.

코바치(Bill Kovach)와 로젠스틸(Tom Rosenstiel)이 집필한 *The Elements of Journalism* (Three Rivers Press, 3rd ed., 2014; 국역: 한국언론진흥재단, 2014)을 참고하면서 정론지에 대해 간단하게 설명해두겠습니다. 이 책은 그들이 1997년에 창립한 '언론의 미래를 우려하는 언론인위원회'(Committee of Concerned Journalists)의 연구성과이기도 하지요.

먼저 'journalist'와 'journalism'의 번역에 대해 정리해두겠습니다. 'journalist'는 본래 신문·잡지(journal)에 기사(記事)를 쓰는 사람이므로 기자(記者)라고 번역하지요. 라디오나 텔레비전에 종사하는 방송기자가 출현한 다음에는 신문·잡지기자와 통칭하여 언론인이라고 번역하고요. 'journalism'은 언론인의 활동이므로 언론이라고 번역하거나 그냥 저널리즘이라는 외래어로도 사용하고요.

코바치와 로젠스틸이 언론인에 대한 정의를 좀 더 분명히 하고 있다는 사실에 주목할 수 있습니다. 초판(2001)이나 재판(2007)에서는 사실확인자(verifier)라고 정의한 반면 최신 3판에서는 진실확인자(authenticator)라고 정의하거든요. 단순한 사실확인자가 아닌 진실확인자란 'sense-maker', 즉 '사건을 맥락 속에서 정리하여 정보를 지식으로 가공하는 사람'이라는 의미이지요.

이렇게 언론인의 정의를 변경한 것은 2007-09년 금융위기 이후에 확산된 디지털 저널리스트의 디지털 저널리즘에 대응하기 위한 것입니다. 인터넷과 소셜미디어를 통해 쓰레기언론인(junk journalist, 기레기=**기**자쓰**레기**)이 쓰레기언론(junk journalism)을 대량으로 공급하고 있거든요. 물론 그런 쓰레기들에 대한 대량의 수요가 있기 때문인데, 고지방·고염분·고당분(HFSS)의 영양가 없는 쓰레기음식(junk food)의 경우를 생각해보세요.

정론지에서 뉴스 보도와 함께 중요한 것이 바로 'editorial'과 'op-ed'입니다. 'editorial'은 'leading article'인데, 신문사를 대표하여 논설위원이 의견을 제시하는 기사라는 의미에서 사설(社說)이라고 번역하지요. 'op-ed'는 'opposite editorial'의 약어인데, 사설과 반대쪽 지면에 실리는 기명칼럼이나 특집기사이고요. 정론지 여부는 뉴스 보도와 사설·기명칼럼·특집기사에 의해 좌우됩니다. 그래서 『한겨레신문』이 일개 정파지로 전락했다는 사실을 뉴스 보도뿐만 아니라 사설 등의 편향성에서 쉽게 확인할 수 있는 것이지요.

코바치와 로젠스틸은 정론 저널리즘(opinion journalism)과 정파 저널리즘(partisan journalism)을 구별하면서 전자는 국민 다수의 여론을 형성하는 공익에 봉사하는 반면 후자는 특정 정파, 심지어 특정 정치인을 옹호하는 사익에 봉사한다고 강조하고 있습니다. 정파 저널리즘에 의한 정론 저널리즘의 대체는 디지털 저널리즘의 확산에 의해 가속화되고 있지요.

정파 저널리즘은 사실을 확인해주는 대신 '주장'(assertion)을 제공합니다. 심지어 디지털 저널리즘은 '지지'(affirmation) 내지 '확증'(confirmation)을 제공하기도 하는데, 수요자의 선입견을 지지하고 확증하는 '영합'(pandering, 뚜쟁이질)이라고 할 수도 있지요. 단순한 사실의 확인을 넘어서는 진실의 확인이 필요한 것은 이 때문인데, 코바치와 로젠스틸은 'opinion journalism'을 넘어서는 'knowledge journalism'이 필요하다고 주장하고 있어요.

코바치와 로젠스틸은 언론의 ‘기본원칙’(elements)을 시민의 ‘권리장전’(bill of rights)이자 언론인의 ‘의무장전’(bill of responsibilities)이라고 부르면서 시민에게도 상응하는 의무가 있다고 주장합니다. 주장 저널리즘의 확산을 허용하는 ‘시비’(argument, 논쟁을 위한 논쟁) 문화나 지지/확증 저널리즘의 확산을 허용하는 ‘보증’(answer, 선입견의 지지 내지 확증) 문화에 매몰되면 안 된다는 것이지요. 쉽게 말해서 ‘알 권리’(right to know, 켄트 쿠퍼)를 포기하면 안 된다는 것이에요.

코바치와 로젠스틸처럼 패터슨(Thomas Patterson)도 *Informing the News* (Vintage Books, 2013; 국역: 한울, 2018)에서 정론지가 ‘사실기반 저널리즘’(fact-based journalism)을 넘어서는 ‘지식기반 저널리즘’(knowledge-based journalism)으로 발전할 필요성을 강조하고 있습니다. 그런 필요성은 물론 인터넷과 소셜미디어에 의한 저널리즘의 타락에 대응하기 위한 것이고요.

하버드대학 정치학 교수인 패터슨은 특히 저널리스트의 무지로 인한 정보의 전와(轉訛, corruption)에 주목하고 있는데, 전와란 본래 ‘말이 바뀌어 잘못된다’는 의미입니다. 잘못된 말이 사투리인 것처럼, 잘못된 정보가 바로 오보(誤報, misinformation)이지요. 조작된 오보(misleading information)는 역정보(逆情報, disinformation)이고요. 요즘 유행하는 가짜뉴스(fake news)는 오보 중에서도 특히 역정보를 의미하는 것이에요.

마지막으로 옥스퍼드대학 로이터저널리즘연구소의 *Digital News Report 2019*와 그 중에서 한국 관련 주요결과를 정리한 한국언론진흥재단의 『미디어 이슈』(5권 3호, 2019년 6월)에 대해서도 주목해두겠습니다. 조사대상인 38개국에서 디지털 저널리즘과 가짜뉴스에 대한 우려는 평균 55%였는데, 인민주의에 대한 우려와 디지털 저널리즘의 가짜뉴스에 대한 우려는 비례한다고 할 수 있어요.

예를 들어 네덜란드, 독일, 노르웨이, 스웨덴이 31%, 38%, 39%, 47%로 낮은 반면 브라질, 포르투갈, 스페인, 프랑스가 85%, 75%,

68%, 67%로 높았습니다. 또 국민투표에서 브렉시트를 선택한 영국과 트럼프 대통령이 당선된 미국도 70%와 67%로 높았고요. 그러나 문재인 대통령이 당선된 한국에서는 59%밖에 되지 않았는데, 인민주의에 대한 우려처럼 디지털 저널리즘의 가짜뉴스에 대한 우려도 별로 높지 않은 것 같아요.

소셜미디어에 대한 설명도 추가해두겠습니다. 핸드폰에 이어 스마트폰을 사용하지 않는 저로서는 페이스북이나 유튜브 같은 소셜미디어도 역시 낯설 수밖에 없었고, 그래서 참고할 만한 문헌을 찾아보았지요. 그러나 최민재·양승찬, 『인터넷 소셜미디어와 저널리즘』(한국언론재단, 2009); 임종섭, 『소셜미디어와 언론의 관계성』(커뮤니케이션북스, 2015)을 읽어보니 별 내용이 없더군요.

먼저 미디어의 용어법을 간단하게 설명해두겠습니다. 미디어는 커뮤니케이션, 즉 의사소통을 위한 수단이므로 매체(媒體)라고 번역하기도 하는데, 퍼스널커뮤니케이션을 위한 퍼스널미디어와 매스커뮤니케이션을 위한 매스미디어가 있지요. 전자는 우편이나 전화이고, 후자는 신문·잡지나 라디오·텔레비전이고요.

2007-09년 금융위기 이후에 소셜미디어의 이용이 급증한 것은 정보기술(IT) 덕분입니다. 2001년에 거품이 붕괴한 다음에도 정보기술은 지속적으로 발전했어요. 그 결과 2007-09년 금융위기를 전후로 소셜네트워킹이 소셜미디어로 변모할 수 있었고, 2017년을 전후로 모바일 시대와 함께 소셜미디어의 전성시대가 열린 셈인데, 요즘 매체라고 하면 소셜미디어라는 의미이지요.

그러나 인터넷포럼 내지 전자게시판으로 소급하는 소셜미디어는 노동자운동을 포함한 사회운동을 모종의 인민주의로 대체한다는 것 말고는 여전히 정체불명입니다. 얼마 전에 기관지 『사회운동』을 매체 『오늘보다』로 대체한 사회진보연대도 비슷한 경우였다고 할 수 있고요. 하기야 소셜미디어가 촉발한 2010-11년 '아랍의 봄', 그 중에서도 특히 시리아 내전의 진실이 무엇인지 누가 알겠어요.

위키피디아에 따르면, 전세계적으로 가장 인기 있는 소셜미디어는 페이스북과 유튜브로 1, 2위를 다투는데, 남한에서는 유튜브가 우세합니다. 트럼프 대통령이 애용하는 트위터는 아직 페이스북의 1/7, 유튜브의 1/6 수준인데, 다만 일본에서는 가장 인기가 많아요. 또 '집단지성'의 상징인 위키피디아는 독일에서 가장 인기가 많은데, 남한에서는 별로 존재감이 없지요.

그런데 남한에서는 정론지와 함께 정론 개념도 소멸한 지 이미 오래인 것 같습니다. 예를 들어 강준만 교수는 『한국언론사』(인물과 사상사, 2019)에서 신문·잡지와 방송을 구별하지 않고, 게다가 대중문화사의 맥락에서 언론사를 정리하고 있어요. 인터넷과 소셜미디어에 대해서는 유보적이지만요. 어쨌든 강 교수에게는 정론 개념이 없는데, 인민주의자로서는 당연한 일이겠지요.

물론 인민주의자로서 강준만 교수의 입장은 독특합니다. 탈북자의 후손으로 목포에서 태어난 강 교수는 조·중·동(『조선일보』·『중앙일보』·『동아일보』) 비판으로 명성을 얻었지요. 그런데 김대중 대통령 지지에서 노무현 대통령 지지로 전향한 바 있는 강 교수는 열우당이 창당된 다음에는 노 대통령과도 거리를 두었어요. 2012년 대선에서 안철수 후보를 지지한 그의 입장은 여전히 비노·비문이라고 할 수 있고요.

『재론 위기와 비판』에서 제가 초등학교 교과서에서 정론지에 대해 배운 적이 있다고 했습니다. 6학년 2학기 국어교과서였는데, 첫 장의 주제가 바로 '보도의 사명'으로서 '[사실을] 알려주고 [진실을] 가르쳐준다'는 것이었지요. 그런데 경제학자인 저도 기억하는 이 대목이 언론학자인 강준만 교수에게는 생각이 안 나는 모양이에요. 저보다 두 살 아래인 강 교수도 같은 책을 배웠지만요.

박정희 대통령 이후 남한 정치에서 정론이 말살된 것과 정반대로 조선왕조에서는 정론이 중시되었습니다. 김경수 교수의 『'언론'이 조선왕조 500년을 일구었다』(가람기획, 2000)와 박홍갑 박사의 『사관 위에는 하늘이 있소이다』(가람기획, 1999)를 참고하면서 간단하게 설명해보겠어요.

'직언정론'(直言正論) 내지 '창언정론'(昌言正論)은 '바른 언론'으로서 정론이라는 의미인데, '직'(直)과 '창'(昌)은 '정'(正)과 같은 의미이기 때문입니다. 물론 조선의 언론은 신문과 잡지 같은 'press'(출판)가 아니라 주로 'speech'(언론)였지요. 예외적으로 책이 있었는데, 그것이 바로 사서(史書)였어요. 그래서 정론직필(正論直筆)이라는 말이 있었던 것이고요.

언론의 자유를 보장하기 위한 조선왕조의 제도가 바로 사헌부와 사간원 양사로 이루어진 대간직과 홍문관과 예문관 양관으로 이루어진 문한직이었습니다. 사헌부와 사간원이 국왕에 대한 간쟁(諫爭, 충언)을 담당했던 반면 홍문관은 국왕과의 경연(經筵, 세미나)을 통한 언론을 담당했고 예문관은 왕조의 역사편찬을 통한 언론을 담당했던 것이지요.

양사의 대간직과 양관의 문한직을 통해 사대부의 공론(公論)이 형성되었습니다. 그런데 예문관은 사대부의 공론과는 또 다른 차원인 '역사의 공론'으로서 사론(史論)을 형성하는 것이기도 했지요. 그래서 사헌부·사간원·홍문관의 관원을 언관으로 통칭하면서 예문관의 관원을 사관이라고 부르기도 했던 것이고요.

언관도 그러했지만 특히 사관이 되려면 하자(瑕疵, 흠)가 없어야 했다는 사실을 강조해두겠습니다. 본인은 물론이고 친가 및 외가의 '사조'(四祖, 부·조부·증조부·외조부)에게도 하자가 있으면 안 되었지요. 또 미혼이어도 안 되었는데, 나중에 처가와 관련하여 문제가 발생할 수도 있었기 때문이에요.

희대의 폭군인 연산군조차 중종반정 보름 전에 '임금이 두려워하는 것은 오직 역사뿐이다'(人君所畏者史而已)라고 말하기도 했습니다. 그로서도 역사의 심판만은 두렵다는 뜻이었는데, '세계사는 세계법정이다'(Die Weltgeschichte ist das Weltgericht)라는 실러의 말을 일국사의 맥락에서 선취한 셈이었지요.

조선왕조에서 언론의 자유란 결국 신권에 의해 왕권을 제한하는 수단이었습니다. 그리하여 일제강점기에 안확 선생이 조선왕조는

‘군신공치’(君臣共治)를 실현한 ‘제한군주정’이라고 자부하면서 서인은 자유주의적 신권주의 붕당이었던 반면 동인은 보수주의적 왕권주의 붕당이었다는 사실을 강조했던 것이지요. 『봉건제론』에서 설명한 것처럼, 군신공치란 『대학연의보』에서 구준이 설정한 사대부의 이상이었는데, 막상 중국에서는 실현된 적이 없어요.

제한군주정을 입헌군주정으로 개혁하려면 의회가 필요했는데, 바로 이것이 윤치호 선생 등이 지도한 독립협회의 요구였습니다. 그러나 고종은 독립협회를 해산하면서 오히려 제한군주정을 절대군주정으로 개악했던 것이지요. 이런 맥락에서 고종의 롤 모델이 신권 대신 왕권을 강조한 정조였던 것은 우연이 아니에요.

물론 사대부의 공론인 사론(士論)이 국민의 공론인 여론(輿論)은 아니었습니다. 그러나 사론을 지식인의 공론으로 간주한다면, 사론과 여론이 무관한 것도 아니겠지요. 사론이 여론을 대변(代辯)한다기보다는 오히려 여론을 지도한다고 할 수 있겠고요. 독립협회가 기관지 『독립신문』을 발간한 것은 당연한 일이었는데, 역시 고종에 의해 폐간되고 말았어요.

나무위키에 따르면, 강준만 교수는 돌아가신 김윤식 선생보다도 훨씬 다작이어서 이미 저서만 259권이나 된다고 합니다. 그래서 ‘가위와 풀’(scissors and paste)만으로 책을 쓴다는 소문이 있는 것 같아요. 질은 논외로 하고 양으로만 계산한다면, 김 선생이 박사논문 이후 40여년 동안 연평균 5권을 집필한 반면 강 교수는 박사논문 이후 30여년 동안 연평균 8권을 집필한 셈이지요.

노무현 정부 출범을 전후로 강 교수는 『한국현대사 산책』의 집필에만 전념했다고 합니다. 2002-06년에 1945-1999년을 다룬 1-18권을 출판했고 2011년에는 2000-09년을 다룬 19-23권을 출판했다는 것이지요. 그러나 그의 일반사는 언론사 이상으로 신뢰할 수 없을 것 같아요. 정론 개념이 없는 강 교수에게 사론(史論) 개념이 있을 리 없거든요.

질의와 응답

불평등에 대하여

— 문재인 정부에 대한 여론 동향은 어떤가요?

— 먼저 위키피디아에 인용된 한국갤럽조사의 문재인 대통령 지지율 동향을 정리해두겠습니다. 취임 이후 거의 1년 이상 70%대 이상을 유지하던 문 대통령 지지율은 2018년 6월부터 급락하여 8월에는 50%대까지 하락했지요. 9월에 60%대로 반등하다가 10월에는 또다시 50%대로 하락했고요. 지지율의 이런 동향에 대한 해석은 이미 『종합토론』에서 제시한 바 있으므로 생략하겠어요.

2018년 12월에 문 대통령 지지율은 결국 40%대까지 하락하면서 비판자와 지지자의 비율이 거의 비슷해졌습니다. 그러나 그 후에는 더 이상 하락하지 않고 2019년 내내 40%대를 유지하면서 찬반 여론이 백중지세를 보이고 있는데, 해석이 쉽지 않을 것 같아요. 하노이 노딜이나 조국 사태 같은 국내외 정세의 격변이 아무런 영향도 끼치지 못했다는 것은 기이한 일이거든요.

2019년 8-9월에 문화부가 갤럽에 의뢰한 '한국인의 의식 및 가치관 조사'에 대한 『중앙일보』의 보도에도 주목할 수 있습니다. 노자

갈등이나 빈부갈등보다 오히려 정규직과 비정규직간의 노노갈등이나 진보와 보수간의 이념갈등이 더 심각하다는 답변은 역시 기이하다고 할 수밖에 없겠지요. 자본가나 부자보다는 오히려 정규직이나 보수주의자가 인민주의적 원한의 대상이라는 셈이거든요.

문화부 국민소통실의 정책브리핑(http://www.korea.kr)에서 구할 수 있는 「주요결과 요약」을 보면 다음과 같습니다. 노자갈등과 빈부갈등은 지속적으로 완화된 반면 노노갈등은 2016년에 악화되었다가 2019년에는 완화되었고 이념갈등은 2016년까지 악화와 완화를 반복하다가 2019년에는 악화되었지요. 노노갈등은 자본가나 부자가 아니라 정규직 때문에 불평등이 심화된다는 것이고, 이념갈등의 심화는 아마도 조국 사태와 무관하지 않겠지요.

	2006	2013	2016	2019
노자갈등	85	85	80	78
빈부갈등	90	90	85	79
노노갈등	83	x	91	85
이념갈등	70	83	77	92

게다가 남북관계에 대한 답변의 해석도 쉽지는 않습니다. 친북 성향의 답변이 반북 성향의 답변보다 우세한 반면 통일에 대한 찬성은 거의 없거든요. 문재인 대통령이 제창한 '평화경제'를 연방제통일의 준비단계보다는 오히려 '폭력과 지대의 교환'으로 간주하는 것 같아요. 북한을 '클렙토크라시'(kleptocracy), 즉 '클렙테스'(kleptes, 도적)가 지배하는 나라로 간주하는 셈이지요. 하기야 고 신상옥 감독도 북한을 '마적이 점령한 마을'에 비유한 적이 있지만요.

과거에 클렙토크라시를 대표한 것은 인도네시아의 수하르토 정부(1967-98)와 필리핀의 마르코스 정부(1965-86)였는데, 두 정부 모두 인민항쟁으로 전복되었습니다. 또 아랍의 봄에서 리비아의 가다피 정부(1969-2011)와 이집트의 무바라크 정부(1981-2011)도 전복되었고요. 만일 북한도 클렙토크라시라면, 핵무기에 집착하는 이유를 짐작할 수 있지요. 란코프 교수의 주장처럼, 가다피 정부를 타산지석으로 삼아 인민항쟁에 대한 외국의 지원을 차단하려는 것 같아요.

어쨌든 2012-13년 김정은 위원장 집권 이전의 조사결과와 비교해보면 다음과 같습니다. 문재인 정부에서 반북 여론과 친북 여론이 역전되었음에도 불구하고 통일에 대한 반대가 얼마간 감소한 대신 유보가 급증하면서 찬성은 최악의 상황이에요.

	2006	2008	2013	2016	2019
반북	x	x	49	49	38
경쟁	x	x	6	11	11
친북	x	x	44	41	51
통일반대	17	23	26	32	28
통일유보	55	52	55	51	61
통일찬성	28	25	19	17	11

— 불평등에 대해 좀 더 설명해주세요.

— 1970년대부터 경제성장이 감속하면서 1980년대부터 재분배라는 쟁점이 제기되었습니다. 그 결과 분배에 대한 관점도 '기능적 분배'(functional distribution)에서 '개인적 분배'(personal distribution)로 이행했고요. 기능적 분배란 노동자와 자본가가 경제적 기여에 따라 임금과 이윤을 분배받는다는 의미인 반면 개인적 분배란 경제적 기여와 무관하게 개인에게 분배되는 소득이라는 의미이지요. 개인적 분배를 개인이 아니라 가구 단위로 측정하기도 하므로 '규모별 분배'(size distribution)라고 부르기도 하고요.

현대경제학뿐만 아니라 고전경제학이나 마르크스주의에서도 기능적 분배가 관심의 대상이었습니다. 그리고 경제적 기여를 평가하는 기준이 생산성이었는데, 다만 고전경제학이나 마르크스주의는 평균생산성을 중시했고 현대경제학은 한계생산성을 중시했다는 차이가 있지요. 능력주의(meritocracy)로서 생산성에 따른 분배는 아리스토텔레스가 말한 바 있는 분배정의(distributive justice)와도 일치하는 것이었고요.

개인적 분배의 불평등을 측정하는 것이 지니계수(Gini coefficient)이고 경제성장에 따른 지니계수의 추이를 묘사하는 것이 쿠즈네츠 곡선입니다. 그런데 경제적 기여와 무관하게 개인적 분배의 불평등을 강조하면서 재분배를 요구하려면 능력주의적 분배정의가 아닌 또 다른 논거가 필요했고, 그래서 벤섬의 공리주의가 부활하는 동시에 롤즈의 정의론이 출현하기도 했던 것이에요.

— 지니계수와 쿠즈네츠 곡선에 대해서도 설명해주세요.

— 불평등에 대한 실증분석으로는 밀라노비치(Branko Milanovic)의 최근작 *Global Inequality: A New Approach for the Age of Globalization* (Harvard University Press, 2016; 국역: 21세기북스, 2017)이 참고할 만합니다. 세르비아 출신인 밀라노비치는 세계은행 경제학자 출신인데, 피케티의 비판에 대한 반비판을 제시하면서 쿠즈네츠 곡선을 복권시키고 있지요. 아울러 불평등의 척도로서 지니계수도 복권시키고 있고요.

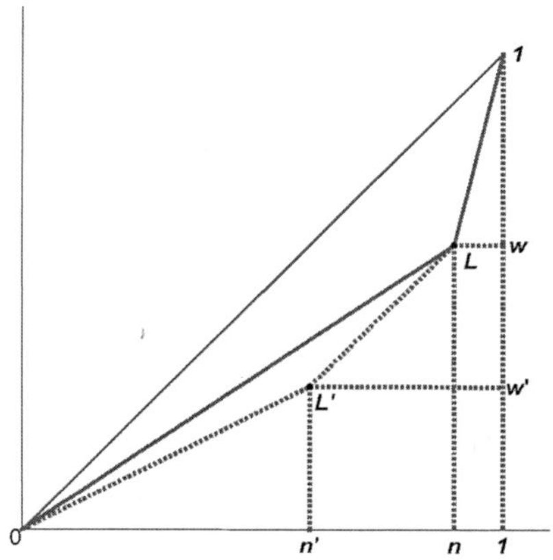

지니계수는 계급간 불평등과 계급내 불평등으로 분해되는데, 위의 그래프를 이용하여 간단하게 설명해보겠습니다. n의 노동자가 w의 임금을 분배받을 경우 로렌츠곡선은 *0L1*이지요. 대각선 *01*과 로렌츠곡선 *0L1* 사이의 면적과 삼각형 *011*의 면적의 비율인 지니계수 G를 계산해보면 다음과 같아요.

$$G = n - w.$$

예를 들어 $n = 0.9$이고 $w = 0.6$이라면 $G = 0.3$이라는 것이지요.

노동자간 임금률격차까지 고려할 때 로렌츠곡선은 *0L′L1*이 됩니다. 또 지니계수는 다음과 계산되고요.

$$G = (n - w) + (n'w - nw').$$

여기서 $(n-w)$는 노동자와 자본가간 불평등인 반면 $(n'w - nw')$은 노동자 내부의 불평등이에요. 예를 들어 $n' = 0.6$이고 $w' = 0.3$이라면 $G = 0.3 + 0.09 = 0.39$로 상승하는 것이지요.

물론 자본가 내부의 불평등인 이윤율격차도 고려하여 식을 더욱 세분할 수도 있는데, 불필요하므로 생략하겠습니다. 관심이 있으면 Kuan Xu, "How Has the Literature on Gini′s Index Evolved in the Past 80 Years" (Department of Economics, Dalhousie University, Dec. 2014)를 참고하세요.

노동자 내부와 자본가 내부의 불평등까지 고려할 경우에는 피케티가 제시한 지니계수의 근사식이 좀 더 편리할 수 있습니다.

$$G \approx \omega G_{\omega} + \pi G_{\pi}.$$

앞의 항은 임금분배율 $\omega \equiv 1 - \pi$ 와 노동자 내부의 지니계수 G_{ω} 이고 뒤의 항은 이윤분배율 π 와 자본가 내부의 지니계수 G_{π} 이지요.

수학적 설명은 피케티의 『21세기 자본』에 대한 온라인 '기술적 부록' http://piketty.pse.ens.fr/capital21c를 참고하세요.

이제 쿠즈네츠 곡선을 설명할 수 있습니다. 쿠즈네츠는 경제성장으로 1인당국민소득 y가 상승하면 지니계수 G가 상승하다가 결국 하락한다고 주장했지요. 지니계수의 하락은 루이스(Arthur Lewis)가 발견한 '전환점'(turning point) 이후 노동력 부족으로 임금이 상승하고, 나아가 경제성장 덕분에 대중교육과 복지국가 등 다양한 개혁이 가능해진 결과이고요. 밀라노비치는 이것을 불평등을 감축시키는 '좋은 힘'(benign force)이라고 부르고 있어요.

밀라노비치가 주목한 불평등을 감축시키는 좋은 힘은 본질적으로 경제적 메커니즘인데, 바로 이것이 피케티와의 차이입니다. 쿠즈네츠 곡선에 대한 피케티의 비판은 이런 경제적 메커니즘을 부정하고 대신 비경제적 메커니즘을 제안하는 데 핵심이 있거든요. 피케티는 코퍼러티즘, 그것도 국가코퍼러티즘이 지배하는 프랑스의 특수한 상황을 보편화하는 오류를 범하고 있는 셈이에요. 피케티에 대한 전반적 비판은 「과천연구실 20년」(『일반화된 마르크스주의 세미나』, 공감, 2014에 실림)을 참고하세요.

쿠즈네츠 곡선을 설명하기 위해 밀라노비치는 '불평등가능곡선'(inequality possibility curve)이라는 개념을 발명하기도 했습니다. 독립변수는 1인당국민소득 y와 최저생계비 s의 비율인 α인데, 『한국자본주의의 역사』에서 소개한 앨런의 '생계비율', 즉 생활수준과 최저생계비의 비율과 유사하지요. 또 종속변수는 최대의 지니계수 G^*이고요.

불평등가능곡선의 경제학적 의미는 최저생계비 이상의 잉여생산물로 인해 수탈(extraction)이 발생하는 동시에 수탈에 한계가 있다는 것입니다. 실제의 지니계수 G와 최대의 지니계수 G^*의 비율이 바로 수탈률인데, 이제 쿠즈네츠 곡선은 경제성장에 따라 수탈률이 상승하다가 결국 하락한다는 식으로 재해석될 수 있지요.

불평등가능곡선의 근사식은 다음과 같습니다.

$$G^* \approx 1 - \frac{1}{\alpha}.$$

쉽게 말해서 1인당국민소득 y가 최저생계비 s와 일치하여 α가 1일 때 G^*는 0이고, α가 무한대일 때 G^*는 1로 수렴하는 것이지요. 수학적 증명을 포함한 자세한 설명은 밀라노비치의 "Pre-Industrial Inequality" (*Economic Journal*, March 2011)와 "Inequality Possibility Frontier: Extensions and New Applications" (*World Bank Working Paper*, May 2013)를 참고하세요.

그런데 밀라노비치에 따르면, 불평등을 감축시키는 좋은 힘뿐만 아니라 '나쁜 힘'(malign force)도 있을 수 있습니다. 그 중에서 사회갈등(civil conflict)으로 인한 국가붕괴(state breakdown)가 특히 중요하지요. 사회갈등과 국가붕괴, 달리 말해서 폭력은 1인당국민소득 y와 지니계수 G의 하락으로 귀결되거든요. 와인개스트가 주목한 '폭력과 지대의 교환'이 불가피한 이유가 이것이지요.

현대 이전에는 좋은 힘보다 오히려 나쁜 힘이 더욱 강력했습니다. 이 점에 착안한 것이 바로 샤이델(Walter Scheidel)의 *The Great Leveler: Violence and the History of Inequality from the Stone Age to the Twenty-first Century* (Princeton University Press, 2017; 국역: 에코리브르, 2017)이지요.

샤이델은 『요한묵시록』에 나오는 정복(죽음)·전쟁·기근·질병이라는 네 가지 환난(患難, sufferings)을 전쟁·질병·국가붕괴·혁명으로 대체합니다. 정복(죽음)과 기근을 사회갈등에 따른 국가붕괴와 혁명으로 대체한 셈이지요. 그는 불평등가능곡선에도 주목하는데, 나쁜 힘에 의해 불평등이 감소하는 것은 잉여생산물의 감소와 동시에 수탈 역량도 감소하기 때문이라는 것이에요.

그런데 밀라노비치는 쿠즈네츠 곡선이 일회적인 것이 아니라 순환하는 것이라고 주장하면서 국내적 불평등과 국제적 불평등의 문제를 제기하고 있습니다. 세계적 차원의 지니계수가 19세기와 20세기에 걸쳐 0.5에서 0.65까지 지속적으로 상승해온 반면 그 국내적 요소와 국제적 요소의 비중은 급변하여 19세기 초에는 국내적 요소가 80%였던 반면 20세기 중반에는 국제적 요소가 80%였다는 것이 그의 주장이에요.

밀라노비치의 이런 주장은 개인적 내지 규모별 분배의 관점에서 국내적 불평등을 강조해온 기존의 관행에 대한 비판이기도 합니다. 달리 말해서 계급이나 계층에 따른 불평등이 아니라 민족적 불평등이 문제라는 것인데, 엥겔스나 레닌이 주목했던 '노동귀족론'의 부활이라고 해석할 수도 있겠지요.

국제적 불평등을 측정하는 것이 바로 '국적프리미엄'(citizenship premium) 내지 '국적지대'(citizenship rent)입니다. 밀라노비치는 최빈국 콩고민주공화국의 1인당국민소득을 기준으로 국적프리미엄을 계산하는데, 예를 들어 스웨덴은 71배, 브라질은 13배이지요. 위키피디아에 따르면, 2017년의 1인당국민소득이 구매력평가로 1000달러에 미달하는 최빈국은 주로 불어권 식민지에서 독립한 나라인데, 콩고민주공화국은 벨기에 식민지였고 중앙아프리카공화국은 프랑스 식민지였지요. 구매력평가로 1700달러(중앙정보국(CIA) 추계)인 2015년 북한은 세계 180위 정도였고요.

그런데 더 중요한 것은 국내적 평등도에 따라 국적프리미엄의 빈부 격차가 결정된다는 것입니다. 예를 들어 국내적으로 더 평등한 스웨덴에서 부자(아흔 번째 100분위)의 국적프리미엄은 46배인 반면 빈자(첫 번째 10분위)의 국적프리미엄은 104배이지요. 또 국내적으로 더 불평등한 브라질에서 부자의 국적프리미엄은 17배인 반면 빈자의 국적프리미엄은 9배이고요. 국내적으로 더 평등한 나라에서 이민이라는 난제가 제기되는 것은 이 때문이에요.

국제적 불평등을 감축하는 일종의 '재분배'가 바로 이민이라고 할 수 있습니다. 그런데 밀라노비치는 1971년의 『정의론』에서 국내적 불평등을 감축하는 재분배를 주장했던 롤즈가 1999년의 『만민법』(萬民法, *Law of Peoples*)에서는 국제적 불평등을 감축하는 이민에는 반대했다는 사실에 주목하고 있어요.

아까 롤즈가 평등주의자는 아니라고 했는데, 국내적 차원이 아니라 국제적 차원에서는 더욱 그렇습니다. 초민족공동체가 공허한 구두선(口頭禪)에 불과한 상황에서는 민족자결의 원칙에 따라 민족공동체를 유지해야 한다고 주장하기 때문이지요. 또 국제적 불평등을 감축하려면 중국이나 인도처럼 노동과 저축을 통해 경제성장을 시도해야 한다고 주장하기 때문이고요.

— 남한의 지니계수에 대한 연구는 어떤 것이 있나요?

— 대표적인 연구 성과가 바로 『한국자본주의의 역사』에서도 인용한 바 있는 안종범 교수와 보스워스(Barry Bosworth)의 *Income Inequality in Korea: An Analysis of Trends, Causes, and Answers* (2013)입니다. 박근혜 대통령의 경제수석이자 정책조정수석이었던 안 교수가 국정농단사건에 연루되어 구속·기소되는 바람에 이 책의 국역본은 출판되지 않았지만요.

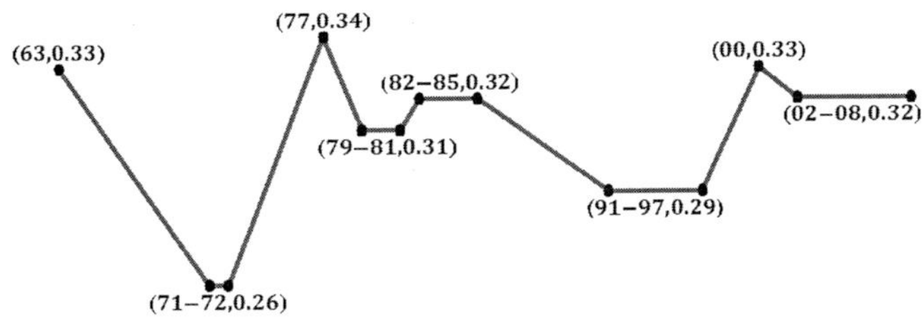

위의 그래프는 안 교수가 제시한 것인데, 좌표 (x, y)에서 x는 연도이고 y는 지니계수입니다. 1970년대에 0.26에서 0.34로 상승하다가 1980년대 중반에 0.32로 하락한 남한의 지니계수는 1997-98년 경제위기 직전에는 0.29로 하락했습니다. 그래서 김영삼 정부가 성장과 분배를 공존시킨 국제적 모범사례로 주목되었던 것인데, 1997-98년 경제위기로 인해 사상누각이었음이 폭로되었지요. 그 후 0.33으로 상승한 지니계수는 2007-09년 금융위기 직전에는 0.32 수준에서 안정화되었고요.

테르보른(Göran Therborn)의 *The Killing Fields of Inequality* (Polity, 2013; 국역: 문예춘추사, 2014)에 따르면, 2007-09년 금융위기를 전후한 시기에 지니계수 0.32는 세계적으로 가장 평등한 스웨덴의 0.30과 거의 비슷한 수준입니다. 반면 세계적으로 가장 불평등한 경우에 속하는 브라질은 0.56이고요. 또 독일은 0.29, 프랑스는 0.31, 일본과 영국은 0.33인 반면 중국은 0.52 (공식적으로는 0.49), 인도는 0.55입니다. 미국은 0.49로 멕시코의 0.48, 아르헨티나의 0.49와 비슷하고요.

요즘에는 지니계수를 잘 사용하지 않는데, 이유가 있습니다. 안종범 교수가 분석한 것은 도시노동자가구의 지니계수였는데, 2007-09년 금융위기를 전후한 시기까지는 전가구의 지니계수와 그 추세에서 별로 차이가 없었지요. 마치 이윤율의 추계에서 제조업의 이윤율과 전산업의 이윤율의 추세가 비슷한 것처럼요.

	1991	1996	2000	2004	2006	2008
노동자가구	0.29	0.30	0.33	0.32	0.32	0.32
전가구	0.35	0.33	0.39	0.35	0.40	0.41
격차	0.06	0.03	0.06	0.03	0.08	0.09

위 표에서 보는 것처럼, 2007-09년 금융위기를 전후한 시기부터 도시노동자가구와 전가구의 지니계수의 격차가 확대되기 시작했습니다. 농촌가구, 실업자·고령자가구, 1인가구와의 격차가 확대되었기 때문인데, 그래서 5분위분배율(quintile distribution ratio), 즉 다섯 번째 5분위(부자) 소득과 첫 번째 5분위(빈자) 소득의 비율을 더 많이 사용하는 것이지요.

테르보른에 따르면, 2007-09년 금융위기를 전후한 시기에 스웨덴의 5분위분배율은 4.5로 가장 작은데, 지니계수가 비슷한 남한과 일본의 5분위분배율은 그것보다 커서 6입니다. 그러나 독일은 4.5, 프랑스는 4.6, 영국은 5.3이지요. 반면 브라질의 5분위분배율은 역시 22

로 가장 큰 반면 지니계수가 비슷한 중국은 12이고 인도는 자료가 없어요. 또 미국은 7.6으로 지니계수가 비슷한 멕시코의 13, 아르헨티나의 15보다 훨씬 작고요.

2007년 말과 2008년 초에 영국방송공사(BBC)가 경제성장의 비용과 편익의 분배에서 불공정성에 대한 여론조사를 실시한 적이 있습니다. 그런데 남한에서는 불공정하다는 여론이 85%나 되는 반면 브라질은 69%밖에 안 되지요. 하기야 독일 71%, 프랑스 78%, 일본 84%, 영국 56%인 반면 중국 37%, 인도 23%예요. 또 미국 52%, 멕시코 67%. 아르헨티나 75%이고요. 스웨덴은 자료가 없어요.

이런 차이는 여러 가지로 해석할 수 있습니다. 먼저 2007-09년 금융위기를 계기로 객관적으로 평등한 나라일수록 오히려 공정성에 대한 주체적 요구가 커졌지요. 샌델(Michael Sandel) 교수의 『정의란 무엇인가』(2009)가 남한과 일본에서 세계 최초로 거의 동시에 번역되면서 선풍적 인기를 모은 일도 이런 맥락에서 이해할 수 있고요.

그런 상황에서 인민주의가 대두했다는 사실에도 주목할 수 있습니다. 일본에서 민주당이 집권한 것은 2009-12년이었지요. 또 남한에서도 이명박 정부 이후 불평등과 관련된 토론이 활발해지면서 급기야 2012년 대선에서 복지국가를 둘러싼 경쟁이 출현했는데, 박근혜 후보 캠프에서 안종범 교수를 발탁하여 경제공약을 위임한 것도 이런 맥락이었던 것 같아요.

2019년 12월에 통계청이 발표한 『2019년 가계금융복지조사 결과』를 보면 박근혜 정부에서 분배가 개선되었음을 알 수 있습니다. 다만 통계기준의 차이 때문에 2007-09년 금융위기 이전의 수치와 직접 비교할 수 없다는 사실은 염두에 둘 필요가 있지만요. 먼저 기준연도인 2011년의 0.39에서 2015년의 0.35로 하락을 지속한 지니계수는 2018년에도 여전히 0.35를 유지하고 있지요. 또 8.3에서 6.9로 하락한 5분위분배율도 겨우 6.5로 하락했을 따름이고요.

이미 지적한 것처럼, 2015년에 문재인 대통령은 국채비중의 '마지노선' 40%를 지키지 못한다고 박근혜 정부를 비판했습니다. 그런데 그 덕분에 분배가 개선된 것만은 사실이지요. 반면 2019년에 문재인 대통령은 '과학적 근거'도 없이 국채비중을 40%로 유지한다고 홍남기 부총리를 질책했습니다. 과연 문재인 정부가 박근혜 정부만큼 분배를 개선할 수 있을지 두고볼 일이에요.

미국의 아시아-태평양전략

— 미국의 아시아-태평양전략에 대해 설명해주세요.

— 미국 전략·국제문제연구소(CSIS)의 보고서 『미 아시아-태평양 재균형 2025』(2016; 한국해양전략연구소, 2016)를 참고할 수 있습니다. 이 연구소는 경제문제를 중시하는 브루킹스연구소(Brookings Institution)와 함께 미국을 대표하는 초당파적 싱크탱크이지요. 또 영국 출신인 제프리 틸의 『아시아의 해군력 팽창』(2012; 한국해양전략연구소, 2013)도 참고할 수 있고요.

2016년 초에 발표된 전략·국제문제연구소 보고서는 차기 대통령에게 제출된 안보문제 브리핑이라고 할 수 있습니다. 그런데 힐러리 후보는 이 보고서를 수용한 반면 트럼프 후보는 수용하지 않았어요. 하노이 노딜을 설명하면서 인용한 인터뷰에서 아미티지가 아베만이 희망이라고 극언한 것은 이 때문이겠지요.

이 보고서는 2012년 보고서를 수정한(update) 것인데, 그 보고서는 2012-13년에 집권할 예정인 시진핑을 염두에 둔 것이었습니다. 2012년 보고서나 2016년 보고서는 모두 대중국전략이 핵심이라는 것이지요. 또 '세계의 공유지'(global commons)인 황해(북중국해)부터 동중국해와 남중국해를 거쳐 인도양까지 해양과 공중에서 중국의 '반(反)접근/지역거부'(A2/AD)에 대응하여 '항행(navigation, 항해와 항공)의 자유'(FON)를 확보하기 위한 전략으로서 항공모함, 도서기지(일본열도와 괌), 그리고 남한을 기반으로 한 '해공전'(AirSea Battle)을 강조하고 있고요.

보고서가 시진핑을 경계하는 이유는 장쩌민이나 후진타오와 달리 덩샤오핑의 도광양회(韜光養晦, 빛을 감추고 어둠 속에 숨어서 힘을 기른다)에서 이탈하기 때문입니다. 그래서 덩샤오핑의 도광양회에 대응하여 클린턴 정부가 냉전적 봉쇄정책(containment policy) 대신 채택한 탈냉전적 교류·포용정책(engagement policy)을 수정할 수밖에 없다는 것이고요.

보고서에 따르면, 중국은 일본열도부터 대만과 필리핀제도를 거쳐 보르네오까지를 제1도련(島連)(inner island chain)으로, 일본열도 남쪽의 오가사와라제도(이오지마(硫黃島) 포함)부터 괌을 거쳐 뉴기니까지를 제2도련(outer island chain)으로 설정하고 있습니다. 현재 중국은 제1도련에 도전하고 있는데, 그래서 동중국해의 조어도에서 일본과의 갈등이 야기되는 동시에 남중국해의 남사군도에서 동남아 제국과의 갈등이 야기되는 것이지요.

물론 2012년에 권력을 세습하자마자 헌법에 '핵보유국'을 명시한 김정은 위원장이나 역시 2012년에 3선에 성공하여 시진핑과 거의 같은 기간을 집권할 예정인 푸틴도 탈냉전적 교류·포용정책의 수정을 불가피하게 만드는 요인입니다. 북·중·러의 북방동맹이 예상되는 상황에서 보고서는 일본·한국·오스트레일리아·필리핀·태국을 동맹국으로 간주하는 동시에 인도·대만·말레이시아·싱가포르·인도네시아·베트남을 제휴국으로 간주하지요. 동맹국과 제휴국은 조약체결 여부에 따른 구분이에요.

보고서는 박근혜 정부의 '이상한'(unique) 또는 '편협한'(parochial) 안보관을 비판하고 있습니다. 2013년 말의 장성택 처형 이후 북중관계가 냉각되었다는 판단에서 대북정책의 일환으로 중국과 밀착한다는 것이에요. 반면 한일관계, 나아가 한미관계는 소원한 채 방치한다는 것이고요. 보고서는 박근혜 정부에게 2015년의 위안부 합의에 이은 지소미아 체결을 제안하는데, 탄핵정국의 와중인 2016년 말에 그 제안이 실현되었지요.

그러나 2017년 3월 헌법재판소가 박근혜 대통령의 탄핵심판에서

만장일치로 파면을 결정했습니다. 그 결과 5월에 문재인 대통령이 당선되었지요. 문재인 정부에서 '역사적 원한'(historical animosities) 내지 '피해자 심성'(victim mentality)/'피해자중심주의'(victimism)가 부활하면서 초기 박근혜 정부처럼 한일관계와 한미관계가 소원해졌고요. 그러나 박근혜 정부와의 차이도 있는데, 트럼프 대통령의 변덕을 기화로 반북에서 친북으로 전향한 셈이거든요.

한국과 일본처럼 역사적 원한으로 특징지어진 '적대민족'(enemy nation)은 유럽에도 있었습니다. 서유럽에서는 프랑스와 영국이 그런 경우였고 동유럽에서는 폴란드와 러시아가 그런 경우였지요. 그러나 그런 적대가 패배로 귀결된 다음에는 승복하기 마련이었어요. 프랑스나 폴란드가 영국과 러시아에게 피해자로서 원한을 품고 '다시는 지지 않겠다'(문재인 대통령)고 공언하지는 않거든요.

『종합토론』에서 2차 세계전쟁에서 패전한 일본은 'good loser', 즉 승복하는 패자였다는 요시다 시게루 총리의 말을 소개한 적이 있습니다. 그러면서 '잉어는 도마 위에 오른 다음에는 칼을 대도 꿈적도 않는다'는 말도 소개했고요. 그렇다면 'bad loser', 즉 승복하지 않는 패자로서 한국은 역시 조국 교수가 말했던 붕어, 아니면 개구리나 가재인가라는 생각이 들어요.

— 덩샤오핑의 도광양회를 대체한 시진핑의 정책에 대해서도 설명해주세요.

— 시진핑의 정책을 특징짓는 것이 '중국몽'(中國夢)이고 그 핵심이 '강군몽'(强軍夢)입니다. 김강녕, 「중국의 국방·안보백서 발간의 추이와 함의」(『한국과 국제사회』, 2019년 봄); 하도형, 「강대국 중국의 군사적 지향과 형상에 대한 연구」(『중소연구』, 2017년 겨울)를 참고하면서 간단하게 설명해보겠어요.

강군몽이란 '싸워서 이길 수 있는'(能打勝仗) 군대를 건설하려는 계획입니다. 시진핑에게서 중소분쟁기의 모택동을 연상하는 것도 이 때문이고요. 나아가 시진핑은 '적극적 방어전략'을 채택하는데,

선제공격 내지 예방공격을 위한 작전을 수립한다는 의미이지요. 또 핵과 미사일의 현대화도 추구하고요. 시진핑의 목표는 2010년대에 제1도련을 넘고 2020년대에 제2도련을 넘어서 2030년대에는 하와이까지 진출한다는 것인데, 이 때문에 전략·국제문제연구소의 보고서가 오바마 정부가 추진한 '태평양으로의 선회'(pivot to the Pacific)를 견지하는 것이에요.

현대전에서는 육상력(tellurocracy, land/continental power)이 아니라 해양력(thalassocracy, sea/ocean power), 즉 해양을 사용하고 통제하는 능력이 결정적입니다. 그리고 그 매체(media)는 1618-48년 30년전쟁에서 '전열'(line of battle)을 이루어 화력을 집중하던 '전열함'(ship of the line)에서 1860년대의 전함을 거쳐 2차 세계전쟁을 계기로 항공모함으로 진화했고요. George Modelski and William Thompson, *Seapower in Global Politics, 1494-1993* (Macmillan, 1988)을 참고하세요.

시진핑과 덩샤오핑의 차이를 좀 더 강조할 수 있습니다. 덩샤오핑은 국방건설을 경제건설에 복종·복무시켰던 반면 시진핑은 국방건설을 경제건설에서 독립시켰다고 말이지요. 물론 소련처럼 미국과의 군비경쟁을 불사하겠다는 것보다는 오히려 '평안할 때도 위험을 예상하고 대비한다'(居安思危)는 것인데, 유신 시절 박정희 대통령이 애용하던 '유비무환'(有備無患)과 비슷한 말이에요.

물론 후진타오도 처음에는 경제건설과 국방건설의 병진(竝進) 내지 부국강병(富國強兵)을 통해 대국(大國) 내지 패권국(覇權國, 헤게몬)으로 부상하려는 '화평굴기'(和平崛起)를 시도한 적이 있습니다. 곧 '화평발전'(和平發展)으로 완화하면서 현대화로 복귀했지만요. 하기야 태자당(太子黨, 공산당의 원로 내지 고위간부의 자손 집단) 출신인 장쩌민이나 시진핑에 비해 공청(공산주의청년단) 출신인 후진타오는 정치적 배경으로서 연고가 취약하기는 했어요.

강군몽이 국방건설을 우선시하면서 경제건설을 부차화하는 효과를 갖는다는 사실에 주목해보겠습니다. 덩샤오핑의 개혁·개방 이후 초우(Gregory Chow)와 함께 중국정부에 조언을 해온 사람이 바로 퍼킨스(Dwight Perkins)인데, 그는 한국개발연구원의 카운터파트인 하버드대학아시아센터 소장으로 지난 40년 동안 두 기관의 공동연구에도 참여했지요. 초우와 퍼킨스는 최근에 *Routledge Handbook of the Chinese Economy* (Routledge, 2015)를 편집한 바 있어요.

퍼킨스는 본래 중국경제사 전공자로 대표작이 바로 *Agricultural Development in China 1368-1968* (Aldine, 1969; 부분 국역: 신서원, 1997)입니다. 저명한 계량경제학자이자 중국경제론자인 초우의 대표작은 *China's Economic Transformation* (Blackwell, 2002; 3rd ed., 2015)이고요.

그런데 중국경제의 전망에 대해 초우가 낙관적인 반면 퍼킨스는 비관적입니다. 퍼킨스는 중국경제가 경착륙하거나 장기침체에 빠질 위험이 크다고 경고하고 있거든요. 그의 논문 "A 'Hard Landing' or Secular Stagnation in China's Future: False Alarm or Real Threat?" (*China Economic Review*, Oct. 2019)는 중국경제의 '신창타이'(新常態, new normal)를 주제로 한 2016년 중국유미(留美)경제학회(CES) 연례총회의 기조연설 중 하나였지요.

먼저 개혁·개방 이후 중국의 경제성장률에 대해 정리해두겠습니다. 1981년의 5%에서 출발하여 1984년에 15%까지 상승한 경제성장률은 '천안문 사태'를 전후한 1989-90년에는 4%로 하락했지요. 1992년의 '남순강화'를 계기로 14%까지 급격히 회복한 다음 동아시아 경제위기 직후인 1998-2001년에는 8%로 안정화되었고요.

2001년 세계무역기구(WTO) 가입 이후 경제성장률은 지속적으로 상승하여 2007-09년 금융위기 직전에는 14%에 도달했습니다. 그러나 이후 반전하여 2012년부터 7%대로 하락하자 2014년부터 중국 정부도 신창타이라는 용어를 사용했는데, 별로 근거는 없었어요. 경제성장률이 하락세를 지속하여 2015년부터 6%대로 하락했고, 조만간 5%대로 하락할 것으로 예상되고 있거든요.

그런데 설상가상으로 최근 미국의 경제문제 싱크탱크인 전미경제연구소(NBER)에 의해 금융위기 이후 경제성장률이 매년 평균적으로 1.8%포인트나 과대평가되었다는 의혹이 제기되었습니다. 따라서 2015년부터 실제의 경제성장률이 4%대로 하락하고 조만간 3%대로의 하락이 예상된다는 것인데, 경제성장률만 보면 천안문 사태를 전후한 시기로 복귀한 셈이에요.

중국경제의 지니계수가 지속적으로 악화되었다는 사실도 지적해 두겠습니다. 개혁·개방 이전에 0.25에 미달했던 지니계수는 지속적으로 상승하여 세계무역기구 가입 이후인 2000년대에는 0.4를 초과했고, 2007-09년 금융위기의 시기에는 0.49에 도달했지요. 그 후 얼마간 하락했으나, 2016년에도 여전히 0.47에 머물고 있고요. 그런 상황에서 '워싱턴 컨센서스'에 대한 대안으로 '베이징 컨센서스'를 제안한 사람은 자신의 경제학적 문맹을 고백한 셈이었지요.

퍼킨스가 중국경제에 대한 비관적 전망을 제시한 것은 2012년에 경제성장률이 7%대로 하락한 것이 계기였습니다. 그런데 이미 지적한 것처럼 2012-13년은 시진핑이 집권한 해이기도 했지요. 퍼킨스의 결론은 중국경제에서 경착륙, 즉 마이너스 경제성장은 아니더라도 장기침체는 '아주 가능성이 높다'(very likely)는 것이에요.

퍼킨스는 중국경제가 자본축적을 통한 경제성장의 한계에 도달했다고 주장하면서 그 근거로서 이윤율의 운동에 주목하고 있습니다. 1981-94년에 지속적으로 상승한 이윤율이 1995-2015년에는 지속적으로 하락했다는 것이에요. 특히 금융위기 직후인 2009년에는 1981년 수준으로 하락했는데, 그 후에도 하락세가 지속되고 있지요. 남한경제와 유비하면, 금융위기 직후에 중국경제도 '총체적 난국'에 빠졌다고 할 수 있을 것 같아요.

실제로 퍼킨스가 말하는 장기침체는 『한국자본주의의 역사』에서 소개한 아이켄그린이나 『위기와 비판』에서 소개한 린이푸의 중진국 함정과 거의 동일한 것입니다. 그들은 모두 중국경제가 구조적 위기에 빠질 수 있다고 경고하고 있어요. 다만 린이푸는 시진핑의 영도력에 기대를 걸고 있다는 차이가 있는데, 관변경제학자의 한계라고 할 수 있겠지요. 그러나 시진핑은 군수공업화로서 중화학공업화를 강조하던 유신 시절 박정희 대통령과 비슷한 것 같아요.

조만간 경제성장률이 5%대로 하락한다면, 아이켄그린과 퍼킨스의 경고가 좀 더 설득력을 갖게 될 것입니다. 물론 이것을 미국과의 무역전쟁 탓으로 돌릴 수도 있겠지만요. 그러나 미중무역전쟁이 야기된 것은 중국의 평가절하정책 때문이기도 하므로, 중국경제의 성장후퇴를 무역전쟁만으로 설명할 수는 없어요.

환율의 운동도 간단하게 정리해두겠습니다. 1981년에 달러당 1.7위안이었던 환율은 그 후 지속적으로 상승하여 1993년에 6위안에 접근하고 1994년부터 2005년까지 8위안대를 유지했지요. 실질실효환율이 아니라 명목환율이라고는 해도 2위안에 미달하는 환율은 평가절상되었던 반면 8위안대의 환율은 평가절하되었다고 생각할 수밖에 없겠지요.

2007-09년 금융위기의 분석에서 미국의 이중적자, 즉 대내적 재정적자와 대외적 무역적자가 주목되면서, 중국은 더 이상 평가절하정책을 견지할 수 없었습니다. 그래서 2008년부터 환율이 6위안대로 진입하고 2014년에는 6위안까지 접근한 것인데, 그러나 그 후 반전하여 2017년에 6.8위안까지 상승하면서 이른바 '포치'(破七)가 논란의 대상이 되었지요.

결국 2019년 8월에 포치가 발생하자 트럼프 대통령이 중국을 '환율조작국'으로 지정하면서 환율전쟁까지 발발할지도 모른다는 우려가 제기되었습니다. 물론 환율조작국 지정의 효과에 대해서는 논란이 많아요. 1992-94년에 미국이 중국을 환율조작국으로 지정했음에도 불구하고 환율이 6위안에서 8위안으로 상승하는 것을 방지하지는 못했거든요. 그래서 이번에도 반 년만에 해제되었던 것이고요.

— 북한경제는 상황이 어떤가요?

— 김규철 박사의 「김정은 시대 북한의 거시경제 추세, 단절인가 지속인가?」(『KDI 북한경제리뷰』, 2019년 9월)를 참고하면서 간단하

게 설명해두겠습니다. 먼저 1989-91년 소련 붕괴 이후 북한의 경제성장과정을 정리해보면, 1990-98년의 마이너스 성장에서 1999-2005년의 플러스 성장으로 반전되었지요. 그러나 2008년을 예외로 한다면 2006-15년에는 거의 제로 성장에 머물렀어요.

2011년 12월 김정일 위원장이 사망하자 공식적으로 권력을 세습한 김정은 위원장은 2012년 헌법에 '핵보유국'을 명시하고 2012-13년 3차 핵·미사일실험을 실시했습니다. 부친이 실시한 2006년의 1차 핵·미사일실험과 2009년의 2차 핵·미사일실험을 계승한 셈인데, 역시 부친처럼 3년 터울도 지켰지요.

그러나 일각에서는 김정은 위원장이 2013년에 선언한 '핵무력건설과 경제건설의 병진노선'에 주목하면서 그가 핵무장을 유예하고 경제개혁을 추진할 것이라는 기대가 제기되기도 했습니다. 물론 병진노선은 빈말이었고 2016-17년에 김 위원장이 수차례의 핵·미사일실험을 강행했지만요. 그 결과 경제제재를 자초하여 2016년의 플러스 성장은 2017-18년에 마이너스 성장으로 반전되었고요.

1990년 국민소득을 기준으로 할 때 1998년의 국민소득은 71%로 감소했고 2011년의 국민소득은 86%로 회복했습니다. 또 2018년에는 2011년 수준을 하회하는 84%에 불과했고요. 그런데 인구증가로 인해 1인당국민소득은 1998년에는 64%로 감소했고 2011년에는 72%로 회복했습니다. 또 2018년에는 역시 2011년 수준을 하회하는 68%에 불과했고요.

2001년에 중국이 세계무역기구에 가입한 다음 북한의 수출대상국은 주로 중국이었습니다. 그리고 2008년 이후 북한의 수출에서 저부가가치 상품인 무연탄의 비중이 급증했는데, 자본과 인간자본의 투입이 계속 감소했기 때문이지요. 2000년대 이후 자본과 인간자본의 투입이 계속 감소한 북한경제를 그 투입이 계속 증가한 베트남경제가 추월한 것은 2010-11년이었는데, 이런 측면에서 볼 때도 김정은 위원장의 핵무장은 전혀 정당화할 수 없는 일이에요.

— 오바마 대통령의 '핵무기 없는 세상'을 과대평가하시는 것 같습니다만.

— '핵무기 없는 세상'의 의의를 평가하기 위해 먼저 앤드류 퍼터의 『핵무기의 정치』(2015; 국역: 명인문화사, 2016)를 참고하면서 핵군축의 역사에 대해 정리해두겠습니다. 현재 공식적 핵보유국은 미국(1945년에 핵실험 성공), 소련/러시아(1949), 영국(1952), 프랑스(1960), 중국(1964)인데, 이 다섯 나라는 2차 세계전쟁의 승전국이자 국제연합(UN) 안전보장이사회의 상임이사국(P5)이기도 하지요.

그런데 동일한 핵보유국이어도 핵태세(核態勢, nuclear posture)에서는 차이가 있습니다. 핵억지력의 준비를 의미하는 핵태세에는 핵보복 위협을 위한 최소한의 준비부터 핵우위를 확보하고 동맹국에게도 확장억지력(extended deterrence)을 제공하기 위한 최대한의 준비까지 다양한 수준이 있는데, 미국과 소련/러시아는 최대한의 핵억지력을 추구하는 반면 중국은 최소한의 핵억지력을 추구하지요. 프랑스와 영국은 그 중간이라고 할 수 있고요.

1968년 핵확산방지조약(NPT) 체결 이후에도 핵 아파르트헤이트(Apartheid, 분리)에 저항하는 인도(1974), 이스라엘(1979), 파키스탄(1998) 같은 비공식적 핵보유국이 출현했습니다. 1979년에 이스라엘과 공동핵실험에 성공한 남아프리카공화국은 1994년의 인종 아파르트헤이트 철폐에 앞서 1993년에 핵을 폐기한 반면 북한은 2003년에 핵확산방지조약에서 탈퇴하고 2006년부터 핵실험을 개시했고요.

1963년에 흐루쇼프가 '핵전쟁에서 살아남은 자는 죽은 자를 부러워할 것이다'(The survivors of a nuclear war would envy the dead)라고 말했다고 합니다. 그가 실각한 1964년에 아프리카에서 시작된 비핵화선언은 1967년에 라틴아메리카로 확산되었지요. 그러나 아시아의 비핵화선언은 없었고, 오히려 동아시아의 중국, 남아시아의 인도와 파키스탄, 서아시아의 이스라엘이 핵확산에 앞장섰어요. 또 1991년에 부시 대통령의 지원 아래 노태우 대통령이 주도한 한반도 비핵화공동선언은 김정일-김정은 위원장에 의해 무효화되었고요.

그런 상황에서 동아시아의 잠재적 핵보유국인 일본·남한·대만이 언제까지나 비핵화정책을 유지할 수는 없을 것입니다. 그렇다고 해서 미국이 이 세 나라의 핵무장에 찬성할 수도 없을 것이고요. 서아시아의 잠재적 핵보유국인 이란과 사우디아라비아도 고려해야 하거든요. 그래서 아까 설명한 것처럼, 2019년 7월에 미국 국방부 산하의 국방대학이 핵공유라는 '묘안'을 제시한 것 같아요.

공식적 핵보유국도 비핵화(denuclearization), 달리 말해서 핵군축(nuclear disarmament)을 추진할 수 있습니다. 영국과 프랑스는 각각 핵폐기(nuclear dismantlement)와 핵동결(nuclear freeze)을 추진했고, 오바마 대통령은 그 중간인 핵감축(nuclear reduction)을 추진했지요. 반면 러시아와 중국은 핵군축에 소극적인데, 핵무기로 전략자산과 미사일방어체계의 열세를 보완할 수 있기 때문이에요.

냉전의 특징이 곧 핵군비경쟁이었으므로, 오바마 대통령의 핵군축은 탈냉전의 완성을 위해 불가피한 조치였습니다. 2007년에 '핵묵시록의 네 기사'(Four Horsemen of the Nuclear Apocalypse), 즉 왕년의 초당파적 냉전주의자였던 키신저(Henry Kissinger), 넌(Sam Nunn), 페리(William Perry), 슐츠(George Shultz)가 『월스트리트저널』에 투고한 칼럼 「핵무기 없는 세상」에 호응하여 오바마 대통령이 2009년의 프라하연설에서 '핵무기 없는 세상'을 선언했던 것이지요. 또 나토와의 핵공유도 종료할 예정이었던 것이고요.

마지막으로 핵무기 등에 의한 세계적 파국을 경고하는 '종말시계'(Doomsday Clock)에도 주목할 수 있습니다. 1947년에 최후의 심판까지 7분 남은 것으로 세팅된 종말시계는 1950년대에는 2분 전까지 악화되었다가 1960년대부터 1970년대 중반까지는 12분 전으로 개선되었지요. 그 후 반전되어 1980년대 중반에는 3분 전까지 악화되었다가 1990년대 초반에는 17분 전까지 개선되었고요. 그 후 또다시 반전되어 2017년의 2.5분 전과 2018-19년의 2분 전을 거쳐서 2020년의 1.67분 전까지 악화되었는데, 트럼프 대통령과 김정은 위원장의 '멍청이짓'(blunder)이 일조했지요. 위키피디아를 참고하세요.

한국전쟁

—『재론 위기와 비판』에서는 해방정국에 대해 주목하셨는데요.

—『재론 위기와 비판』에서 지적한 것처럼, 1945-53년의 정세에서 1946년 반탁운동, 1948년 단선과 단정의 실현, 1950년 한국전쟁의 발발 사이의 관계는 충분조건이 아니라 필요조건이었습니다. 쉽게 말해서 반탁운동 때문에 단선과 단정이 실현되었고, 단선과 단정의 실현 때문에 한국전쟁이 발발했다는 것이 아니라, 반탁운동이 없었다면 단선과 단정의 실현도 불가능했고, 단선과 단정의 실현이 없었다면 한국전쟁의 발발도 불가능했다는 것이지요.

『종합토론』에서도 설명을 부연한 바 있는데, 2020년 한국전쟁 70주년에 즈음하여 좀 더 자세하게 설명해보겠습니다. 게다가 게이오대학 정치학과 오코노기 마사오 교수의 역작『한반도 분단의 기원』(2018; 국역: 나남, 2019)까지 번역되었거든요. 사실 1980년대 한국사회성격 논쟁에서도 오코노기 교수에게 주목한 바 있는데, 그의『한국전쟁: 미국의 개입과정』(1986; 국역: 청계연구소, 1986)이 커밍스의 내전설에 대한 유력한 비판이었기 때문이지요.

『한반도 분단의 기원』의 부제는 '독립과 통일의 상극'입니다. 여기서 독립은 정부수립, 즉 단선과 단정을 의미하고 통일은 민족해방전쟁을 의미하지요. 달리 말해서 신탁통치를 거부한 다음 한국에게 남겨진 선택은 이런 이율배반밖에 없었다는 것인데,『재론 위기와 비판』과『종합토론』에서 제가 제시한 의견과 거의 동일한 셈이에요.

오코노기 교수는 한반도 분단의 기원을 태평양전쟁으로 소급하면서 신탁통치 문제를 제기합니다. 신탁통치의 목적은 한국의 독립을 보장하되 독립 이후 한국이 '국제적 압력과 음모에 말려들어' '태평양의 정치적 안정과 평화를 위협하지' 않도록 하는 데 있었지요. 카이로선언에 나오는 'in due course'의 의미는 '적절한 절차를 거쳐'였고, 그 절차가 바로 '해방과 독립을 매개하는 신탁통치'였거든요.

그러나 조선의 망국과 일본의 강제병합에 대한 역사적 인식이 결여되었던 당시의 상황에서는 신탁통치의 목적을 이해한 사람이 거의 없었습니다. 하기야 「8월 테제」에서 해방이 연합국의 승리에 기인한 것이지 독립투쟁의 결과는 아니라는 사실에 주목하면서 '민족적 자기비판'의 필요성을 역설한 박헌영 선생조차 처음에는 신탁통치에 반대했으니까요.

이런 맥락에서 청일전쟁과 러일전쟁부터 중일전쟁과 태평양전쟁까지의 역사를 총체적으로 인식할 필요가 있을 것입니다. 또 그럴 경우에만 한반도 분단의 기원을 태평양전쟁으로 소급하면서 신탁통치 문제를 제기하는 오코노기 교수의 입장의 타당성 여부를 검토할 수 있을 것이고요. 그러나 여전히 일본을 전범국가로 무고할 따름인 국내학계가 그런 연구성과를 생산할 능력은 없겠지요.

따라서 일본학계의 연구성과에 의존할 수밖에 없습니다. 가토 요코 교수가 '전쟁사'를 중심으로 정리한 일본현대사가 바로 그것인데, 도쿄대학 강의록인 『근대일본의 전쟁 논리: 정한론에서 태평양전쟁까지』(2002; 국역: 태학사, 2003), 역사에 관심이 있는 중고등학생을 위한 강의록인 『그럼에도 일본은 전쟁을 선택했다』(2009; 국역: 서해문집, 2018)와 그 후속편인 『왜 전쟁까지』(2016; 국역: 사계절, 2018)가 그것이지요.

가토 교수의 입장은 강좌파의 '자학사관'보다는 오히려 라이샤워의 자유주의 사관이나 그 문학적 형상화인 '시바 사관'과 유사합니다. 자유주의적 입장에서 군국주의적 일탈을 비판하기 위해 국제연맹의 『리튼 보고서』가 제안한 '세계의 길'(the world's way)과 일본이 선택한 '고유의 길'(her own way)을 대조하거든요. 전자가 보편적 국제주의인 반면 후자는 특수한 민족주의인 셈이고요.

한국역사연구회시대사총서의 『한국현대사』(푸른역사, 2018)의 결함은 해방정국에서 신탁통치의 중요성을 상대화한 것입니다. 김구 선생과 임시정부를 변호하면서 반탁운동 이후에도 단정노선의 대안으로서 통일노선이 가능했다고 강변하기 위해서였지요. 나아가 신탁통치의 대안으로서 여운형 선생과 김규식 선생 같은 중도파가 주도한 과도정부수립을 복권시키기 위해서였고요. 그러나 이런 주장은 국제정세에 대한 무지의 소치일 따름이에요.

물론 반탁은 단선과 단정을 위한 필요조건이지 충분조건은 아니었습니다. 1947년부터 유럽에서 개시된 냉전이라는 새로운 국제정세도 필요했기 때문이지요. 나아가 단선과 단정도 한국전쟁의 필요조건이지 충분조건은 아니었어요. 1949년 중국혁명의 승리도 필요했거든요. 냉전이 없었으면 반탁이 단선과 단정으로 귀결되지는 않았을 것처럼, 중국혁명이 없었으면 단선과 단정이 한국전쟁으로 귀결되지는 않았겠지요.

오코노기 교수의 『한국전쟁』의 부제는 '개입과 철수의 상극'인데, 개입이란 국무부의 정책이었던 반면 철수는 국방부, 특히 육군의 정책이었습니다. 『한국전쟁』에서 그 기원으로 분단에 주목한 오코노기 교수가 후속작인 『한반도 분단의 기원』에서 신탁통치로 소급한 셈이지요. 반면 한국역사연구회시대사총서의 『한국현대사』는 해방정국에서 신탁통치의 중요성을 상대화한 것에 이어 한국전쟁의 중요성도 상대화했고요.

미국은 1947년에 냉전이 개시되자 국방부를 설립했는데, 그 이전에는 육군부와 해군부가 병존하면서 스윙크(SWNCC), 즉 국무부·육군부·해군부간 3부조정위원회가 존재했었습니다. 또 군정부(軍政部, 군사행정부서)인 국방부와 동시에 군령부(軍令部, 군사작전지휘부서)인 합동참모본부가 설립되었고, 나아가 국가안전보장회의와 중앙정보국도 설립되었지요.

오코노기 교수에 따르면, 국무부의 신탁통치정책이 실패로 돌아간 다음 냉전이 전개되면서 단정이 수립되고 국방부의 미군철수정책이 실현되었습니다. 그런 상황에서 주소 대리대사인 케넌(George Kennan)은 단정 수립이 '정치적 미성숙, 인내 부족, 그리고 폭력에 의해 지배되지 않을 수 없을 것'으로 예상했던 것이고요.

그러나 폭력이 게릴라전 이상의 전면적 내전을 의미한 것은 아니었는데, 국무부는 1949년 10월 중국혁명에 대한 '봉쇄'(containment)를 통해 한반도에서 냉전이 시작될 것으로 판단했기 때문입니다. 이런 전략을 상징한 것이 1950년 1월에 선언된 '애치슨 라인', 즉 알류샨열도부터 일본열도를 거쳐 필리핀제도까지의 '불후퇴방위선'(the Defensive Perimeter), 즉 제1방어선인 동시에 제1공격선이었지요. 당시로서는 오히려 국방부처럼 베트남전쟁을 예상하거나 중앙정보국처럼 대만전쟁을 예상하는 것이 일반적이었거든요.

이렇게 봉쇄와 냉전에 대한 도전이었던 한국전쟁은 조선공산당, 즉 남조선노동당이 주도한 민족해방전쟁이었습니다. 한때 좌파 일각에서는 애치슨 라인을 일종의 함정으로 간주하기도 했는데, 무지의 소치였을 따름이지요. 한국전쟁과 함께 베트남전쟁도 민족해방전쟁이었고, 이것이 한국사회성격 논쟁 이래 저의 지론이었어요.

그런데 오코노기 교수에 따르면, 한국전쟁의 특징은 맥아서 장군의 작전 실패였습니다. 인천상륙작전의 성공을 역전의 기회로 오판하면서 중국군을 과소평가하고 북진을 강행했거든요. 북진 보름만인 10월 중순에 평양-원산선인 39도선까지 진출했는데, 그러나 거기서 북진을 멈추어야 했다는 것이 오코노기 교수의 주장이에요.

오코노기 교수는 특히 39도선에 주목하고 있습니다. 본래의 군사분계선도 맥아서 장군이 지휘하던 육군이 제안한 38도선이 아니라 니미츠 제독이 지휘하던 해군이 제안한 39도선이어야 했다는 것인데, 38도선은 서울과 너무 가까운 데다가 개성의 주산(主山)인 송악산과 '황성옛터'라고 불리던 만월대 사이를 가로지르기도 했어요. 또 39도선이 설정된 경우에는, 남북한의 인구비율이 3:1이 되어 북한이 민주변혁기지가 될 수 없었지요. 마치 인구비율이 1:3인 동서독의 경우에도 동독이 민주변혁기지가 될 수 없었던 것처럼요.

사실 러시아나 소련의 관심은 만주였지 한반도가 아니었습니다. 압록강·두만강과 39도선 사이의 평안도와 함경도를 만주와 한반도의 완충지대로 인식한 짜르는 러일전쟁 직전에 일본에게 39도선을 제안한 적이 있지요. 또 3차 세계전쟁을 예상한 스탈린도 중화학공업이 집중된 만주와 함경도에만 관심을 가졌던 것이고요. 따라서 미국이 39도선을 군사분계선으로 제안했어도 소련은 별 이의 없이 수용했을 것이라는 주장이에요.

10월 하순에 중국군이 압록강을 건넌 다음에도 중국군을 과소평가하여 오판을 계속하던 맥아서 장군은 결국 확전과 철수라는 불모의 양자택일에 직면했습니다. 트루먼 대통령과 스탈린의 묵계였다고 할 수 있는 '제한전'(limited war)을 포기하고 3차 세계전쟁을 불사하면서 원자폭탄을 투하하고 '총력전'(total war)으로 확전하든지, 그것이 불가능하다면 부산 교두보까지 단계적으로 철수한 다음 기회를 보아 일본으로 철수한다는 것이었어요.

평택-삼척선인 37도선까지 철수한 맥아서 장군이 전세를 역전시키고 일본으로의 철수를 취소할 수 있었던 것은 사실 리지웨이 장군 덕분이었습니다. 12월 말에 전사한 미8군사령관 워커 장군의 후임으로 임명된 리지웨이 장군이 1월 말부터 반격을 개시하여 3월 말에 38도선을 회복했거든요. 그 결과 개전 이후 1년간 북한과 남한이 서울·경기도를 3개월 주기로 번갈아 점령하여 '톱질전쟁'이라고 불리던 끔찍한 전쟁양상도 종료될 수 있었던 것이고요.

그런 상황에서 트루먼 대통령이 휴전회담을 결정했습니다. 맥아서 장군이 문민통제에 도전하면서 또다시 확전을 주장하자 연합군최고사령관직에서 해임하고 대신 리지웨이 장군을 승진·임명했고요. 그러나 스탈린의 반대로 휴전회담이 지지부진하면서 남북한 모두의 불필요한 희생만 초래한 고지전(高地戰)이 중·동부전선에서 2년 동안 진행되었지요. 1953년 봄에 스탈린이 사망하자 회담이 급진전하여 채 5개월도 지나지 않아 휴전협정이 조인되었고요.

육사 졸업생이자 육사 교수였던 영문학자 정연선 교수의 『잊혀진 전쟁의 기억: 미국소설로 읽는 한국전쟁』(문예출판사, 2019)을 참고하면서 한국전쟁에 대한 미국의 입장에 대해서도 설명해두겠습니다. 2차 세계전쟁 같은 '정의의 전쟁'(just war)이나 베트남전쟁 같은 '잘못된 전쟁'(wrong war)과 달리 한국전쟁은 '잊혀진 전쟁'(forgotten war)이었다는 제목이 상징적이에요.

정연선 교수에 따르면, 미국에게 한국전쟁은 한국에서 수행된 중국과의 전쟁이었습니다. 마치 중국에게 임진왜란이 조선에서 수행된 일본과의 전쟁이었던 것처럼요. 하기야 한국사에서 가장 중요한 이 두 전쟁에는 공통점이 있었는데, 요동으로의 몽진(蒙塵, 군주의 도주)을 고집한 선조와 달리 저희 오음·월정 할아버지가 평양과 의주를 수비하면서 명군의 파병을 요청했었던 것처럼, 만주로 도주했다는 설이 있는 김일성 주석과 달리 박헌영 선생이 평양을 수비하면서 중국군의 파병을 요청했던 것이지요.

정 교수는 이런 입장을 대표하는 소설로 일련의 고지전을 배경으로 한 제임스 히키의 『눈 속에 핀 국화』(1990)에 주목하고 있습니다. 히키는 한국전쟁을 최악의 조건에서 수행된 이념전쟁, 즉 '마르크스와 밀 사이의 싸움'으로 묘사했지요. 반면 한국인은 그런 이념전쟁을 이해할 수 없는 '국'(國), 즉 야만인이었을 따름이고요.

그러나 히키의 결론은 전우애를 넘어서는 인간애였습니다. 달리 말해서 적도 짐승이나 벌레가 아니라 인간이고, 적을 인간이 아니라 짐승이나 벌레로 취급하면 자기도 인간이 아니라 짐승이나 벌레가 될 수밖에 없다는 것이었어요. 히키도 '이념보다 인간'을 주장하면서 그런 인간을 '눈 속에 핀 국화'로 상징했던 것이지요.

정 교수에게서 미군에 의한 민간인 학살의 한 가지 이유도 알게 되었습니다. 한국전쟁에 참전한 미군은 주로 흑인이거나 하층민 출신 백인이었는데, 총력전이 아닌 제한전이어서 대학생은 징집이 연기되거나 면제되었기 때문이에요. 게다가 부모와 인권활동가의 간섭 때문에 제대로 훈련도 받지 못했다는 것이고요. 요즘 남한의 군대에서 벌어지는 일이 당시 미군에서도 벌어졌던 것 같아요.

그런데 고지전이야말로 박완서 선생이 말하던 '젊음의 개죽음'을 상징했던 것입니다. 황순원 선생이 4·19 전후로 『사상계』에 발표한 『나무들 비탈에 서다』(『카인의 후예』, 문학과지성사, 2006에 실림)

는 전쟁의 트라우마로 인해 실존적 위기에 빠진 청춘이 소재였어요. 소설의 첫 장면은 1953년 7월 금성지구에서 벌어진 최후의 고지전이었는데, 1951년 8월 최초의 고지전이 벌어진 곳은 그 인근 양구로 박완서 선생의 데뷔작 『나목』(민음사, 1981; 개정판: 민음사, 1997)에 나오는 박수근 화백의 고향이기도 했지요. 한국전쟁 70주년인 올여름에는 양구와 금성지구에 가볼 생각이에요.

물론 대종상을 수상한 장훈 감독과 박상연 작가의 『고지전』(2011)도 유명합니다. 영화의 마지막 장면에서 휴전협정 조인 직전 가상의 애록(Aerok, Korea의 역순)고지에서 대치중이던 남북한 병사들이 합창한 주제가 격의 「전선야곡」(1952)은 저희 세대가 입대를 앞둔 친구의 환송회에서 합창한 노래이기도 했지요. 인터넷에서 동영상을 찾아 가사를 음미하며 감상해보세요. 가수 신세영이 부른 원곡과 배우 이다윗(실은 테너 조민규)의 삽입곡도 비교해보시고요.

— 가토 교수의 전쟁사에 대해서도 설명해주시지요.

— 가토 교수는 이토 히로부미의 스승인 오스트리아 비엔나대학 교수 슈타인(Lorenz von Stein)이 이토의 경쟁자인 야마가타 아리토모의 스승이기도 했다는 사실에 주목하고 있습니다. 1882년에 슈타인에게서 입헌군주정을 배운 문관 이토는 1885년에 초대 총리가 되었고, 1889년에 슈타인에게서 지정학을 배운 무관 야마가타는 그 해에 3대 총리가 되었지요.

『법사상사』에서 최종고 교수는 슈타인을 법조사회주의자로 분류한 바 있습니다. 독일식 경제학자였던 슈타인의 주된 관심사는 행정학과 재정학이었는데, 그는 국가의 핵심적 기능을 내무행정과 재무행정으로 설정한 반면 외무·병무·법무행정은 주변적 기능으로 간주한 바 있지요.

물론 법조사회주의의 대표자는 오스트리아 신고전파 경제학의 수장인 칼 멩어의 연년생 동생이자 법학자인 안톤 멩어였습니다. 노동자에 대한 인간주의적 동정에서 출발한 그는 노동자의 권리, 특히 라살식의 전노동수익권(Recht auf den vollen Arbeitsertrag, 노동생산물 전체에 대한 권리)을 옹호함으로써 사회주의를 실현할 수 있다고 주장했는데, 이런 주장은 바이마르헌법에도 반영되었지요.

전태일 열사의 전기작가이자 민변의 설립자인 고 조영래 변호사가 생각나는 대목입니다. 고 김근태 의원의 경기고 동창으로 1965년에 서울법대에 수석으로 합격한 조 변호사가 1990년에 요절하지만 않았더라도, 노무현 대통령이나 문재인 대통령, 그리고 그들 주변의 386세대 운동권 출신 변호사들이 민변을 이렇게까지 망가트리지는 못했을 것이라는 생각이 들기도 하고요.

그런데 멩어는 라살의 추종자답게 마르크스주의를 폄하하기도 했습니다. 마르크스가 리카도파 사회주의자를 표절했다고 무고한 것이었는데, 그래서 만년의 엥겔스가 카우츠키와 함께 「법조사회주의」(Juristen-Sozialismus, 법률가적 사회주의)를 발표한 것이지요. 엥겔스의 이데올로기론에서 이 논문이 갖는 의의에 대해서는 『마르크스의 '자본'』(공감, 2009)의 결론인 「헤겔-마르크스주의와 변증법」을 참고하세요. 또 마르크스 자신은 『고타강령 비판』에서 전노동수익권을 비판하면서 공산주의에서도 잉여노동과 잉여생산물이 필요하다고 주장한 바 있는데, 역시 『마르크스의 '자본'』을 참고하세요.

어쨌든 야마가타가 슈타인에게 배운 지정학의 핵심은 '주권선의 방어'와 '이익선의 방호'였는데, 주권선이란 일본의 영토를 의미했고 이익선이란 일본의 세력권인 조선을 의미했습니다. 주권선은 물론이고 이익선도 군국주의와 무관한 자유주의적 개념이었다는 것이지요. 이익선의 방호는 사실 조선의 점령이 아니라 조선의 독립과 중립을 의미했기 때문이에요.

1884년 청불전쟁의 와중에 문명개화파의 갑신정변이 발생하면서 그것에 대한 반동으로 고종과 그의 왕비 민씨, 즉 민비는 반일·친청 정책을 채택했습니다. 그 후 조선을 속국으로 간주한 청국과 조선의 독립과 중립을 요구한 일본 사이에 갈등이 심화되었고, 결국 일본은 양국 공동으로 조선의 내정개혁을 추진하자는 제안에 대한 청국의 거부를 청일전쟁 개전의 명분으로 삼았지요. 갑신정변이 실패하자 탈아입구(脫亞入歐)를 주장했던 후쿠자와 유키치는 청일전쟁을 '야만과 문명의 전쟁'으로 환영했고요.

그러나 청일전쟁 직후 민비가 피살되자 고종은 반일기조를 견지하면서 친청에서 친러로 정책을 전환했습니다. 국권과 왕권을 분리시키는 동시에 왕권을 축소시키려고 시도한 동도서기파의 갑오개혁에 반대한 고종의 반동은 청일전쟁에서 패전한 다음에도 광서제와 강유위-양계초의 변법운동에 반대한 자희태후와 원세개의 반동과 동일한 것이었지요.

청일전쟁 이후 러시아는 프랑스·독일과 함께 일본이 만주로 진출하는 것에 대해 간섭했습니다. 나아가 의화단사건 진압을 구실로 만주를 군사적으로 점령하고 경제적 문호를 폐쇄했지요. 중국을 분할하려는 러시아의 이런 정책에 영국은 찬성한 반면 미국과 일본은 반대했고요. 그 결과 1899년에 미국은 '문호개방선언'을 채택했고 1904년에 일본은 러일전쟁 개전을 선택했던 것이지요.

도쿄고상 경제학 교수 후쿠다 도쿠조, 도쿄제대 법학 교수 미노베 다쓰키치와 함께 일본의 대표적 자유주의자였던 도쿄제대 정치학 교수 요시노 사쿠조는 러일전쟁에 즈음하여 러시아를 '문명의 적'으로 규정했습니다. 또 이미 지적했듯이 레닌조차 러일전쟁에서 '자유로운 문화국'이자 '입헌국'인 일본을 지지했고요.

시어도어 루즈벨트 대통령의 중재로 체결된 러일전쟁의 강화조약으로 일본은 배상금 대신 남만주에서 '특수권익'을 보장받았습니다. 달리 말해서 하얼빈 이남의 남만주철도와 함께 요동반도의 남만주철도 종착역인 대련과 군항인 여순을 지배할 수 있게 되었다는 것이지요. 또 조선은 일본의 보호국이 되었고요.

『재론 위기와 비판』에서 지적했듯이, 라이샤워의 자유주의 사관을 문학적으로 형상화한 시바 사관은 '밝은 메이지'와 '어두운 쇼와'를 대비시켰습니다. 청일전쟁을 거쳐 러일전쟁의 승리로 귀결된 메이지 시대와 달리 만주사변과 중일전쟁부터 태평양전쟁과 패전까지 이른바 '15년전쟁'으로 귀결된 (전전의) 쇼와 시대는 메이지유신으로 시작된 현대화에서의 '일탈'이었다는 것이지요.

메이지 시대와 쇼와 시대 사이에 다이쇼 시대가 있었습니다. 다이쇼 시대를 거치면서 이토 후예의 자유주의와 야마가타 후예의 군국주의가 분리되었고요. 야마가타는 1차 세계전쟁을 게르만족과 슬라브족의 전쟁으로 해석하면서 백인종과 황인종의 전쟁, 즉 태평양전쟁을 예언했지요. 1차 세계전쟁의 강화조약에 이어 국제연맹에서 인종차별을 철폐하자는 일본의 요구를 미국과 영국이 거부했거든요.

반면 이토의 후예이자 다이쇼 민주주의의 후견자였던 사이온지 긴모치는 국제연맹의 『리튼 보고서』가 '고유의 길'과 대조한 '세계의 길'을 지지했습니다. 요시노와 미노베도 주목했던 일본적 정치과정의 특징으로서 총리 후견자인 겐로(元老)에 대해서는 신동준, 「근대 일본의 원로에 관한 소고」(『사학연구』, 47호, 1994)를 참고하세요.

가토 교수는 특히 '국제법의 회색지대(gray area)'에 주목하고 있습니다. 국제법은 문언(文言, 문구)의 해석에서 이견이 발생할 수 있고, 그런 이견을 조정하는 것이 외교관의 역할이라는 것이지요. 달리 말해서 국제정치로서 외교의 실패가 전쟁을 초래한다는 것인데, 허수아비 장관의 배후에서 비선실세가 외교를 농단하는 것이 문재인 정부 최대의 실정인 것 같아요. 물론 외교농단에는 헌법재판관과 대법관이라는 현대판 '형리'(刑吏)도 동참했지만요.

1931년 만주사변과 1937년 중일전쟁에는 중국의 책임도 있었습니다. 마치 조선도 청일전쟁과 러일전쟁에 책임이 있었던 것처럼요. 국민당과 군벌간에, 또 국민당과 군벌 각자의 내부에서 '민족주의 경쟁'에 몰두하면서 국제법을 위반했거든요. 그 결과 일본이 국제법 위반에 대한 제재를 구실로 중국에 개입할 수 있는 여지를 제공했던 것이고요. 당시의 중국은 인민주의자와 보수주의자가 '반일 애국주의 경쟁'에 몰두하는 요즘의 남한과 비슷한 것 같아요.

15년전쟁에서 특히 문제가 된 것은 태평양전쟁이었습니다. 패전 당시 도쿄제대 법학부장이었던 50대 초반의 난바라 시게루는 1941

년 진주만습격으로 태평양전쟁이 발발한 날 '인간의 상식을 넘고 학식을 넘어서 벌어진' 전쟁이자 '세계와 싸우는' 전쟁이라고 개탄한 바 있지요. 그러나 노신 번역가 겸 연구자가 될 30대 초반의 다케우치 요시미는 개전 8일 후에 '중일전쟁을 완수하고 그 의의[불가피한 희생]를 세계에 부활시킨' 전쟁이라고 환영하면서 이 전쟁을 '완수하는 결의'를 촉구한 바 있어요.

1930년대 대불황기에는 조선에서도 '기회의 땅'인 '만주로 가자'는 열풍이 부는 동시에 공산주의자들의 대량 전향이 발생했습니다. 김도형, 「한말·일제하 한국인의 만주 인식」(『동방학지』, 144호, 2008); 배주영, 「1930년대 만주를 통해 본 식민지 지식인의 욕망과 정체성」(『한국학보』, 112호, 2003); 홍종욱, 「중일전쟁기(1937-1941) 조선사회주의자들의 전향과 그 논리」(『한국사론』, 44집, 2000)와 일본인을 주인공으로 해서 일본어로 쓴 한설야의 전향소설 『대륙』(1939; 국역: 『식민주의와 비협력의 저항』, 역락, 2003에 실림)을 참고하세요.

윤치호 선생도 '일본의 아일랜드'에서 '일본의 스코틀랜드'로 전환될 가능성을 기대하면서 중일전쟁을 지지한 바 있습니다. 만일 중일전쟁이 평화적으로 종결되어 만주에서 일본의 이권이 확고해질 수만 있다면, 조선이 아일랜드가 아니라 스코틀랜드처럼 될 수 있겠다고 생각한 것이에요. 물론 중일전쟁이 태평양전쟁으로 비화되면서 결국 그의 기대는 좌절되었지만요. 그래서 1943년부터는 더 이상 일기를 쓰지 않았던 것 같아요.

1943년은 태평양전쟁의 전세가 역전되면서 카이로-테헤란회담이 개최된 해였습니다. 진주만기습 6개월 후인 1942년 6월에 항공모함을 주력함(capital ship)으로 한 미드웨이 함대결전(decisive battle of fleet)에서 항공모함 4척, 항공기 300여대, 탑승원 100여명을 상실한 다음에도 얼마간 유지되던 일본의 해군력이 8월부터 6개월간 지속된 과달카날 공방전에서 항공기 900대, 탑승원 1900명을 상실하면서 붕괴되기 시작했거든요. 야마다 아키라, 『일본, 군비확장의 역사』(1997; 국역: 어문학사, 2019)를 참고하세요.

— 『재론 위기와 비판』에서는 1-2차 세계전쟁을 제외할 때 한국전쟁이 인류사 최악의 전쟁이었다고 지적하시기도 했는데요.

— 사망자와 행방불명자에 국한할 때 한국전쟁의 희생자는 2차 세계전쟁에서 소련의 희생자에 버금가는 비극이었습니다. 위키피디아에 따르면, 소련의 희생자는 인구의 14%였고 군인과 민간인의 비율은 4:6이었지요. 반면 남북한의 희생자는 인구의 8%였고 군인과 민간인의 비율은 3:7이었어요. 인구 중 희생자의 비율은 낮았으나 희생자 중 민간인의 비율은 오히려 높았다는 것이에요.

한국전쟁과 베트남전쟁을 비교해봐도, 군인 희생자는 더 작았던 반면 민간인 희생자는 더 컸습니다. 한국전쟁의 희생자는 남한의 군인 28만명과 민간인 68만명, 북한의 군인 41만명과 민간인 109만명이었던 반면 베트남전쟁의 희생자는 남베트남의 군인 29만명과 민간인 31만명, 북베트남의 군인 85만명과 민간인 12만명이었거든요.

한국전쟁에서 민간인의 희생이 컸다는 사실은 일찍부터 주목되었습니다. 그러나 주로 남한 군경과 미군에 의한 민간인 희생이라는 측면에서 접근되었고, 노무현 정부가 민간인 희생에 대한 연구를 지원한 것도 역시 그런 맥락이었지요. 그러나 『조선일보』가 이의를 제기했고, 막상 연구가 진행되자 좌파에 의한 민간인 희생의 실상도 아울러 밝혀지게 되었던 것이에요.

가장 기본적인 문헌으로는 정병준 교수의 「한국전쟁기 남한민간인 인명피해조사의 유형과 특징: 한국정부의 통계·명부를 중심으로」(『한국문화연구』, 14호, 2008)를 참고할 수 있습니다. 또 윤경섭 박사의 「한국전쟁기 북한의 점령지 재판과 정치범 처형」(『역사연구』, 21호, 2011)도 참고할 수 있고요.

먼저 정병준 교수에 따르면, 남한에서 민간인 희생자는 99만명으로 추산된 바 있습니다. 좀 더 구체적으로 사망자 24만명, 피학살자 13만명, 부상자 23만명, 피납치자 8만명, 행방불명자 30만명이었고요. 피납치자 8만명 중에는 의용군으로 징병되거나 노무자로 징용된 경우가 아닌 납북자 2만명이 포함되었지요. 그 중에는 정치적 이유로 납북된 경우 이외에도 전후 복구를 위해 필요한 교수·변호사·의사 1000명, 교사 1000명, 기술자 3000명 등이 포함되었고요. 역시 지식인이었던 월북자 1만명만으로는 부족했기 때문이에요.

민간인 희생자 중에서 피학살자는 서울·경기도 1만6천명, 전북 1만4천명, 전남 7만명이었는데, 특히 전라도의 피해가 컸다는 사실에 주목할 수 있습니다. 강원도 7000명, 충북 3000명, 충남 6000명, 경북 7000명, 경남 6000명이어서 나머지 지역에서는 큰 차이가 없었다는 사실을 고려한다면 그런 사실에 더욱 주목할 수밖에 없지요.

납북자는 서울·경기도 7600명, 강원도 900명, 충북 7500명, 경북 900명이었습니다. 나머지 지역은 1000명이었는데, 그 중 500명은 전남이었지요. 또 월북자는 서울·경기도 6500명, 강원도 2200명, 충북 500명, 경북 1000명이었습니다. 나머지 지역은 100명 정도밖에 없었는데, 호남에서는 월북을 포기하고 입산을 선택했지요. 3-4만 명으로 추산되는 빨치산의 절반인 1만5천명이 호남 출신이었거든요.

제주도는 4·3사건으로 주민의 10%인 2만5천명 내지 3만명이 사망하거나 행방불명되었는데, 행방불명자 중에는 일본으로 밀항한 경우가 많았습니다. 반면 한국전쟁 최대의 피해는 서울·경기도를 중심으로 한 기호지방이었고, 제주도의 피해는 피학살자 23명, 피납치자 45명, 월북자 11명에 불과했지요. 제주도는 오히려 미군이 일본으로 철수할 경우에 대비한 남한 망명정부의 후보지이기도 했어요.

윤경섭 박사에 따르면, 한국전쟁기 좌파에 의한 민간인 학살은 보복학살과 예방학살로 구분할 수 있습니다. 최초의 3개월간 북한에 의한 남한의 점령통치를 '적치'(赤治)라고 하는데, 적치 초기에 주로 '바닥빨갱이'에 의한 보복학살이 발생했지요. 여기서 '바닥'이란 북한 출신이 아니라 남한 현지 출신이자 특히 하층민 출신이라는 이중적 의미를 가졌지요. 적치 말기에 후퇴하던 북한군을 비롯해서 내무서원(경찰)과 노동당원에 의한 예방학살이 발생했고, 그 후에는 빨치산으로 변모한 바닥빨갱이에 의한 보복학살이 또다시 발생했어요.

『재론 위기와 비판』에서 지적했듯이, 저는 김원우 작가의 『이 세상 만세』(까치, 2018)에서 바닥빨갱이라는 말을 처음 보았습니다. 그런데 임권택 감독의 『태백산맥』이 이미 바닥빨갱이의 존재를 암시했더군요. 『종합토론』의 제사인 김범우와 염상진의 대화 바로 앞 장면에서 보복학살을 중지하라는 염상진의 명령을 하대치가 거부했거든요. 반면 조정래 작가의 『태백산맥』은 빈농 출신인 하대치를 지식인 출신인 염상진의 후계자로 설정했지요. 박현채 선생을 모델로 한 조원제라는 '기계신'(deus ex machina)을 등장시키기도 했고요.

전쟁체험담에 대한 연구성과를 보면 한국전쟁을 전후로 바닥빨갱이라는 말을 자주 썼음을 알 수 있습니다. 신동흔, 「한국전쟁체험의 구술과 세계관적 의미화양상」(『통일인문학』, 65집, 2016); 김정은, 「'완장단 사람'의 특성으로 본 '지역빨갱이'의 모방서사와 트라우마: 한국전쟁체험담을 중심으로」(『인문과학연구』, 39집, 2013)를 참고하세요.

바닥빨갱이를 지방좌파라고 부르기도 하는데, 그럴 경우에는 하층민 출신 좌파라는 측면을 무시하게 됩니다. 또 그들에 의한 학살도 무시하게 되고요. 바닥빨갱이의 동기가 원한, 즉 분노와 복수만은 아니었고, 사익 추구라는 동기도 무시할 수는 없었지요. 쉽게 말해서 바닥빨갱이 중에는 '가짜빨갱이', 즉 마르크스주의자로 위장한 인민주의자가 상당히 많았다는 것이에요.

바닥빨갱이의 하나의 원천이 고농(雇農, 농업노동자), 쉽게 말해서 머슴이었습니다. 남한에서 토지개혁의 목적은 지주의 토지를 소작농에게 분배하여 자작농으로 육성한다는 데 있었으므로 머슴은 그 대상이 아니었지요. 그런데 적치하에서 북한식 토지개혁이 도입되어 머슴에게도 토지를 분배하면서 바닥빨갱이가 출현하는 하나의 요인이 되었던 것이에요. 그 결과 지주만이 아니라 부농과 중농도 반공주의를 수용하게 되었던 것이고요.

박찬승 교수의 『마을로 간 한국전쟁』(돌베개, 2010)은 전쟁체험담에 기반한 주목할 만한 사례분석입니다. 박 교수는 민간인에 의한 민간인의 학살은 계급과 이념의 문제가 아니라고 주장하는데, 일리가 있는 주장이에요. 나아가 이런 관점에서 커밍스의 내전설은 별로 근거가 없다고 비판할 수도 있고요.

박 교수가 분석한 사례는 진도·영암·부여 등지였습니다. 진도는 지주-소작관계가 취약하여 계급이나 이념 갈등의 소지가 적었던 대신 같은 집안 내에서 갈등이 발생했지요. 또 영암은 향반 집안과 향리 집안 간의 갈등이 발생했는데, 전자는 위정척사파의 후손인 좌파였고 후자는 우파였어요. 향반 마을과 평민 마을 간의 갈등이었던 부여에서는 전자가 우파였고 후자가 바닥빨갱이에 가까운 좌파였고요.

그러나 영광이 가장 비극적인 사례였습니다. 민간인 피학살자의 절반 이상이 전남 출신이었고, 또 그 절반이 영광 출신이었는데, 재지중소지주였던 제 처삼촌도 계셨지요. 박찬승 교수의 「일제하 영광 지방의 민족운동과 사회운동」(『한국민족운동사 연구』, 30집, 2002)을 참고하세요. 또 윤정란 교수의 「한국전쟁기 [영광군] 염산면 기독교인 학살의 원인과 성격」(『한국기독교와 역사』, 20호, 2004)도 참고할 수 있고요.

영광은 진도와 달리 지주-소작관계가 취약하면서도 집안 내 갈등은 없었습니다. 또 영암과 달리 향리 집안이 향반 집안과 함께 민족운동을 주도하기도 했고요. 인천상륙작전 이후 인근 지방의 좌파가 영광으로 집결했는데, 월암산에서 구수산을 거쳐 불갑산에 이르면 노령산맥으로 연결되고 또 추풍령에 이르면 소백산맥으로 연결되는 지리적 특징 때문이었지요. 그 결과 좌우갈등이 폭발하면서 최악의 민간인 학살이 발생했던 것이에요.

'우리는 결코 이자성처럼 되면 안 된다네.'

— 한국전쟁의 비극이 바닥빨갱이만의 탓일까요?

— 물론 발리바르가 말하는 극단적 폭력으로서 '잔혹'(cruelty)으로 특징지어지는 혁명관의 문제도 있었을 것입니다. "October 1917 after One Century" (*Crisis & Critique*, 2017 No. 2)에서 그는 러시아혁명과 중국혁명의 잔혹성을 '은폐하고'(blur) '전가하려는'(blame) 시도는 '추잡한 사기'(obscene mystification)일 뿐이라고 주장했지요. '항변과 고발'(protest and denunciation)이 아니라 '비판'(critique)이 필요하다는 것이에요.

소련이 붕괴한 직후 프랑스에서 Stéphane Courtois et al., *Black Book of Communism: Crimes, Terror, Repression* (1997; 영역: Harvard University Press, 1999)이 출판되었습니다. 800쪽이 넘는 방대한 책으로 소련과 코민테른, 나아가 중국·북한·캄보디아 등의 사례분석으로 구성되어 있는데, 서문과 서론·결론만 보아도 대강의 논지를 알 수 있지요.

제목의 블랙북(黑書)은 블랙리스트와 같은 의미로 스탈린시대 소련에서 조직된 유다인반파시즘위원회(JAC)의 『블랙북』(1944)을 모방한 것입니다. 스탈린이 자행한 'classicide'(계급학살)가 히틀러가 자행한 'genocide'(민족학살)보다 '더 큰 악'(greater evil)이라는 것이지요. 그리고 그것은 프랑스혁명에서 바뵈프가 산악파의 공포정치를 특징지은 'populicide'/'democide'(인민학살)로 소급한다는 것이고요. 물론 어느 것이 차악(lesser evil)인지는 중요하지 않겠지만요.

독일 파시스트나 소련 스탈린주의자와 달리 일본 군국주의자는 누구도 이런 악인 열전에 끼지 못한다는 사실에도 주목할 필요가 있을 것입니다. 관동군 헌병사령관 출신이자 최악의 군국주의자인 도조 히데키 총리조차 독재자는 아니어서 괌 함락의 책임을 지고 사임할 수밖에 없었거든요. 『종합토론』에서도 지적한 것처럼, 북한에서는 '일본의 조선인 민족말살정책이 독일의 유다인 홀로코스트를 능가하는 가장 악랄한 범죄행위'였다고 강변하고 있지만요.

히틀러와 스탈린, 그리고 산악파의 논리가 동일하다는 사실에 주목할 수 있습니다. 히틀러가 'nation's enemy'(민족의 적)인 'enemy nation'(적대민족)을 설정한 것처럼 스탈린과 산악파는 'class enemy'(계급의 적)와 'people's enemy'(인민의 적)인 'enemy class'(적대계급)와 'enemy people'(적대인민)을 설정한 셈이거든요. 쉽게 말해서 '피아를 구별함'으로써 배제의 정치 내지 잔혹의 정치를 정당화하는 '진영의 논리'가 그것이지요.

따라서 히틀러의 민족학살이 뉘른베르크에서 인류공동체를 파괴한 '반인류범죄'(crime against humanity, 반인도범죄)로 판결된 것처럼, 스탈린의 계급학살도 역시 반인류범죄로 판결되어야 한다는 것입니다. '우발적'(accidental) 내지 '비상습적'(occasional) 범죄가 아니라 '극악무도한 교리'(monstrous doctrine)에 따라 조직된 '극악무도한 야만'(diabolical barbarism)이었기 때문이라는 것이지요.

히틀러와 스탈린이 고발(denunciation/accusation)을 통해 적을 발명했다는 사실도 지적해두겠습니다. 광신(fanaticism, 열광)과 톨레랑스 결여는 원한의 정치로 귀결되었고, 그 와중에 무고(calumny)와 밀고(informing, 직업적 고발)도 번성했지요. 고발의 최고 형태는 물론 청소년이 자신의 부모와 선생을 고발하는 것이었고요. Sheila Fitzpatrick and Robert Gellately, "Introduction to the Practices of Denunciation in Modern European History" (*Journal of Modern History*, Dec. 1996)를 참고하세요.

그런데 산악파의 테러가 러시아 인민주의자의 테러를 거쳐 스탈린의 테러로 이어졌다는 것은 너무 단순한 설명입니다. 물론 『자본주의 블랙북』(*Le Livre noir du capitalisme*, Le Temps des cerises, 1998)과 함께 『식민주의 블랙북』(*Le Livre noir du colonialisme*, Robert Laffont, 2003)을 출판한 프랑스 좌파는 쟁점을 오해했지만요. 가해자와 피해자의 목록이 쟁점은 아닌데, 자본주의가 봉건제보다 더 나은 것은 그 목록이 더 짧기 때문이 아니거든요.

이런 맥락에서 카우츠키처럼 1차 세계전쟁으로 인해 유럽 전체로 확산된 '인간적 감정의 결여'(lack of human feeling and sentiment)에 주목할 수 있습니다. 인간성의 야수성(bestiality, 야만성)으로의 타락과 동시에 인간의 야수화(brutalization, 야만화)가 진행되었거든요. 아울러 내전 직후 고리키가 증언한 것처럼, 백군과 적군의 '동일한 잔혹성'(equal cruelty)은 농민문화를 부르주아 문화로 지양하지 못한 러시아의 민족성에서 비롯되었다고 할 수 있고요.

흐루쇼프의 스탈린 비판 직후인 1958-59년에 윌리엄즈(Raymond Williams)가 집필한 희곡 "Koba" (in *Modern Tragedy*, Chatto and Windus, 1966)에도 주목할 수 있을 것입니다. 농민의 후예인 스탈린은 신학교 시절부터 코바를 롤 모델로 설정했고 나중에는 자신의 가명으로 사용하기도 했지요. 코바는 19세기 그루지아 출신 작가 알렉산더 카즈베기(Alexander Kazbegi)의 리얼리즘 소설 『부친살해』(*The Patricide*)에 나오는 '의적'(義賊, benevolent brigand)으로 지배계급에게는 무법자(the outlaw)였던 반면 인민에게는 복수자(the avenger), 요즘 말로 어벤저[스]였거든요.

윌리엄즈의 작의(作意)는 쉽게 짐작할 수 있습니다. 자칭 코바인 스탈린에 의해 인민주의화된 마르크스주의는 원한의 정치, 분노와 복수로 귀결되는 증오의 정치일 따름이라는 것이지요. 한 마디로 말해서 혁명이 테러로 타락했다는 것이에요. 윌리엄즈 자신의 생각을 대변한 대사 한 구절을 인용하자면,

> 우리가 우리 자신의 적이고, 우리가 우리 자신을 파괴하고 있다네.(…)우리는 가슴이 자신을 배신하지 않도록 우리의 가슴[신실성 같은 인간의 장점]을 스스로 없애고 있지. 그래서 우리는 모두 코바가 된 것이네.
>
> We are our own enemies, and we are destroying ourselves.(…)We (…)commit the suicide of the heart [the best in man: loyalty(…)] so that it will not betray us(…). And then(…)we are all become Koba.

— 『동물농장』에도 주목할 수 있겠지요.

— 물론입니다. 조지 오웰이 1945년에 발표한 『동물농장』은 『걸리버여행기』에 비견되는 풍자소설의 백미인데, 마찬가지로 종종 동화로 오해되기도 하지요. 스탈린주의에 대한 풍자의 표준은 '민주정적 공산주의'인데, 그러나 민주정에 대한 몰인식 때문에 흔히 반공주의로 오해되기도 하고요. 아마도 이 때문에 1948년 단독정부 수립 직

후에 군정청 공보국장이자 군정장관 공보고문을 역임한 김길준 씨가 번역해서 남한에 소개한 것 같아요. 최근의 번역으로는 비채에서 출판된 김욱동 교수의 것이 가장 좋고요.

'동물농장'이란 노동자국가 내지 전인민국가라는 의미인데, 여기서 동물은 노동자 내지 인민입니다. 반면 소련공산당원은 돼지이지요. 그 중에서 이론가의 이름은 'Squealer'인데, 꽥꽥거리는 돼지라는 뜻이에요. 선전·선동한답시고 시끄럽게 떠든다는 것인데, 'squeal'이란 돼지가 꽥꽥거리는 소리이거든요. 비밀경찰은 물어뜯어야 하므로 당연히 개로 나오고요.

7계명(The Seven Commandments) 중 마지막까지 남게 된 다음의 일곱 번째 계명이 동물농장의 타락을 상징하는데, ' ' 앞의 구절이 본래의 계명이고 ' ' 안의 구절은 추가된 것입니다. 조국 교수 일가의 비리를 보고 이 구절을 떠올린 사람이 저만은 아니겠지요.

모든 동물은 평등하다, '그러나 어떤 동물은 다른 동물보다 더 평등하다.'

All animals are equal, 'but some animals are more equal than others'.

적반하장 격으로 청와대가 조국 교수 일가에 대한 검찰의 '인권침해'를 조사하라고 국가인권위원회에 '지시'했습니다. 2020년 1월 중순에 윤석열 검찰총장의 참모진을 교체하면서 윤 총장도 징계하겠다고 협박한 것과 거의 동시였는데, 그런 사실이 공개되자마자 국가인권위원회에 대한 '압력'이라는 비판이 제기되면서 지시를 취소하느니 마느니 하는 소동이 벌어졌지요.

그런데 다음의 여섯 번째 계명이 훨씬 더 중요할 수도 있습니다. '이유 없이'라는 구절 때문에 일이 번거로워지자 결국 계명 전체가 삭제되었거든요. 물론 유시민 작가의 『알릴레오』만 있었다면 죽여야 할 이유를 날조해내는 것은 일도 아니었겠지만요.

어떤 동물도 다른 동물을 '이유 없이' 죽여서는 안 된다.

No animal shall kill any other animal 'without cause'.

— 조금 전에 북한식 토지개혁이 소작농뿐만 아니라 머슴에게도 토지를 분배했다고 하셨는데, 무슨 이유라도 있었나요?

— 이주철 박사의 『조선로동당 당원조직 연구 1945-1960』(선인, 2008)과 관련 논문에 따르면, 북한에서 분배의 대상이 된 토지는 100만정보(1정보=1*ha*=3000평)였다고 합니다. 그 중 일본정부와 민간의 소유지 11만정보, 민족반역자와 탈북자의 소유지 1만정보, 종교단체의 소유지 2만정보를 제외한 86만정보 중 지주의 소유지가 채 30%가 안 되는 24만정보였고 부농과 중농의 소유지가 70% 이상인 62만정보였지요. 어차피 북한에는 지주가 많이 없었거든요.

1946년 3월에 실시된 북한식 토지개혁은 지주뿐만 아니라 부농과 중농의 토지를 소작농뿐만 아니라 머슴에게도 분배했습니다. 그 덕분에 북로당의 당원은 1946년 창당대회의 37만명(인구의 4%)에서 2차 당대회가 열린 1948년에는 73만명(8%)으로 배가되었지요. 물론 '전위적 대중정당'을 표방하면서 당원확장에 이어 간부양성도 시도했는데, 그러나 출신성분에 주목하면서 정치사상·계급교양의 부족은 대범하게 용인했어요. 그 결과 소작농과 머슴 등 빈농을 토대로 해서 일당국가가 건설되었던 것이고요.

그런데 『북한현대정치사』(1989-92; 국역: 오름, 1995)에서 란코프 교수가 강조한 것처럼, 빈농을 토대로 한 일당국가가 사상누각이었음은 한국전쟁에서 여실히 폭로되었습니다. 인천상륙작전 이후 당 이탈자와 당증훼손자가 속출하면서 북한군이 일시에 붕괴했기 때문이지요. 그 때문에 국내파의 수장인 박헌영 선생과 막역했던 소련파의 수장인 허가이가 생존당원 60만명의 3/4인 45만명을 책벌(責罰, 책임을 물어 처벌함)했던 것이고요. 1차 당대회와 2차 당대회 사이에 입당한 대부분의 당원이 실격이었던 셈이거든요.

그러나 김일성 주석으로서는 용납할 수 없는 일이어서 1951년 말에 허가이를 숙청한 다음 빈농의 일당국가를 재건했습니다. 그 결과 1952년에는 당원이 100만명을 돌파했는데, 출당자의 30%가 복당했고, 후보당원으로 강등된 자의 62%가 복권되었으며, 신규입당자가 45만명을 달성했지요. 나아가 3차 당대회가 열린 1956년에는 창당시의 3배를 초과하는 116만명(인구의 10%)의 당원을 달성했고요.

당시 김 주석은 '구두쟁이 셋이 모이면 제갈량보다 낫다'(三臭皮匠葛亮)는 중국속담을 인용하곤 했다는데, 나중에 남한의 포스트모더니스트들이 주창한 '대중지성론'을 선취한 셈이었습니다. 이런 맥락에서 인민주의로 전향한 조국 교수가 포스트모더니즘으로 전향한 박태호 교수에게 동조한 것은 우연이 아닌 것 같아요.

란코프 교수에 따르면, 고등교육을 받지 못한 김일성 주석의 약점은 '전통적인 한국 하층민[머슴]의 사고방식'과 '[만주의] 빨치산 부대와 [소련의] 88여단에서 받은 정치학습'을 통해 사회경제적 문제를 이해한 것입니다. 그 결과 '권력투쟁에는 [유]능하지만 국가를 다스리는 데에는 무능하다'는 것인데, 경세가가 아니라 마키아벨리적 군주일 따름이라는 뜻이지요.

스탈린주의의 핵심이 노동자주의였다면, 김일성 주석은 빈농주의라는 형태로 스탈린주의를 극단화했던 셈입니다. 그리하여 태영호 공사가 증언한 '머슴이 주인이 된 나라'가 출현했던 것이지요. 당원의 대중화는 그 후로도 지속되어 4차 당대회와 5차 당대회가 열린 1961년과 1970년에는 인구의 12%와 13%였다가 마지막 6차 당대회가 열린 1980년에는 17%까지 상승했는데, 그 결과 3대세습이라는 전대미문의 폭거에 대한 저항이 발생할 수 없었던 것이에요.

휴전 직후에 황순원 선생이 발표한 자전소설 『카인의 후예』(문학과지성사, 2006)의 소재가 바로 북한의 토지개혁이었습니다. 한민족이 2차 한국전쟁이라는 '대홍수'(the Deluge)로 인해 절멸될 카인의 후예일지 그 후에도 살아남을 아벨/셋-노아의 후예일지 갈림길에 서있다는 생각이 들어요. 물론 '나 죽은 다음에 대홍수가 나든 말든'(Après moi, le Déluge, 루이15세/퐁파두르 부인)이라는 세태를 모르는 바 아니지만요. 노승욱, 「황순원의 '카인의 후예'에 나타난 중층적 상호텍스트성」(『문학과 종교』, 2012년 3호)을 참고하세요.

— 그렇다면 농민혁명을 주장한 모택동도 마찬가지였을까요?

— 『역사학 비판』에서도 강조한 것처럼, 김일성 주석을 모택동과 비교하는 것은 어불성설입니다. 사대부의 후예인 모택동의 애독서는 사마광의 『자치통감』이었는데, 국공내전기와 항일전쟁기부터 무려 17번이나 통독했다고 하지요. 『자치통감』의 대상은 '국가의 흥망성쇠에 관한 일과 인민의 희로애락에 관한 일'(關國家興衰, 繫生民休戚), 나아가 '법도로 삼을 만한 좋은 일과 경계로 삼을 만한 나쁜 일'(善可爲法惡可爲戒者)이에요. 반면 장개석은 정주리학이 아니라 육왕심학에 심취했었다고 하고요.

중국혁명기의 유명한 일화를 하나 소개하겠습니다. 1949년 어느 봄날 북경 입성에 앞서 모택동은 주은래에게 다음과 같이 말했지요.

> 오늘이 과거 보러 서울 가는 날이군. 우리는 결코 이자성처럼 되면 안 된다네.
>
> 今天是進京赶考的日子. 我們決不當李自成.

'진경'(進京)은 '서울로 올라간다'는 말이고 '간고'(赶考)는 '과거를 보러 달려간다'는 말인데, 과거를 본다는 것은 물론 나라를 다스린다는 뜻이지요. 모택동은 서울에서 나라를 다스리는 대신 딴짓을 한 이자성처럼 되면 결코 안 된다는 다짐을 한 셈이었어요.

알다시피 이자성은 명청교체기 농민전쟁의 수령이었습니다. 그가 내세운 구호는 '토지를 균분하고 조세를 면제하자'(均田免糧)는 것으로 진승·오광부터 황소를 거쳐 이자성까지 중국농민전쟁사에서 최초로 토지제도와 동시에 조세제도를 비판했다는 의의가 있었지요. 조세를 부담할 수 없어 호적에서 이탈하여 노비로 위장한 음부농민(蔭附農民)이 많았다는 사실에 주목했던 것이에요. 중국경세학사를 정리한 호기창은 이자성의 구호가 종말론적 농민공산주의자였던 홍수전의 구호와 비교해도 오히려 '특출'했다고 평가한 바 있지요.

이자성의 농민군이 이렇게 선진적인 구호를 채택할 수 있었던 것은 사대부가 동참했기 때문입니다. 알튀세르가 강조한 '노동자운동과 마르크스주의의 융합'처럼, 농민과 사대부가 결합했던 것이지요. 중국농민전쟁에서 구호의 진화는 『봉건제론』을 참고하세요. 더 자세한 설명은 Vincent Y. C. Shih, "Some Chinese Rebel Ideologies" (*T'oung Pao*/『通報』, 1956)를 참고할 수 있고요.

1630년 25세에 농민전쟁에 참여하여 1641년 36세에 수재(秀才, 향시준비생) 이암과 거인(擧人, 향시합격생) 우금성이라는 참모를 얻은 이자성은 1644년 39세에 북경에 입성할 수 있었습니다. 그러나 곧 오삼계에게 패배하게 되자 서둘러 황제에 즉위하고 자금성에 방화한 다음 북경에서 철수했지요. 철수 과정에서 이암은 우금성에게 암살되었고 결국 이자성도 전투 중에 피살되었어요.

이자성이 북경에 입성할 수 있었던 것은 이암이 제창한 '토지를 균분하고 조세를 면제하자'는 구호와 함께 '현명한 선비를 존중하고 예우하며'(尊禮賢士) '폭군을 배제하고 백성을 구휼하자'(除暴恤民)는 구호를 채택한 덕분이었습니다. 이자성이 '틈왕'(闖王, 용맹한 왕)이라는 명칭을 '순왕'(順王, 천명을 따르는 왕)으로 개칭한 것도 역시 이암의 건의에 따른 것이었고요.

반면 이자성이 북경에 입성한 지 42일만에 철수할 수밖에 없었던 것은 우금성 때문이었습니다. 입성 이후 농민군은 '재물과 여자를 탐하지 않는다'(不愛財, 不姦淫)는 군율을 위반하기 시작했는데, 이암을 숙청한 우금성이 주도했고 이자성도 동참했지요. 또 우금성이 이자성에게 산해관을 지키던 오삼계와의 대결을 부추겼고요.

물론 이자성에게 협조한 사대부는 일부였을 따름입니다. 예를 들어 명황조 건국공신의 후손인 왕부지는 이자성이 북경에 입성하자 첫 번째 비분시를 지어 '긴 밤이 다시 새지 않을 것임을 슬퍼하네'(悲長夜之不復旦也)라는 심정을 토로했지요. 그러나 왕부지도 토지제도보다는 오히려 조세제도를 개혁하는 것이 중요하다고 주장했습니다. '세상을 다스리는 것은 세상을 고르게 하는 것일 따름이고'(平天下者均天下而已) '고르게 하는 것은 같게 하는 것이 아니다'(均之

者非齊之也)라는 것이었어요. 장거정의 일조편법을 계승한 강희제의 지정은세법에 대해서는 역시 『봉건제론』을 참고하세요.

이자성의 농민군에서 이암의 역할에 최초로 주목한 것은 이자성의 북경 입성 300주년을 기념한 곽말약의 1944년 강연록 「갑신(甲申) 300년제」였습니다. 연안에서 정풍운동을 지도하던 모택동은 곽말약의 이 강연록에 주목했는데, 물론 우연이었지만, 이자성의 고향이 바로 연안이었지요.

1963년에 요설은(야오쉬에인)은 역사소설 『이자성』 1권을 발표했습니다. 그러나 2권과 3권은 문화혁명 이후인 1977년과 1981년에 출판할 수밖에 없었고, 유작인 4-5권은 1999년에야 출판되었지요. 문혁기에는 모택동이 농민군 같은 대중을 강조하면서 이암 같은 지식인의 역할을 주변화했기 때문이에요. 『이자성』 1-2권은 1982년에 1회 모순문학상을 수상하기도 했고요.

그런데 범문란이나 전백찬과 달리 백수이는 우금성은 언급하면서도 이암은 언급하지 않았습니다. 물론 이암의 공적과 관련된 내용은 수용했지만요. 이암의 실존 여부에 대한 의문이 제기되었기 때문인데, 그러나 2004년에 발견된 『이씨 족보』로 논란이 해소되었지요. Roger V. Des Forges, "The Chinese Scholar-Rebel-Advisor Li Yan, 1606-2018, A Man for Our Season" (*Frontiers of History in China*, July 2019)을 참고하세요.

반면 이자성이 '천금희'(千金姬, 천금짜리 기생첩) 진원원을 납치하자 오삼계가 도르곤에게 투항했다는 일화는 예술적 창작이었을 따름입니다. 또 강희제가 오삼계의 봉지(封地)를 회수하고 그의 반란을 진압한 다음에 그런 일화가 유포되었으므로, 청황조의 정치적 음모였을 수도 있고요. 그래서 범문란과 달리 전백찬이나 백수이가 진원원을 언급하지 않은 것인데, 자세한 설명은 천젠화·리스야, 『홍안화수』(2010; 국역: 중앙북스, 2013)를 참고하세요. '홍안화수'는 미인(紅顔)으로부터 재앙(禍)이 강(水)처럼 흐른다는 뜻이지요.

‘과천연구실 세미나’

01 (1995. 06.) 윤소영, 『마르크스주의의 전화와 ‘인권의 정치’: 알튀세르를 위하여』 (문화과학사)

02 (1995. 11.) 에티엔 발리바르 (윤소영 옮김), 『마르크스의 철학, 마르크스의 정치』 (문화과학사)

03 (1996. 06.) 윤소영, 『알튀세르를 위한 강의: ‘마르크스주의의 일반화’를 위하여』

04 (1996. 08.) 루이 알튀세르 외 (윤소영 옮김), 『알튀세르와 라캉: ‘프로이트-마르크스주의’를 넘어서』

05 (1996. 12.) 윤소영, 『알튀세르의 현재성: 마르크스, 프로이트, 스피노자』

00 (1997. 05.) 메이너드 솔로몬 외 (윤소영 옮김), 『베토벤: ‘윤리적 미’ 또는 ‘승화된 에로스’』 (공감예술신서 1)

06 (1998. 03.) 윤소영, 『일반화된 마르크스주의와 역사적 자본주의 분석』

07 (1997. 03.) 장 로블랭 외 (김석진·박민수 옮김), 『세계화와 신자유주의 비판을 위하여』

08 (1997. 09.) 뤼스 이리가레 외 (권현정·김수영·송영정·안주리 옮김), 『성적 차이와 페미니즘』

09 (1998. 04.) 조반니 아리기 외 (권현정·이미경·김숙경·이선화 옮김), 『발전주의 비판에서 신자유주의 비판으로: 세계체계론의 시각』

10 (1998. 09.) 다이앤 엘슨 외 (권현정·이미경·김숙경·이선화 옮김), 『발전주의 비판에서 신자유주의 비판으로: 페미니즘의 시각』

11 (1999. 06.) 윤소영, 『신자유주의적 '금융 세계화'와 '워싱턴 콘센서스': 마르크스적 비판의 쟁점들』
12 (1999. 11.) 이미경, 『신자유주의적 '반격' 하에서 핵가족과 '가족의 위기': 페미니즘적 비판의 쟁점들』
13 (2001. 02.) 윤소영, 『이윤율의 경제학과 신자유주의 비판』
14 (2001. 04.) 김석진·윤종희·김숙경·박상현, 『자본주의의 위기와 역사적 마르크스주의』
15 (2001. 07.) 윤소영, 『마르크스의 '경제학 비판'』(개정판, 2005. 02.)
16 (2002. 06.) 윤소영, 『마르크스의 '경제학 비판'과 소련사회주의』
17 (2002. 06.) 권현정·오현미·김숙경·정인경, 『마르크스주의 페미니즘의 현재성』
18 (2003. 02.) 윤소영, 『마르크스의 '경제학 비판'과 평의회 마르크스주의』
19 (2003. 07.) 권현정·오현미·이미경·김숙경·정인경, 『페미니즘 역사의 재구성: 가족과 성욕을 둘러싼 쟁점들』
20 (2003. 06.) 윤소영, 『마르크스의 '경제학 비판'과 대안세계화 운동』
21 (2003. 12.) 에티엔 발리바르 외 (윤소영 옮김), 『'인권의 정치'와 성적 차이』
22 (2004. 12.) 윤소영, 『역사적 마르크스주의: 이념과 운동』
23 (2004. 02.) 윤종희·박상현, 『마르크스주의와 정치철학 및 사회학 비판』
24 (2005. 01.) 윤종희·박상현·정인경·박정미, 『대중교육: 역사·이론·쟁점』
25 (2006. 04.) 제이슨 무어 외 (윤종희·박상현 옮김), 『역사적 자본주의 분석과 생태론』
26 (2006. 05.) 비센트 나바로 외 (송인주·이태훈·박찬종·이현 옮김), 『보건의료: 사회·생태적 분석을 위하여』
27 (2005. 08.) 윤종희·박상현·정인경·박정미, 『인민주의 비판』
28 (2006. 02.) 윤소영, 『일반화된 마르크스주의 개론』
29 (2007. 02.) 윤소영, 『일반화된 마르크스주의의 쟁점들』
30 (2007. 05.) 윤소영, 『일반화된 마르크스주의의 경계들』

31 (2007. 10.) 윤소영, 『헤겔과 일반화된 마르크스주의』
32 (2007. 09.) 앨리슨 스톤 외 (윤소영 옮김), 『헤겔과 성적 차이의 페미니즘』
33 (2008. 03.) 윤소영, 『일반화된 마르크스주의와 대안좌파』
34 (2008. 06.) 윤소영, 『일반화된 마르크스주의와 대안노조』
35 (2008. 10.) 윤종희·박상현·송인주·정인경·공민석, 『알튀세르의 철학적 유산』
36 (2008. 12.) 윤종희·박상현·송인주·이태훈·정인경·이현, 『화폐·금융과 전쟁의 세계사』

'공감개론신서'

01 (2008. 07.) 윤소영, 『일반화된 마르크스주의 개론』 (개정판)
02 (2008. 11.) 윤소영, 『금융위기와 사회운동노조』
03 (2009. 06.) 윤소영, 『마르크스의 '자본'』
04 (2009. 11.) 윤소영, 『2007-09년 금융위기』
05 (2010. 04.) 윤소영·윤종희·박상현, 『2007-09년 금융위기 논쟁』
06 (2011. 01.) 윤소영, 『현대경제학 비판』
07 (2011. 10.) 윤소영·박상현·이태훈·공민석, 『사회과학 비판』
08 (2012. 04.) 윤소영, 『역사학 비판』
09 (2012. 10.) 윤소영, 『문학 비판』
10 (2013. 03.) 윤소영, 『2010-12년 정세분석』
11 (2013. 10.) 윤소영, 『봉건제론: 역사학 비판』
12 (2015. 10.) 윤소영, 『한국자본주의의 역사: 한국사회성격 논쟁 30주년』
13 (2014. 12.) 윤소영·박상현·송인주·이태훈·공민석·안종석, 『일반화된 마르크스주의 세미나』
14 (2016. 10.) 윤소영, 『'한국의 불행': 한국현대지식인의 역사』
15 (2017. 10.) 윤소영, 『위기와 비판』
16 (2018. 10.) 윤소영, 『재론 위기와 비판』
17 (2020. 02.) 윤소영, 『한국사회성격 논쟁 세미나 (I)』
18 (2020. 02.) 윤소영, 『한국사회성격 논쟁 세미나 (II)』